本书得到南京大学“985”三期工程的资助

图书情报与档案管理创新丛书

数字图书馆
建设体制与发展模式

郑建明 著

科学出版社

北京

内 容 简 介

本书研究中国数字图书馆建设体制及其发展模式的总体构架，试图从理论上建构数字图书馆建设理念、建设方针、建设机制；探索数字图书馆事业的基础构架及其运行体系、组织框架；探索中国数字图书馆事业发展环境。本书内容包括四个部分：数字图书馆建设体制及其发展模式基础理论、数字图书馆建设体制及其发展模式、数字图书馆系统架构及其管理模式、数字图书馆管理体制与发展模式的相关问题等。

本书可供从事中国图书馆事业发展的研究人员、从业人员以及所有关注者参考阅读。

图书在版编目(CIP)数据

数字图书馆建设体制与发展模式 / 郑建明著 . —北京：科学出版社，2013

（图书情报与档案管理创新丛书）

ISBN 978-7-03-037513-1

Ⅰ. 数… Ⅱ. 郑… Ⅲ. 数字图书馆－图书馆发展－研究 Ⅳ. G250. 76

中国版本图书馆 CIP 数据核字（2013）第 103634 号

责任编辑：李 敏 刘 超 / 责任校对：宋玲玲

责任印制：徐晓晨 / 封面设计：王 浩

科 学 出 版 社 出版

北京东黄城根北街 16 号

邮政编码：100717

http://www.sciencep.com

北京京华虎彩印刷有限公司 印刷

科学出版社发行 各地新华书店经销

*

2013 年 5 月第 一 版 开本：787×1092 1/16

2015 年 6 月第三次印刷 印张：20 1/2 插页：2

字数：463 000

定价：138.00 元

总　　序

图书情报与档案管理作为独立的一级学科，如何在激烈的竞争环境中生存、扬弃、发展、创新，探索出一条既符合学科发展规律，又与社会、经济、科技和文化发展与时俱进的学科发展道路，是一代又一代图书情报与档案管理人光荣而神圣的使命。

南京大学信息管理系作为我国图书情报与档案管理学科的重要教学和研究阵地，从20世纪20年代创建伊始就一直以培养人才、创新科研、服务社会为历史使命。80多年来，已毕业的6000多名南京大学信息管理系学子遍及海内外图书资讯服务机构，以及文教、传播及其他行业。

图书情报与档案管理学科的发展承载着先辈的学术寄托，从创建图书馆学科肇始，学科先辈就在为争取独立学科地位、构建自身核心理论及扩大教育规模而努力。图书情报与档案管理获得一级学科地位后，仍然面临“大学科观”与“小学科观”、“图书馆业务中心论”与“情报分析与服务中心论”等不同的学科发展路径争论。20世纪90年代以来，又面临紧跟计算机科学、互联网技术发展，适应工商管理需求的巨大挑战。

走向国际化、建成世界一流大学是南京大学的既定战略目标。南京大学信息管理系近日被批准加入国际iSchools图书情报教育联盟，这是我系推进国际化战略所迈出的坚实一步。从国际上看，2000年美国图书情报教育联合会就指出，图书情报教育的服务场景和核心技能正发生深刻蜕变，以数字环境和学科融通为特征的创新更为显著；美国图书馆学会也发现，美国所有图书情报学院开设的课程越来越多地围绕信息科学的前沿展开，充分体现了图书情报与档案管理学科的创新特征；2002年在意大利帕尔玛召开的“图书馆和情报研究国际化”研讨会和在赛萨洛尼基达成的“欧洲图书情报学教育重整和适应标准”，以及2003年在波茨坦召开的“应对变化——图书情报学教育管理变革”研讨会和随后推进的“博洛尼亚进程”均反映了学科内涵的跨学科发展与融合发展趋势。

国内外同行皆认为图书情报与档案管理学科目前仍然属于学科范式急剧“转型”阶段。因此，在学科范式和教育探索中，必须以学科创新为前提和己任。南京大学信息管理系历来致力于学科前沿与社会服务的有机融合，其学科与期刊评价、数字图书馆技术、数字出版教育、数字人文阅读、信息系统采纳、信息用户行为、保密科技、档案信息资源建设等领域在国内外具有重要影响力。

含英咀华悟真知，南京大学信息管理系汇集了全系最新、最具影响力的一批科研成果，通过编写出版《图书情报与档案管理创新丛书》，既向国内外学者汇报南京大学信息管理系的科研进展，也想与国内外同行相互切磋，共同为图书情报与档案管理学科的发展贡献绵薄之力。创新是一个持续的过程，我们也希望通过国家“985”工程等平台的支持，以《图书情报与档案管理创新丛书》为载体，催生更多学术成果，将图书情报与档案管理学科的学术创新精神延续传承。

古曰：“周虽旧邦，其命维新”①。仅以创新为旨向，以《图书情报与档案管理创新丛书》为形式，诉予大家同仁，是为志，亦以为序。

孙建军

2011 年 8 月于南京大学

① 引自《诗经·大雅·文王》

前　　言

20 世纪 90 年代以来，伴随着全球信息基础设施（GII）的发展，数字图书馆成为信息社会基础设施的组成部分。数字图书馆作为一项社会基础事业，是社会知识基础工程，也是一项社会系统工程。

数字图书馆绝不仅仅是数字化的图书馆，而是数字资源组织、开发和利用的基础，是网络信息资源的中心和网络文化的聚集地。数字图书馆带动以大众文化为基础的社会文化事业的快速发展，使其演进的目标向平等、自由获取知识的社会事业（公共基础设施）方向发展。

数字图书馆的建设和管理，是图书馆事业发展所面临的新形势、新环境、新机遇、新挑战，同样是给图书馆现代化建设发展提出的新课题、新任务、新考验、新要求。信息社会化的发展趋势、社会现代化建设的需要，都要求数字图书馆建设具备有效、有序、有机制、有规范的政策规划与建设保障。澄清数字图书馆事业建设目标、技术框架、管理体制等问题，以探索数字图书馆的基础构架、运行机制与体系、建设模式，这关系到数字图书馆事业或工程建设、管理、运行与建设绩效等诸多方面因素。数字图书馆建设体制与管理模式问题已经成为数字图书馆事业建设中的一个重要课题，是一个复杂的系统工程课题。

本书从中国数字图书馆事业的整体发展视角，以高校、公共图书馆、科技单位、中国科学院数字图书馆建设项目为对象，研究中国国家和地方、行业数字图书馆事业的建设体制，分析国内外数字图书馆事业发展的内涵与机制，探讨中国国家和地方、行业数字图书馆事业的发展模式。研究构建中国数字图书馆建设体制及其发展模式的总体构架，从理论上试图建构数字图书馆建设理念、建设方针、建设机制；探索数字图书馆事业的基础构架及其运行体系、组织框架；探索中国数字图书馆事业发展环境。

中国数字图书馆事业发展是国家信息化建设的基础事业之一，是由国家主导、行政主管部门领导的专门事业。数字图书馆事业机制及其管理模式的研究重点是中国数字图书馆事业发展模式，其内容包括发展环境、制度体系、建设机制、规划策略、趋势前瞻等，具体包括相应的软硬件配置规则，网络存储基础设施设备、技术支持、特色数字资源等要素。

笔者致力于探索中国数字图书馆事业发展的运行机制、运行模式，以明确的事业发展思想、理念指导中国各系统、各领域数字图书馆的整体建设与应用推广；致力于中国数字图书馆事业基础的深层次探讨与研究，以期对相关问题澄清和解决，有效推进中国数字图书馆事业的发展；致力于中国数字图书馆事业发展环境的研究，从事业生态和事业规范两方面入手，为中国数字图书馆事业发展提供决策咨询；致力于中国数字图书馆事业的理论构建，中国数字图书馆事业理论体系构建及其实证范例分析都会对图书馆学科理论发展产生重大影响。本书注重对中国数字图书馆事业发展的把握，从数字图书馆建设体制、发展模式、组织框架、理论体系等方面进行全面研究的思路，探讨中国数字图书馆事业发展的立论基础、方法模式、管理机制、生态环境等基本问题。

研究解决的主要问题包括：①管理、建设机制，涉及国家统一领导、机构合作发展、资金多元渠道、事业实体建设的相互关系；②可行的、符合我国当前数字图书馆事业发展实际的、科学的技术规范和管理制度体系；③中国数字图书馆政策环境和制度机制。预计突破的难题有：①对中国国家和地区、行业数字图书馆建设化进程态势的把握；②中国数字图书馆建设机制的社会影响与认同；③针对中国数字图书馆事业发展的现实，从数字图书馆建设体制、发展模式等方面进行全面研究的思路；④探讨中国数字图书馆事业进程分析的立论、方法基础，切实开展中国数字图书馆发展模式的研究及其规划、战略探讨；⑤探索中国国家数字图书馆事业发展规划，提出国家和地区、行业数字图书馆事业的建设策略。

本书主要内容包括了四个方面：数字图书馆建设体制及其发展模式的基础理论、数字图书馆建设体制及其发展模式、数字图书馆系统架构及其管理模式、数字图书馆管理体制与发展模式的相关问题等。

本书充分开展文献调研，对我国数字图书馆研究成果进行了文献综述，回顾了2001～2009年我国数字图书馆十年发展，评析数字图书馆热点问题，做了数字图书馆建设体制及发展模式主题综述，探析数字图书馆系统架构研究进展。

笔者借助中国社会科学引文索引（CSSCI），统计了2000～2009年数字图书馆研究论文的关键词，并进行聚类分析，分析指标主要有：引文数量、引文类型、引文文种、基金论文等。根据分析结果，将我国数字图书馆研究划分为六大热点板块：资源建设与共享、数字图书馆服务、信息存储与组织、知识产权与法律、图书馆建设和数字图书馆关键技术。通过分析，本书总结出数字图书馆十年发展的特点和趋势：信息资源建设越来越注重特色资源的建设；信息服务更关注个性化服务和高端服务的研究；知识产权研究回归到普通研究领域；数字图书馆与最新信息技术同步发展；未来的数字图书馆极有可能在云计算环境下重构。笔者提出数字图书馆是一个发展迅速的研究领域，并且在逐步深入，对国外成果接受能力强，其研究与国外研究基本同步和接轨，基金论文逐年增长，说明国家各类基金对数字图书馆的建设与研究有着很大的支持和促进作用。笔者还以2000～2010年国内数字图书馆领域的304个立项研究项目作为数据基础，从立项数量年度分析、项目地区分布分析、项目来源分析3个方面对研究项目的基本情况进行分析总结，从研究主题时序分析、研究主题关键词分析、基于关键词的研究热点分析、基于关键词的研究趋势分析4个方面对研究项目主题和研究趋势进行分析。通过对高被引论著的统计分析，验证了数字图书馆的热点和前沿研究领域，分析指标主要有：数字图书馆论文作者、机构、地区、合作作者等。我国数字图书馆的研究在近十年来发展迅速，在论文发表形式上以合著为主。笔者从不同学者的发文量和被引情况，以及不同类型机构、机构发文量、不同地区发文量等几个方面具体分析了这些特征及其对加深数字图书馆领域学术影响所发挥的重大作用，通过研究发现，数字图书馆建设体制及发展这一领域已经在近十年得到了长足的发展，理论研究的深度和广度都在不断扩展，从宏观层面对我国数字图书馆事业的构建起到了积极作用。

笔者还对2004～2010年以来国内外数字图书馆系统架构研究相关文献进行了梳理总结，从业务维度、要素维度对当前的研究进行了分类分析，对数字图书馆系统架构的研究特征、研究趋势与存在问题进行了总结评述，期望能够对理清数字图书馆系统建设的思路、指导数字图书馆系统建设的进一步实践提供有益的参考。

基于数字图书馆管理理论，笔者分析了数字图书馆管理与现代管理理论的关系；明确数字图书馆概念内涵的界定，研究了数字图书馆管理理论的基本要素，论证了数字图书馆事业的“公共性”和“公益性”、数字图书馆“基本”和“非基本”需求关系以及数字图书馆事业的管理主体和建设主体；探讨数字图书馆管理理论的维度，范围涉及宏观管理、微观管理和具体内容：管理机制、技术体系、队伍建设、服务管理，明确数字图书馆管理的关键问题；重点研究数字图书馆建设体制及数字图书馆建设模式构成的内容要素；提出了数字图书馆系统架构分析模型及其实现机制与策略。

研究表明数字图书馆建设是一项国家性的信息基础设施工程，需要国家层面上的政策引导、组织和协调，从宏观视域来探析我国数字图书馆的建设机制；我国数字图书馆建设机制主要包括数字资源建设机制、数字图书馆运行机制、数字图书馆管理机制等方面；建立以资源建设为基点，以服务应用为中心，以运行管理为手段，以制度规范为保障的数字图书馆建设机制，可以使我国数字图书馆的发展从规范控制和管理上得到统一，实现社会效益和经济效益最大化，并促进相关产业的发展。

基于对国内外数字图书馆事业发展现状的理解和把握，以中国数字图书馆事业整体建设为视角，从宏观上构建由战略管理层、指导管理层和事务管理层构成的数字图书馆事业三级管理体制；并在此基础上借鉴亨利·法约尔一般管理理论，构建由计划机制、组织机制、指挥与协调机制和控制机制为要素的、与三级管理体制相匹配的数字图书馆管理机制，以保障我国数字图书馆事业健康、持续发展。微观层面数字图书馆建设包括单个图书馆或图书馆联盟数字图书馆建设和商业性数字图书馆建设，以及支撑硬件与技术等各方面的发展；宏观层面涉及国家层面数字图书馆的统一管理；将数字图书馆作为国家信息基础设施建设的组成部分，并通过数字图书馆建制实现专门机构管理，运用信息政策、经济和行政手段，使建设的各方面因素有效整合。

本书在中国数字图书馆事业建设体制研究方面的内容包括：①建设与管理体制，国家事业宏观管理体制与专门事业的决策管理程序、组织机制、运行机制；②利益协调与约束机制，事业发展的国家主体与成员机构、相关机构的利益关系；③利益诉求的表达机制，事业成果的共享机制，投资主体与成员机构、相关机构的权益机制。

关于我国数字图书馆建设模式发展研究，首先对我国现行的几种数字图书馆建设模式进行深入的研究与分析，指出现行数字图书馆建设模式中存在的一些制约我国数字图书馆可持续发展的共性问题；在对国外数字图书馆现状分析的基础上结合当前技术的发展趋势，从管理、资源建设、技术支持及服务 4 个方面对数字图书馆未来发展趋势进行阐述；提出我国数字图书馆建设模式发展的战略思考。笔者将国家数字图书馆与中国高等教育数字图书馆作为国内数字图书馆工程中较为典型的代表，通过对其建设进展的比较分析把握当前国内数字图书馆建设模式，得出国内数字图书馆发展需要协调和合作，从战略高度确立数字图书馆建设管理的实体，避免分散建设、各行其是，并推动面向用户数字图书馆建设。

政府是数字图书馆建设的投资者和宏观指导者，在数字图书馆建设过程中应理性定位、统筹规划、合理布局；明确产权主体和经营主体，理顺权责关系；加强监督，着力于信息披露；平衡数字图书馆建设中的政府参与和市场运作之间的关系，确保数字图书馆建设的公益性；在税收、法律规范、版权等方面为数字图书馆建设创造良好的外部环境。笔者通过分析我国目前高校数字图书馆建设现状，引出我国高校数字图书馆建设目前存在的问题。并以此为基础，将经济学中的知识溢出理论引入到我国高校数字图书馆建设中，应用产业集群知识溢出机制到区域高校数字联盟建设机制中，探讨我国高校数字图书馆发展策略。

笔者还探讨了数字图书馆信息安全问题，着重研究云计算模式与传统模式相结合机制、资源的用户认证与授权机制、数据隔离机制、数据加密机制、数据保护机制、政策法规制定与完善机制；加强数字资源个性化服务理论研究，在信息本体结构理论、数字信息资源的受信价值理论、个性化的哲学基础方面取得一定成果；论述了数字图书馆相关服务模型，对早期数字图书馆的信息服务模式、现阶段数字图书馆的信息服务模式、泛在知识环境下数字图书馆的信息服务模式开展研究。

云计算环境下数字图书馆信息安全研究提出云计算技术的迅速发展给图书馆的管理与服务带来深刻变革，给互联网环境下数字图书馆信息资源中心作用的发挥带来了机遇。但同时因为云计算作为一种新技术，在数字图书馆事业建设中的应用还存在许多不适和问题，而云计算的安全问题是制约它的应用与发展的一个核心问题。云计算环境下的数字图书馆则同样面临着更为严峻的信息安全问题。针对一系列的安全问题，本书提出了云环境下数字图书馆信息安全机制。

我国数字图书馆建设初始环境及政策动因研究成果，提出了数字图书馆是十几年来世界图书馆事业建设的主题，我国政府也把数字图书馆建设作为促进社会发展的重要手段而在政策上加以重点保障，笔者在总结我国数字图书馆建设启动之初的社会需求和环境的基础上，分析了数字图书馆建设的政策动因和政策目标，并简要地评价了政策目标在今天实现的程度，基于我国数字图书馆的发展历程深入详细地探讨了数字图书馆的信息服务模式。本书从服务方式、服务内容、服务手段、服务系统 4 个方面分析了早期和现阶段我国数字图书馆信息服务模式的特点，并对未来泛在知识环境下数字图书馆的信息服务模式进行了探讨。

本书构建了数字图书馆建设体制和发展模式理论体系，探索数字图书馆建设事业发展战略、生态环境和规范环境、管理模式与机制，丰富了数字图书馆理论；把握了国际最新动态和国内外数字图书馆建设的发展趋势，探索数字图书馆建设模式，提出了面向 SOA 的数字图书馆系统架构；对中国数字图书馆事业发展的国家战略开展了系统探讨，试图为国家数字图书馆事业发展提供重要的参考。

本书是国家社科基金项目“数字图书馆建设体制及其发展模式研究”（10BTQ005）的成果，该项目由南京大学信息管理学院郑建明担任主持，负责项目的策划、组织和研究，课题主要完成人有：侯三军、胡唐明、钱鹏、陈小磊、丁智阳、邓春艳、苏新宁、陈雅、朱惠、范兴坤、赵仁铃、欧裕美、陈静、许光鹏、邓三鸿、王昊、尹达、郑燕平、孙蕊、王锰等。该项目的研制得到南京大学“985 工程”三期建设规划的支持，本书作为南京大学“985 工程”三期文科改革型项目“新兴技术环境下信息服务融合及其保障研究”的标志性成果之一，由科学出版社予以出版，我们在此一并表示衷心的感谢。

目　　录

第 1 章　数字图书馆研究综述

1.1　我国数字图书馆十年

数字图书馆是图书馆事业发展过程中一次革命性的转变，使传统图书馆得到了翻天覆地的变化。数字图书馆在我国已历经了十多年的发展，数字图书馆的研究在图书情报学学科中得到了非常的关注。郑俊生（2010）提出在这 10 多年的发展中，数字图书馆研究已成为图书情报学科最为重要的研究领域和最热门的话题，苏新宁（2007）认为“数字图书馆”是图书情报论文中出现次数最多的关键词，叶鹰（2008）、李长玲等（2008）也认为数字图书馆及其相关技术也一直被人们视为图书情报学的前沿领域和热点。以上对数字图书馆研究状况的分析研究表明，数字图书馆在近十年已成为图书情报学科中前沿和热点研究领域之一，探讨、分析我国数字图书馆研究的发展状况、重要研究领域以及研究的趋向，对我国未来数字图书馆建设与研究具有参考意义。

为了全面了解我国数字图书馆领域研究状况，笔者对中国社会科学引文索引（CSSCI，下同）2000～2009 年收录的数字图书馆论文进行了多方位、多角度的统计分析。数字图书馆论文不仅发表在图书情报学期刊上，还有一些论文发表在管理学、综合类等多个学科的期刊上。因此，笔者通过每篇论文的分类号（G250. 7、G254. 36）和关键词（数字图书馆），从 CSSCI 2000～2009 年的数据库中检索出数字图书馆及其相关论文，共检索出 3580 篇论文。本书有关分析主要基于这些检索出的文献，同时将这些文献表现出来的特征与本学科的文献特征做比较分析，从而发现我国数字图书馆领域研究特点、存在问题，为未来我国数字图书馆的更健康、更迅速发展提供客观数据分析。

1. 1. 1　我国数字图书馆十年研究概况

1. 数字图书馆论文引文状况分析

本研究对 CSSCI 收录的数字图书馆论文及引用情况进行了统计，并进行了客观分析。对论文状况和引用文献的数据分析，可以发现学科或研究领域一些研究特征和存在问题，用以指导、帮助和促进后来研究。

2000～2009 年，CSSCI 收录的图书情报学论文有 2500～5000 篇，笔者用检索式（G25+G35）对 CSSCI 数据库的分类号字段进行了检索，获得图书情报学论文 37 705 篇，用检索式（数字图书馆+ G250. 7+G254. 36）分别对关键词字段和分类号字段进行了检索，获得数字图书馆论文 3580 篇。

CSSCI 收录的图书情报学论文除 2003 年比 2002 年有一些减少外，其余各年呈逐年增长趋势，数字图书馆论文则经历了上升下降再上升再下降的过程，但总体上呈波浪式上升态势。从数字图书馆论文占图书情报学论文比例上看，除 2000 年偏低（不到 5%）、2001 年稍低（8.11%）外，其余各年都在 10% 左右徘徊。可以看出，数字图书馆领域在图书情报学众多研究领域中，占据很大比重，可以视为是图书情报学研究中学者最关注的研究领域。

2. 数字图书馆论文的引文概况分析

论文的引用文献折射出学者的学术严谨性，表现出对他人的尊重，也可以从某个层面观察论文的研究深度。虽然，不能以论文是否有引文来鉴别论文的质量与好坏，但如果把论文的引用文献扩大到学科层面或研究领域来分析，则可以发现学科或研究领域的研究特点或存在的问题。因此，笔者统计了 CSSCI 中数字图书馆论文的引文数量等相关数据，借此分析我国数字图书馆领域在 2000～2009 年的研究中反映出来的特点。

有关数字图书馆研究的论文各项引文数据基本呈上升趋势，表现出数字图书馆领域学者有较好的学术素养，以及数字图书馆论文有较深的研究深度。

从篇均引用文献数来看，数字图书馆领域论文的篇均引用文献数从 2000 年的 5.41 篇提升到 2009 年的 9.67 篇，上升了 78.7%。这一结果一方面说明，我国数字图书馆文献或者说参考源在增多；另一方面也说明学者们的学术严谨性在增强，研究的规范性和深度也在不断加强。苏新宁（2010）将其数据和图书情报学论文的引用文献数比较，发现其研究结果略高于同期图书情报学论文的篇均引用文献数，说明数字图书馆论文的研究深度、引用规范等方面在整个图书情报领域较好。平均每年约 16 篇文章没有引文，平均比例不到 3.5%，相对整个图书情报学论文无引文论文平均每年所占比例（10% 左右）而言，数字图书馆论文在引用方面更加严谨。

3. 数字图书馆论文类型分析

一个学科的文章类型，可以反映该学科是否注重学术回顾和反思，是否注重学术批评以及学术的活跃度以及对国外最新成果的引进等。CSSCI 将文章类型分为研究论文、综述文章、评论文章、翻译文章、报告、传记资料和其他，笔者对数字图书馆论文的类型进行了统计。

数字图书馆文章主要以研究性论文为主，综述性文章也有较高的比例（相对图书情报学文章），达到 2.51%（图书情报学总体不到 2%，相关数据参见苏新宁相关研究报告）；评论性文章较少，比例只有 0.61%（图书情报学总体为 1.5% 左右），译文文章（0.5%）和图书情报学比例基本持平，其他文章相对较少或没有。这些数据反映出数字图书馆领域研究特征：该领域是一个实践性更强的研究性学科，尤其注重研究与实践；比较注重对过去研究和实践的总结和回顾，综述性文章的比例说明了这个问题；争鸣、批评、讨论在这一领域尚嫌不够，也说明该研究领域的活跃度不够或者说这一领域还没有形成批评和争鸣的学术氛围；翻译文章偏少，这对需要大量引进国外理念方法和技术的研究领域显得不很合拍，这也许与许多机构学术绩效考核体系（译文不被纳入学术成果计算）有很大关系。

4. 数字图书馆论文引文语种分析

引用文献的语种状况可以从一个角度反映出其研究与国外研究接轨的状况，如果从一个学术领域观察，引用文献的语种可以看出该研究领域研究人员的整体语言能力和获取学术资源的范围。一般说来，外文文献引用越多，该研究领域与国外研究接轨的能力也越强。

数字图书馆论文的引用文献主要以中文文献为主，占 66.24%，但英文文献也不可忽视，达到 31.94%，其他语种文献都很少，只有译文文献达到 1.69%。与整个图书情报学科论文引用外文文献的情况比较，苏新宁（2010）认为 2001～2008 图书情报学科引用外文文献的比例只有 24% 左右，而同一时期的数字图书馆论文引用外文文献的比例达到 33% 左右，2009 年更是达到了 38.49%，已经高于整个人文社会科学的外文文献的平均引用比例。可以看出，我国的数字图书馆领域的学者非常关注国外相关文献（主要为英文文献），注重国外数字图书馆理论、技术和方法的学习和引入，使其研究基本和国外保持同步发展。

5. 数字图书馆论文引文类型分析

引用文献的类型分析可以反映出一个学科或一个研究领域的成熟度以及学科的新颖度。一般说来，新兴学科以及发展迅速的学科引用文献中论文与研究报告等类型的文献较多，而较古老的学科以及较为成熟的学科引用文献中图书的比例较大。

数字图书馆论文引用的论文形式的文献（期刊论文、会议论文、学位论文）最多，比例达 60% 左右，图书（包括汇编、标准、法规等图书形式的文献）仅占 10% 左右，网络文献则达 25% 左右，其他形式的文献相对较少。这些数据印证了：数字图书馆是一个发展十分迅速的研究领域，如果把网络资源也看作即时表达最新研究成果信息的资源，它和论文被引量的总和占整个数字图书馆论文引用量的 85% 以上，在这一方面体现了自然科学和工程科学的学科属性；反之，图书的被引量和被引比例相对较小，尤其 2006 年以后，图书的被引量只占总量的不到 10%，这一数据一方面说明该领域发展十分迅速，同时也说明在发展不长的时间里，数字图书馆的经典著作缺乏，虽然许多关于数字图书馆的著作在这一时期出版，但真正被公认为经典和权威的数字图书馆著作还不多，如数字图书馆论文引用次数最多的图书中，十年间只有 4 本合计被引次数超过了 20 次。可见，数字图书馆领域亟盼大量权威、经典的数字图书馆著作的推出。

6. 数字图书馆基金论文分析

基金项目是国家、地区或部门为急需解决的学术界理论和应用等方面的问题而设立的，对数字图书馆中基金资助项目论文的统计，可以发现国家对数字图书馆研究与实践资助的力度，也可以分析国家、地区的资助对数字图书馆研究发挥的作用。

基金项目论文数在逐年增长，从 2000 年的 3 篇，增长到 2009 年的 175 篇，尤其是在 2005 年以后，每年项目论文都超过 100 篇。项目资助论文占论文总数的比例已达到年平均论文数的 22.96%，2000 年时只有 2.5%，2009 年则达到 40% 以上。可见国家、地方对数字图书馆的投入和重视得到回报。应该说，我国数字图书馆的蓬勃发展以及所取得的丰硕成果，主要来自国家及各地方政府的大力支持。

笔者还对全国1996年以来数字图书馆项目进行了调查，据不完全统计，十余年间国家各级政府和机构资助的有关数字图书馆的项目已超过300项。资助数量和力度，在2000年以后逐步增大。从各项基金资助发表的数字图书馆的论文来看，除了其他基金以外（因为这些项目包括许多本单位立项项目和一些企业资助的项目），各省（直辖市）项目论文最多，其次是国家社科基金和教育部立项项目，国家自然科学基金项目的论文数也接近100篇，这里要说明的是，国家自然科学基金资助的数字图书馆项目论文有很大一部分发表在自然科学的期刊上（如计算机科学类期刊）。另外还要强调的是，许多项目以建设数字图书馆系统为主，并不以论文为主要形式，这类成果主要体现在全国各级图书馆、高校图书馆已建设完成的数字图书馆。

1.1.2 数字图书馆论文引用最多的论文和图书

引用论著的统计除了能够反映论著在研究中产生的影响，指导读者阅读和引荐书目，还可以通过被引用论著的主题发现领域内关注的领域，推理出领域研究热点。本书根据前述的规则从CSSCI中检索出2000～2009年的论文，同时取出这些论文的所用引用文献，并统计被引用最多的论文和著作。由于作者在引用中给出的引用文献可能不完整，或有错误，这些文献出现不一致的情况，笔者进行了核对和合并处理。

1. 引用最多的论文

2000～2009年CSSCI中数字图书馆论文引用13次以上的期刊论文（包括后面的著作）在CSSCI中的被引次数反映其被所有领域的论文所引用。本研究限于篇幅，只选择了被引13次以上的论文，并非这些论文一定比那些没有进入表中的论文质量高或影响力大，只是借此来分析数字图书馆领域关注的热点和引用取向。

这些论文大多数来自于2000年前后两年，原因如下：①近期发表的论文被引用的时间较短，和早期发表的论文相比存在被引时间上的劣势；②数字图书馆建设的早期，大多数论文为“构想”“思考”“建议”“模式”“架构”“理念”等类型，主要给予后来者观念、思想和引路，所以这类文章被学者引用的机会多，可引用的涉及面广。而中后期的文章更多的是数字图书馆建设过程中实践经验介绍、实施过程、技术探讨等类型的文章或研究更深入、更专指的文章，这些文章被引的机会少，可引用的面也相对较窄。

从进入表中论文所刊载的刊物分析，《中国图书馆学报》有16篇入选其中，《情报学报》5篇，《大学图书馆学报》《现代图书情报技术》各4篇，《图书情报工作》《图书情报知识》《图书馆杂志》各两篇，《情报资料工作》《国家图书馆学刊》《图书馆理论与实践》1篇，另有两篇为国外期刊论文。由此可见，《中国图书馆学报》不仅是图书馆学中最重要的期刊，在数字图书馆领域，也有着极其重要影响，在数字图书馆领域刊载了大量颇有影响的论文；其次，《情报学报》《现代图书情报技术》《大学图书馆学报》也是数字图书馆研究的重镇；《图书情报工作》《图书情报知识》《图书馆杂志》《情报资料工作》

《国家图书馆学刊》《图书馆理论与实践》等期刊在数字图书馆领域也有着一定影响。

对这些论文的主题进行聚类分析，这些论文主要为以下 7 个方面：①数字图书馆建设问题及未来图书馆的构想讨论；②数字图书馆机制、体系结构及其概念的阐述；③复合图书馆的建设问题；④数字图书馆环境下的服务研究；⑤数字图书馆中知识产权问题研究；⑥数字图书馆中的技术问题探讨；⑦个人数字图书馆研究。这些领域和我们最近利用关键词分析数字图书馆的主要研究板块的结论是一致的，但有一些具体、专深的研究领域尚未在表中论文中体现出来。

2. 引用最多的图书

CSSCI 中 2000～2009 年数字图书馆论文被引最多的是我国最早出版的数字图书馆著作，即高文等所著的《数字图书馆原理与技术实现》，还有 4 本书是国外学者撰写的原著或由中国学者翻译的译本，如施伯平译《数字图书馆概论》、金海译《网格计算》、范明译《数据挖掘：概念与技术》等。

被引次数较多的图书主要由几个板块组成：数字图书馆理论与应用；现代图书馆理论；知识产权；信息资源管理；相关技术领域等著作。

数字图书馆理论与应用类著作均为 2000～2004 年出版的，这类图书的数字图书馆领域被引频次多数比较高，说明这些著作对我们数字图书馆知识普及、数字图书馆建设发挥很大作用。这些图书出版时间相对较早，但我们对所有图书被引统计结果分析，在没有入选的、被引 3 次以上的图书中，还有 10 本左右数字图书馆的著作，但基本也是在 2005 年以前出版的，说明我国早期出版的数字图书馆著作在数字图书馆领域仍然发挥着很大作用。

现代图书馆学理论类著作有 4 本，都具有 10 次以上的被引次数，说明我国数字图书馆研究者在对数字图书馆的研究中，仍借鉴大量现代图书馆学理论。信息资源管理与构建类图书入选 3 本，说明在数字图书馆研究中最大的热门领域——信息资源建设的研究仍会大量参考信息资源管理类著作。

知识产权研究在数字图书馆是一个热点研究领域，有知识产权与法律类 6 种著作入选其中，可以看出本领域对知识产权研究的重视。

数字图书馆相关技术的研究是本领域的研究热点，从图书的被引用来看，涉及元数据研究（2 本）、网格计算（2 本）、数据挖掘（1 本）。这些技术领域对数字图书馆建设与技术实现都发挥着不小的作用。

除此以外，还有 2 本图书馆发展战略思考和进展的图书和译本入选，说明数字图书馆研究把图书馆的发展都融入其中，也很强调数字图书馆的服务研究。

一个学科、一个研究领域的研究特点可以通过其文章引用数据和文章类型反映出来，上文对数字图书馆 2000～2009 年来论文及引用情况进行了统计分析，通过数字图书馆论文数量和比重得到数字图书馆研究在图书情报学研究中的重要地位；从引文数量分析，表明数字图书馆的研究在本学科较为规范，研究内容在逐年深入；从引文的类型统计更说明了该领域是一个迅速发展的研究领域；从外文文献的引用数量和比例的统计分析，说明其研究与国外研究基本同步和接轨，但相对紧跟技术发展的研究，数字图书馆研究还需要大量引进国外相关研究成果，对国外文献的获取还要加大力度；从基金论文的逐年增长的趋势看，国家各类基金对数字图书馆的建设与研究有着很大的支持和促进。另外，通过对高被引论著的统计分析，验证了数字图书馆的热点和前沿研究领域。

1.2 我国数字图书馆研究十年发展主题领域

如前所述，在2000～2009年的CSSCI数据中，共检出数字图书馆研究领域相关文献3580篇，这些文章平均每年标引各种关键词数百个，涉及数字图书馆及许多相关领域，对所取出关键词的聚类和分布分析，可以对我国数字图书馆的主要研究领域有一个大致的了解。

为了使关键词所反映的主题具有针对性，对从CSSCI中抽取的关键词进行了一定处理，①筛去了含义比较宽泛的词汇或与数字图书馆领域相距较远的词汇，如因特网、信息技术、图书馆学、计算机网络、传统图书馆、图书馆、高校图书馆、合理使用、人才培养、数据库等；②合并了同义但表述不一样的词汇，如数字化图书馆（数字图书馆）、数字技术（数字化技术），将网络信息资源、信息资源、资源开发等统一为信息资源建设、存储区域网和SAN（存储区域网络）、知识产权保护（知识产权）、DC元数据（元数据）、ontology（本体）、个性化信息服务（个性化服务）等；③每年度选取了出现频率最高的前20多个关键词，对于最后的频率相同者，主要选取了和数字图书馆领域十分密切的词汇。

笔者从CSSCI的数字图书馆研究文献中抽取了各年出现频率较高的24～29个关键词，各年选取数量以不超过30个关键词确定次数，由此得到的各年关键词数量不等，每个关键词斜杠后的数字是该词在数字图书馆研究文献中标引的次数。

2000～2009年我国数字图书馆领域主要研究板块和研究的发展过程，为了解我国数字图书馆研究的重要领域提供了客观数据。

1.2.1 数字图书馆领域研究板块

统计数据显示，十年来我国数字图书馆领域研究的几大主要板块有：资源建设与共享、信息服务、信息存储组织与描述、知识产权、图书馆建设以及数字图书馆所涉及的相关技术等。

1. 资源建设与共享

资源建设与共享始终是数字图书馆研究的热门领域，研究主要涉及：信息资源建设、数字资源建设、资源共享、资源整合、文献数字化、信息资源开发、数据库建设、网络资源、特色数据库、知识库等。本书统计分析了这些关键词的出现情况，这一领域的研究大致呈现两个特征。

第一，有关数字图书馆领域的信息资源方面的研究是一个波浪式上升过程，可以说，在信息资源建设研究与实践方面经历了构想、思考到实践，然后再到总结、交流、提升的过程。数据分析反映了这样一个过程：2000～2002年，我国信息资源建设研究处于上升阶段，2003～2006 年，相关文章有所减少，2007～2008 年又呈现出快速上升的过程，2009 年又出现了少许下降。CSSCI 收录的数字图书馆论文中涉及信息资源管理此一关键词论文数量的变化情况，印证了课题组的分析：早期资源建设与共享方面的文章主要是一些思考、构想和宏观讨论，众学者百花齐放，对各图书馆资源建设提供许多参考和帮助；中期，各图书馆把资源建设更多放在实践上，这一时期理论空谈在减少，也就是 2003～2006 年此类文章数量减少的原因；后期大量的实践和经验得以总结和发表，呈现了又一次文章数量上升势头，这一时期的特点就是资源共建共享的研究与实践越来越多。尤其是 2007～2009 年，信息资源建设与共享类关键词次数远高于其他类关键词。

第二，分析信息资源建设与共享类关键词的年度变化可以发现：早期人们非常注重资源建设，中后期资源共建共享的关键词出现的频率越来越高，也就是说，大家在数字图书馆的建设过程中，越来越强调资源的共享。夏立新和金晶（2009）提出有些数字化工程项目对于信息资源的建设与共享模式也产生了影响；另一特点还表现在，各图书馆逐渐在重视本馆的数字馆藏和特色数据库的建设，“特色数据库”这一关键词在 2007～2009 年中均出现于高频关键词中，这些特色数据库为资源共享提高了信息共享的含金量；另外，知识库（如机构知识库）的建设也有不少文章出现，知识整合的研究与实践也得到许多学者和专家的关注。

2. 数字图书馆服务

为用户服务是图书馆工作最基本的职能，图书馆的成效完全体现在它的服务上。由于数字图书馆完全改变了传统图书馆的工作和服务模式，因此在数字图书馆领域用户服务研究也显得十分突出。从 CSSCI 收录的数字图书馆论文所涉及的关键词出现的次数来看，服务类关键词次数仅次于信息资源建设与共享类（513 次）达到 347 次。入选的服务类高频关键词有：信息服务、个性化服务、电子阅览室、图书馆服务、知识服务、虚拟参考咨询、数字参考咨询、Web 服务、服务方式（模式）、用户服务等。

分析数字图书馆领域服务类关键词的变化情况可见，数字图书馆领域中有关信息服务的研究呈波动中增长的趋势，研究主题的变化，除了比较宽泛的“信息服务”“图书馆服务”等难以判别具体研究对象外，个性化服务的研究几乎年年出现，特别是在这一领域的研究有很大增加，可见在数字图书馆领域对个性化服务的研究越来越得到学者重视。有关本领域其他信息服务研究的主题有：电子阅览室、读者服务、服务方式等。知识服务的研究得到学界的广泛重视，2004 年以后，该关键词每年均入选其中，说明在数字图书馆领域，注重服务质量的提升，注重提供高端服务（知识服务）的研究与实践。

3. 信息存储与组织

信息的科学存储与组织是一个信息系统有效工作的保障，对于数字图书馆而言，如何有效地存储其资源是提高系统效能的一个重要方面。分析入选的与信息存储与组织相关的高频关键词，“元数据”的研究与实践是最为重要的一个方面，不仅年年入选，而且其次数占信息存储与组织类入选关键词的总次数比例接近 50%，如果把与元数据语义相关的词汇“MARC”“XML”等合计计算，则达到了 60%。可见元数据的研究，在信息组织的研究中得到数字图书馆领域相当的重视。但我们也应看到，对元数据的讨论在2002年达到高峰以后，正在逐年下降，说明对其研究的热度已逐渐趋淡，取而代之的将是知识组织和开放存取的研究。

研究中将“元数据”“信息组织”“信息存储”“数据仓库”“存储区域网络”“存储系统”“网络存储”“知识组织”“开放存取”“数据仓库”“MARC”“XML”“SGML”归类为信息存储与组织类关键词。

信息存储与组织类关键词在2000年以后，急速上升并迅速在2002年达到高峰（56次），以后3年下滑到每年40次左右，2006年以后又减少到20余次。分析具体数据，2002年该类关键词的高峰主要来自于对元数据的研究，以后逐年减少并在10次左右趋稳。因此，有关元数据研究成果已基本成熟，学界在将信息组织的研究重点转向知识组织和开放存取的研究，当然也包括引进其他新技术（如本体技术）来提升信息组织质量的研究。

4. 知识产权与法律

在数字图书馆研究领域中，知识产权问题研究也是一个较热门的领域，这一领域涉及的主要问题有：知识产权、版权保护、著作权信息网络传播权等，相关统计分析研究可反映这一领域的关键词的数量变化。

随着数字图书馆理论与实践研究的深入，知识产权问题也凸现出来，有关知识产权的研究成为学界十分关注的问题之一，并在早期突然升温。例如，从关键词的变化情况来看，在2002年突然上升并到达顶峰，然后逐年在波动中下降。例如，2000年和2001年每年的相关论文不到20篇，到2002年突然上升到50多篇，以后呈波浪式逐年减少。

分析表明，数字图书馆的实践引发了相关知识产权问题探讨，焦点基本集中在版权保护、知识产权问题以及著作权问题三个方面，2004年还出现了信息网络传播权这个关键词。数据变化情况（关键词次数逐渐变少）也可以说明，我国数字图书馆领域里有关知识产权问题的讨论取得了显著效果，许多知识产权研究问题已经得到解决或达成共识，目前的研究在向更加专门的领域深入。

5. 图书馆建设

数字图书馆必然带来图书馆业的革命，如何在数字环境下建设图书馆则是数字图书馆领域研究的另一个重要问题。图书馆建设相关的关键词有：图书馆建设、虚拟图书馆、电子图书馆、复合图书馆、图书馆自动化、图书馆网络、移动图书馆、国家科学数字图书馆、图书馆联盟、图书馆2.0以及数字图书馆建设等。

与图书馆建设相关的关键词十年间共出现171次，在划分的几类研究领域中入选的关键词合计次数最少的一类，2006~2007年均只有一词入选。从大的趋势看，2006年以前主要呈下降趋势，2007年以后又开始上升。在图书馆建设的研究领域，出现关键词最多的是“复合图书馆”一词，除2007年和2009年以外，每年均入选，说明在数字图书馆环境下，人们更希望把图书馆建设成为复合型图书馆。从研究的阶段热点分析看：早期学界对虚拟图书馆有不少研究，中后期较为关注图书馆联盟的建立，后期对图书馆2.0和移动图书馆的研究与实践较为重视。从这些热点的转移过程看，在图书馆建设研究领域，人们在从漫谈和构想，走向务实和实践，同时在将新的技术和理念（如图书馆 2.0 技术和移动理念）引入图书馆的建设中。

6. 相关关键技术及其他研究领域

数字图书馆研究涉及许多技术，从出现在数字图书馆文章中的关键词来看，主要有数字化技术、数字图像技术、多媒体技术、中间件技术、互操作技术、Web2.0 技术、网格技术、语义网络、数据挖掘、搜索引擎、云计算等。

从高频关键词出现的年度分析，早期数字图书馆的技术研究领域主要注重数字化技术、数字图像技术和多媒体技术；中期逐渐加强了互操作技术、数据仓库技术、数据挖掘技术和搜索引擎等领域的研究；随着数字图书馆研究的进一步深入，在最近的几年，许多新的技术进入数字图书馆领域，如 Web2.0、网格技术、云计算等，均在数字图书馆研究领域占据很重要的地位，尤其可喜的是，2008 年在我国网络应用领域刚刚出现的“云计算”技术，2009 年就有 7 篇文章与其相关。可见数字图书馆研究领域对新技术引进和追逐的渴望十分强烈，其应用技术始终紧跟信息技术的前沿领域。

其他许多相关概念和研究问题也频繁在数字图书馆研究领域出现。如信息安全、网络安全在数字图书馆早期较为受到学者们的关注，知识管理在数字图书馆的整个发展过程几乎都是人们研究的对象，信息检索这一图书情报领域的传统领域也在数字图书馆领域频繁被研究，还有一些涉及协议、开发平台、开源软件、个人数字图书馆等研究也有许多关键词出现。由此可见，数字图书馆研究不仅仅是信息资源建设、知识产权保护、图书馆建设、信息存储与组织、信息服务和关键技术的研究，还涉及大量相关领域的研究，包括安全、管理、平台、协议、个人数字图书馆等问题。

1.2.2 我国数字图书馆研究的发展与走向

通过以上关键词分析，我们可以对 2000～2009 年来的数字图书馆的研究与实践有一个初步的了解，结合论文分析和对数字图书馆相关项目的了解，2007~2009 年来数字图书馆的研究，大致有以下几个方面。

1. 资源共建共享——数字图书馆的首要任务

资源是一切系统的基础，信息资源更是信息系统的基础和保障，作为以信息、文献服务为主的数字图书馆，信息资源建设至关重要。从 2000～2009 年的数字图书馆研究的发展来看，学界非常重视信息资源的新建设。这十年里，信息资源建设类的关键词次数最多，说明学界对其的重视程度。乔晓东等（2010）对我国四大国家级信息资源建设机构的目标、定位进行了对比分析，研究成果充分体现了我国 2000～2009 年的信息资源共建共享的统筹规划和分工协作的实践成效。可以预见，信息资源共建共享在未来若干年内依然是数字图书馆的首要任务，但会朝着提高揭示信息深度、加强知识关联和重视信息中知识的发现能力方面发展。

2. 特色数据库的建设将成为各地区、机构的建设重点

在未来数字图书馆建设中，各单位独有的资源将在信息共享中发挥更大作用。特色数据库的建设在近些年中显得越来越突出，从近几年发表的有关特色数据库建设方面的文章来看，从早期的思考、构想、规划的研究开始，已经进入实际特色库的建设。例如，蒲筱哥（2009）对我国2006年以前发表的特色数据库建设的论文主题进行了统计分析，发现大多数论文主题集中在资源建设总论方面，实际的案例介绍和分析很少。但2007年后，特色数据库论文主题的集中度有了明显变化，谈建设经验、建设案例的论文占绝大部分。如各类高校图书馆特色数据库建设、不同学科的特色库建设、不同地区的特色库建设、不同行业特色库建设等等，不胜枚举。可以预见，在未来的几年，我国各类图书馆、各地区图书馆将会把建设特色数据库作为数字图书馆建设的重点。

3. 数字环境下的信息服务研究所占份额上升

信息服务是信息管理机构的目标，信息资源建设与组织的主要目的就是为用户服务。由信息服务类关键词的年度变化情况可以看出，数字图书馆研究早期较为集中于资源建设、数字图书馆建设、数字资源组织等领域，后期对数字图书馆中的信息服务的研究比重在加大，特别是个性化服务的研究与实践的论文越来越多，“知识服务”这一关键词在后几年也年年进入高频关键词中。随着数字图书馆的深入，用户在数字环境和信息泛滥的背景下，数字图书馆服务将出现几大重心转移：共性服务向个性服务转移，被动服务向主动服务转移，等待服务向推送服务转移，文献服务向知识服务转移。这些转移必然引发大量的研究与实践，需要对服务模式重新探讨，服务技术和手段要创新，因此在未来的几年，数字环境下的信息服务研究将会大大增加。夏立新等认为特别是随着国家在服务系统和数字化资源方面的持续投入，不同系统之间的资源集成和服务集成方面的研究受到了学界的高度关注。正如杨宗英（2004）指出的，未来的数字图书馆是以服务为主导的数字图书馆。

4. 由宏观讨论向关键技术研究深入

数字图书馆是主要依赖图书馆理念和信息技术来支撑的新型信息管理架构，理论研究将使数字图书馆更加合理，先进技术的运用将使数字图书馆更加高效。从近些年数字图书馆论文有关技术应用的关键词来看，本体技术、网格技术、语义网络技术、Web2.0技术、数据挖掘技术、搜索引擎技术等大量出现，甚至刚刚运用于网络不久的云计算技术也有7篇论文相关。可见，数字图书馆与新的信息技术密切相关，学者们对新技术的新概念吸收和引入的渴望。因此，可以预见，未来的数字图书馆领域，还会有更多的新技术得到引入和应用，学者们会把更多精力投入到技术的探索和运用研究之中，对数字图书馆中的关键技术的研究一定会越来越深入，网络应用中的新技术也一定会在数字图书馆领域中得到同步发展和非常有效的应用。

5. 有关知识产权问题研究逐渐趋少

数字图书馆是一个新的图书馆模式，是将传统的印刷型文献的管理和服务转变到在网

络和计算机处理的数字化信息的管理与服务，这必然带来许多新的知识产权问题。大量数字环境下的有关知识产权问题在初期会引起学界广泛的讨论，但随着数字图书馆的成熟和许多知识产权研究问题得到解决，在本研究领域的有关讨论会逐渐减少。当然，在数字图书馆的发展过程中还会出现新的知识产权问题，但不会像初期那样面临广泛而大量的问题，因此，在数字图书馆领域对知识产权问题的研究将会减少。

6. 数字图书馆发展的未来

十多年来，我国数字图书馆得到了十分迅速的发展，从国家到地方、从学校到企业，无数数字图书馆在我国诞生。可以说，数字图书馆建设已在我国全面展开，并已取得令人瞩目的成绩。但未来数字图书馆是什么样的一种形式，什么样的一种架构，一直是人们期盼知道的。可以确定，未来的数字图书馆将会在新技术的支持下，突破现有数字图书馆框架，将是一个没有任何使用障碍的、实现数字资源全面共享的数字图书馆。从孙卫（2009）、刘炜（2009）、张正禄（2010）等人对云计算对数字图书馆的影响研究来看，云计算技术将全面进入数字图书馆领域，云架构的存储体系将会使得数字图书馆的信息存储区域均衡和合理，数字图书馆云端用户可以实现无障碍的资源共享和信息存取，用户享有的是个性化的云服务，个人数字图书馆将很方便地在数字图书馆云端中建立，云计算环境下的数字图书馆将在信息化社会中占据重要地位。

数字图书馆是一个新生事物，在我国虽只有十余年的发展历史，但进展十分迅速，成绩极为显著。目前，我国从东部到西部、从国家到地方、从企业到院校，各类数字图书馆如雨后春笋般成长起来，充分显示了国家、地方的支持和学者研究所取得的成就。2000～2009 年十年的数据统计分析表明，数字图书馆研究与实践主要有如上六大板块，这些板块从不同方面反映了数字图书馆的研究热点。几个明显的特征表现在：信息资源建设与共享始终是数字图书馆的热点研究领域，近几年对特色资源的建设更为关注；在信息服务的研究方面，越来越注重个性化的服务和如何提供高端服务的研究；数字图书馆中涉及的知识产权问题研究不再像初期那样得到学界的高度关注，研究回归到普通研究领域；数字图书馆与信息技术的发展密切相关，并且始终与最新信息技术同步发展，可以认为，未来数字图书馆的发展走向由技术决定，从现有的网络技术的发展来看，未来的数字图书馆极有可能在云计算环境下重构。

1.3　数字图书馆建设体制及发展模式研究

苏新宁（2007）关于数字图书馆的研究表明，数字图书馆的运行机制、管理模式、服务方式，关键技术，以及项目实践等方面，成为近年来图书情报学科中前沿和热点领域。

数字图书馆的理论研究与应用实践方面，叶鹰（2008）、郑俊生（2010）从我国数字图书馆事业整体发展的视角，以公共、高校、科研机构等数字图书馆为对象，研究分析了国内外数字图书馆建设发展的内涵与机制，对我国数字图书馆事业的建设和发展有积极的指导意义。为全面了解我国 2000～2009 年来数字图书馆建设体制以及发展模式这一领域的研究状况，笔者对 CSSCI2000～2009 年收录的建设体制以及发展模式领域的 340 篇论文进行了全方位、多角度的分析，从而梳理出我国数字图书馆建设体制以及发展模式的研究脉络，以为我国数字图书馆事业的理论体系构建以及其实证研究提供客观可靠的数据分析。这将有助于从宏观上把握本领域的研究概况以及趋势，以及本领域在数字图书馆研究中的受重视程度。

1.3.1 论文概况分析

数字图书馆建设体制以及发展模式这一领域的340篇论文检索使用的关键词包括“可持续发展”“发展模式”“建设管理”“建设规划”“建设环境”“建设体制”“数字图书馆发展”“数字图书馆建设”“发展规划”“管理模式”“发展战略”“建设模式”“运行机制”“管理模式”。

根据数据，CSSCI收录的数字图书馆方面的论文，在图书情报学论文中的比重总体上呈上升趋势，虽然2009年比例略有下降（9.46%），但维持在9%～10%，说明数字图书馆的研究仍然是图书情报学学科的研究热点和前沿。但“数字图书馆建设体制以及发展模式”的研究呈现的是先上升后下降的趋势。2001年本研究领域的论文在数字图书馆论文中的比例急增，为18.47%，2002～2005年略有下降，但基本持平，而2006～2009年所占比例下降幅度较大，2009年仅为3.67%。与数图论文在图书情报学中所占比例呈现的上升趋势形成鲜明对比。其主要原因在于：第一，数字图书馆的研究方向和对象日趋多元化，研究范围不断拓展，在总量上升的情况下本领域的研究就显得比重较轻了；第二，本领域的研究日渐成熟，不仅仅局限于简单介绍国外数字图书馆建设情况，或微观层次上数字图书馆的技术运用、管理监督等，而是在项目实践的基础上深入从事理论研究，更加理性思考我国数字图书馆的建设发展。这一从浅层次理性认识到感性认识再到深层次理性认识的过程，必然会导致本研究领域的发文呈现出曲线的波动，必有一段时期处于下降的趋势中。

1.3.2 引文情况分析

1. 引文概况分析

引文分析是通过科学计量的方法，对文献引用和被引用现象进行分析，以揭示出其数量特征和内在规律。引文分析可以间接发现本研究领域的研究特点或存在问题，也可以体现出本领域研究的深度和广度。根据CSSCI收录论文的引文数量等情况，本节分析出2000年来“数字图书馆建设体制以及发展模式”这一领域研究的特点。

由数据可见，有关本研究领域的论文的各项引文指数呈曲线变化，这和发文数的先上升后下降的起伏有着紧密的关系，随着其变化而波动。其中，2001年和2006年引文数量和篇均引文数与其他年度相比都较少，是由于2001年无引文文章达到7篇之多，而2006年总体发文数量下降，只有26篇，其中3篇又无引文。但总体上，本研究领域引文数量依然基本表现出上升趋势，尤其在2007～2009年，在发文数下降的状况下篇均引文篇数仍由 8.73 上升到了 9.31。特别是 2009 年在本研究领域发文数只有 16 篇的情况下，不仅篇均引文数达到9.31，而且全年度无引文文章数为0，这些数据表明学者在进行本领域研究时，更加重视学术规范及对其他学者研究成果的借鉴。

所得数据与数字图书馆论文引用文献数相比，前者略低于后者，但两者的篇均引文数及有引文文献比例差距都很小，基本接近。由此说明本研究领域的学术规范性和严谨性在不断增强，参考信息源也在增多。虽然本研究领域近期发文比例有所下降，但引用论文比例仍继续升高，展示出其作为数字图书馆研究中的子领域，研究深度和广度在不断加深，学术氛围和学者修养的状况都相当好。

2. 被引论著分析

被引论著的分析是对论文引用情况的内容分析，被引论著的引用频次，可以反映出被引论著的学术影响力，并可以通过被引论著的研究主题发现本研究领域内的关注对象，探寻出本研究领域的发展概况，以及相关的背景资料等基本情况，从而获得本研究领域的研究热点和趋向。从 2000 ~ 2009 年 CSSCI 收录的本研究领域论文高被引论文及图书的统计数据可以看出，被引论文的发文时间都在 2000 年前后两年，究其原因，如前所述：其一，早期发表的论文相对近期发表的论文，在引用时间上占有优势，这是符合文献计量学的规律的。其二，被引用的论文，标题多为“思考”“走向”“问题”“发展策略”“范式演变”等，表明被引论文在研究内容上多为理论性指导和构想，相对宏观。这类论文为以后论文的深入研究和实践项目的实施，发挥了引路者的作用，因此被引频次较高。

被引论文所载的刊物，多为图书情报学的核心期刊，其中《中国图书馆学报》有 6 篇被引，其余刊物相对平均。被引论文的研究主题，主要包括：①数字图书馆建设及发展策略；②数字图书馆建设实践及未来走向；③数字图书馆知识产权保护问题。这些研究主题体现了本研究领域的主要方向是宏观层面的理论研究，具体的研究主题分析将在下文基于关键词的研究分析中详细阐述。

CSSCI 收录的本研究领域高被引图书，多为数字图书馆的基础理论和应用方面的著作。而且这些著作出版时间相对较早，除了《数字图书馆原理及应用》一书，多为 2000 年左右的著作。由此可见，早期出版的数字图书馆方面的著作在本研究领域仍然有着指引作用。

3. 被引作者分析

学者的学术影响力是通过论著的被引用情况来体现的。为此，借助 CSSCI 数据对被本研究领域发表论文引用的论著作者进行了统计。兼顾数据分析的合理和便捷，以第一作者为被引作者分析的统计源，笔者发现在本研究领域中最有影响力的还是来自于数字图书馆领域的专家学者。在本研究领域被引频次高的作者，他们的论文和著作在被引频次上也排在前列。分析引文情况，基本可以确定本研究领域的核心作者群，以及极具影响力的学术论文和重要著作，间接指出了本研究领域的查找文献时的检索方向，并可以指导读者阅读和推荐书目。

4. 关键词分析

对关键词的统计将有助于揭示本研究领域的核心研究方向和内容，为了便于利用关键词分析研究热点和趋势，本书对检索出的340篇本研究领域的文章的611个关键词做了规范化处理。如“数据库”“数据仓库”“数据仓库管理”统一标注为“数据库”。同时删除了一些不能称之术语的关键词，如“陕西”“中小学”等，对“数字图书馆”以及之前检索本研究领域时的14个检索词也进行了剔除，以便获取更加详细和深入的内容分析。找到CSSCI收录的2000～2009年本研究领域论文的高频（以3次为标准）关键词，共计40个。

统计数据表明，在本研究领域，知识产权、信息资源建设、数据库建设、图书馆建设等一些内容上比较宽泛的术语呈现出较高的频次，均出现5次以上，这和本研究领域的题目“数字图书馆建设体制及发展模式”不谋而合，都表明本领域的研究要从中国数字图书馆事业的视角出发，以宏观层面的思维去思考。

统计数字还揭示了本研究领域的研究范围十分宽泛，涉及数字图书馆的各个层面，包括建设体制（图书馆事业、图书馆建设）、建设环境（资金投入、发展策略、网络环境）、资源建设及服务（信息资源共享、元数据、知识管理、信息服务、知识服务、信息检索、个性化服务）、版权问题（知识产权、版权保护、著作权保护、著作权法）、技术层面（图书馆自动化、数字化技术、信息安全、网络建设）等，说明本研究领域虽然是以宏观层面为表，但内核已然延伸到数字图书馆建设的中观，乃至微观层面。同时关键词中包含了高校图书馆、党校图书馆、公共图书馆这些实体类型图书馆的称谓，说明本研究领域的研究对象已触及到我国图书馆事业的各个组成部分，另外，也表明我国数字图书馆的实践应用发展势头迅猛，各种类型的数字图书馆建设都正在开展中。

总结基于关键词对本研究领域的分析可以得出：本研究领域主要是深层次的探讨与分析我国数字图书馆事业的理论基础，从宏观层面试图建构数字图书馆建设理念、建设方针、建设机制；探索数字图书馆事业的基础构架及其运行体系、组织框架、发展环境，以有效地推动我国数字图书馆事业理论的发展。

一个学科、一个研究领域的研究概况以及特点可以通过其发表和引用的文献统计分析出来。笔者通过对2000～2009年CSSCI收录的数字图书馆方面的论文的发文、引文、关键词等数据的分析发现，这十年来“数字图书馆建设体制及发展模式”这一研究领域取得了迅速的发展。从发文情况统计，本研究领域正处于理论与实践相互碰撞的时期，理论研究在实践项目的基础上进一步深入，进入理性思考的阶段；从引文情况分析，本研究领域的学术规范性和严谨性在图书情报学科较为良好，研究深度和广度在不断加深；从高被引论著分析，体现出本研究领域的研究方向和核心作者；而对高被引作者的统计，又验证了高被引论著得出的结论；基于关键词的分析，更加深入揭示了本研究领域的研究方向，表现出本领域的理论研究是以全局的角度，以宏观层面为主体，内核触及中观和微观层面，从数字图书馆事业的角度来构建我国数字图书馆事业的理论基础。就整体综合分析而言，本研究领域正经历着从低潮到高潮，再到低潮，然后再高潮的过程，虽然曲折变化，但是本研究领域必将会随着信息社会的发展趋势，国家政策环境的改变，实践项目的进一步研发，产生更多的学术研究成果。

1.4　数字图书馆系统架构研究

本书尝试对 2004～2010 年以来国内外有关数字图书馆系统架构研究的相关文献进行归纳总结，以获得对数字图书馆架构研究整体状况的基本了解。

1.4.1　架构研究概况

本节对 CNKI 中国期刊全文数据库、中国博士学位论文全文数据库、中国期刊全文数据库 2004～2010 年数据，以“数字图书馆”“数字图书馆系统”“系统设计”“系统框架”“系统架构”等为关键词，进行跨库组配关键词检索；以“Digital Library”“System”“Architecture”等为关键词，对 Web of Science 包括 SCI、SSCI、H&ACI 所收录的文献，进行组配主题检索，以获得国内外对数字图书馆系统架构研究的总体概况。

国内对数字图书馆系统的研究占了国内数字图书馆研究总量的 18.5%，对数字图书馆系统架构的专题研究占了系统研究总量的 2.5%；国外对数字图书馆系统的研究占了国外数字图书馆研究总量的 35.9%，对数字图书馆系统架构的专题研究占了系统研究总量的 11.3%。统计数据表明：对数字图书馆系统的研究得到了一定程度的重视，总体上具有一定研究规模。但对系统与系统架构的关注国内外差距比较大，特别是对系统架构的关注十分明显，这或许说明了对数字图书馆系统建设的顶层设计关注程度之间的差距。

而对架构研究的时间分布情况统计分析表明，架构研究作为专题研究在国内尽管占了较小的比例，但是从发文的数量与时间分布来看，近年来总体呈现增长的趋势，在领域内得到了一定的程度重视。从架构之于系统意义来看，加强对系统架构的研究无疑会对我国数字图书馆事业的发展起到更加积极的推动作用。被 Web of Science 所收录的关于数字图书馆系统架构研究的论文数量虽然比较稳定，但近年来稍有下滑，一方面可能是这方面的研究缺少高质量的论文，也有可能预示着在不久的未来可能出现新的研究增长点。

对 Web of Science 检索结果的分析表明，系统架构的研究主要涉及计算机科学理论与方法（19 篇）、图书情报学（18 篇）、信息系统（9 篇）、电子工程（4 篇）等学科类别。文献类型以学术论文（33 篇）与会议文献（26 篇）为主，兼有少量的综述文献（3 篇）。

1.4.2　架构研究的主题与内容

研究对上述检索结果集中的 184 篇数字图书馆系统架构研究相关文献作了进一步的人工筛选，对 CNKI 所收录的文章以核心期刊、省级以上项目资助、文章的内容作为选取的依据，对 Web of Science 所收录的文章则以文章内容作为选取的主要依据。同时，研究从业务视角对所选取样本的研究内容与主要关注点进行了分类分析。

1. 人机界面与跨界检索

架构的适应性、可用性是人机界面研究关注的热点。用户通过采用不同的设备与不同的互动模式来获取信息服务，这取决于用户的个人特征（包括残疾人）和用户所处的使用（信息）环境。Carlos（2004）对统一认证与用户界面定制服务中相关的适配服务（调适服务）的角色及其关系进行了研究，通过创建用户分类的立体模型和供用户操作与调谐使用的灵活参数集，把个体具体的使用特征与各自内容的代表性参数相关联，展现了具有不同设备特征的用户配置的整合途径的可能性与可行性。Ahmed 等（2009）对信息检索的界面风格、终端用户搜索、查询形式（方式）、结果反馈和浏览等基本界面问题，以及用户界面指南、可用性评估方法、界面工程技术等用户界面工程的热点问题进行了讨论，对未来的信息检索界面设计所应采取的以用户为中心的设计方法的主要活动进行了识别。Dangelmaier 等（2005）介绍了在复杂系统中利用增强现实（AR-）和虚拟现实（VR-）技术来实现数字图书馆中 3D 数据的可视化，从而实现通过直觉可理解的人机界面的一种系统架构。Feng 等（2005）等针对生物医学图书馆中 3D 解剖图的浏览问题给出了一个基于 Java 的 3D 数字图像浏览软件的架构。

许多学者对专用系统检索及跨库、跨界信息检索问题进行了研究。Ding 等人（2004）聚焦于系统可扩展性和互操作性方面，开发一个面向服务扩展架构 PSOA（Peer-based SOA），同时对如何结合语义 Web 和 Web 服务以支持异构的图书馆服务进行了描述，并给出了查询服务的案例。Councill 等（2006）对 CiteSeer 系统部署结构框架 CiteSeer Plus 进行了描述，CiteSeer Plus 框架支持为实现负载平衡和容错处理而采用的分布式索引和存储，为增强系统的灵活性、减少维护的费用采用了模组化服务部署结构，为了达成一种新的信息抽取方式在系统架构中运用了黑板结构。周育红（2010）给出了 DC 字段和常用的 MARC 数据格式之间的映射关系，并以所提出的一种数字资源参数模型为基础，采用分层次、组件化、模块化的方式，设计一个 DRMS 系统框架，实现了整合图书馆馆藏文献和本地其他信息资源的跨平台原型系统，为用户提供了多平台操作系统下的统一人机交互界面和检索方法。李峰（2010）在对跨界信息检索系统代表性项目分析、总结的基础上，探讨了基于 Mashup 理念的跨界信息检索系统架构及其实施中的相关问题，给出了基于元数据共享的跨界检索系统架构和基于 Mashup 的跨界检索系统架构，并对两者进行了比较。杨东波（2006）、魏大威（2006）、王朝坤（2006）等人也对数字图书馆系统检索架构进行了研究。

2. 内容注解与个性化服务

将使用者的工作方式整合进数字图书馆系统将是数字图书馆的一个进化趋势，数字图书馆管理系统应当成为包括促进智力产品生产的一种工具。注解服务（annotations of digital content）是用户与数字图书馆系统之间有效互动的有效方法。注解不仅提供了一种解释方法、丰富了信息的内容，同时也为改善协同工作实践提供了共享与传递思路的方法，注解在读与写之间建立了桥梁，促进了用户对信息资源的处理，提供注解服务的数字图书馆系统更能够满足用户的需求。Agosti 等（2005）对被称之为“灵活注解服务工具”（Flexible Annotation Service Tool，FAST）的系统设计选择及其特性进行了详细的介绍，该系统设计的灵活性使得它可以不受特定系统架构的限制并以自动的方式对注解实现管理。Agosti 等（2008）对来自于不同的信息管理系统并被不同的数字图书馆管理系统管理的数字内容如文本文件、图像和多媒体文件的注解相关主题和议题进行了研究，并提出了一个统一的整合的注解模型视图，范围从定义注解是什么到提供一个正式的模型。模型的主要理念包括：注解语义及注解实体、注解维度的模式化、数字内容与注解之间的分布式超链接。被提出的正式模型是在先前已存在的模型基础上构建起来的，捕获了注解的句法与语意两个方面内容。

在个性化服务方面，焦玉英（2009）在综合考虑用户的环境、偏好、需求以及数字图书馆服务组件功能的基础上，提出一个基于用户个性化需求的数字图书馆集成服务框架。该框架利用 web services 技术实现不同数字图书馆系统中符合用户需求的子系统和组件的动态集成，以满足用户的个性化需求。李书宁等（2008）参考 Refwork、360DOC、MyLibrary@ LAN、Skolr 等系统项目的实现方案，提出类 MyLibrary 的概念，从类 MyLibrary 个人数字图书馆资源元数据描述框架、主要功能模块、整体实现三个方面论述了类 MyLibrary 个人数字图书馆构建方案。

Neumann 等（2008）对卡尔斯鲁厄大学（The University of Karlsruhe）图书馆基于用户行为的推荐服务系统 RecoDiver 的分布式 Web 服务架构及基于图表的用户推介服务界面进行了介绍。RecoDiver 将一个 Java 小程序整合进图书馆的在线目录以动态展现所推介的文献。点击置中图表中用户感兴趣的文献，相关的推介文献将被置于图表的周围。完整推介图表的本地试图是以一种放射树层状结构予以揭示的。对不同类型的推介服务系统使用调查表明，与列表式推介服务相比较，用户更加偏爱 RecoDiver 这种基于动态图形的推介服务方式。Chen（2007）给出了一个基于数据挖掘技术的数字图书馆推荐服务系统的软件架构。该架构从用户类群的相关性及用户存取信息的相关性入手，进行基于相关性规则与聚类方法的挖掘，并对所获得的数据进行高级过滤，从而使得所获得信息更加接近用户的需求。颜端武等（2006）描述了一个基于本体的用户浏览和搜索个性化推荐系统框架。该框架将本体的优点应用于检索周期中，包括提问相关测度、语义化的用户兴趣表达和自动更新以及个性化的检索结果排序等。在用户访问数字图书馆的交互过程中，可通过本体来构造用户提问和文档内容的匹配机制以实现语义化的内容检索，并可进一步使用本体来构造用户兴趣偏好的概念向量以实现面向用户的个性化推荐反馈。

3. 系统互操作与集成整合

Liu（2004）讨论了 CCCML（中国文化名人手稿馆）的语义架构设计与典型数字图书馆系统的相似性，认为语义架构是分布式环境中数字图书馆应用的一个关键问题，解决语义互操作问题的方法通常是由元数据解决方案和开放系统架构来实现的。Van de Sompel（2005）描述了 aDORe 资源库架构，并给出了一个 OAI-PMH 数据模型。aDORe 被设计用于摄取、储存和访问洛杉矶 Alamos 国家实验室研究图书馆（The Research Library of The Los Alamos National Laboratory）的数字馆藏。aDORe 架构是高度模组化和标准化的，该架构使用 MPEG-21 数字项目公告语言（digital item declaration language）作为基于 XML 格式来表示数字对象，而多媒体数据流作为开放归档信息系统归档信息包组成了数字对象［open archival information system archival information packages（OAIS AIPs）］。通过摄取程序处理，将这些 OAIS AIPs 储存于多维的自治资源库之中，一个资源库索引掌握了所有资源库创建和位置的信息，一个识别定位器则反映了给定的数字对象或者 OAIS AIPs 驻留在哪一个自治资源库之中。Shakar（2006）介绍了一个基于 WEB 的、模组化的、分布式架构的电子临床指南数字图书馆（the digital electronic guideline library，DeGeL）的设计与实现。DeGeL 合并元数据本体包括所有诊断指南本体中的公共元素，如语义分类、领域知识，也同时包含了四种内容表示格式：自由文本、半结构文本、半正式表示、正式表示格式。这些格式支持逐渐复杂的计算任务，以不同形式化层次存在的诊断指南也因此可以合并表示。DeGeL 提供了诊断指南从文本形式逐渐转换为所选择目标诊断指南本体的正式表示方法的工具。Batista 等（2007）对 EUCLOCK 项目下的 EUCLOCK 信息系统（EUCLIS）进行了介绍，EUCLIS 强调数据库集成及数字图书馆管理功能的整合，为了满足研究社区的信息需求使用了灵活的系统框架，建立了参考模型和标准，给出了数据库模组化结构。

整合和透明存取由不同机构自治管理的、存贮于分布式数字图书馆和资源库中的混杂的信息资源，是数字图书馆研究领域的一个重要的挑战。Sayao 等（2008）讨论了在不同的数字图书馆之间实现互通性这一重要问题：不同的技术解决方案，不同层次与水平的互通，联邦系统架构，版权问题以及互通解决方案的评估参数；并对信息技术与语义网络（Semantic Web）的新进展如何应用于改进数字图书馆系统间互通性等问题进行了分析、对面向下一代数字图书馆研究相关的其他主要问题进行了讨论。基于策略的管理（policy-based management，PBM）作为一种设计和实行分布式系统存取管理的一种有前景的方法，随着数字图书馆联邦信息共享需求的快速增长，面临着在安全管理方面的挑战。一方面策略要合并个别系统存取管理的需要；另一方面横跨多个系统的策略必须以一致的样式来设计，以使得它能够在联邦制的系统中以统一的方式开发、部署和整合。Bhatti（2006）为联邦系统给出了一个 PBM 解决方案 X-FEDERATE，X-FEDERATE 框架对基于角色的存取控制（role-based access control，RBAC）模型进行了扩展，X-FEDERATE 框架由基于 XML 的策略规范语言、基于 UML 的元数据模型以及实施架构组成。Lutz 等（2006）从一个以建立 EAD 编码发现与关系型数据库映射为目标的原型系统开发开始，以通过元数据抽取、映射、转换及管理将基于 MARC 的元数据处理成非 MRAC 模式的数字馆藏系统设计为关键，提供了可在所有 CMS 架构中使用的 Dublin Core Abstract Model 的有关信息以及以数字馆藏为中心的灵活的、适应性强的方法。Habing 等（2009）向我们呈现了一个基于数字-图书馆的环境（a digital-library-based environment），该环境已经被开发用于支持整合、散播和探索那些从分散的非结构化的生态网站网络中收集的生态数据，该环境以一个称作为 BDiG-PELD（PLED，巴西长期生态研究计划）的地理参考数字图书馆为中心，BDiG-PELD 架构使用 OAI-PMH 协议和 ODL（open digital library）框架整合网络上的生态网站，通过合并简单有效的分散的用户界面来处理非结构化来源的混杂数据。研究人员在使用 BDiG-PELD 时，需要在文本电子表格中填写强制性的、受约束的字段，该电子表格由本地输入界面处理并转换进 EML（Ecological Metadata Language）元数据资源库，并可以进一步被中央 BDiG-PELD 资源库收割和整合。BDiG–PELD 组合了一个空间定位系统所支持的地理参靠工具提供探索性的搜索和浏览服务。Guard 等（2005）介绍了 UCMC（The University of Cincinnati Medical Center's，UCMC，辛辛那提医疗中心大学）开发的一个由数据结构、Web 服务和用户界面构成的信息架构，该架构使得个体可以管理超载的信息来创建新的知识，个体可以可靠、安全地存取经过过滤、组织且与特定的任务和个人需求高度相关的信息资源。Xing 等（2005）给出了一个基于网格服务的数字图书馆架构 gDisDL，以实现对 RDF 元数据以安全和分布式的方式进行存储和查询。

杜小勇（2005）提出数字图书馆资源集成的三种体系结构框架，即数据集成、知识集成与服务集成。在这个体系框架之下，数字资源集成包括三个层次：最底层是数据集成层（基于语法的集成），完成异构和分布数据源在语法层面上的数据集成；第二层是知识集成层（基于语义的集成），按照既定的知识组织体系和知识本体结构对数字资源进行描述与组织，形成一个能够高效利用数字资源的知识网络；第三层是服务集成层，即根据用户的个性化需要动态地构建出应用系统，为用户提供智能化的知识服务。黄国彬（2007）从设计策略、组织架构、核心服务等角度分析了 Pathways 系统的先进性，对构建个性化学术存储库的全过程及学术存储库互操作的发展方向进行了描述，指出 Pathways 系统的互操作主要是通过提供支持跨学术存储库数字对象的数据模型，支持通过代理维持数字对象与数据模型的一致性，以及支持一系列核心服务和接口共三种基本支持来实现的。毕强（2009）探索了基于元数据本体的数字图书馆系统间的互操作策略，认为将语义网格技术与数字图书馆互操作技术之一的元数据采集方法相结合，不但可以解决 DL 互操作中的动态性和异构性问题，还可以更好地解决资源发现、整合、安全、语义理解等问题，从而弥补传统 DL 互操作方案的局限性，实现大规模 DL 信息资源共享和跨仓储无缝语义查找。该文献对语义网格环境下的数字图书馆互操作概念模型、基于本体的 DLs 元数据互操作模型、语义网格环境下数字图书馆资源互操作框架及语义网格环境下数字图书馆资源互操作框架的三层结构等进行了详细的描述。此外，敖毅（2005）、王兰成（2006）等在研究了基于传统数据仓库、虚拟数据整合系统和联邦数据库系统的集成架构，以及数据交换语言 XML、支持信息组织与利用的数据仓库和 . NET 分布式应用技术等集成方案的基础上，构建了一个数字图书馆数据集成系统的五层系统架构。张付志（2004）提出一种基于元搜索引擎的数字图书馆互操作框架，用以实现跨越异构、分布式数字图书馆的馆藏发现有用的信息，并向用户提供统一、透明的服务的目的。郭少友（2008）提出一个基于 P2P 技术的数字图书馆虚拟联盟系统框架。郭卫兵等（2010）给出了区域图书馆信息资源共享系统的互操作技术概念框架和系统应用技术框架。张秀云（2009）把信息集成系统分为资源整合和服务联合两种模式，并对模式框架及其与层次基础架构的映射关系进行了分类梳理。

4. 联邦系统与专用系统架构

Tansley 等（2005）针对基于 Dspace 开放源码数字资产管理系统所面临的系统架构变化方面的挑战，给出了 Dspace2. 0 架构解决方案的建议。Chang（2005）提出了一种基于 XML 的数字图像图书馆构建的三层架构：基于 SQL 的数据层、基于 IIS 的管理层、基于 XML 的展现层。Park 等（2006）、Choi（2007）对韩国国家数字科学图书馆归档电子期刊项目 KESLI（The Korean Electronic Site License Initiative，韩国电子网站授权倡议）的系统架构的确定、元数据集、期刊和出版商的选择标准等进行了描述，较为具体地讨论了生产系统、归档系统、文献传递系统、永久保存策略。Titley（2007）给出一个应用于文献传递服务中的版权电子签名解决方案。作者描述了已经实现了电子版权签名的英国普利茅斯大学数字图书馆系统架构，该系统通过建立电子“请求–传递”服务，提供快速、有效的文献传递服务能力。使得用户无论何时、何地发出请求都能获得标准的文献传递服务。Abdullah（2008）从数字图书馆如何满足利益相关者的需求切入，讨论了企业架构的Zachman框架应用于数字图书馆系统实践的方方面面，给出了基于Zachman框架的以馆际协作为目的的数字图书馆业务模型与系统模型，从系统规划者、拥有者和设计者的不同视角讨论了与之相关的6个维度（动机、数据、角色、行为、地点和时间）的数字图书馆特性和功能的抽象，对其结构进行了解释。Zhao等（2004）对CALIS学位论文数字图书馆（CALIS-ETD-DL）的体系结构，互操作协议和CALIS-ETD-D的标准接口，ETD数字版权保护系统，CALIS-ETD元数据规范，ETD永久标识符和ETD长期保存格式进行了研究。

张蓓等（2005）通过对开放源代码的Fedora系统框架的研究，以及Fedora和DSpace系统的比较，提出了基于Fedora的数字资源管理方案，为解决不同种类数字资源统一存储管理问题提供了思路和方法。作者认为，Fedora开放源软件提供了灵活的接口，基于它扩展建立的DRMS系统不仅能够保存简单的图像、文本，而且实现了对具有复杂结构的数字对象的存储管理。基于Fedora的数字资源管理方案在实现过程中采用的Java语言及相关技术，具备良好的跨平台、可移植的特点，具备了扩展为国际化应用的能力；采用的METS元数据编码方案具备良好的开放性和扩展性，允许元数据类型具备一定的灵活性，可以被借鉴应用到以后项目的研究开发中。郭家义（2005）对各国（组织）广泛开展的数字资源长期保存实践项目，从技术方法的选择、系统功能和整体框架角度，分析和研究数字资源长期保存的技术方法、系统和框架；重点介绍了数字资源长期保存框架中具有代表性的LOCKSS系统、NEDLIB项目、NDlIPP项目的系统框架。作者认为数字资源长期保存中的技术选择、系统框架选择等内容是实践长期保存的技术基础，技术过时是造成数字资源保存问题的重要原因，也是解决数字资源保存的出发点。李广建等（2006）在分析了SOA、网格和P2P技术在国外数字图书馆领域内应用研究及原型系统的基础上，认为下一代数字图书馆的体系结构将是一种全新的体系结构，它将由集成的、集中控制的数字图书馆系统转向可动态配置的数字图书馆联盟，面向服务的体系结构（SOA）、网格（Grid）技术以及对等网（P2P）技术为数字图书馆的这种转变提供了技术基础。鞠彦辉等（2009）对语义数字图书馆系统BRICKS、Fedora和JeromeDL在系统技术框架、内容和元数据、语义技术应用三个方面进行了分析比较。

李晓夏等（2003）在介绍J2EE框架和集中索引分布式数字图书馆系统结构及剖析J2EE平台优势和核心技术的基础上，给出一个基于J2EE的集中索引分布式数字图书馆系统框架。熊江（2003）提出了分层数字化图书馆基础架构（Layered Digital Library Infrastructure，LDLI）和信息对象的概念。应用面向对象方法提出了分层数字化图书馆基础架构LDLI的设计方案，详细分析了该架构中的LDLI分层模型、信息对象抽象模型、信息对象仓库分层逻辑结构以及信息存取的运动流程。张智雄等（2003）对国家科学数字图书馆数字参考咨询系统的主体流程、结构框架、角色定义以及读者服务系统和后台管理系统的主要功能进行了阐述。为了存储和管理大量的文本信息并提供方便的查询，李建中等（2004）建立了一个支持数字图书馆的并行文本数据管理原型系统Pdoc，给出了PDoc系统的功能和总体框架。PDoc的功能包括文本数据采集、格式标准化、信息提取、自动分类、数据加载、数据分布、查询等。詹玮（2007）认为将数字图书馆、数字化学习和创作支持结合成一个适应性很强的授权管理框架是实现数字化内容获取和数字化学习的关键，是营造生动的数字化学习环境的一种有效途径。作者对作为内容到社区仲裁者的数字图书馆及数字化授权框架结构进行了研究。何伟泉（2009）参考 IBM 知识管理研究院（IKM：The Institute of Knowledge Management）给出的具有实践意义的知识管理研究主题，构建了应用于合作数字参考咨询服务的知识管理框架。

5. 数字图书馆系统架构理论

Candela 等（2005）认为数字图书馆服务系统架构对系统的能力有着直接的影响。该文献对分布式图书馆系统 OpenDLib，以及为更好地满足用户需求而开发的基于网格的面向服务数字图书馆基础架构 DILIGENT 所关注的焦点进行了比较，特别是在系统架构方面对创建与管理数字图书馆所必须控制和支持的特征进行了深入的讨论。Ismond 等（2007）通过对来自加拿大、美国和英国 3 个国家 6 个医学数字图书馆的使用评估，讨论它们在系统设计上的优劣，为系统在组织与存取学术资源提供基本的建议。评估从用户的视角在 6 个方面切入：管理员观点与网站架构、知识组织、结果管理、资源的互操作、增值信息服务、可用性与个性化。DeRidder（2007）对本体论在数字图书馆应用中的目的、范围、用法、方法学、交叉映射、本体编码进行了总结，对与现在研究与开发相关的可用工具、本体、查询引擎及他们的应用进行了描述，对与现在的和潜在的图书馆本体应用相关的利益、问题、经费、可行性及可用性进行了讨论。该文认为，本体应用将会对知识管理、企业整合、电子商务等产生极大的冲击，本体应用的可行性取决于对各种不同进化因素的评估，包括现有的工具和系统，领域采纳的水平，时间和专业可用性，经费障碍等。Liew（2009）认为数字图书馆研究整体上有从纯技术问题向实际应用、使用和效率问题转移的趋势。Saumure（2008）初步定性分析了前 Web 与后 Web 时代知识组织的主流趋势。在对前后 Web 时代的知识组织原则的比较后发现：元数据研究是两个时代的热点问题，前 Web 时代的文献更多的是关于索引与摘要的研究，后 Web 时代则更多的关注于目录与分类议题。Aksulu 等（2010）对开放源码研究进行了广泛的文献回顾，并对 618 篇同行评论文章进行了分类组织，认为开放源码运动近几年稳健成长并成熟起来，是开放源码相关研究的提高的反应。Chowdhury（2010）在回顾相关文献及项目研究的基础上注意到：数字图书馆及数字资源永久保存在信息使用者及信息背景方面的研究具有共通性，数字资源永久保存研究团体和数字图书馆研究团体一样面临着捕获、储存及利用与使用者及背景相关的信息的挑战。该文进一步描述了处理使用者和背景信息以构建未来的数字永久保存系统当前所进行的研究及该领域面临的主要挑战。战略释放计划（strategic release planning，有时被称为路线图，road-mapping）是需求工程过程在产品级执行的一个重要阶段，它关乎需求选择与确认的顺序及重要技术与资源的限制。Svahnberg 等（2010）调查了一些已被提出的路线图模型，包括他们的经验确认程度，影响需求选择的因素，以及市场驱动背景等，发现了 24 个路线图模型，建立了他们彼此之间的映射关系，并构建了一个分类法对需求选择的影响因素进行了分类。作者认为，在提到路线图这个问题的时候，许多模型彼此相关并使用了相似的技术措施；一些需求选择影响因素覆盖了不同的路线图模型，但很多方法没有提到利益相关者的价值观因素对需求选择所产生的影响。

6. 模组化系统构建相关问题

模组化系统构建相关研究在数字图书馆系统架构研究中随处可见，其中，尤其让人印象深刻的是 SOA（Service Oriented Architecture，面向服务架构）应用研究以及“5S”系列研究。Suleman（2005）认为，Web 服务范式之下的面向服务架构被视为分布式计算的未来。SOA 以及面向服务组件的架构对于建立灵活的、有效率的数字图书馆系统是适用的，主要表现在简单、易理解、可重用性、扩展性和性能方面。孙瑾（2007）认为应用 SOA 图书馆成为了一种动态可配置的架构体系，作者将 SOA 与 Web 服务技术相结合，提出了面向服务 SOA 架构的数字图书馆的应用集成系统的构建过程。Yang 等（2009）描述了一个 Library 2.0 供应链管理（subsection circulatory management，SCM）模型，阐述了 Library 2.0 系统架构的设计理念，认为图书馆需要整合文献资源，整合知识资源，整合操作管理，而所有的这些整合都是以用户服务为基础的。在这个意义上，Library 2.0 技术与观念实现与 SOA 模型是极为相似的。通过应用 SOA 实现基于模组化的多层架构可以改进现代管理系统的灵活性与适应性。文章提出并分析了一个基于 SOA 的 5 列模型：硬件列、系统列、数据列、操作管理列、知识服务列。按照这样的架构他们设计了基于馆员的图书馆管理系统、基于伙伴的知识服务系统和知识搜索引擎 3 个应用系统。夏素敏等（2009）提出基于 Web 服务的共享与互操作解决思路，并给出基于 SOA 和 Web Service 技术的分布式数字文献信息系统集成框架：分布异构文献信息系统的访问和分布异构文献信息数据的集成框架。该框架通过建立全局数据注册中心和建立 UDDI 服务中心的方式，构建一个基于网络的数字文献资源共享平台，用于实现分布、异构文献信息资源的集成与共享。徐震（2009）认为基于 SOA 的数字图书馆本质上是将数字图书馆当作一个提供一系列图书馆信息服务的系统，通过将孤立不兼容的图书馆信息系统和异构的信息资源以组件的方式封装成标准的服务，并经 SOA 总线进行服务集成，就可以以服务的方式加以利用，从而最大限度地实现信息资源的整合，通过各种服务组合能够实现图书馆业务流程的自动化，以灵活应对图书馆业务需求的变化。翟晓娟（2010）运用面向服务的分析方法对图书馆编目系统随需应变机制进行了研究，构建了图书馆基于 SOA 的随需应变编目模型。

在 5S 研究方面，弗吉尼亚理工大学数字图书馆研究实验室的研究团队进行了系列研究，5S 结构本质上数字图书馆系统构建的要素模型。Marcos（2004）以“*Streams, Structures, Spaces, Scenarios, Societies (5S): A formal model for digital libraries*”为题，提出了 5S 正式模型，包括：能促进用户信息交流的流体性要素（streams）；以有用方式组织信息的结构性要素（structures）；以有用方式展示信息的空间性要素（spaces）；提供相应信息服务的情境性要素（scenarios）；能够满足人们信息需求的社会性要素（societies）。Unni（2004）认为，基于本体的事物在本质上具有不同的属性，不同的项目研究与不同的人因为不同的切入点，可能以不同的方式、使用不同的系统来描述同一事物的不同方面，并通过互不相关的系统来组织存储他们的信息，这增加了不同项目合作与研究以及一般目的的信息检索的困难。5S 框架在模型化数字图书馆方面，为理解海量复杂信息空间提供了便利，在设计与原型化数字图书馆方面，则满足了不同用户团体的信息需求。Marcos

(2007) 在详述数字图书馆质量的意义基础上，基于5S框架为每一个数字图书馆的主要概念都制订了质量标准，并且为这些质量标准提出了一套数量指标，尤其考虑了微型数字图书馆的重要概念；在评判标准方面，考虑了响应时间、迁移成本、服务失败的次数。对于关键的概念如质量维度与数量指标的配对，文章则通过现实图书馆的实际使用情况来加以阐述。该文还讨论了数字图书馆的质量维度确定与数字图书馆关于信息生命周期共同观点之间的联系。Rao (2008) 提出了基于5S框架的全面解决方案，给出了一个由5S概念引出的定义性结构，以及应用5S框架整合特定域的数字图书馆及整合过程中关键问题的解决办法。该案例作为个案研究来证实并评估数字图书馆的整合途径，特别是研究团队在5S的理论框架内，开发了一个微型原模型——5S套件及其组成，提出了基于5S理论的整合途径的系统方法。Bárbara 等 (2009) 提出了基于5S理论的5Squal数字图书馆系统质量自动评估模型及其架构。5Squal是个通用体系结构，适用于各种DLS和方案，5Squal包括8个质量方面的相关指标，涉及数据对象、元数据、服务等。该文认为，数字图书馆是复杂的信息系统，其结构、内容和服务处在不断变化之中。这些复杂性和动态系统维护是一个不平凡的任务，因为它需要对不同DL的组成部分进行评价，一般来说，这些评价都是定制在每个系统进行，并且只有当问题发生时，管理员的干预是必要的。

1.4.3　架构研究的特征与趋势

1. 研究特征分析

数字图书馆系统架构研究是技术驱动和问题（需求）驱动的。架构研究所要解决的问题涉及数字图书馆系统建设的方方面面，研究大多基于特定的技术、针对特定的问题而展开的，所收集到的研究论文多以基于某种特定技术的系统架构研究，或以基于某种特定应用（特定目的，解决特定问题）的专用系统架构研究为题，满足新需求，使用新技术是其显著的特点。这一定程度说明了数字图书馆系统架构研究是技术与人文互动的结果，体现了图书馆事业发展与技术发展相同步的原则。

从要素维度来看，大致可以将目前的研究分为以资源为中心的系统架构研究，以用户为中心的系统架构研究，以系统为中心的系统架构研究，以服务为中心的系统架构研究四种类型。这种分类一定程度体现了数字图书馆系统构建的理念。

以资源为中心的系统架构研究，强调把5A作为数字图书馆建设理念与目标。程焕文等 (2006) 提出“五个任何理论”或者“5A理论”：“作为一种梦寐以求的崇高理想，我们可以将信息资源共享的最终目标概括为：任何用户 (any user) 在任何时候 (anytime)、任何地点 (anywhere) 均可以获得任何图书馆 (any library) 拥有的任何信息资源 (any information resource)。”这类研究围绕分布的、异构的、多样化的数字信息资源及系统，以构造统一的信息服务系统、实现信息资源与服务共享为核心，研究的主要问题包括分布式系统结构、系统互操作、数据集成、系统集成、服务集成整合等。

以用户为中心的系统架构研究，强调把5R作为数字图书馆建设理念与目标。Harrington (2004) 在第11届EBIC会议上描述Web of Science的开发理念时说道：把合适的信息（the right information）在合适的时间（the right time）通过合适的方法（the right applications software）提供给合适的人（the right people）以使得他们可以做出合适的决定（the right decisions），以此作为以用户为中心的数字图书馆系统架构理念是相当合适的，称作为“五个合适理论”或者“5R 理论”。这类研究围绕用户信息活动和用户信息系统，以支持用户灵活地处理信息、提炼知识和交流协作为核心，研究的主要问题包括人机界面、信息检索、个性化推介、内容注解等。

以系统为中心的系统架构研究，以 5S 系列研究最为引人注目。5S 本质上是关于数字图书馆系统自身建设的一种要素模型，强调从系统自身构建要素及要素关系的角度来考察分析数字图书馆系统构建的目标，对系统质量属性的考察则是其主要的关注点。目前 5S 研究主要涉及框架、模型、工具、设计、整合、评估等议题。

以服务为中心的系统架构研究，以对 SOA 的研究最受关注。SOA 为数字图书馆系统建设提供了一种灵活的架构模式，特别是 SOA 强调系统的“随需应变”，可以满足技术与人文的进化对业务模式创新和系统自身建设的双重需求，SOA 强调“业务与 IT 对齐”，使得基于 SOA 所构建的系统更加易于理解、更加易于快速构建与部署。

2. 研究趋势分析

张晓林等（2001）在对数字图书馆的目标任务、模式架构、功能实现以及相关的技术集描述与分析的基础上，给出了数字图书馆系统架构的三类范式。张晓林认为“数字图书馆将从基于数字化资源的数字图书馆向基于集成信息服务的数字图书馆、基于用户信息活动的数字图书馆范式发展。”数字图书馆范式的演变在数字图书馆建设和信息服务理念、模式等方面存在诸多挑战。“数字图书馆建设是一个逐步深化的过程，前一代系统为后一代机制提供发展基础，而后一代机制又对前一代系统提出宏观参照框架和长期发展制约。”“新型数字图书馆形态本身体现了关于信息服务和信息系统的新理念，并要求在信息结构、组织体系、服务功能和运营机制等方面有新的模式来支持和保障其有效发展。”“数字图书馆范式演变体现了一个系统研究开发的基点从信息资源逐步过渡到信息服务机制再到用户信息活动的过程。”这些都对我们熟悉的许多根本理念和模式包括系统模式、信息模式、信息服务模式等提出了挑战。

总体而言，目前关于数字图书馆系统架构的研究未能超越上述三种机制范式的概念范畴，是对其内容的深化，同时也出现了一些新热点、新趋势：

有以资源为中心、用户为中心到服务为中心的发展趋势，是“书人法”理论的理性回归；

模组化系统方法得到充分重视，并且更加关注系统可重用性、可扩展性及系统的灵活性等自身的问题；

以系统为中心的 5S 研究及以服务为中心的 SOA 研究成为架构研究新的生长点。

笔者认为，以 SOA 为代表的以服务为中心数字图书馆系统研究，体现了数字图书馆系统构建一体化的思想；不仅关注业务需求、用户需求等基本问题，更加关注系统本身的可持续发展相关问题；关注用户需求的不确定性，以及随需应变的系统构建问题；就系统构建理念与目标而言，则更加强调资源、用户、服务与系统目标的融合以及系统目标与业务目标的一致性。如果可以成为新突破的话，以服务为中心数字图书馆系统也许可以称为是第四代数字图书馆系统。

3. 存在问题评述

目前架构研究涉及不同内容与层次主要是由研究所关注的问题域而决定的。总体而言存在以下不足。

（1）从系统架构的内涵与本质来看，目前研究缺乏对架构的内涵、作用以及如何被利用的清楚表述，没有形成关于架构的一般性概念框架；

（2）从架构研究的理论性和普适性来看，目前研究以关于专用系统架构相关的解决方案居多，关注为特定的目的开发系统及其模型这一基本事实，一般能联系到某个特定的使用场景；

（3）从业务域与技术域的研究视角来看，目前研究突出了对技术域相关问题的关注，就 SOA 而言，忽略了业务域视角的观察与研究，尤其缺少与 SOA 相适应的、与本行业具体实践相适应的系统分析方法。

第2章　数字图书馆管理理论

2.1　数字图书馆管理与现代管理理论的关系

管理水平的高低决定着一个组织的运作效率，同样，在数字图书馆的组织中，管理同样占据着重要的地位。学术界对于数字图书馆建设的研究较多，但是对于管理的总结却缺乏深度，因此，有必要开展深入的数字图书馆管理模式研究。数字图书馆工作有着自身的特殊性，但是其管理方式越来越倾向于借鉴管理学的管理理论和方法。因为随着信息时代的到来，数字图书馆所处环境发生了巨大的变化，这个变化既有内部的也有外部的，这直接导致了数字图书馆的组织机构必须调整，工作模式也不得不随之改动。如果我们还沿用以前的管理思想来指导图书馆的管理工作，一定不能满足新环境下数字图书馆各项工作的管理需要。对管理理论进行适合时宜的创新已经成为数字图书馆谋求进一步发展的迫切需要，这种创新要结合管理学的最新成果。

管理活动自人类社会诞生之后就有，管理思想渐渐在人类的管理实践中产生。管理学界一般把泰勒于1911年出版的《科学管理原理》和法约尔在1925年出版的《工业管理与一般管理》当做科学管理理论的产生标志，两书是系统阐释科学管理理论的权威之作。科学管理理论产生后，经历了3个发展阶段，学术界把这3个阶段称为：注重科学的科学管理理论阶段、注重人的因素的管理的行为科学阶段和与时俱进的现代管理理论阶段。

科学管理理论着重强调动作和时间的研究，而且研究的主体由人们所从事的工作本身，转向研究如何选择合格的员工、提供良好的工作环境、采用先进的工具以及运用科学的方法等方面的问题。同时，还从员工的生理条件和心理需求等方面研究如何提高员工的工作技能和工作效率。科学管理理论主要是指第二次世界大战以后出现的管理理论。

《科学管理原理》一书所阐述的科学管理理论大体包括4个方面：①将员工工作用科学的方法加以衡量，改变以往凭老经验进行管理的做法；②采用科学的方法选拔员工，并加强对员工的培训、教育，以促使员工的不断成长与发展，改变以往对员工放任自流的做法；③促进管理者与员工之间的真诚合作，以保证科学管理方法的贯彻与实施，改变以往管理者与员工之间经常处于对立的状态；④管理部门与员工之间要有明确的责任分工，改变以往把一切责任全推给员工的做法。

行为科学阶段是由人力资源管理阶段发展而来的。行为科学的理论是基于对人类行为的心理过程的分析而确立的，主要研究如何满足人的愿望。行为科学把人的需求分为5个层次，越往上层，需求层次越高。

系统管理阶段（现代管理阶段）侧重整体的分析与研究，不仅研究组织与外部环境的关系，也十分注重组织内部的管理，特别是强调人力资源在组织中的作用，充分挖掘组织内部的生命力。

1）知识管理

数字图书馆注重知识管理，从 3 个方面来研究知识管理对数字图书馆的作用。①在管理理念上注重以知识为中心的图书馆知识管理系统的研究，把知识管理系统的研究作为管理的主要对象；②把知识创新、知识应用、知识传播、知识服务、知识产权以及人力资源的管理作为主要的管理内容；③把鼓励知识管理的创新、突破旧有管理传统作为一个重要的原则，盛小平（2003）系统论述了开放性原则、共享性原则、激励性原则、发掘性原则、增值性原则、层次性原则、创新性原则、协作性原则。

2）全面质量管理

罗曼（2003）认为全面质量管理和图书馆管理的宗旨是一致的，张玉凤（2001）提出图书馆通过建立服务观念管理、服务质量管理和用户评价管理体系，来提高数字图书馆的服务水平，达到全面管理的目标。赵晨洁（2007）根据国内外图书馆质量管理的标准——ISO9000 管理体系，对图书馆管理提出了以顾客为中心、领导的作用、全员参与、过程方式、系统管理、持续改进、基于事实的决策和与供方互利的关系等标准。

3）项目管理

1993 年以来，数字项目管理在世界各国开展起来。欧阳品山（2006）提出将项目管理技术运用在数字图书馆项目规划、方案细化、系统选择、计划与执行、控制与评价等整个项目生命周期中，对数字图书馆项目的实施进度进行能动的控制，保证数字图书馆管理的良性发展。

2.1.1　现代管理理论特点与趋势

1. 现代管理理论特点

1）学派众多

20 世纪 60 年代以后，管理学的发展被孔茨形象地比喻为“管理理论丛林”。陈黎琴（2007）根据孔茨的两篇论文《论管理理论丛林》和《再论管理理论丛林》分析归纳得出，截至 1980 年，管理学至少已经发展有 11 个学派，赵国杰等（2009）认为各个学派从不同的角度研究管理问题，提出各自的理论，在研究方法上也体现了多样性和创新性，系统论、信息论、控制论、数学、统计学、经济学等研究方法出现，极大地丰富了管理科学研究。在此基础上，陈黎琴（2007）认为所谓“学派”更适合称为“方法”。现代管理学作为一门新兴的年轻学科，其发展是非常迅速的，与实践的联系非常紧密，同其他学科的交叉非常频繁。因此，研究者以及有丰富实践经验的管理者，总是试图从理论和实践上提出更加简便实用，甚至是立竿见影的管理方法或者理论观点。这些观点一经问世，往往立刻就会引起轰动，有一些理论和观点经受住了考验，成为新的理论，有一些观点却被证明是昙花一现。

2）注重系统管理的思想的运用

现代管理理论十分推崇和重视采用综合的管理方法和综合的管理技术来进行管理，目的是使现代管理理论更加系统化，具有科学性。如果说科学管理代表着组织和企业的正面立场，行为科学代表着人的反面立场，那么系统管理就是在综合了这两者的基础上提出的中和立场。李德志（2009）提出系统理论的精髓在于其综合性、全盘性和生态性，具有中和的适应性、灵活的弹性、效率与效果的并重性以及效率的层次性等特点。

3）重视对人的管理

人际关系理论的提出为现代管理学开辟了一个新领域，在这个领域中，企业成功被认为要依赖于帮助员工发挥他们的全部潜能，而不是仅靠严格控制员工的生产力；管理“人”而不仅仅是“数字”成为管理者索要考虑的首要问题。第二次世界大战之后，出现了人类行为学派（又被成为人类关系、领导学、行为科学方法），之后又分化成为人际关系学派和团队行为学派。彭新武（2007）提出现代管理理论对人的因素的认识注重人的客观理性知识、把人的需要模式化、理性化、一般化划分的阶段，不可避免地忽视了人的社会性和文化性的丰富内涵。现代管理学界提出了“人本管理”和“能本管理”思想等思想。“人本管理”把人视为管理的主要对象和企业最重要的资源，尊重人的价值，全面开发人力资源。邹巍（2005）提出通过企业文化建设，培育全体员工的共同价值观，运用各种激励手段，充分调动员工的积极性和创造性。钱斌（2006）认为引导全体员工去实现企业的经营目标，依靠全体员工的共同努力促进企业的不断发展。能本管理是以“能力人”的假设为前提的，在现代西方社会，人们对物质享受的兴趣趋于平淡，而对于自身的创造能力的关注程度日益加强，作为人的最高需要之“自我实现”，正成为西方人追求的主要目标，面对人类为现代工业文明付出的代价，西方学者开始关注人类的自身幸福和价值观，思考人的发展问题，期望通过“人的革命”来推动“自我实现”。沈珺（2009）提出充分挖掘和发挥人的潜能和创造力，把人塑造成既能为企业和社会创造财富，又能在自我实现总得到升华的“能力人”。

2. 现代管理理论的发展趋势

随着社会的发展，各种社会管理实践不断积累，管理理论得到了充分的发展，体现出了鲜明的时代特色，并受到时代潮流的影响和作用。纵观管理科学的发展脉络，虽然近百年的发展使得管理理论学派林立，但是牛根义（2003）分析后发现，能对人类社会进步产生较大影响的管理理论只有寥寥 35 种。并且，在这 35 种管理理论中，最能代表未来管理发展趋势的是以下几种：管理创新——作为对管理模式的反思，管理创新主张不断打破静止不前的状态，保持创造的活力；知识管理——知识是最重要的资源，也是最宝贵的财富，未来社会不再盲目推重信息，而是将知识作为未来的代名词；学习型组织——未来组织的共同代名词，只有学习能力的组织才可以永远立于不败之地；组织流程重组；人本管理和能本管理等。

3. 数字图书馆管理与现代管理理论的关系

数字图书馆的管理就是在当前我国数字图书馆建设背景下，为了促进数字图书馆持续、快速、健康、稳定地发展并取得良好的社会、经济、文化等效益，所进行的由政府部门宏观指导，相关部门积极参与，各级图书馆具体实施的活动过程。数字图书馆科学管理的相关问题是随着数字图书馆的建设而产生的，数字图书馆是个新生事物，对数字图书馆的管理是一个全新的领域，数字图书馆建设的关键在于管理协调得当，才能促进数字图书馆发挥其知识中心的功能。

首先，管理是数字图书馆建设的保障。

数字图书馆建设的项目和工程已经在社会基础比较好的地区大规模地开展起来了，可以说数字图书馆的管理问题是跟随着建设的步伐被重视起来的。众所周知，当今社会是一个数字信息日新月异的时代，数字图书馆的建设是一个没有成熟经验可供借鉴的新课题，西方国家虽然在这一领域超前于我国，但也在摸索中，相同的是对于数字图书馆工程的战略重要性都持肯定的态度。因此，加紧对数字图书馆管理的研究，成为各国的共识，因为有了能动的有效的管理，数字图书馆的建设才能少走弯路，在信息、智能和知识的竞争中抢占有利形势。

其次，管理离不开政府的宏观调控。

数字图书馆工程建设是一项资金投入巨大、涉及范围广泛的工作，其目的或效益指向从根本上说又是全局性的，是为了通过这一工程的建设，来汇集整个社会的知识和智能，提高一个国家和民族的整体创造力和竞争力。这就决定了数字图书馆是一项充满挑战性的工作，涉及资金、技术、人才、政策、法律、社会效益等等问题，来自社会各方面的阻力可能会很大，这就需要政府以政策甚至法律来保障数字图书馆建设的各项支持，既要舍得花钱，又要以高度的魄力来组织高科技人才进行技术攻关，因为说到底，技术在数字图书馆工程的建设中占主导地位，不能技术领先，我们的数字图书馆建设就没有优势可言。

最后，管理要有全局意识。

数字图书馆工程的目标是远大的，效益也将是长久的，但是数字图书馆目前的建设却呈现出各自为政、馆与馆之间互不交流的状态。何琳（2010）对我国区域性高校数字图书馆联盟建设现状的调查分析指出，我国 13 个高校数字图书馆联盟之间由于技术和知名度的限制，联盟基本处于相对封闭的状态，只服务本地区的高校，联盟内部之间成员交流也很有限，联盟之间的合作交流很少，跨联盟、跨行业和跨系统的数字图书馆之间的交流基本处于空白状态。没有相互之间的交流和合作，势必造成资源的重复建设和资金人力的浪费，也妨碍了数字图书馆工程目标的实现。因此，在全社会数字图书馆树立一个全局意识，改变各自为政的散兵游勇状态，统筹全社会数字图书馆的建设，凝聚一国之力来促进这项工作的有序进行，是目前亟待解决的问题。

2.1.2 数字图书馆管理的内涵与外延

1. 数字图书馆管理的内涵

现代图书馆管理理论的创新强调汲取国内外最新的管理学理论的成果，结合图书馆事业本身的发展实际和特点。在近几年的图书馆管理研究中，现代管理理论得到密切的关注和广泛的使用，图书馆管理理论积极借鉴、有益地吸收管理科学的最新成果，并转化为具有图书馆管理效用的图书馆方法。沈光亮（2006）提出：一方面，通过借鉴现代管理理论对图书馆管理进行普遍指导性研讨，表现在以“知识管理”“管理创新”“管理模式”或“管理体/机制”等的研究为热点；另一方面，将具体管理方法运用到图书馆管理中的实际研究中，表现在以集成管理、项目管理、目标管理、分布式管理、一体化管理、整合管理、关键时刻管理、生态管理、绿色管理、公平管理等为研究方向。

图书馆管理有什么内容？这个问题学术界多有争论。过去有人认为图书馆管理就是图书的管理，或者是指图书馆的业务工作的管理，其实两种观点都具有片面性。陈有志（2007）提出，图书馆管理是在一定社会条件下，根据社会对图书馆事业发展的需求，通过在图书馆内部进行一系列的计划、组织、控制、协调、创新等具体行动，整合图书馆的信息资源和人力资源，开展图书馆的日常工作，以达到最合理地分配图书馆的物力财力资源，发挥人力资源的优势。黄宗忠（2004）提出转变图书馆过去效率低下的弊病，使图书馆不断符合社会发展的需要，达到图书馆预期的目标，完成图书馆任务的过程。数字图书馆的管理也是一样，不过是在信息环境下，利用的工具加上了网络信息资源体系和网络机构，同样是运用现代管理学的相关原理，通过协议和协调控制等行动，以达到合理配置和使用分布在各个成员馆内的，以及网络环境中的数字化的资源。

数字图书馆管理的内涵是指数字图书馆在网络化和信息化的环境下，为了更好地建设数字图书馆的各项工作，而采取的主动地从整个人类知识体系中谋求合适的管理方法和理论武器的过程。

首先，数字图书馆的管理是在数字图书馆发展到最新阶段提出的任务，是对数字图书馆的内容有了深刻了解之后，根据数字图书馆进一步发展和当前出现的问题而提出的，目的在于更好地建设数字图书馆，实现数字资源效益的最大化、强调图书馆本身业务的重要性。

其次，数字图书馆的管理更加强调借鉴其他学科的知识和技术，特别是管理学的理论和信息科学的技术。事实证明，每一次管理学理论的飞跃都能带来图书馆管理的理论的进步，图书馆积极引进管理学的最新成果，给新时期图书馆管理工作带来了源源不竭的动力；数字图书馆的建设，核心是技术，管理同样也离不开技术的支撑。

最后，数字图书馆的管理要体现可持续发展的要求，要把创新注意结合到数字图书馆的管理理论和模式的探索中。

2. 数字环境下图书馆管理的外延

学术界对于图书馆管理的研究成果颇丰，目前已经形成了比较稳定的研究热点和研究方向，为图书馆管理外延的界定提供了清晰而丰富的材料。纵观这些研究成果，可以得出以下这些内容。

1）知识管理理论

知识管理（knowledge management）最早起源于企业管理的实践，但经过短时间的发展，已经被运用到社会管理的各个领域。知识管理是这样一种管理理念，认为组织中既有显性知识，又有隐性知识，这些知识对于组织的发展和创新具有非常重要的作用，如果不加以管理，这些知识可能就成为被白白浪费掉的资源。因此，知识管理要求组织要为显性知识和隐性知识的共享提供各种机制、方式和途径，其依据是相信这些知识是集体智慧的结晶，合理的利用可以提高组织在面对纷繁复杂的内外部环境的应变和创新能力，提高组织的响应速度。李伟基（2007）指出知识管理不仅注重对信息的收集、存储、管理及传递，而且更加注重组织内部存在于人们头脑中的各种知识间的关联、交互与转换。盛小平（2003）认为数字图书馆知识管理是指图书馆管理者在合理运用知识管理理论与方法的基础上，合理配置和使用数字图书馆所拥有的各种资源，以用户的信息需求为导向，整合图书馆资源，重组图书馆的业务，充分满足用户的需求，提升现代图书馆的形象。

2）全面质量管理理论

全面质量管理（total quality management）作为一种管理思想和管理实践起源于制造业，是企业质量管理发展进程中的第三个阶段，在企业得到不断发展与完善。经历了质量事后检验阶段、统计质量管理阶段和全面质量管理阶段 3 个不同程度的发展过程。质量事后检验阶段也成为传统质量管理阶段，统计质量管理阶段和全面质量管理阶段也成为现代管理阶段。现代质量管理是一种专注于生产、经营能够令用户满意的产品，并提供完善的售后服务这样一种完整的产、销、服务相结合的完整管理链。它所追求的目标有性能价格比高较高的产品和较高的收益。这原本是不可能统一到一起的矛盾的双方，但是罗良道（2002）提出经过现代质量管理方式的运用，产品质量变得和成本及生产率成为了一个互相不矛盾的、可以互相促进的体系。21 世纪图书馆的管理以服务质量为核心，其实质是重视对读者的服务，罗曼（2000）强调人力资源的建设，是一种真正意义上的以人为本的管理方式。1998 年，全国图书情报研究生学术研讨会议主张图书馆引入全面质量管理新思维，这一活动表明，全面质量管理，已经得到国内外图书馆学学者的赞同。图书馆实行全面质量管理有助于图书馆打破存在于图书馆机构内部的机械的业务分割的障碍。

全面质量管理运用到图书馆管理中，就是在保证和提高图书馆信息服务质量的前提下，以图书馆所有部门和全体员工的共同参与为条件，综合运用完整的管理技术，集合专业技术、开展思想教育，适当补充经济手段和科学方法，在此基础上建立一个健全的服务质量保证体系，从而对服务的全过程质量效果实行有效控制。孟广均（1999）认为图书馆全面质量管理是为了实现开发、设计、生产的经济效益，提供给用户满意的信息产品和信息服务，就是以最低的消耗来达到最好的质量、最优的生产，并辅以最佳的服务，最终目的是实现不断稳步提高服务质量的目标。

3）人力资源管理理论

现代人力资源管理的理论是不断发展的，大致经历了 3 个阶段——物本管理、人本管理和能本管理。

物本管理的思想基于一种“经纪人”的假设和前提，即假设人是经济动物，是为了金钱而工作，为了享受物质生活而生存，只要满足了人对金钱和物质的需要，就可以调动人的积极性，让他们卖力工作。显然，这种管理理论的说法夸大了物的作用，忽视了人的精神性和文化性，把人单纯地看做生产的工具、机器的附属，要求人去适应机器。显然，这种管理方式无法充分发挥人的创造力和潜能。

人本管理是兴起于20世纪60年代，大发展于80年代，是一种新的现代管理理论的内容，它相较于物本管理而产生，和物本管理一脉相承，又对其进行了继承和发展。人本管理是基于“社会人”的假设，即认为人是社会中的人，社会人不是各自孤立存在的，而是属于群体的一员，是有所归属的，人具有社会性的需求，人与人之间的关系和人对组织的归属感更能激励人的行为，其作用超过了单纯的经济报酬。社会人不仅具有追求收入的动机和需求，他在生活工作中还需要得到友谊、安全、尊重和归属等。因此“人本管理”就是注重人的作用，强调人的发展，是一种“以人为中心”“以人为根本”的管理。盛小平（2005）认为人本管理体现了管理学与伦理学的融合。人本管理理念是人应当受到尊重、理解、爱护和关心，以此来激发人的工作热情、为个人的合理需要的满足提供条件、挖掘人的潜能，在满足人自身需要的基础上，创造最佳的工作绩效，达到组织和自身的双赢。

人本管理是这样一种管理，人是管理的对象，也是管理的受益者，更是管理的依赖。人是管理的对象，并把人看作“社会人”和“文化人”，在充分理解和尊重人格尊严的基础上，注意发挥员工的潜能；管理是以满足人的需要而进行的，管理要充分发挥个人主观能动性、创造性，才能实现管理的目标。

人本管理思想得到了数字图书馆管理者得重视，并在图书馆中的应用积极运用。图书馆人本管理包含两个方面的意思：一是对图书馆员和图书馆工作者得人本管理；二是对读者的人本管理。图书馆的各项工作和服务的完成者是人，图书馆的效益发挥也要靠人来实现，对图书馆员进行人本管理有助于发挥馆员的积极性，激励他们朝着图书馆的共同目标去奋斗，为自己价值的实现创造条件，也为图书馆目标的实现创造条件。孔慧（2003）认为用户是图书馆的服务对象，也是社会人和文化人，是图书馆一切管理成果的最终受益者和享受者，人本管理毫无疑问地要为自己的“上帝”创造良好的资源服务条件，对受众提供高质量的信息服务。因此，图书馆人本管理是在注重服务“以读者为本”的基础上，又强调管理和工作“以馆员为本”的全面的人本管理，不偏废任何一方。蒋永福（2003）提出图书馆的人本管理就是要树立“读者第一，服务至上”和“馆员第一，创新为上”的观念。

能本管理是基于“能力人”假设为前提的，即认为在现代社会，物质条件极大地满足之后，人们对物质享受的兴趣趋于平淡，而更加注重自身创造力的发展。盛小平（2005）认为能本管理就是指以能力作为管理的出发点和落脚点的管理理念，它是人力资源管理的高级阶段，是在物本管理和人本管理的基础上发展而来的。能本管理强调通过适当的方法，激励人的能动性，最大限度地发挥人的能力，让人的价值达到最大化。牛根义（2003）指出能本管理有利于促成“因才施用”的管理理念，按照人的业绩来分配岗位和报酬，采取重任重人的原则，充分发挥员工的潜能，激发员工在工作中积极创造，实现图书馆价值服务价值的最大化。

4）集成管理理论

约瑟夫·哈林顿于1973年提出了计算机集成制造概念，主张借助计算机系统的帮助将企业中各种与制造有关的资源集成起来，快速响应市场需求，提高企业的竞争力。盛小平（2005）认为集成管理系统要求较高的人员素质，完善的组织管理，但并不妨碍其成为一种备受瞩目的管理理念。集成管理理论是一种全新的管理理念，强调运用集成的思想和理念指导企业的管理行为实践。传统的管理方式是以分工为基础，而集成管理则突出一体化的整合思想，二者的出发点是完全不同的。从某种程度上来说，集成管理一种强调整体要素的相互协调从而促进各项功能达到最佳发挥的管理理论，是对整体部分辩证关系的有效运用。东方（2004）将集成管理理论应用于数字图书馆管理活动，与数字图书馆各种业务流程相结合，提出了数字图书馆集成管理的理论：将各种数字图书馆的信息、技术、组织和人力资源等进行重新整合，促进各种要素的协调互动，以部分有机组合的良性模式，共同促进数字图书馆整体功能的最大限度发挥。

叶鹰（2002）提出数字图书馆集成管理的内容包括：①选择合适的资源组合和技术系统。资源不一定全部要是自身拥有的，自建库和引进库有机结合才能发挥资源的最大效益，同时系统的完备也很重要；②选择合理的机构设置，数字图书馆的部门有分工，内容有不同，如何把不同的部门集合起来，有机组合，才能实现整体功能大于部分功能的简单相加。张凤斌（2003）认为其还包括技术、资源、人力、规范等内容。

5）项目管理理论

郑惠伶（2005）提出项目管理是在实际的基础建设项目、科研项目中发展而来的。自 1993 年 9 月美国推出“数字图书馆创始计划”以后，世界各国纷纷推出数字图书馆项目，我国 1997 年启动了系列数字图书馆项目，如“中国实验型数字式图书馆项目”。项目是具有一定的周期的一个体系，一个周期可划分为选择、设计、实施和评价等阶段，不仅如此，每个阶段又划分为初始、计划编制、计划执行、控制、完成等过程。可以说是环环相扣，每个阶段或者过程的开始往往必须以上一个阶段或过程的完成为条件，众多的阶段构成了一套完整的项目管理过程。项目管理又可以细分为 9 个不同领域，即项目的综合、范围、时间、成本、质量、人力资源、沟通、风险、采购 9 个管理部分；每一个部分都具有各自不同的管理知识和方法，所使用的工具和技术也会有所不同。项目管理作为一种效益高、灵活快速、高弹性的组织管理模式，已经广泛地运用在数字图书馆的日常业务中。项目管理具有一次性与延续性、创造性与复杂性相结合的特点，作为一种新的管理方法，发挥着灵活多变的作用。

6）战略管理理论理论

1972 年美国学者安索夫提出了战略管理的思想，立刻在美国掀起了研究与实践的热潮。起初战略管理的领域主要集中在盈利性组织中，后来逐渐扩展到非盈利性组织，其中就包括数字图书馆。企业战略管理不是一般的管理活动，而是一种高层次的管理活动，是一种着眼于对企业未来整体经营活动的再思考和创新的管理，是在综合考量各部门所有相关因素的基础上，提出的一种求新求变，开拓新领域的管理。企业战略管理体现了一种巅峰管理理念，是一种辨证的、不以眼前利益而停止探索的管理构想。数字图书馆的战略管理，是指运用现代战略管理理念，对涉及数字图书馆各个管理环节的因素进行一个整体上的思考和把握，从而制定科学的发展计划，摆脱一段时间内可能出现的管理困境，实现数字图书馆的管理变革，开拓数字图书馆发展的新领域。

2.1.3 管理理论对数字图书馆管理的促进意义

1. 管理理论的运用促进了我国数字图书馆宏观和微观管理理论的革新

数字图书馆的宏观管理是我国目前一项亟待解决的议题。首先数字图书馆的建设是一项必须举全国之力才可以完成的浩大工程，此处讨论的数字图书馆是一种信息环境下的资源共享机制，超越了时空的范围；其次数字图书馆的管理必然涉及目前建设中最难以解决的问题，就是数字图书馆宏观管理体制和图书馆法的问题。我国数字图书馆宏观管理体制目前存在着 3 个突出问题：①行政管理体制下的条块分割问题严重，数字图书馆的建设按照行政命令的方式来进行，缺乏科学的规划和切合数字图书馆规律的学科指导；②不当的财政划拨体制，造成了各级图书馆数字资源建设片面追求“小而全”或者“大而全”的错误目标，忽略了数字图书馆的共建共享，造成资源的重复建设和资金的浪费；③作为公益性信息服务机构的管理体制分裂性，造成了既不规范也不标准的图书馆业务工作现状。我国数字图书馆的微观管理同样堪忧，尽管市场经济体制已经充分建立并发挥作用，但是那种计划经济时代遗留下来的机构设置与规章制度仍在束缚着数字图书馆的管理活动；此外，公家体制和编制思想仍在滋生着安稳和不求上进的思想。

2. 促进了我国数字图书馆管理模式、管理内容与管理方法的发展

数字图书馆的管理模式是最近十年的研究热点，研究学者众多。他们大多从数字图书馆的资源、服务、人员管理等方面来阐述数字图书馆的管理模式。大致形成了几种具有代表性的管理理念：①宋海燕等（2007）从宏观、中观和微观 3 个层面提出了构建数字图书馆管理模式的设想，宏观上依靠政府的宏观调控，获得拨款和数字图书馆事业发展方向的指导，通过数字图书馆法律法规的健全，用立法手段经营数字图书馆的活动，借助信息技术的发展来提高数字图书馆的技术含量，解决可能引起的安全问题；②从中观上依靠图书馆行业协会或者学会组织，开展行业内部的协调和自我管理，这在国外比较盛行；③从微观上着眼于对实体图书馆进行管理，在这个过程中必须兼顾数字图书馆的个性特征，利用数字图书馆的各种优势资源，开展面向用户的信息服务。

管理内容的变化主要表现在通过对人力资源管理理论的借鉴，在数字图书馆管理中开展以人为本的人本管理，乃至以能力为本，强调人尽其才，以能力定职位的人力资源管理理论。此外还特别注重对于用户的服务质量的提高，增强信息服务业的超前意识，制定信息服务业的标准化管理和质量管理。

在管理方式行的变化主要有改变过去自上而下的单向管理体制，建立扁平化的组织体系，减少组织管理中信息传播的阻力，改变行政命令式的管理方式，建立集中分散相结合的决策机制和完善的信息流控制机制等等，借鉴现代管理理论的成果。

3. 提出未来数字图书馆管理发展的方向

创新是当前数字图书馆管理发展的主要动力，图书馆管理的新趋势体现在以下 4 个方面。

(1) 数字图书馆管理理论与实践的发展是在借鉴和消化新理论、新技术与新方法的基础上进行。特别是对现代管理学理论、信息科学理论（如信息生命周期和信息化水平测度等)、计算机技术、经济学、人类学等学科新理论和新技术的基础上得到不断创新与发展。质量管理、项目管理、知识管理、人文管理等管理理念必将对图书馆管理理论产生重大影响，不断促进数字图书馆管理的发展和融合。

(2) 图书馆宏观管理作为一个新的领域将被越来越多地提上研究日程，这和学术界对数字图书馆的认识以及数字图书馆的发展趋势是密切相关的。全球化的浪潮，体现在了数字图书馆的建设上，这是又一个能令全球置于一个互联网络之下的希望，是网络发展的必然。各国在建设数字图书馆的时候要认识到这个大趋势，积极开展数字图书馆的建设，在国际知识社区中抢占自己的话语权。这项任务是如此包罗万象，以至于不能靠一个地区、一次投入就可能成功，必须从长远发展的角度，做好长期建设的准备，持续不断地投入人力物力，并以国家项目的形式给予保障。

(3) 图书馆管理节点将由以图书馆资源和服务内容为中心转向以用户及其需求为中心。过去，图书馆守着自己的馆藏，避世自居，也少有读者问津，即便有，也是总是受到时间和空间的限制。而数字图书馆项目不满足于有形的馆藏建设，而把网络资源以信息传递网络联系起来，提供给任何读者在任何地点和任何时间使用。巨大的资金和技术投入，其最终目标就是满足读者的需要，做好信息服务业的工作。既然是这个目的，那么就不应当居高自傲，而应当以读者的需求为导向，以满足读者的需求为目的。不仅如此，数字图书馆的功能定位、馆员的知识结构培育等等都应当遵守这个准则。总之，数字图书馆管理必须由以用户为中心，以满足用户当前和未来的信息需求为目的，开展各类图书馆业务工作。

(4) 数字图书馆资源建设的准则必须是“共建共享”。前面已经说过了，网络环境下数字图书馆的资源建设已不仅仅局限于有限的馆藏资源和少量的数据库资源，而是存在于网络之中的各类信息资源。加上网络传输的帮助，使得各个图书馆实体可以并且应该及时走上资源的共建共享的道路，以对抗有限的信息服务机构和无限的信息知识群体和多样的信息需求倾向之间的矛盾。众所周知，数字图书馆的建设和管理无一例外地在实际操作中都是走联盟化路线，为的就是进行数字图书馆的资源共享。

2.2　数字图书馆管理理论的基本要素

在社会转型过程中，某些社会事业因新旧体制衔接不利和改革举措不当，职能被扭曲，公益性和公正性流失严重，呈现出社会发展滞后于经济发展增长的非均衡态势，成为影响我国进一步发展之“痒”。数字图书馆建设作为一项社会基础事业，是国家知识基础设施的核心，作为公共文化的制度安排，本身就具有“公共性”和“公益性”。把数字图书馆建设作为一项社会事业来做，应当正确理解和处理好以下几个相关问题：正确解读数字图书馆事业的“公共性”和“公益性”特质，正确对待数字图书馆事业的管理主体和建设主体之间关系、数字图书馆“基本”需求和“非基本”需求之间关系、数字图书馆“社会核算”和“经济核算”之间关系。

2.2.1 数字图书馆事业的“公共性”和“公益性”

对公共性的追寻和公共知识与智慧的渐次生长，成了我们时代的一种突出的文化（精神）现象，集中地表明了我们这个时代人文学术思想的显著而深刻的特征。文化公共性实际上是一种社会公共价值的共识。阿伦特（1999）认为，“公共性”一词至少包含3个方面的含义：“公共性”意味着公开性、实在性、共同性。数字图书馆的公共性意味着一种共享性而非排他性，一种共同性而非差异性，即在资源建设层面上，按照共建、共知、共享的原则，提供共享性数字资源而非排他性数字资源；在服务层面上，在充分尊重个体需求的前提下，在公平、公开、公正的条件下，对读者开展普遍均等服务。数字图书馆建设的主体是一种公共客体而非个体客体，袁祖社（2007）提出“公共性”是指；运作的权力是一种公共权力而非私人权利；所作的决策是一种公共决策而非单纯的私人自治；生产的物品是一种公共物品而非单纯的私人物品。数字图书馆作为一种非营利性组织，不是依靠利润或行政命令驱使的，而是依靠“公益”理念所内含的“使命”感；数字图书馆建设不以营利为目的，具有公益性、非市场性等性质；从非营利性组织的社会责任来看，数字图书馆的活动目标是为了提供公共物品（数字文化资源和学习平台），所以其社会责任的大小、社会信誉度和它们提供的公共物品的质量和效率有关。在数字图书馆建设过程中，应特别注重其公益性，卢雷（2004）提出公益性的缺失意味着社会大众对其信任度的降低，也表明它们在公共领域中丧失其应有的功能。社会大众对数字图书馆抱有很高的期待，会用更高的标准来检视数字图书馆建设，关心数字图书馆的“公益性”和“责信度”的问题。正是由于数字图书馆具有“公共性”和“公益性”这两方面的特点，因此，在公共财务方面，数字图书馆具有“不分配盈余”的特性，其财务可以公开化、透明化，亦可接受社会的监督。同时，政府也应转变职能，健全相应的配套机制，使数字图书馆建设过程中充分体现“公共性”和“公益性”。

2.2.2 数字图书馆事业的管理主体和建设主体

数字图书馆事业是一项公益性社会事业，体现了资源共享、服务均等化的公益性质和惠及全民的人文精神。数字图书馆是一种“公共文化物品”，具有公共性，数字图书馆建设作为公共文化的制度安排，本身就具有“公共性”和“公益性”。数字图书馆既是一种“制度型公共物品”，也是一种制度安排与保障。

一方面，数字图书馆作为一个致力于知识和信息的社会性传播公益机构，积极参与和实施数字资源建设，是构筑知识文明、建设和谐社会的应有之义；另一方面，作为公共文化服务体系的重要组成部分，数字图书馆具有传承人类文明、传播知识信息的职责，成为履行政府公共服务职能，是实现公共文化服务公益性、便利性、均等性、普惠性的重要窗口。

田国良（2007）认为目前我国数字图书馆宏观管理机构众多：国家发展和改革委员会、文化部、科技部、教育部、科学院，地方政府等。和国外比，我国的数字图书馆建设显得有些头绪纷繁：一是没有一个相对集中的整体协调机构；二是没有一个全国性的切实可行的分阶段发展计划；三是没有一个明确的分工；四是没有一个有效的管理机制。在数字图书馆事业的建设过程中，我们应当明确其管理主体与建设主体。在这方面，江苏省高等学校数字图书馆（JALIS）建设方案明确了数字图书馆事业的管理主体和建设主体，提出了“四方合作”主体概念，即指政府支持、学校主导、社会参与、读者配合等“四方合作”。通过这四个方面的合作，创造共建共享、和谐发展的社会环境。其中，江苏省财政厅和教育厅的宏观指导、经费资助和政策支持，是 JALIS 建设的重要基础；江苏省高校图书馆的精诚合作，是 JALIS 建设的实施主体；数据库供应商、科技系统、公共图书馆系统等社会资源的积极参与、共生多赢，是 JALIS 建设的助推器；广大读者的合作支持、良性互动，是 JALIS 可持续发展的不竭动力。这 4 个方面的相互联系、紧密协作，促使 JALIS 走上需求引导发展、需求催生创新的可持续发展道路。

2.2.3　数字图书馆事业的“基本”和“非基本”需求关系

社会事业可分为“基本”和“非基本”社会事业。数字图书馆事业也分为“基本”事业和“非基本”事业两部分。数字图书馆“基本”事业是指由政府主导的，由各级图书馆参与，保障公民基本和主要的数字资源需求的事业。数字图书馆“非基本”事业是指由市场参与的，满足读者个性化数字资源需求的事业。在数字图书馆“基本”事业中，政府在数字图书馆建设中居于主导地位，这主要在于政府是数字图书馆建设的主要财政支持者和数字图书馆建设过程中作为社会系统工程的宏观调控者的角色。政府把数字图书馆建设纳入国家信息基础设施的组成部分，纳入国家和地区信息化建设的总体规划，对数字图书馆建设提出相应的要求，给予政策支持，在经费投入方面随着国民经济的发展逐年发展应增加对数字图书馆建设的投入力度。在我国数字图书馆事业建设过程中，政府需逐步转换既是投资者，又是管理者、经营者的多重身份，推进数字图书馆事业建设的多元化、社会化、市场化，通过营造良好的环境，积极引导社会力量参与社会事业的举办。同时，在数字图书馆“基本”事业中，应当明确政府保“基本”需求的标准，要与经济社会发展水平和阶段相适应。随着经济发展、财力增强而逐步提高，政府保“基本”需求的投入既不能滞后也不能超前。滞后了，人民群众的基本需求得不到有效保障，就会产生不满情绪，积累社会矛盾；超前了，财政压力过大或无力支撑，反而不可持续。也就是说，既要尽力而为，又要量力而行。愿望超前和能力滞后永远是一对矛盾。要加快建立健全相应的财政体制，调整财政支出结构，投入更多的资金，支持数字图书馆社会事业与经济协调发展。

数字图书馆“非基本”事业交给社会和市场，通过发展相关产业，满足多层次、个性化的需求，政府在这个过程中要履行监管责任。把应该由社会和市场发挥作用的部分真正交给社会和市场。我们知道，社会需求总是呈现多层次和多样性。怎样确定政府的责任范围、划分政府与市场的界限。政府把责任和保障面定得过宽，不仅会降低保“基本”的能力和水平，还会影响社会各方面参与发展数字图书馆事业的积极性和活力。区分数字图书馆“基本”和“非基本”事业，区分读者“基本”和“非基本”需求，具有重大意义，政府应当成为数字图书馆事业的主导者和调控者，保障数字图书馆“基本”事业，满足读者的“基本”需求。而对数字图书馆“非基本”事业以及读者的“非基本”需求，则可吸引社会民间力量来参与，运用市场手段来优化配置资源。数字图书馆“基本”和“非基本”事业相互补充，共同推进数字图书馆事业的发展。

2.2.4 数字图书馆的“社会核算”制度

数字图书馆作为一种非营利组织和公益性组织，需要建立公共财政来保证公共产品和公共服务的提供。数字图书馆建设也要与经济增长相适应，既要防止数字图书馆建设长期滞后于经济发展，也要防止数字图书馆建设成为经济增长的沉重负担。为了防止和避免出现“有增长而无发展”，数字图书馆既要进行“经济核算”，又要实施“社会核算”，要建立起一整套对数字图书馆运行的经济成本与效益（正面和负面的）进行监测、评估和测算的指标体系，并把数字图书馆对社会影响的各种社会发展指标纳入相关的“社会核算”当中，从单纯追求文献传递与共享指标的增长到追求整体的社会文化与教育的发展，为此，我们必须依靠科学的“社会核算”来做出有限资源配置的决策。数字图书馆的“社会核算”目的在于追求目标（如社会效益、服务质量等）的实现而非经济效益，在现实操作中往往会因要达到某一非经济目标而牺牲一部分经济效益，并不以追求利润最大化为目标。但这并不意味着数字图书馆建设不用进行成本管理，相反，其运作与管理也要讲效率、重成果，力求以最小的成本实现目标。在运转上，数字图书馆建设的资金流动不是周而复始的，而是单向周转。数字图书馆投入资金运转不以经济效益为主要目的，而更侧重于非经济效益如提供服务的价值最大化，实现组织存在与发展、社会效益等目标的实现。数字图书馆的运转不是靠“利润动机”的驱使，而是靠“使命”的凝聚力和引导，经由能反映社会需要的使命表述与宣传来获取外部的支持和捐助，并实现其组织内部的协调运作。对于数字图书馆的社会效益和经济效益需要采用两手抓，两手都要硬的策略，并寻找数字图书馆建设的社会效益和经济效益的平衡点。

图书馆作为知识和信息聚集、传播、交流、共享的枢纽和门户，一直被认为是公共文化事业的重要组成部分，在整个公共文化服务体系中扮演非常重要的角色。而数字图书馆作为图书馆的重要组成部分和表现形式将在图书馆的发展历史上写下最浓重一页。正如斯坦福大学图书馆馆长凯勒（Michael A. Keller）（2007）所说：“20 年内，世界上大部分的知识会被数字化提供获取，人们期望在网上免费阅读文献，就和现在图书馆免费阅读一样。”当然，数字图书馆绝不仅仅是数字化的图书馆，它更应该是文化的传播媒体，是数字资源组织、开发和利用的基础，是网络文化中心和网络文化的聚集地，并带动以大众文化为基础的文化经济产业的快速发展。数字图书馆的建设将使图书馆的演进目标向平等、自由获取知识的社会事业（公共基础设施）方向发展，既为现世的人们开辟了通往崇高目标的道路，也为现世的人们带来了福祉。

2.3　数字图书馆管理的维度

数字图书馆的管理是指数字图书馆整体性管理，包括人员管理、行政管理、资金管理、业务与运行管理以及项目管理等，肖珑（2005）提出管理是数字图书馆的灵魂所在。李哲汇（2007）认为图书馆并非一个实体机构，而是一个基于网络信息资源的采取新型管理模式的虚拟图书馆，即一种知识获取、开发利用的全新运行范式、相应地也提出了重视宏观管理和规划，走出过去一味注重单纯量的积累、而忽略了方向性选择的误区。

2.3.1　数字图书馆宏观管理

田国良（2009）从我国数字图书馆的实际情况出发，综合考虑了主要发达国家的数字图书馆管理经验，提出了数字图书馆宏观管理主体应该由国家图书馆联合全国各图书馆、档案馆、博物馆以及新闻出版单位等联合管理；数字图书馆信息资源宏观管理要尽快实现全国文献和数字信息资源的联合编目，尽快实现全国所有新出版物的数字化，分期分批开展各类文献数字化，对因特网的各种资源要进行整合提取，建立指引库，并重点对信息资源进行整合；认为数字图书馆的知识产权管理没有必要在法律条文上单独列出“数字图书馆知识产权”，只需要在现有著作权法的框架内，按照国际惯用的三步检验原则，相应地设置明确的限制条款，完善著作权法规。该书还提出了数字图书馆的投资规划上，要在坚持公益性的同时，完善监理工作，防止“三超”现象以及数字图书馆工程项目管理的架构和完善数字图书馆工程项目专家咨询论证制度，保证国家数字图书馆计划的顺利实施。

1. 数字图书馆宏观管理主体

数字图书馆的科学管理首先必须回答数字图书馆由谁来管的问题。

西方发达国家的数字图书馆项目一般采用由基金会和相关机构出资，国家图书馆统一协调组织的模式。我国社会制度和组织结构与国外有差异，人口基数和地区差异都比国外要大，为了使整个社会的知识和信息获取权利趋于公平，就需要政府部门在通观全局的基础上，发挥发达地区在数字图书馆建设上的优势，加快建立高效优质的数字图书馆系统，通过发达地区的良好示范效应，带动欠发达地区的数字图书馆建设步伐。由于我国经济和社会发展的不平衡性，各级政府部门在管理数字图书馆项目上就要有层次、有步骤地进行。中央政府在数字图书馆宏观管理项目中居于主导地位，地方各级政府在中央政府的统一调度下配合整体目标的实施；同时由于各地数字图书馆项目建设的水平不同，发展快的地区要同发展慢的地区建立一个先进带动后进的对接关系，互相之间多进行经验交流。从中央到地方，又从地方到地方，组成一个纵向上上级指挥下级，横向上同级之间互相帮助借鉴的结构。

我国的数字图书馆科学管理的主体包括政府、管理机构和行业组织，由这些部门凭借行政权力和行政隶属关系所进行的行政性管理，这些部门之间是统一领导、分级管理的关系。涉及数字图书馆管理的机构有国家发展和改革委员会、文化部、科技部、教育部、科学院、财政部等。田国良认为，为达到统一管理的目的而重新设立一个统筹全局的数字图书馆管理机构，并赋予该机构立法、制定规划、协调管理等全方位职能，是完全没有必要的。事实上，数字图书馆的参与机构不是少了，而是太多。蛛网式的组织经验告诉我们，对于一个复杂分散的系统，越是想把决策权高度集中到一点，就越容易瘫痪甚至死亡。而应该采用海星模式，赋予各个部门独立的行动权，同时把每个部分的方向置于一个统一目标的指导下，这样的组织才能保持长久的活力。陈源蒸（2005）更是一针见血地指出，对于这么一个庞大的数字图书馆计划，有能力解决一切问题和矛盾的，只能是中央政府。因此，在不单独设立新的机构部门的情况下，由中央政府批准设立一个单独的项目领导小组，着力解决数字图书馆建设中遇到的难题，组织人才进行攻关，不失为一个可行的办法。

2. 数字图书馆宏观管理内容

（1）数字图书馆资源宏观战略目标的论证和制定。图书馆数字化，或者说数字图书馆项目是一场波及全局的运动，这场运动如果要取得成功，就不能不尽早实现全局性的战略部署，把每一个原本孤立的图书馆、图书馆联盟联系起来，从整体的角度来进行统筹。

（2）对我国历史上保存下来的具有重要战略意义的文献古籍资源，要制定专门的研究计划，在保护的基础上开发这些珍贵的文献信息。

（3）制定我国数字图书馆人才队伍建设目标，完善图书馆从业人员的职业资格认证制度，提升数字图书馆服务水平。

2.3.2　数字图书馆微观管理

数字图书馆意味着更广阔的信息环境、更多的参与成员和更为分散的资源分布，同时也意味着更加共享的行业规则。众多的参与者增加了管理的复杂性，宏观管理理论和管理模式为数字图书馆建设规划了方向，然而每个图书馆的实际管理工作是保证这个宏观方向实现的必要条件。

1. 数字图书馆微观管理主体

笔者认为，数字图书馆的微观管理主体应当是图书馆馆长。我国图书馆大多实行馆长负责制，设馆长一名，副馆长若干名，由馆长主持全馆工作，制订发展规划、规章制度、工作计划及经费预算并负责组织贯彻实施；副馆长协助馆长工作。图书馆馆长的领导工作不仅仅是一项按部就班的任务，更是一门艺术。建立图书馆馆长职业资格准入制度不失为一种方向。但是，由于我国事业单位岗位设置的规定决定了图书馆长不由图书馆自己任命，而是由上级领导任命，而资格准入制度目前在我国只针对技术岗，并不涉及管理岗。蒋弘认为我国的《国家职业标准图书资料员（试行）》并没有对馆长的考核设置相应的内容。种种原因造成我国图书馆馆长的任职资格准入制度的变革跟不上图书馆数字化发展和管理的步伐。

数字图书馆管理课题的开展无疑给我国的图书馆界高层管理人才的培养和使用提供了一个变革的契机。图书馆事业是不断发展的，传统图书馆格局被打破，数字图书馆大发展时代来临，如果还不加紧改革事业单位人事聘用制度，完善图书馆馆长任职制度，势必影响到数字图书馆的建设和管理效果。既然数字图书馆的地位已经发生了巨大的变化，一些地方仍然存在的图书馆是养老地、家属安置地的观念也应该从根本上转变，图书馆从业人员的职责和地位也将告别过去，迈向未来。

2. 数字图书馆微观管理研究进展

数字图书馆微观管理主要涉及人力资源管理、数字化信息资源管理、图书馆自动化管理平台构建等方面。

人是一切因素之首，数字图书馆的管理首先应当是对人的管理。李玉华（2010）认为图书馆人力资源的含义包括图书馆各种人员及由人衍生出的管理方法、隐性知识等，可以分为图书馆员、读者资源。针对目前我国数字图书馆管理中存在问题，提出了引进图书馆学专业馆员，使图书馆员能胜任图书馆的日常工作，提高馆员服务意识，对馆员进行专业知识和技能的培训，并适当引入绩效考核制度，增强馆员的竞争意识。要体现人文关怀，在制度的制订上尽量激发人的积极性，规避人性的弱点，用科学的体制来感染人、塑造人。

个体图书馆数字资源的管理首先应当完成馆藏纸质资源的数字化，对于自身没有，但又有充分的服务需求的资源，可以采用集团购买的方式，以达到使用和节约成本的目的。数字图书馆资源建设的原则是要与同一系统的其他数字图书馆的资源相互补充，相互兼容，避免重复建设，同时也要避免成为信息孤岛。

3. 数字图书馆的管理借鉴了许多企业管理的模式

1）协同管理模式

陆宝益（2010）提出协同学是一个由大量子系统以复杂方式相互作用所构成的复合系统为研究对象的。协同就是指系统中诸要素或各子系统间在操作、运行过程中的合作、协调和同步。王怀诗（2010）提出协同理念在数字图书馆管理中的应用就是主张以内外资源的协同和系统各功能模块之间的协同，以电子商务、OA 系统和供应链管理的综合系统实现模式，以高度共享、有序、集成和个性化的信息，以高效和规范的业务流程，提升数字图书馆管理工作的效率和水平。

2）精确管理模式

栾润峰（2006）认为大局出问题，总是由一件小事引起的，细节决定成败。同样，数字图书馆的管理如果不严格按照计划，对自身进行着眼于细节的精确管理，数字图书馆的管理只能成为假大空。

精确管理办公平台系统是一个包含办公自动化系统（office automation system）、辅助决策系统和流程管理系统的综合性管理平台系统。这个综合性管理平台体现了综合性，在自动化办公、辅助决策和流程管理之间建立起一个流畅的通道，以达到数字图书馆管理中各个部门、各项工作的顺利有序进行。系统可以购买也可以自建，关键是要能真正有效地对数字图书馆的管理起到作用。

2.3.3 数字图书馆管理内容

1. 数字图书馆资源管理机制

随着数字图书馆建设和管理向着纵深方向发展，数字资源建设和管理的重点已经由数量上的增加和外文资源的引进向资源的深度整合、内容揭示的方向转化。任何一个数字图书馆系统，都有一个长期的宏观的管理指导思想，都是为着特定的效益而进行管理的。此外，数字资源建设的短期阶段性目标是为某一地区、特定机构的信息需求提供完善的资源保障。因此在资源库的建设上面应当走自建与引进相结合的道路，重点建设一批来源有保障有后续发展效益的特色资源库，并实现共享，结合重点引进资源，严格控制资源的数量和质量，定期进行维护，避免重复建设，用集团采购的方式降低建设成本，提高资源的性价比。一切资源的建设都是以需求为向导，以经济为保证，以效益为评价根本的。随着数字图书馆内外环境的变化，必须时刻关注资源的使用状况和读者的新需求，在现有的联合目录数据库、电子学位论文数据库、特色资源数据库、引进资源数据库等的基础上，注意开创针对需求的新的数据库细分种类。创新就是在原有资源体系的基础上，采用新的管理理念，时刻关注新的资源发展，以需求为导向，控制信息资源的建设种类、管理方式等。

2. 数字图书馆技术体系的管理机制

数字图书馆建设是以技术为支撑的，同样，数字图书馆的管理也是以技术为主要内容的。可以说，没有技术，数字图书馆的建设是不完整的。自数字图书馆的建设热潮开始以来，我国就一直落后于西方发达国家，许多数字图书馆操作和管理系统都需要引进，给我国的数字图书馆技术体系管理的创新造成了巨大的障碍。数字图书馆技术管理的创新，根本上就是要进行自主研发，在资源标引、整合、存储方面掌握自己的技术，在系统的管理和安全等方面不再靠引进来解决问题。理论上，数字图书馆技术的创新可以在国内有较好技术基础和资源基础的图书馆率先开始研发，结合所在地区的科研院所、技术机构等，进行共同研发，从而实现技术平台的整合和原创，为巩固科研成果，提高实用效果，推向全国做好准备。

3. 数字图书馆人员管理机制

人才在21世纪的经济发展中是最重要的因素，同样也是数字图书馆管理创新的最终决定因素。数字图书馆的人才队伍不仅包括图书馆员和图书馆的管理者，也包括信息产业的相关工作者。我国图书馆的人员管理，一方面要用相关的激励机制来注意发掘工作人员的积极性和能动性，促使图书馆工作的转变；另一方面要是完善图书馆员及馆长的职业资格准入制度，特别要注意从实际出发，来选择合适的人员，担当图书馆的管理任务。我国目前对于图书馆馆长的遴选制度存在着很大的缺陷，不是从图书馆事业自身发展的规律和人才的适用角度上去任用，而是存在着任命制的弊端。实行馆长聘任制，是亟待推行的政策。

4. 数字图书馆服务管理机制

服务是数字图书馆建设和管理的灵魂，服务的效果是数字图书馆一切工作和投入的最终产出效益的最好评价标准。纵观数字图书馆管理的内容，技术、人才以及资源的建设，都是为了提供服务而进行的。服务管理是建立在人员管理、资源建设、技术革新基础之上的最重要的内容。这决定了资源的管理是面向用户的，而不是盲目的，技术的开发也是人性化的，对人力资源的管理更是一种人本管理理念的必然体现。因此，数字图书馆的管理应在建立完整的面向用户的资源导航、定题检索等方面的服务体系；在此基础上开展用户培训活动，达到知己知彼的目的，提高用户的信息素养，保证服务业的效果，最后建立一个服务评价机制，对数字图书馆开展的各项服务的社会、经济、文化效益等进行科学的分析和正确的估价，得到的参考意见用来辅助数字图书馆建设管理创新方案的完善。

第3章　数字图书馆建设是社会事业的组成部分

微观层面数字图书馆建设包括单个图书馆或图书馆联盟数字图书馆建设和商业性数字图书馆建设，以及支撑硬件与技术等各方面的发展；宏观层面涉及国家层面数字图书馆的统一管理。将数字图书馆作为国家信息基础设施建设的组成部分，并通过数字图书馆建制实现专门机构管理，运用信息政策、经济和行政手段，建设的各方面因素才能有效整合。

3.1　数字图书馆建设是一项社会基础事业

20世纪90年代以来，伴随着全球信息基础设施（GII）的发展，数字图书馆成为信息社会基础设施的组成部分。数字图书馆不是一种图书馆形态，也不是物理存在的实体，而是一种信息环境，各个图书馆和信息服务机构相互合作，收藏遍布网上的信息资源，通过动态搜寻和链接，在网络社会范围内构成将资源、服务和人集成在一起的一个“多维”环境。从某种意义上讲，数字图书馆的实质是当今社会信息环境的一种形态。

3.1.1　基本认识

2003年6月，美国国家科学基金会（NSF）召开了“后数字图书馆的未来”又称“泛在知识环境”研讨会，美国和来自各国数字图书馆领域的数十名顶级专家总结了数字图书馆发展十年的成绩和问题，并就数字图书馆未来发展走向进行了热烈讨论。会后，NSF发表了《知识在信息中迷失》——NSF数字图书馆研究方向研讨会研究报告和论文集，提出“后数字图书馆”的理念，及其创建“泛在知识环境”的发展目标和研究方向。“泛在知识环境”是“更加普遍的、无所不在的综合的数字环境，能够按照人、数据、信息、设备和工具形成交互的、功能完备的研究社区，并具备空前的计算、存储和数据传输能力”。归根到底，数字图书馆就是没有时空限制的、便于使用的、超大规模的信息知识环境。

社会事业是指中央和各级地方政府领导的社会建设和社会服务事业，是与行政部门和企业（包括金融机构）行为相并列的活动。具体而言，社会事业是指国家为了社会公益目的，由国家机关或其他组织举办的从事教育、科技、文化、卫生等活动的社会服务。作为关系广大人民群众切身利益和保障社会民主、公平和稳定的重要手段和途径，社会事业具有维系社会公正、体现社会公益性的作用。数字信息资源是现代社会的国家战略资源，是重要的生产要素和社会财富。建设数字图书馆，提高数字信息资源开发利用水平是增强综合国力和国际竞争力的必然选择，符合人民群众不断增长的物质文明、精神文明、政治文明和生态文明的需要。因此，数字图书馆不仅是一项知识基础工程，更是一项社会事业，需要从社会事业的角度来重新认识数字图书馆建设。

数字图书馆建设是国家的知识基础工程，也是一项社会系统工程，作为公共文化建设的重要组成部分，在保障公民文化权利，缩小“数字鸿沟”，促进社会平等，推进社会主义精神文明建设等方面具有重大意义。

《IFLA 可持续发展声明》指出：“图书馆和信息服务机构正着手解决由于数字鸿沟、信息空白的加剧而造成的信息不平衡问题。通过图书馆和信息服务机构的服务网络，研究和创新的信息都可被用户利用，以促进可持续发展和世界人民的福利事业”。

数字图书馆事业就是让所有人在任何地点、任何时间都可以用任何方式连接互联网的数字设备来访问人类所有的知识。在这个过程中，数字图书馆大规模集成整合知识信息资源，整体提高了资源的综合和增值利用价值；提供建设知识资源传播扩散与增值服务平台，为全社会提供资源共享、数字化学习、知识创新信息化条件；为知识资源生产出版部门创造互联网出版发行的市场环境与商业机制，大力促进文化出版事业、产业的现代化建设与跨越式发展。另外，作为社会基础事业的数字图书馆建设将会根本改变文化信息资源保存、管理、传播、使用的传统方式和手段。

数字图书馆建设是一项公益性社会事业，体现了资源共享、服务均等化的公益性质和惠及全民的人文精神。

数字图书馆作为图书馆事业的重要组成部分和表现形式，是公共文化事业的重要组成部分，在整个公共文化服务体系中扮演非常重要的角色。数字图书馆作为一项社会基础事业，是社会知识基础工程，亦是一项社会系统工程。数字图书馆是国家和政府为保障公民自由、平等地获取信息和知识而进行的制度安排，最大限度地满足每一位用户对信息和知识的需求是其义不容辞的责任。

应当说，作为知识经济的重要载体，数字图书馆的发展水平已成为衡量一个国家信息基础设施水平的重要标志，成为当今世界科技文化竞争的焦点之一，是一个国家综合国力的重要体现，也决定着一个国家在国际舞台上的地位。数字图书馆的建设作为文化软实力的基石，不仅反映出社会的精神面貌，也直接体现出国家软实力和综合国力的强弱。本文从社会事业的视角来审视数字图书馆建设。大力加强数字图书馆建设，积极推进数字图书馆事业的快速发展，把数字图书馆作为一项社会基础事业来建设与管理，已成为我们的必然选择。

3.1.2　数字图书馆作为社会基础事业的性质

大力加强我国数字图书馆建设，积极推进数字图书馆事业的快速发展，把数字图书馆作为一项社会基础事业来建设与管理，已成为我们的必然选择。

1）数字图书馆建设是公共文化的制度安排，是建设和谐社会的应有之义

消弭信息鸿沟、实现信息公平，是消除贫困、促进经济发展、构建和谐社会的重要条件之一。数字图书馆是国家和政府为保障公民自由、平等地获取信息和知识而进行的制度安排，最大限度地满足每一位公民（读者）对信息和知识的需求是其义不容辞的责任。数

字图书馆作为图书馆的重要组成部分和表现形式，其社会价值是不言而喻的，促使文献信息的横向传递：将收集、保存与组织的信息在社会中有效地传递，促进知识传播；促使文献信息的纵向传递：传承文明，永久保存人类文化遗产，使人类智慧与文明能够代代相传。在数字时代，信息资源的利用与共享是时代的要求，数字图书馆代表的是公共利益，信息资源的利用与共享的目的是使社会公众获益。“中国高等教育文献保障系统（CALIS）”等建设项目是数字图书馆建设的成功范例。这些项目极大地改善了我国图书馆的资源状况，扩大了数字资源的品种覆盖面，节省了文献资源建设的成本，实现了资源建设与开发利用的机制创新，受到了社会各界的一致好评，产生了不可估量的社会效益。同时，数字图书馆是一种“公共文化物品”，具有公共性，既是一种“制度型公共物品”，又是一种制度安排与保障。2009 年 12 月中央经济工作会议提出，要继续推进基本公共服务均等化。这既是尽快协调与平衡区域发展的需要，更是尽量满足全体国民民生幸福的需要，根本上是促进以人为本、亲民为民和科学发展的需要。因此，一方面，作为一个致力于知识和信息的社会性传播公益机构，数字图书馆积极参与和实施数字资源建设，成为构筑知识文明，建设和谐社会的应有之义；另一方面，作为公共文化服务体系的重要组成部分，数字图书馆承担着传承人类文明、传播知识信息的职责，成为履行政府公共服务职能，实现公共文化服务公益性、便利性、均等性、普惠性的重要窗口，是向每一位公民敞开的终身学习的殿堂。另外，数字图书馆通过现代信息技术把中华民族的文化精华和当代文化教育、经济建设和科学研究成就等各方面的重大进展全面地展现出来，促进了国际文化的交流与传播。

2）数字图书馆是国家知识基础设施的核心，是国家数字资源中心与数字化学习平台

国家知识基础设施是国家信息基础设施的升级。20 世纪 90 年代以来，伴随着全球基础设施（G11）的发展，数字图书馆成为信息社会基础设施的组成部分。世界银行《1998 年度世界发展报告》中指出，建设一个国家的知识基础设施（national knowledge infrastructure，NKI）是发展中国家迅速提高自己知识创新能力和国民素质，缩小与发达国家差距，发挥自身优势，实现跨越发展的一个重要途径。数字图书馆是一个国家进入信息时代的“快速通道”，是知识经济社会的基础设施和知识环境，建设数字图书馆是信息社会中图书馆面临的主要任务，是时代赋予图书馆工作者的历史重任。在现阶段，我们应该致力于构建一个全方位、多层次的信息资源保障体系。在国家层次上，这一保障体系要建立能满足本国需求的完备的文献收藏（从国家信息安全的角度来看，这是完全必要的），并促进其开发与利用。

从知识获取的角度来讲，数字图书馆的最终目标是让所有的人在任何时间任何地点都可以用任何连接互联网的数字设备来访问人类所有的知识。在这个过程中，数字图书馆大规模集成整合知识信息资源，整体提高了资源的综合和增值利用价值；提供了建设知识资源传播扩散与增值服务平台，为全社会提供资源共享、数字化学习、知识创新信息化条件；为知识资源生产出版部门创造互联网出版发行的市场环境与商业机制，大力促进文化出版事业、产业的现代化建设与跨越式发展。总之，数字图书馆作为一个国家的数字文化

平台，对今后经济和文化的发展起着承载和催化作用，同时作为一个国家的数字教育平台，实现网上业余教育、在职教育，甚至趣味教育等功能。

3）数字图书馆建设是维护公民文化权，提高公民文化素质的内在需求

从权利的角度而言，公民文化权利的诉求是“文化民主”的一种表达。维护公民文化权，是对公民个体权益的尊重，也是不断强化国家和民族认同的责任。数字图书馆的建设作为文化软实力的基石，不仅反映出社会的精神面貌，也直接体现出国家软实力和综合国力的强弱。加快数字图书馆服务的全社会覆盖，向社会提供普遍均等的信息服务，保障读者公平、自由获取文献信息的权利，已成为在网络时代保障人民群众基本文化权益的重要途径。提供文献、组织阅读、道德教育、图片展览和正确引导休闲活动，使公民在日积月累中增长知识、提高素质，帮助公民树立正确的人生观、价值观、事业观，调整好个人与社会、个人与集体、个人与个人之间的社会关系，从而逐步减少和解决在社会转型时期较突出的道德失误和违法乱纪的问题，使全社会逐步形成以和为真、以和为善、以和为美、以和为贵的共识，减少和消除社会不和谐的杂音，在精神文明建设以及和谐社会创建中发挥导向和引领作用 。另一方面，作为社会基础事业的数字图书馆建设将会根本改变我国文化信息资源保存、管理、传播、使用的传统方式和手段，克服我国文化信息资源得不到有效利用和共享的弊病，为知识创新和两个文明建设营造一个良好环境。特别对因信息不畅和文化落后而导致经济不发达的老、少、边、穷地区的发展，将产生巨大的推动作用。在数字时代，终身教育是提高公众素质的极有力的手段，而数字图书馆则会成为实施终身教育的大课堂，通过数字图书馆的网络系统，都能方便地使用丰富多彩的文化信息资源，提升公民的文化素质，推动社会和谐发展。

3.1.3 数字图书馆的社会事业管理模式

郭晶等（2010）认为鉴于数字图书馆建设的复杂性和规模化，管理模式必然是数字图书馆管理涉及的一个核心问题。

数字图书馆管理模式研究多数是从信息资源管理和著作权角度开展，有学者提出数字图书馆信息资源组织管理模式；有学者提出高校数字图书馆采用项目管理制管理模式；还有从组织管理、数字资源建设和数字图书馆服务等方面对数字图书馆建设模式进行论述和探讨。

从数字图书馆建设主体角度，国家数字图书馆和高等教育数字图书馆分别形成独自开发管理的数字图书馆模式和联盟下数字图书馆管理模式的两个典型范例。田国良（2007）从宏观管理角度出发，认为政府及有关部门为了促进数字图书馆良性发展，需在一定社会环境下，根据数字图书馆客观规律，运用经济、法律和必要的行政手段，从系统、综合和全局角度对数字图书馆活动实施整体指导、调控。

宋海艳等（2007）提出数字图书馆建设应当着眼于国内数字图书馆整体的管理主体，着眼于数字图书馆事业。数字图书馆管理模式，从全局的角度的来看，包括宏观、中观、微观 3 个层面的架构；而站在微观的视角，则需立足于数字图书馆内部管理和外部管理两

个层次，从制度管理、资产管理、项目管理、营销管理、质量管理、人力资源管理、效益管理、外部环境管理等方面着手进行多层次、全方位、立体化的管理。

在我国一些重大的数字图书馆建设项目中，如国家数字图书馆和中国高等教育数字图书馆，在其基本架构中，建立了与其他相关机构的合作计划，甚至与国外数字图书馆的合作，但从可获得的资料看，由于分属不同的行政或业务主管部门，资源、技术、服务等方面较少具体的合作。推动国内数字图书馆发展的关键仍然在于如何进行宏观与微观管理。作为跨部门、跨行业的大系统工程，需要政府出面统一规划、组织与协调，形成良好的协调管理与合作共同发展的机制，这种合作既包括围绕单一数字图书馆建设工程主体、协作建设机构之间的合作与协调，也包括国内不同数字图书馆建设工程之间、与国外数字图书馆建设工程之间的合作与协调。在数字图书馆建设过程中，需要确定国家统一领导、机构合作发展、资金多元渠道、事业实体建设的多元管理模式，通过架构数字图书馆政策环境和制度机制，形成可行的、符合我国当前数字图书馆事业发展实际的、科学的技术规范和管理制度体系。

3.2 数字图书馆是社会信息基础设施的组成部分

我国政府对数字图书馆建设非常重视，也给予了相应的资金支持，自 2001 年起由中央财政陆续投入建设数字图书馆项目，体现在我们在本文开始提及的各微观建设主体，这些国家级数字图书馆项目是我国数字图书馆建设的核心，为其他数字图书馆系统建设提供支持。孙承鉴等（2006）提到其中一些行业特征明显的国家级数字图书馆在推动行业数字图书馆建设、加强行业性数字资源建设与服务方面发挥着重要作用。王东艳（2001）提到，“与美国相比，中国还没有一个全国性的数字图书馆宏观规划。各单位或个人数字图书馆研发和建设大多各自为政、相对分散，存在重复建设和投资问题。表现为研究项目之间交叉，经费投入不集中，缺乏行业、部门之间的合作等”。目前，情况并未得到根本改观。

3.2.1 信息基础设施与数字图书馆

事实上，数字图书馆建设之初即是在国家信息基础设施建设大环境下提出的，我们认为，如果在数字图书馆建设过程中脱离此背景，将无法协调各方建设力量，也是各建设主体间合作不足的根本原因。

一般认为，美国是全球数字图书馆建设实践的先驱，作为“国家信息基础设施”的应用项目，数字图书馆先导计划（DLI）是 1994 年由美国国家自然科学基金会、美国国防高级研究计划署（DARPA）和美国国家宇航局（NASA）共同支持建设的，DLI 的实施标志着数字图书馆研究和建设正式启动。到目前，随着参与研究的机构增多，研究的内容拓宽，覆盖的范围更广。

信息基础设施建设是通过国家层面的统一建设，实现一个由通信网、计算机、信息资源、用户信息设备与人构成互联互通、无所不在的信息网络，人们可以获得各种各样公用和专用的信息资源，可以传送音频、数据、图文、视频和多媒体等各种形式的信息，同时可以满足不同类型用户所需的不同应用和不同性能要求。信息基础设施包含的因素有各种提供信息服务的设备、信息资源本身、应用软件、标准与编码、信息服务人员等。

郑建明（2011）指出信息基础设施与数字图书馆的关联至少体现在两个方面。一方面，数字图书馆建设总体架构自下而上，第一为包括网络、存储等硬件设施；第二为数据层/资源层，是数字图书馆的内容体系；第三为包含业务支撑、数据支撑以及相关关键技术支撑的应用支撑层；第四为应用层，包含面向用户的发布服务，即服务支撑体系，以及面向数字图书馆建设的如资源采集、加工及组织的业务应用模块；第五为提供统一认证的用户层。这种架构与我们在以上提及国家信息基础设施的 5 个因素呈一一对应关系，可以说，国家层面的信息基础设施是一个超大规模的数字图书馆。信息基础设施的 5 个因素中，信息资源本身（主要指狭义的信息资源，即信息资源内容）与信息服务人员与传统图书馆的业务密切相关，且随着传统图书馆向数字图书馆的发展，其作为信息基础设施“嵌入”和“隐性”的特性日趋明显。

然而，一种说法认为“信息基础设施”与“信息高速公路”是同义词，这种理解的直接后果是将信息资源本身与部分信息服务人员等要素从信息基础设施中剥离，客观上也将信息基础设施建设局限在电信网络、广播电视系统、无线网络和其他信息设施等，以资源内容提供为主的数字图书馆从而被置于信息基础设施建设之外。信息基础设施不只是“高速公路”，还包括“高速公路”上货物和操纵货物运行的人员，需要将数字图书馆建设纳入国家信息基础设施范围，才能整合各方面建设力量，推动数字图书馆整体建设，同时也推进国家信息基础设施的发展。

3.2.2　作为社会公共事业的数字图书馆

数字图书馆作为国家信息基础设施，还在于其作为社会公共事业的属性。

目前，尽管有如 Google 等商业公司的数字图书馆计划，大多数国家的数字图书馆建设或管理主体都有相应及相对统一的国家机构来实施，而实际上商业公司的数字图书馆计划也逐渐成为国家层面数字图书馆计划的合作者。在美国，有数字图书馆的专门管理机构是 NSF，技术实施主要由 CNRI 协调，另外包括 DL 研究中心以及 DL 试验基地，以及圣地亚哥国家超级计算中心。在法国，技术由国家计算机科学与控制研究所（INRIA）主要负责技术方面的基础研究与应用开发，内容由法国文化与交流部负责统一规划、组织与资助。法国国家图书馆启动数字图书馆项目。德国教育与科技部（BMBF）及德国基础科学研究基金会（DFG）积极组织 DL 的研究与应用，由德国国家信息中心（GMD）负责技术管理。俄罗斯科技部启动俄联邦电子图书馆规划。

此外，Partha Bhattacharya（2004）认为，在信息社会，数字图书馆可以从两个维度为社会提供服务：知识与技术。就印度而言，数字图书馆建设，特别是针对规模较小的建设而言，涉及知识产权、数据安全、信息政策、信息基础设施不足（包括带宽）等 8 个方面的问题。在进行了各个国家层面的数字图书馆实践和研究（R&D）之外，印度还制订了数字图书馆相关政策（national task force on IT and software development，2003），对全国数字图书馆建设进行引导，如发展本土软件、制订文化遗产数字保存规划、从国家到地区等各类型公共图书馆数字馆藏提供免费访问、统一并有效地支持产权保护等措施。通过对荷兰正在进行的数字图书馆建设项目的分析，Trix Bakker（1999）认为，需要在国家政策框架下，依托计算和网络架构（computing and networking architecture），发挥各类型图书馆力量建设数字图书馆。

就其本质而言，数字图书馆是一个社会-技术建构的对象（socio-technical artifact）。这点在数字图书馆研究早期对数字图书馆的定义中可以得到体现，同时也与“图书馆是一种社会装置”（巴特勒语）这一对图书馆本质的断定一脉相承。诸多数字图书馆的定义中，Christine Borgman（2000）提出的是最具影响力的之一，她认为作为新型电子资源的集合（new electronic collections），数字图书馆是社会信息和技术的复合体，这种复合体不仅仅是数字或元数据的仓储，同时不能简单地看做是数据获取技术的体现。由此延伸，Dalbello（2005）提出数字图书馆建设涉及以下因素：①内容（多媒体对象整合；数据采集，包括数字化转换；元数据抽取与标准化；索引与存取；工作流处理与管理；数据保存与维护）；②服务（检索、浏览、筛选的用户界面；咨询；利用指导）；③技术（高速网络；安全；结算；多数字图书馆的互操作）；④文化（知识产权；平等与隐私保护；不同人群的用户界面）；⑤其他（数字图书馆发展对人们的影响等）。这些因素表明，第一，作为建设对象（客体），数字图书馆需多方面力量合作建设完成；第二，作为建设成果（主体），数字图书馆延续传统图书馆作为社会公共事业的特性，不仅仅是提供服务的社会机构，也是对现今信息社会中能够从各方面对人们实施影响的社会机构。

作为社会公共事业，数字图书馆所处的环境是其建设与发展的关键因素之一。如果说信息基础设施的通信及其他设施为数字图书馆提供了硬环境，信息政策和信息法规的完善则是软环境的保证，如美国的《电信法》《知识产权与国家信息基础设施》《美国个人隐私与国家信息基础设施白皮书》等。这是因为，数字图书馆所涉及的信息安全、信息保密、信息污染和信息经济利益等问题，无法只凭借技术手段解决，需要信息政策和法规的约束。目前国外数字图书馆教育的核心课程体系中，信息政策课程有一席之地。

3.2.3　数字图书馆是公共信息基础设施建设不可或缺的部分

公共基础设施是社会发展的平台，不同的社会形态会产生与之相适应的不同类型的基础设施，信息社会的基础设施必然具有信息时代的特性。黄宗忠（2002）指出：“信息高速公路是系统的最高层，是一个大系统，包括互联网络、数字图书馆，是国家或全国的信息基础设施。”“信息高速公路互联网络是传递信息的通道数字化图书馆是信息源为信息高速公路互联网提供信息。”数字图书馆是社会公共信息基础设施重要的组成部分。

1. 数字图书馆与社会公共信息基础设施的特点及目标相吻合

社会公共信息基础设施，即一个支持信息获取、传输、处理和利用全过程的、覆盖全国、由现代信息技术要素构成的综合性发放系统。通过它可以获得各种各样公用和专用的信息资源，可以传送音频、数据、图文、视频和多媒体等各种形式的信息，同时可以满足不同类型用户所需的不同应用和不同性能要求。数字图书馆将根本改变我国文化信息资源存储、组织、传播、使用的传统方式和手段，克服我国文化信息资源得不到有效利用和共享的弊病，为知识创新和两个文明建设营造一个汲取文化信息的良好环境。

从社会公共信息基础设施建设的视角，数字图书馆建设是在国家信息基础设施建设的环境下被提出的。分析数字图书馆自身不难发现，其不仅具备了国家信息基础设施的基本特性，即信息存储、处理和利用；又涵盖了信息基础设施的五要素；同时，数字图书馆的目标能够为人类提供随时随地随意的信息服务，这也与公共信息基础设施的目标一致。

我国数字图书馆建设的目标，是建立起一个跨地区、跨行业的巨大文化信息资源网络，使之成为我国的“公共信息基础设施”；全面地收集图书馆、博物馆、纪念馆、新闻出版机构、艺术团体、音像影视、体育、旅游等单位的文化资源信息，将其中的精品内容进行数字化与深加工，建设起一批以数字化图书馆、数字化博物馆、数字化影视中心等为代表的资源库，形成巨大的知识宝库；依托国家骨干通信网，建立完整的信息资源网络体系，针对不同需求的用户，提供全面、灵活的网络连接方式，为用户提供对各种资源库的快速查询与检索；开发智能化中文用户界面和廉价的用户接入设备，普及网络的使用，使用户可以方便地、远距离地、像收看电视一样获取网上的资源，徐文伯（1999）说使文化信息资源得以最大限度地利用。

2. 数字图书馆促进公共信息基础设施的价值体现

数字图书馆在公益性文化事业发展中积极发挥作用。它充分利用数字技术、网络技术，推动构建覆盖广泛、技术先进的现代文化传播体系，提高公共文化产品和服务的数字化、网络化水平；同时着重支持公益性信息资源开发，推进数字图书馆等公益性文化信息基础设施建设；协调推进教育数字信息化，创建更完善、更科学、更便捷的信息文化环境。

目前，全国文化信息资源共享工程已让 1.6 亿人次的基层群众享受到这一文化服务带来的实惠。公共电子阅览室建设通过部分省市的试点后已全面铺开，数字图书馆工程正式启动。谌强（2012）提出广东省已建成全国首家“网络文化馆”，推出“网上图书馆”“网上博物馆”“网上剧场”等系列数字文化服务；深圳市全市 41 家公共图书馆及遍布城市街区的 160 台无人自助图书馆服务机实现了统一服务。与此同时，《2006～2020 年国家信息化战略规划》也指出，数字图书馆作为网络文化的一部分，能够有效加强社会主义先进文化的网上传播。牢牢把握社会主义先进文化的前进方向，支持健康有益文化，加快推进中华民族优秀文化作品的数字化、网络化，规范网络文化传播秩序，使科学的理论、正确的舆论、高尚的精神、优秀的作品成为网上文化传播的主流。

信息已经成为发展经济的主要推动力，谁拥有信息，谁就拥有财富。数字图书馆作为公共信息基础设施，能够加强全社会信息资源管理；规范各领域的信息采集和标准制订，加强对信息资产的严格管理，促进信息资源的优化配置；实现信息资源的深度开发、及时处理、安全保存、快速流动和有效利用，基本满足经济社会发展优先领域的信息需求，这亦是对于国家信息化战略要求相吻合。

3. 数字图书馆是公共文化基础设施的基石

信息化生存、数字化生存和网络化生存成为人们的一种生活方式，特别是计算机技术、通信技术、网络技术的发展，使得社会文化的各个方面发生了重大变化，包括社会的物质文化、精神文化、制度文化、行为文化都显露出新的不同于以往的特质，马海群(2009) 说新型的社会文化形态——信息文化正在形成。

董焱 (2003) 撰写的一部关于信息文化理论的专著《信息文化论：数字化生存状态冷思考》指出“信息文化是一种具有特殊内容和表现手段的文化形态，是人们借助于信息、信息资源、信息技术从事信息活动（广义）所形成的文化形态。它是信息社会特有的文化形态，是信息社会的主流文化”。

1）数字图书馆作为社会公共文化基础设施，有其社会价值

事实上，数字图书馆建设之初即是在国家信息基础设施建设大环境下提出的，如果在数字图书馆建设过程中脱离次背景，将无法更好地理解数字图书馆的社会职能，亦不能有效地发挥其功能效果。

公共文化基础设施是以政府投入为主导，吸纳社会力量自愿参与投入、建立的具有文化服务功能的骨干设施、设备。它包括各种文化历史遗存和已经建成的群艺馆、文化馆、文化站、博物馆、公共图书馆、美术馆、文化广场、文化中心，以及代表国家及各地最高水平的具有标志性特征的文化建筑等，这是公共文化服务的基础性物质保障，也是衡量公共文化服务基础设施发达程度的硬实力。公共文化基础设施的 6 个特性，即：价值性、公益性、均等性、普惠性、便利性、有效性。

数字图书馆充分展现了公共文化基础设施的六大特性：①数字图书馆可以满足人们的精神文化需求，是“充电者”的知识殿堂，同时亦能体现“三个代表”重要思想中“坚持社会主义先进文化的前景方向”及充分体现社会主义核心价值；②作为公共文化基础设施的一部分，数字图书馆为全社会甚至全人类无偿提供服务，这也是国家数字图书馆与仅对部分用户开放的商业图书馆如 Google 数字图书馆的本质区别；③图书馆倡导“平等、共享”的权利，用户不分等级、不分地区，真正消除信息消费差距；④普惠性，即不仅仅是理念上的普惠，而是全社会都能享受到其文化服务，特别是基层群众、偏远地区群众、流动农民等；⑤以便利为原则，冲破时间、地域限制，只要用户拥有可以连接到数字图书馆端口的 PC，即可享受其服务；⑥数字图书馆有效性体现在，提供服务与人们的需求相适应，追求服务效率。

建设数字图书馆的主要目的，是有效利用和共享图书信息资源，实现全社会对文献信息资源共享；其在传承文明、传递知识信息，包括继承和发扬文化和充分体现时代精神、创造精神等方面具有独特的优势，这也吻合了公共文化基础设施建设与服务的初衷或终极目标。

2）数字图书馆的“知识性”——典型的公共文化基础设施

数字图书馆是与“知识”捆绑的图书馆，它独立于知识形态和载体的变化，不论科技

如何变化，数字图书馆作为公共文化基础设施实现“收集保存、有序组织、知识交流”的职能。图书馆的社会职能可能会随着社会变化和替代行业的出现而发生重点的转移，但作为保障民众获取知识与信息的公平权利、消除知识和信息鸿沟的公益性社会机构其职能是永恒的。

图书馆作为公共基础设施的一种，有其自有使命。数字图书馆在现阶段甚至是未来很长一段时间内，都充当着一个文化载体，为各类用户提供知识给养。只要联通数字图书馆网络系统，任何人、任何地方、任何时间都能使用丰富多彩的文化信息资源。

徐帮学（2003）根据 Delphi 公司的定义，称知识管理就是运用集体的智慧提高企业的应变能力和创新能力。邱均平等（2001）提出数字图书馆知识管理就是通过数字图书馆所拥有的包括信息、知识各种要素在内的所有智力资本进行组织、开发和运营，实现知识创新、知识扩散和知识增值的过程。数字图书馆的知识管理工作，通过注重图书馆馆员知识的开发应用来提升创造、利用和更新知识的能力，从而提高数字图书馆的服务能力、竞争能力和创造能力，最大化地实现数字图书馆的管理功能。数字图书馆资源远远超出任何一个实体图书馆。这其中最为典型的就是图书馆发展史中，联机合作起步最早、规模最大的合作范式——OCLC。OCLC《世界书目》数据库中的超过 5200 万条不重复书目记录，代表了 5200 种书、刊或其他图书馆资料；数据库中的 8 亿余条馆藏数据，实际上代表了 8 亿余册图书资料，而这些图书资料被遍及世界的 84 个国家和地区约 10 000 家图书馆和信息中心所收藏。通过馆际互借，用户可以查阅到世界各地的图书、文献，方便了用户，实现了资源的高效利用。

李岩（2003）认为建设数字图书馆为知识储存、传播提供了一种崭新的手段，它可把无序的各类知识、信息按一定的规律整理成有序的知识信息，并且凭借高新技术可方便地被人们利用，为知识创新提供了条件，为科研、教育事业的发展提供了便捷、有效的发展空间。在信息时代，终身教育是提高公众素质的极有力的手段，而数字图书馆则会成为实施终身教育的大课堂。数字图书馆可最大限度地突破时空限制，将知识信息送入千家万户。

3）数字图书馆的“非营利性”具有公共基础设施的鲜明特色

图书馆的基本精神就是知识自由的精神，图书馆的服务理念就是平等无差别和免费服务。《公共文化体育设施条例》第二章第十七条规定：“公共文化体育设施应当根据其功能、特点向公众开放，开放时间应当与当地公众的工作时间、学习时间适当错开。”公共文化基础设施，就是为了方便群众的文化学习需求而免费为群众提供的一种服务平台。公共设施是指由政府或其他社会组织提供的、属于社会公众使用或享用的公共建筑或设备。

胡唐明等（2011）按照资金来源与服务宗旨，将数字图书馆分为非营利性数字图书馆（如 CALIS、NSTL、CASHL、CADAL 等）与营利性数字图书馆（如超星数字图书馆）。“营利”是指以利润为目的。“非营利”的含义，并不是经济学意义上的无利润，更不是不讲经营之意，而是一个用以界定组织性质的词汇，它指这种组织的经营、运作目的不是获取利润。非营利组织是政府以外的为实现社会公益的组织。非营利性数字图书馆以国家财政投入为主要经费来源，吸收社会各方面的资源，向社会提供公共产品，需要接受从上

（国家和政府）到下（公众与用户）的监督。《公共文化体育设施条例》第二十一条指出：需要收取费用的公共文化体育设施管理单位，应当根据设施的功能、特点对学生、老年人、残疾人等免费或者优惠开放。

随着2011年，文化部、财政部下发的《文化部、财政部关于推荐全国美术馆、公共图书馆、文化馆（站）免费开放工作》的要求的不断深入，全国对公共信息文化基础设施的建设力度逐步加大。欣文（2012）提出江苏省苏州市在现有8个国家一级馆的基础上，到2012年，市、县级市（区）文化馆全部达到国家一级馆标准，并基本实现公共电子阅览室的镇（街道）、社区全覆盖和镇级评弹书场全覆盖。各项信息文化基础设施建设形成了不存在时间和空间的信息格局，用户只需一台计算机，便可搜索到世界各地的文化食粮。更加适合当下用户灵活、方便、自由的生活理念，更贴合社会公平、共享资源的宗旨。

数字图书馆作为公共文化设施更多地强调参与的均等与使用的公平，主要表现为公共设施应不受性别、年龄、文化背景与教育程度等因素的限制，而被所有使用者公平使用，这也正是公共文化设施区别于盈利性服务产品的根本不同之处。

4. 数字图书馆建设享有国家对于公共基础设施建设的扶植政策

为了促进公共文化设施的建设与发展，加强对公共文化基础设施的管理和保护，充分发挥公共文化基础设施的功能，满足人民群众开展文化体育活动的基本需求，国家先后出台了各项法律法规以保障公共基础设施尤其是文化基础设施的建设与运营。

现行《宪法》第12条第1款规定："社会主义的公共财产神圣不可侵犯。"公共文化体育设施管理单位必须坚持为人民服务、为社会主义服务的方向，充分利用公共文化体育设施，传播有益于提高民族素质、有益于经济发展和社会进步的科学技术和文化知识，开展文明、健康的文化体育活动。

数字图书馆的存在，有效地促进了数字鸿沟的缩小，扩大了公共信息文化基础设施服务的效能。《国家基本公共服务体系"十二五"规划》定义："基本公共服务，指建立在一定社会共识基础上，由政府主导提供的，与经济社会发展水平和阶段相适应，旨在保障全体公民生存和发展基本需求的公共服务。享有基本公共服务属于公民的权利，提供基本公共服务是政府的职责。"数字图书馆作为公共基础设施，其物质上的需求，如土地等受到国家政策支持，《公共文化体育设施条例》第十三条、第十四条规定："建设公共文化体育设施使用国有土地的，经依法批准可以以划拨方式取得。公共文化体育设施的建设预留地，任何单位或者个人不得侵占公共文化体育设施建设预留地或者改变其用途。"

国家法律的保护，促进数字图书馆建设，使得数字图书馆作为信息文化基础设施，更好地服务社会，辅助国家信息化战略规划，加快实现"十二五"规划对文化要求的实现。但我们必须意识到，目前国家对于公共文化服务体系建设的相关立法并未完全紧跟公共文化服务体系建设的步伐，关于公共文化服务的制度建设和立法模式需要进一步的研究和深化，国家层面的法律或条例需要随着社会发展，公共文化事业拓展不断得到补充和拓展。

3.3　数字图书馆的社会事业机制

数字图书馆事业作为一项社会基础事业，其运行机制、管理模式与建设模式也是不可回避的话题。笔者对数字图书馆的运行机制与模式建设进行了相关理论探讨。

3.3.1　数字图书馆的社会事业运行机制

运行机制是事物内部运行调节的规律与方式，是人们想方设法建立的以达到某种目标，以实现某种愿望和需求为出发点和终点的机制。数字图书馆是一个复杂的系统，它不仅涵盖众多的主体，而且主体之间的关系异常复杂和微妙。建立相应的机制在运行过程中可以大大抑制或避免不稳定因素，使数字图书馆运行处于和谐状态。要保证数字图书馆各项工作的目标和任务真正实现，需要建立一套协调、灵活、高效的运行机制。数字图书馆运行机制，就是指保证数字图书馆各项工作目标和任务真正实现所必须建立的一套协调、灵活、高效的运行机制。概括来说，按建设主体与规模来分，数字图书馆运行机制包括国家主导机制、系统骨干运行机制、区域共建共享机制。

1. 国家主导机制

国家主导机制是指国家数字图书馆建设的组织协调、统一规划和合理布局，执行“整体规划、分散建库、集中联库、共建共享”的统筹机制，制定颁布国家数字图书馆发展政策，强调提升社会各行业的协作意识，构建完整平衡的国家数字图书馆建设体系。从建设目标来看，国家主导机制应建立以国家数字图书馆为中心，国内其他馆为节点的服务体系，依托国家图书馆的背景以及公共图书馆的特性，建立“中文数字信息保存与服务基地”，并提供针对公众的快速印刷、缩微、互联网服务、手机、数字电视、手持阅读器、盲人数字图书馆、触摸屏等各种服务方式。资源建设主要来自以下几个方面：接受缴送的数字资源、购买数字资源、自建资源、网络采购资源以及对购买和缴送资源的数字化。在服务路径上，依托数字电视系统和移动服务平台，力图依托国家骨干通讯网，通过电视机和移动终端使数字资源与服务真正走入广大民众的日常生活中。在标准规范上，优先选择已有国际标准、国家标准、行业标准、事实标准；借鉴国内已有的数字图书馆标准规范研究与实践成果。强调合作，在系统建设、资源建设和服务层面与出版商、技术商、平台商、运营商全方位合作。注重版权，在资源建设子项目中专列版权管理系统。

2. 系统骨干运行机制

系统骨干运行机制是指以国家教育部中国高等教育保障体系、文化部数字图书馆工程、中国科学院国家科学数字图书馆等为系统骨干，重视对数字图书馆建设过程及其人员、方式和技术、信息资源、网络信息系统产品、效果等的综合测度和评判，在各自系统内建立集体管理组织，统一协调各成员单位之间的利益关系的一种运行机制。系统骨干运行机制与国家主导机制有所不同。系统骨干型数字图书馆一般具有学科或系统背景，具有多学科、多类型、多语种海量数字资源的学术背景，除了在信息资源采集对象方面的不同，也因为服务对象的不同，比较注重特定学科和特色学术数字资源的建设。郑建明（2011）在资源层上对应国家图书馆的数据层，提出资源层的含义更为广泛，既包含实体资源、实体知识库，也包括本体知识库。例如CALIS在资源层与应用层之间，增加包含“主题词表、语义单元、交叉关联图”等内容的语义层，构建“海量跨媒体信息的知识管理、跨媒体智能搜索与推理系统”。又如CADAL，根据《中华人民共和国著作权法》《信息网络传播权保护条例》以及目前我国承认的相关国际知识产权法，同时依据CADAL项目的服务对象与服务政策，同时结合CADAL项目资源管理与服务的实际，构建六级资源利用模式，一级：公共领域资源；二级：受知识产权保护且已获授权的资源；三级：受知识产权保护但符合合理使用原则的资源；四级：知识产权状态不明的资源；五级：受知识产权保护且未获授权的资源；六级：有密级限制要求的资源。在技术层面上注重如何从信息资源中实现知识发现，提供包括技术基础层、资源层、语义层、平台层、应用/服务层的技术支撑环境。在服务层面上提供资源发现服务、资源提供服务、参考咨询服务，其他如定题服务、摘要服务、翻译服务等。

3. 区域共建共享机制

区域数字图书馆建设是国家数字图书馆事业的基础。区域共建共享机制是指地方或区域数字图书馆建设协同的专业化团队管理机制。区域共建共享机制下数字图书馆以地方特色数字资源建设与服务的特定任务为导向，以各系统数字图书馆建设项目专家为成员，并以信息技术为手段、以知识创新为目的；在数字图书馆的组织管理中，打破高等学校、公共事业、研究院所图书馆的界限，形成各系统之间的相互信任、相互支持、相互开放、相互服务的管理氛围；坚持以用户为本，开发与用户需求相匹配的服务功能，确立与用户需求相适应的服务机制，集中系统服务和信息服务，把个性化的、动态的集成信息服务嵌入到用户的信息系统中，使得服务贯穿用户信息活动的全过程，成为数字图书馆中服务地方和区域用户的一种重要模式。区域共建共享数字图书馆在省级或区域教育主管部门统一部署下，选择一所区域著名高校作为承建单位，其他高校作为参与单位，经费以省级财政和承建单位共同投入为主，其最大的特点是拥有自己的数字资源。典型代表有天津市高等教育文献信息中心（TALIS）、江苏高等教育文献保障系统（JALIS），两者在馆藏资源数字化、资源采购等诸多方面都具有鲜明特色。从管理角度看，区域共建共享模式主要分为三种模式。其一是由主管部门统一领导的高校图书馆数字联盟，比如湖南省高校数字化图书馆、天津市高等教育文献信息中心等。这类联盟是由政府主导的，具有一定的强制性，在经费投入方面有较好保障。其二是由各个独立的图书馆组成的松散型联盟。该类联盟表现在基于既有馆藏数字资源的文献传递、馆际互借的服务型联盟，由于分属不同的主管部门，在资源建设领域的合作仅仅限于联合购买数字资源，其组建方式也是基于资源互利的，如珠江三角洲数字图书馆联盟。其三是城市或地方性数字图书馆。典型的数字图书馆如宁波市数字图书馆（NBDL），贵州数字图书馆、东莞数字图书馆。颜务林（2009）以宁波市数字图书馆为例阐述城市数字图书馆建设创新之路。宁波市数字图书馆成立了由宁波市教育局牵头，宁波市发改委、科技、财政、文化等部门及相关行业协会参加的宁波市数字图书馆建设与管理领导小组；在充分利用现有数字文献信息资源的基础上，全面建成面向宁波地方产业发展的专业性数字文献信息资源服务平台，根据宁波的产业结构，建成一批为本市主导产业服务的具有地方特色的数字文献信息资源库；扩大服务对象，主动向各行各业和社会各界延伸；坚持专项经费补助与各馆正常经费投入相结合的原则。

区域共建共享机制下的数字图书馆主要作用就在于承上启下，最终在纵向上实现与国家数字图书馆、同级数字图书馆联盟的功能对接，横向上实现与其他省市区域数字图书馆联盟的共享。

3.3.2　数字图书馆建制之设想

张金星（2010）认为，有必要将图书馆与数字图书馆完全剥离，原因是图书馆的公益原则和数字图书馆经营行为的对立。固然在诸多数字图书馆建设力量中包括商业公司，如 Google 的数字图书馆计划等，并包括经营的成分，但不能因此否认数字图书馆在整体上作为公共事业的特性。事实上，通信网络运营服务商也是通过经营实现发展，但这并不妨碍其成为国家信息基础设施的一部分。因此，我们需要从数字图书馆内容与技术要素去分析其本质，所以并不完全认同这种将图书馆与数字图书馆完全剥离的原因，但同时，在一定程度上将数字图书馆与图书馆剥离，实施数字图书馆建制和数字图书馆事业，有益于各自的发展。

1. 信息基础设施背景下的数字图书馆所面临境地

由于网络的支持，数字图书馆作为大学、社区及其他机构的信息提供服务部门，提供的资源逐渐嵌入用户的信息获取环境，为用户提供便利，这种便利程度越高，用户将越无法意识到数字图书馆的存在，Borgman（2003）说数字图书馆处于隐性（invisible）的状态，从而逐渐被置于后台。另一方面，对于实体的图书馆，从推进文明传承和培育文化角度，需要一个场所作为中心，图书馆必将呈现显性状态，实现其功能，彰显其存在。

2. 数字图书馆建设是宏大的系统工程

数字图书馆建设需要大量的信息资源、复杂技术，以及大量的人力参与。国家信息基础设施提供所需技术条件的硬环境，信息政策与法规等则以软环境作为保障，数字图书馆工程的基础与核心则依然是信息资源建设，如何充分利用和合理分配使用有限经费，需要进行有效管理和统筹安排。目前国内数字图书馆建设呈现多头并进的态势，并各具特色，但缺乏整体共进，体现在数字图书馆建设立项方面未见宏观统筹；建设过程中虽有不同建设主体之间的两两合作，但缺少有效的保证机制；建设成果未见共享机制等，以致无法实现哪怕是最基本的资源建设协调、标准规范建设、服务等。笔者认为一方面是因为目前数字图书馆建设延续传统图书馆体制下的如公共图书馆、高校图书馆以及科研图书馆的系统规划，从而具有先天的不足，更重要的是没有一个对全国数字图书馆建设进行整体协调的机构。课题组完成此研究期间，了解到美国数字图书馆建设采取国家层面由国会图书馆、州层面由州立图书馆统一协调的模式，国会图书馆或州立图书馆实施建设规划，国家或州立政府统一拨款，各类型参加建设机构通过项目申报的方式，获取建设经费，建设成果由共享，认为这样由国会图书馆或州立图书馆等实体机构统一规划和管理的方式值得我们借鉴。因此，数字图书馆建设与发展需要改变目前的体制，即改变数字图书馆延续传统图书馆各类型的行政管理模式，为数字图书馆进行独立的制度化建设，才能真正改变目前分散建设与管理的局面。

3. 内容与技术作为数字图书馆的两个要素

当前数字图书馆建设的实践表明确实如此，如 CADAL 建设由计算机领域与图书馆界共同承担，进行了有益的尝试，但在体现建设重点的总工程项目经费划分及建设内容确定方面，依然显示着内容与技术方面的不平衡。国内其他数字图书馆的建设和研究，资源内容建设和技术发展则大多缺乏交集，计算机专家和图书馆专家往往处于不同的语境下，无法得到良好的交融。或者说图书馆拥有资源却不能很好地跟踪、调度和应用技术的最新发展，技术中心论也常常脱离图书馆去讨论数字图书馆建设，专注于检索与获取，而不去关注资源本身的特性，技术更多是试验性的，缺乏实际利用价值。

因此，必要的制度化建设是数字图书馆发展的前提条件之一，即数字图书馆独立建制，确定能够承担相应职能的管理机构如国家图书馆，或专门建制的机构，此机构承担数字图书馆建设宏观管理，包括建设内容规划、技术调用、经费管理等。

数字图书馆事业建制（图 3-1），明确数字图书馆建设的管理主体，该主体完善数字图书馆建设的协调和管理，协助制订相应的信息政策和信息法规，利用经济和行政手段，合理利用数字图书馆建设的各方力量和各种因素，这样，将能消除当前数字图书馆沿袭传统图书馆体制从而分散建设所产生的弊端，从而改变分而治之的现状，推动信息基础设施建设背景下的数字图书馆事业发展。

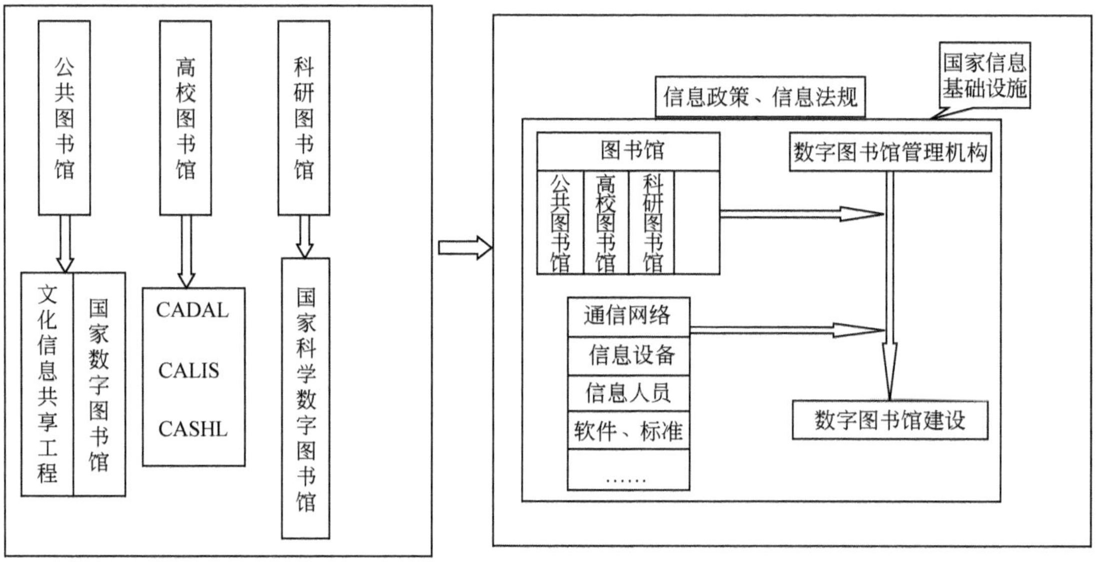

图 3-1　数字图书馆管理模式之转换

第4章　数字图书馆建设要素

4.1　数字图书馆建设的点、线、面、体

要素管理作为管理学的经典，在数字时代被赋予了更多的内涵。早在20世纪，老一辈图书馆学家刘国钧、杜定友提出了图书馆的“三要素”说、“五要素”说，后人对此也多有研究，认为图书馆工作的核心在于“厘清要素”从而达到“自动实用”。基于对数字图书馆建设理论与实践的理解，我们对所构建的数字图书馆建设多元化要素模型进行论证如下文所述。

1）模型以资源、用户、服务、系统四面体的形式构建

该模型的构建旨在说明：在数字图书馆建设之中，无论以哪一个要素、哪一个节点为中心、为出发点，理论上都需要处理好与其他要素节点之间所构成的线上的关系，处理好与其他要素节点所构成的面上的关系，它们共同构成了数字图书馆这个有机体，他们之间的互动促进图书馆成为一个不断生长的有机体。

2）模型对“三要素”说、“五要素”说进行了改造

该模型在说法上有了变化，并将图书馆服务、图书馆系统作为独立要素提出，是基于以下的考虑：①资源涵盖了现实环境中一切对图书馆有用的不同载体形式的信息资源，可以被处理为数字对象，有时也包括资源环境；②用户可以是个人、机构、团体，是信息消费者、信息提供者、信息管理者，有时甚至是应用程序，他们是数字图书馆建设的利益相关者。不仅局限于读者和馆员；③服务被作为独立的要素。首先，现代图书馆以服务为宗旨，图书馆本质在于提供以资源为基础的信息服务、知识服务，服务是图书馆工作的目的与归宿；其次，面对当今信息环境中来自于不同信息机构的竞争，图书馆比以往更加强调为用户提供有针对性的个性化服务，强调服务创新，强调服务在图书馆中的突出地位。因此我们把服务放在了模型的顶层，用以强调图书馆的工作应该是以服务为中心的；④系统被作为独立的要素，是为了强调在当今数字图书馆建设环境中，系统作为联络针来与其他要素进行关联而起到的特殊作用。数字图书馆所能够提供的服务是通过用户与系统的互动实现的，数字资源的存取、组织也是通过用户与系统的互动来实现的。系统是数字图书馆所能进行的服务创新与管理创新的具体体现。

数字图书馆系统构建的要素模型表达的是数字图书馆建设的一个方面：以系统为中心的数字图书馆建设；体现了以系统为中心，以服务为主导的系统建设的基本思路。

该模型中的系统包括网络系统、存储系统、软件系统。本研究的数字图书馆软件系

统，要求处理好系统与服务、系统与用户、系统与资源之间的关系，准确把握用户、服务与资源之间的联系，包括：如何满足业务服务实现管理创新与服务模式创新的要求，如何满足不同用户角色对资源及服务的期望，如何实现资源的共知、共建、共享，以及系统及系统之间的协同、互操作、随需应变、系统资源复用等一系列问题。它们都是系统构建、系统架构设计的驱动因素和制约因素，需要在系统的架构设计中对不同的系统构建目标、不同的系统功能需求加以研究，并结合具体的实施环境包括技术环境、社会环境等加以权衡。

4.2 数字图书馆系统构建目标

尽管系统架构受到社会、技术环境、系统需求等诸多因素的影响，用面向服务的分析方法，从用户需求出发来分析系统目标、功能需求、业务流程和相关服务，仍然是面向服务软件系统架构构建的首选方法。

数字图书馆系统架构是技术与人文互动的结果，体现图书馆事业发展与技术发展同步的原则。数字图书馆系统建设大致可以分为以资源为中心的系统架构，以用户为中心的系统架构，以系统为中心的系统架构，以服务为中心的系统架构四种类型。这种分类一定程度体现了数字图书馆系统构建的理念。下面我们将对这些数字图书馆系统构建的理念作进一步探讨，以明确数字图书馆系统架构研究的指导思想与根本目的。

4.2.1 5A 目标

《图书馆合作与信息资源共享武汉宣言》（简称《武汉宣言》）指出：“信息资源共享的最终目标是：任何用户（any user）在任何时候（anytime）、任何地点（anywhere），均可以获得任何图书馆（any library）拥有的任何信息资源（any information resource）。”也即信息资源共享的“五个任何理论”或者“5A 理论”。

《武汉宣言》认为，“在实现我国信息资源共享目标的过程中，依然存在着诸多障碍”，宣言指出了 11 条行动方向，既有宏观的战略路线，又有具体的战术选择，规划出了一幅清晰的信息资源共享建设蓝图，具有建设性的特点。《武汉宣言》同时认为，这一目标只是一种理想。这种理想对于图书馆来说既是十分遥远的，却又是部分可望而部分可及的。图书馆的发展历史证明：图书馆的每一个发展和进步都在向这种理想不断地、一步步地靠近。

很多学者对《武汉宣言》进行了解读。程焕文等（2006）认为“图书馆是国家和政府为保障公民自由、平等地获取信息和知识而进行的制度安排。最大限度地满足每一位公民（读者）对信息和知识的需求，是图书馆义不容辞的责任”。虽然 21 世纪已经被称作是“权利的时代”。然而，“图书馆权利”问题的全面提出和迅速成为研究热点，却是 2004 年我国图书馆界一个最炫目的亮点，也是继 20 世纪公共图书馆运动后我国图书馆界一个最大的突破。《武汉宣言》是我国图书馆界第一次以群体的方式明确而充分地表明图书馆在保障公民自由、平等地获取信息和知识权利方面的责任和义务，有振聋发聩之功效。燕今伟（2006）认为“图书馆应该是继承文化、传递信息、扫盲和长期教育战略的基本组成部分”。图书馆所保存的文献信息资源不是哪一个图书馆的私有财产，它是社会信息资源的一部分，每一个图书馆都有义务为全社会提供信息服务。在信息化时代，每一个图书馆都不可能单独地履行保存文化、传播信息的社会职能，必须联合起来，进行广泛的合作，推进信息资源共享的实现。《武汉宣言》提出了信息资源共享的目标，提出了行动的方向。《武汉宣言》希望向社会表明的是，为了实现信息资源共享的目标，知道应该做什么，知道应该怎样做；希望得到的是全社会对这一重大问题的理解和共识。

《武汉宣言》是我国图书馆界“民间”自发地、更多是自觉地发布的一份比较充分地代表“民意”的方向性行业宣言。“实现信息资源共享”是《武汉宣言》的出发点，也是其落脚点，同时又是其特点所在。我们认为，将《武汉宣言》所提出的信息资源共享 5A 作为数字图书馆系统构建的一个目标是合适的，它代表了数字图书馆系统建设的一个方向。

就数字图书馆系统构建而言，5A 目标可以看作为系统构建在资源要素上的投影，在系统构建层面，对应上面给出框架的机构间的联邦系统与机构内系统集成部分。

将 5A 目标作为数字图书馆系统构建目标，要求我们在系统建设中处理好资源整合与系统互操作之间的关系，实现 any library 的 any information resource 资源整合，实现 any user 在 anytime、anywhere 对资源的有效存取，从而真正实现信息资源共享的 5A 目标。在系统构建层面，其目的是打破信息资源共享的系统瓶颈，解决所谓的“信息孤岛”现象。其相关的研究主要围绕分布的、异构的、多样化的数字信息资源及系统，以构造统一的信息服务系统、实现信息资源与服务共享为核心，研究的主要问题包括分布式系统结构、系统互操作、数据集成、系统集成、服务集成整合等。某种意义上，5A 既是数字图书馆系统构建的目标，也是数字图书馆系统构建的指导原则。

4.2.2　5R 目标

时任汤普森公司（The Thomson Corporation）公司总裁的 Richard J. Harrington（2004）在第 11 届 EBIC（the 11th european business information conference，EBIC）会议上描述汤普森公司的开发理念及目标时指出：我们需要把合适的信息（the right information）在合适的时间（the right time）通过合适的方法（the right applications software）提供给合适的人（the right people）以使得他们可以做出合适的决定（the right decisions）。我们认为，将这样的描述作为以用户服务为中心的数字图书馆系统架构理念也是相当合适的，权且称作为“五个合适理论”或者“5R 理论”。

在 *Getting just what you need* 一文中，汤普森公司结合他们的实践对这一理念进行了阐释。汤普森公司认为未来信息服务成功的关键在于用户专业化的定制服务（the key to successful delivery of future information services is customization.）。准确定位并提供所需信息的能力是其真正的价值所在（The real value of information suppliers today lies in the ability to accurately locate the information required.）。文章指出：①建立一致可靠的信息检索。汤普森公司通过应用统一的编码规范和对所关心的领域及具有专门知识的高素质专家团队来描述某项发明的重要特征，从而保证标引术语的一致性，用以提供可靠的、一致的信息检索。②建立等级分类体系。比如，汤普森公司在 Taxonomy-BIOSIS 中，建立了 BIOSIS 分类系统的等级分类体系及两个目标一致的术语选择，包括基于控制词表以解决同义词问题，基于语义分类以通过加入语义标签解决同词异义的问题。③通过一个检索界面实现对所需信息的完整检索。汤普森公司认为内容、内容获取方式、内容展示方式共同创造价值。内容不再是王，内容是关键，内容与技术的结合创造了价值（Content no longer is king. It's extremely important, obviously. But we say content is key. It's the marriage of the content with the technology that creates the value.）。比如我们现在所使用的 ISI Web of Knowledge 就是其一个比较成功的案例。

就数字图书馆系统构建而言，5R 目标可以看作为系统构建在服务、用户要素上的投影，在系统构建层面，近视地对应于上面给出框架的专用系统构建部分。

将 5R 目标作为数字图书馆系统构建目标，要求我们在系统建设中处理好用户服务的个性化以及信息组织的专业化等问题，处理好用户需求与信息服务提供之间的关系。在系统构建层面，其目的一是要针对不同的用户类群提供有针对性的信息存取服务，二是系统应该提供专业化的信息分析功能，允许用户以简便有效的方式对所获取的信息进行有针对性的分析，从而得到正是他们所需要的知识。三是寄希望于提供一致可靠的信息检索，多种分类体系的并存，来解决跨库、跨界检索中的“信息淹没”等问题。其相关的研究主要围绕用户信息活动和用户信息系统，以支持用户灵活地处理信息、提炼知识和交流协作为核心，研究的主要问题包括人机界面、信息检索、个性化推介、内容注解等。某种意义上，5A 既是数字图书馆系统构建的目标，也是评估数字图书馆系统效能的重要依据。

4.2.3 5S 目标

弗吉尼亚理工大学数字图书馆研究实验室的研究团队进行了 5S 系列研究。5S 结构本质上是数字图书馆系统构建的要素模型。

Marcos 等（2004）以“*Streams, Structures, Spaces, Scenarios, Societies (5S): A formal model for digital libraries*”为题，提出了 5S 正式模型，包括：能促进用户信息交流的流体性要素（streams）；以有用方式组织信息的结构性要素（structures）；以有用方式展示信息的空间性要素（spaces）；提供相应信息服务的情境性要素（scenarios）；能够满足人们信息需求的社会性要素（societies）。Unni（2004）认为，基于本体的事物在本质上具有不同的属性，不同的项目研究与不同的人因为不同的切入点，可能以不同的方式、使用不同的系统来描述同一事物的不同方面，并通过互不相关的系统来组织存储他们的信息，这增加了不同项目合作与研究以及一般目的的信息检索的困难。5S 框架在模型化数字图书馆方面，为理解海量复杂信息空间提供了便利，在设计与原型化数字图书馆方面，则满足了不同用户团体的信息需求。Marcos 等（2007）在详述数字图书馆质量的意义基础上，提出了一种扎根于数字图书馆形式架构的模式即 5S 框架的质量标准。Marcos 等为 5S 框架中的每一个数字图书馆的主要概念都制订了质量标准，并且为这些质量标准提出了一套数量指标，尤其考虑了微型数字图书馆的重要概念，如：目录、收藏、数字对象、元数据规范、存储及服务。在这些质量标准里（或考量维度中），考虑了易获得性、准确性、完整性、可组合性、适用性、一致性、有效性、效率、扩展性、针对性、保存性、相关性、可靠性、可重用性、重要性、相似性、及时性。关于评判标准，考虑了响应时间、迁移成本、服务失败的次数。关于关键的概念，如质量维度与数量指标的配对，则通过现实图书馆的实际使用情况来加以阐述。Marcos 等还讨论了数字图书馆的质量维度确定与数字图书馆关于信息生命周期共同观点之间的联系。这些联系可被用来确定哪些质量要素在何时何地可以被测量、评估和改进，以及哪些质量问题可以被阻止、察觉和消除。Rao 等（2006）正式提出整合问题及基于 5S 框架的全面解决方案，给出了一个由 5S 概念引出的定义性结构，以及应用 5S 框架整合特定域的数字图书馆及整合过程中关键问题的解决办法。该案例作为个案研究来证实并评估数字图书馆的整合途径。特别是研究团队在 5S 的理论框架内，开发了一个微型原模型——5S 模型及其组成，提出了基于 5S 理论的整合途径的系统方法。Barbara 等（2009）提出了基于 5S 理论的 5Squal 数字图书馆系统质量自动评估模型及其架构（表 4-1）。5Squal 是个通用体系结构，适用于各种 DLS 和方案，5Squal 包括 8 个质量方面的相关指标，涉及数据对象、元数据、服务等。Barbara 等认为，数字图书馆的是复杂的信息系统，其结构、内容和服务处在不断变化之中。这些复杂性和动态进行系统维护是一个不平凡的任务，因为它需要对不同 DL 的组成部分进行评价，一般来说，这些评价都是定制在每个系统进行，并且只有当问题发生时，管理员的干预是必要的。

表 4-1 数字图书馆 5S 要素模型

5S 要素	举例	目的
流体性要素（streams）	文本、视频、音频、图像	描述数字图书馆内容属性。例如：文本资料的编码语言或多媒体数据的格式等
结构性要素（structures）	资源集合、目录、超媒体、文件、元数据	数字图书馆内容的组织特性
空间性要素（spaces）	度量、数量、拓扑、矢量、概率值	数字图书馆多个组件的逻辑和用户视图
情境性要素（scenarios）	查询、浏览、推荐	数字图书馆服务的行为细节
社会性要素（societies）	管理员、学生、教师，等等	各类角色分担不同的职能。例如：服务的管理员负责数字图书馆服务的正常运行

4.2.4 “随需应变”与“业务与 IT 对齐”

“随需应变”与“业务与 IT 对齐”是面向服务架构的提出的重要目标：一是要求能够提供一种机动的 IT 基础设施，即能够快捷地根据业务需求变化进行重新配置的基础设施。此所谓随需应变的服务。二是能够促进 IT 能力与业务目标的配合与协调。此所谓业务与 IT 对齐。用 SOA 创建的、由 IT 系统提供的服务，应该直接为业务服务（该机构向涉众及合作伙伴等直接或间接提供服务）提供支持。

把“随需应变”与“业务与 IT 对齐”列为数字图书馆系统构建的目标，是基于以下的考虑：一是模组化系统的构建，需要考虑“业务与IT对齐”。唯有充分考虑“业务与IT对齐”才能构建出可理解的、被更大范围内的用户接受的“标准化的服务组件”“标准化的积木块”，从而促进更大范围内的“标准化的服务组件”的重用，提高软件开发的效益；而大量的标准化业务服务组件的存在，也为图书馆在实践应用中提供了更多的选择；实现了“业务与IT对齐”的服务，也为构建“随需应变”的个性化数字图书馆系统，以及快速构建新的应用提供的基础。二是图书馆的发展需要数字图书馆系统能够“随需应变”。系统的“随需应变”使得在系统层面能够快速适应并把握信息社会到来为图书馆的发展带来的前所未有的契机，网络和技术的发展为图书馆功能的拓展所带来的广阔的空间，敏捷反应数字图书馆服务模式与管理模式创新的需求。第三，“随需应变”与“业务与IT对齐”强调系统架构在系统建设中的突出作用，保证所构建的系统是可理解、易于理解的；并且强调系统作为资源而进行的系统资源共享，目的是打破异构平台、异构系统的壁垒，有利于形成IT之间、行业应用之间，以及IT与行业应用之间广泛合作与开放的局面。

就数字图书馆系统构建而言，“随需应变”与“业务与IT对齐”目标可以看作为系统构建在系统要素上的投影，在系统构建层面，则要求我们在业务维度及技术维度上所进行的系统分析必须以此为目标，在“随需应变”与“业务与IT对齐”目标框架下进行数字图书馆系统建设相关的标准化业务服务、标准化流程服务的分析。

将“随需应变”与“业务与IT对齐”作为数字图书馆系统构建的目标，强调从系统自身及其与系统构建要素关系的角度来考察分析数字图书馆系统问题，要求建立图书馆服务模型与系统服务组件之间的从“模”到“组”的映射关系，建立业务与软件服务之间的必然联系，从而建立一种必要的数字图书馆应用系统框架（架构与服务），以促进两类人群包括图书馆员与IT工作者之间相互理解，解决数字图书馆系统间的①互操作问题；②重用的最大化实现；③系统的随需应变；④业务与IT对齐。

“随需应变”与“业务与IT对齐”也是SOA框架之下所有系统构建应该努力的目标，其根本目的在于从系统的建设要求出发，从系统的构建要素出发，实现系统任务特征与技术特征的在服务级的匹配，实现对标准化积木块的定义，并以此为基础构建出“随需应变”的、可以满足机构自身需求的、满足用户个性化需求的数字图书馆系统。它同时也决定了所构建系统的质量。

以上从数字图书馆系统构建要素出发，主要分析了给出的数字图书馆系统构建目标与“图书馆学五定律”的关系，事实上，以上给定的系统构建目标可以得到更多的理论支撑，譬如：①在信息资源共享方面。20世纪70年代时，美国图书馆学家肯特（1977）曾对这种现实目标做过概括：“资源共享是一种由许多图书馆共同承担各种职能的运作方式，其目标是：在获得更多的资料和服务方面，对图书馆用户产生积极的效果，在用更少的花费提供同等水平的服务，用同等的花费提供更多的服务，或者用比过去更少的花费提供比现在更多的服务方面，对图书馆预算产生积极的效果。”②在“知识交流论”方面与“知识集合论”方面。宓浩、黄纯元（1988）认为“图书馆要研究社会知识交流在图书馆活动中的特殊规律；研究收集、整理、储存和传递知识载体，以促进社会知识的交流；研究在社会知识交流中图书馆与图书馆事业自身变化发展的规律”；应当把图书馆活动放在知识交流的框架上运转。王子舟（2003）认为“图书馆就是知识集合”，“图书馆学应以其本质命题为中心展开自己的研究，建立从客观知识到知识集合再到知识受众这样一个研究范畴体系”，等等。这些理论都可以看作为是上述系统构建目标的理论依据，如果5A 目标是为了在数字图书馆联邦系统层面形成一个知识集合，5R 则是为了在数字图书馆专用系统层面来促进知识的有效交流。

面向服务数字图书馆系统的构建由上面给出的目标作为总体目标，来指导面向服务的数字图书馆系统架构分析和系统实践，包括：①以实现资源最大化的、实现知识集合的联邦系统的5A 目标；② 以实现用户服务个性化的、促进知识交流的专用系统的5R 目标；③以实现与技术发展及人文需求相同步的系统构建的“随需应变”与“业务与 IT 对齐”目标。三个目标之间是相互联系的，需要在具体时间之中，结合不同图书馆自身对系统的需求加以灵活运用，它们共同构成了数字图书馆系统建设这个不断生长的有机体。

最后，SOA 是一种模组化的系统构建方法，是信息高度数字化生产下的一种寻求互操作和交流的机制。模块应该怎样划分，模块的组合及怎样组合，必须从服务框架的整体来看，这是图书馆系统和服务的一体化设想。就系统构建而言，模组化是数字时代图书馆由数据标准化向管理与服务标准化迈进的重要步骤，数字图书馆管理与服务的标准化有赖于模组化数字图书馆系统的实现。前人研究表明，“互操作”建立在标准化之下，在于数据标准化及建立在数据标准化之下表达与展现。仅此是不够的，不足以应对当前信息环境下技术与人文需求的变革。就模组化研究而言，建立在标准化“资源、服务、管理”之上的标准化系统服务体系（服务模块）的构建是面向服务数字图书馆系统实现的关键。

4.3　数字图书馆系统要素维度

要素维度包括了数字图书馆系统构建的用户、资源、服务和系统要素。作为数字图书馆的用户可以分为三类：怀有不同动机的信息创建者；带着不同需求的信息消费者；来自不同领域的信息管理者包括图书馆员，IT 工作人员。资源要素在数字图书馆中表述为数字对象，是一组各种类型文件与数据结构的组合。数字对象可以有不同的类型，无论何种类型的数字对象，在数字图书馆系统中，有着相同的处理流程，包括创建、获取、整序、发布、检索、定位、利用，这与传统图书馆的处理流程一脉相承，不同在于技术与人文的进步带来的创新。系统与服务要素在数字图书馆中主要体现于数字图书馆系统，表现为所能提供的用户服务与管理模式、资源组织与管理模式，表现为系统能够带来的管理创新与服务创新。

面向服务的数字图书馆系统架构分析要从不同的利益相关者（涉众）的需求出发加以考察。这里有关于“技术”与“人文”的讨论，技术引领人文，人文推动技术是我们的主要观点。往大处讲，协调它们之间的关系是构建和谐社会所必须加以研究的一个关注点；从数字图书馆系统构建的角度来看，要求我们从人的角度，“以人为本”的考察图书馆系统所提供的信息服务。这里就需要我们在系统层面协调好资源、系统与用户的关系（另一个在于制度层面的管理与服务，超出了本研究所涉及的范畴），包括协调用户与用户，用户与服务，用户与资源，用户与系统，资源与服务，资源与系统，资源与资源，系统与服务，系统与系统，服务与服务之间的关系。也就是说，在系统架构层面需要考虑不同类型资源、系统、用户、服务的协同、整合与互操作，处理好资源、系统、用户、服务之间的关系。

由于技术是不断发展的，因此从图书馆自身要素出发来考虑图书馆的体系结构可能是更为可行的。

4.3.1　资源要素

资源要素包括文本、图像、音频、视频等。在形式上，不同类型数字对象的表达有不同的文件格式和使用方法，并且不断有新的资源形式及相关的识读软件出现。在来源上，数字图书馆需要形成五位一体的资源保障体系，包括纸质资源、电子资源（库）、特色资源、网络原生资源、文献传递。在处理方式上，同为数字对象，有着不同的处理过程，它们既有相似之处又各具特点。譬如，就文本而言，一部分是在线创建，一部分由印刷品、媒体转化而来，有如下的数据存档过程：原文—扫描—图像—识别—电子文本—人工校对—编辑、标引（确定文档的结构，标记文档标题和其他结构元素）—审核、入库存档—结构描述、外观描述。从图像转换为文本的过程有时被人工重新录入所替代；结构描述和外观描述也可由自动化软件完成。

在数字图书馆系统建设的具体实践中，针对不同类型实体的数字资源，由于对需求的理解不同，系统实现所采用的方法不同等，与其相关的数字图书馆系统在系统实现、系统展示及系统操作等方面都产生了较大的差异。这种系统之间的差异性、多样性确实并将长期存在。对不同资源的处理有其相关的理论支撑，并且这些理论与方法是在不断发展着的。他们同时接受信息技术发展的挑战，接受管理理念、服务理念及其相关模式创新的挑战。尽管如此，从用户的视角来看，用户对资源拥有并使用的总体需求是一致的。如大量拥有、精准查找、便捷使用等。这种使用目标（需求）的一致性，使得不同功能系统之间产生大量的可重用业务。也就是说，①不同的系统具有相似的功能，它们可以是处理不同类型数字资源的系统；②具有不同系统架构的同类系统中存在大量的可重用服务（业务重复），它们可能是处理同一种类型数字资源的系统。大量一致的可重用业务，使得运用 SOA 产生价值。而且，即便是同一系统，SOA 也是有价值的。也可以从用户的层面（角度）来看待这个问题。譬如，针对某种类型的数字资源，图书馆作为用户，其对系统的功能要求是基本一致的，尽管不同机构类型的图书馆在服务需求、管理需求等方面存在差异。再从系统开发的角度来看，针对不同类型的系统，其基本框架也都有共性之处。譬如，在资源处理上，都要解决资源共知、共建、共享问题，这很有可能是由共建模块、共知模块、共享模块来共同实现的，尽管在分析与实现的细节上存在差异。即便是同一系统，根据以往的经验，也存在着模块重用问题，譬如在面向对象设计方法中所强调的信息隐藏原则。这为运用 SOA 可以有效解决不同系统之间的互联、互通、互操作问题，屏蔽系统提供商不同产生的产品差异，促进跨平台、跨系统的系统资源共享提供了基础。

从架构层面来看，数字对象决定着信息组织、处理和利用方式。资源库组织结构的核心在于建立一个统一的、互操作的、可伸缩的组织框架，将分布互联的信息仓储集成为一个整体，在此基础上提供高质量的信息服务，如屏蔽各仓储的差异、提供统一的服务接口、语义化检索、智能代理等。就数字资源整合的实现机制而言，目前的数字资源整合系统的实现机制可以概括为数据仓库整合机制、Mediator/Wrapper 整合机制（中介器封装整合机制）、Agent 整合机制（代理整合机制）以及 P2P 整合机制（对等网整合机制）四种类型，李广建等（2007）提出随着技术的发展会有新的整合机制出现。这些机制的出现从技术上实现了数字资源统一访问，一定程度上解决了 5A 目标所涉及的问题，但是它们有时是以牺牲检索效率为代价的。本研究提出的优化建议是，对不同类型资源采用有针对性的处理方法：①为每一种类型资源建立专用系统及相关的资源库；②在同种资源类型专用系统之上建立联邦系统；③在不同资源类型联邦系统之上建立统一检索。

这样在同种类型资源专用系统及联邦系统内部就易于采纳通用的数据结构（对象模型）而不致丢失必要的信息，可以较好地实现“快精准”检索，实现有针对性的存取，用户信息需求可以在更深的层次上得以满足，相关的资源采集、加工、组织、利用，分析、挖掘、推介等也会更有针对性，技术上也易于实现，有利于 5R 目标的实现。在实现了 5R 的联邦专用系统之上再做整合，实现统一检索，检索结果选定后再定位于专用联邦系统，运用联邦系统的结果分析功能，对于用户而言，这种访问则是透明的。这样的框架同时避免了在传统的系统方法上技术上难以分开处理的局限，也易于实现系统的局部的变更，使得新技术的应用、新的应用需求可以更好更快地被采纳到系统中来，与 SOA 的要求也是一致的。

4.3.2　用户要素

如前所述，用户是系统服务的终极目标，以用户需求作为面向服务系统架构分析的切入点是 SOA 的内在要求，用户需求的不确定性与用户需求的相对稳定性是 SOA 系统“随需应变”的驱动因素。从系统自身的角度来看，如果我们可以在架构的层面，将可以反映用户需求变化的系统功能抽象出来并表达为服务，那么，我们就可以通过对这类服务的选择与组合来实现满足用户需求变化的随需应变的系统。这样的可能性确实存在。

1. 用户需求的满足是以 5A、5R 目标为指导的

用户包括怀有不同动机的信息创建者，带着不同需求的信息消费者，来自不同领域的信息管理者包括图书馆员、IT 工作人员。有必要对作为信息创建者与消费者的人所进行的发布和使用资料的动机做出评估。需要以统一架构下的数字图书馆系统构建思想为指导，分析不同的用户群分类带来的不同服务需求。这涉及用户类群与个性化服务、用户界面与人机交互、用户作为信息创建者、统一身份认证与统一访问等问题。

2. 用户界面与人机交互

Constantine（2001）认为任何人在任何时间、任何地点对产品、应用与服务的可获得性以及高质量的人机互动，是公众用户在新兴信息社会中的最基本需求。对于用户而言，体系结构隐蔽在用户界面以下，良好的体系结构应提供一个透明层，用户甚至感觉不到体

系结构的存在。用户界面设计、功能设计还应当考虑易用性、可靠性等问题，以提升用户的体验与满意度。特别是用户需求的满足、用户需求的变化在系统层面是通过用户界面和人机交互得以实现的。这些建议包括以下 4 个方面。

（1）界面设计应当以用户为中心，能够适应不同类群对信息资源的应用需求。

（2）对多渠道访问的支持。如允许采用不同的设备与不同的互动模式来获取信息服务，提供对具有不同设备特征的用户配置整合途径的支持。

（3）用户界面可定制、可调适。如通过创建用户分类的立体模型和供用户操作与调谐使用的灵活参数集，实现用户界面可定制。

（4）实现统一认证。如通过建立好的用户登录工具，把个体具体的使用特征与各自的内容的代表性参数相关联等。

3. 个性化需求满足与个性化服务

个性化需求可能来自于组织或个人，是系统随需应变的主要驱动因素。个性化服务的提供建立在对个性化需求的理解之上，需要有一个甄别机制。什么是个性化需求，用户需求如何捕获，相关服务如何形成，系统如何来表达等是需要着重考虑的。就信息消费者而言，需要建立基于用户信息消费行为的立体模型而实现对用户类群的划分，这存在着不同的技术方法。比如，颜端武等（2006）通过用户挖掘，以分析用户在多个系统中的应用数据为基础，使用用户行为分类器实现类群自动分类；Chen（2007）通过构造用户兴趣偏好的概念向量以实现面向用户的个性化推荐反馈；焦玉英等（2009）从用户类群的相关性及用户存取信息的相关性入手，进行基于相关性规则与聚类方法的挖掘，等等。相关的个性化服务包括：个人数字图书馆服务、推荐服务、定题服务、咨询服务、学科导航服务，等等。

4. 用户协同与让用户成为共建者

Agosti（2008）认为将使用者的工作方式整合进数字图书馆系统将是数字图书馆的进化趋势，数字图书馆管理系统应当成为促进智力产品生产的一种工具。注解服务是用户与数字图书馆系统之间有效互动的有效方法，注解不仅提供了一种解释方法、丰富了信息的内容，同时也为改善协同工作实践提供了共享与传递思路的方法。这与图书馆实现知识管理的理念也是一致的。

5. 有必要让用户成为协同共建者

制度联盟下的资源共建共享多是以机构或组织为单位的，制度下的协作共享也有共同利益的成分，一种比较现实有效的协作是利益对等，而在其他的情况下则涉及可持续发展问题或者制度保障问题，一般通过市场调节或制度约束机制来保证，这在现实实践中是有局限性的。当我们关注那些写 BLOG 的人，是什么给予了他们参与的动力，赋予了他们写作的动机的时候，我们可以确信这一点：让更多的用户成为协同共建者可能有助于解决这一现实中存在已久的问题。

建立注解服务与协同服务，以更低门槛实现信息（知识）的自由存取，允许用户参与共建，可能会出现垃圾数据问题。可通过建立多级过滤、审读机制或者建立信用评估机制等方式来解决。

4.3.3 服务要素

服务要素分析重点关注可能的服务模式与管理模式的创新。一般情况下，数字图书馆的系统服务包括：信息发现、信息抽取、信息加工、信息存储、信息管理、信息利用、信息检索。就传统的资源与服务而言，进入新的时代，要求图书馆能够以更有效的方式实现更广泛的合作与共享；以更低门槛实现信息（知识）的自由存取；以更精、更准、更快的服务（包括主动服务、被动服务、自主服务）让知识在用户、系统、馆员之间流动。

面向服务架构强调业务与 IT 对齐、强调服务的随需应变，这是通过模块化的服务来实现的。数字图书馆的面向服务分析是从实体和元素的一般概念上建立起来的。服务要素分析需要考虑不同针对性的业务系统，服务与管理模式的共性和差异等。从系统资源共享角度，应当从软件复用层面，考虑构建应用服务的模块服务。根据机构和个人的需求，通过模块服务的组合，构建适应机构或个人需求的机构数字图书馆系统或个人数字图书馆。再有，个性化的服务、随需应变的系统的实现需要得到核心服务模块与核心技术支撑，确定核心服务模块的边界应当是服务要素分析的主要关注点。此外，个性化服务以精细化管理为前提。对基于内容管理的数字图书馆平台与构建在内容管理之上的服务平台的相关服务分析是有机统一的，不能割开。

从用户的视角来看，为了支持不同的用户需求，数字图书馆系统需要大量的多样性的应用服务。如针对特定数字图书馆的查询服务，映射和整合异构元数据记录的映射服务，为检索附加相关文献的查询修改和扩展服务，等等。服务分析在数字图书馆系统需求分析中应该还有另外一层涵义，即技术与人文的融合，强调业务需求的技术实现必须充分体现用户需求及“以人为本”的理念。这一方面依赖于网络与信息技术的发展；另一方面更在于我们倡导的“自由、民主、平等”等人文精神在系统方面的表达，要求关注“协同、互动”等问题的解决。就提高大学图书馆在教学科研中的作用而言，主要着力于两个方面：得到最好的数字图书馆服务；改变研究人员的学术生涯。体现在数字图书馆所能提供服务及管理与服务创新等方面。从知识创新、知识组织的角度，强调关注协同，促进知识转化需要更加有效的资源组织方式，更加有利于个性化表达的数字图书馆出现。

就用户服务的 5R 目标实现而言，需要我们特别关注有针对性的不同的分类组织方式，这同时也是业务服务的创新点，随需应变的切入点。分类组织方式与信息检索是相互呼应的，允许多种分类法存在，包括专业分类法、自由分类法的存在，允许专业化、精细化与大众化分类法并存，可以使得 5R 目标的实现更加趋于现实。一种基本的思路是为每一种资源类型创建多种分类组织并存的方式，或者允许用户或机构在组配符合自身需求地应用系统时可以自由选择，这同时可以解决所谓实现“快精准”信息检索与一致的无缝的信息检索之间的矛盾。允许不同分类体系存在也有利于实现有针对性的个性化服务包括推荐、定题等服务。从架构层面考量，需要把这样的应用服务独立出来，它们应该是模组化的、可组配、可并存的，在此之上所构建的用户服务系统则是面向用户和面向服务的。

4.3.4 系统要素

数字图书馆系统是资源组织管理、用户服务的具体实现。数字图书馆是以资源为中心，服务为宗旨，网络为平台，系统为支撑、为基础的。“节省读者时间”或许是用户服务的第一原则，这要求我们把用户服务放在更加突出的位置，从用户需求入手，加以分析，从而提供用户所需要的服务和改变学术生涯为目的的图书馆服务。面向服务的数字图书馆系统构建需要从用户的需求出发，处理好要素之间的关系。各种载体类型的文献资源，无论其何种来源，在数字化系统内体现为不同数据格式的数字资源；用户可以是读者、馆员、系统管理员，只要他能以某种途径或形式（利用）访问系统内的数字资源；服务在系统内表现为管理模式、业务模式的系统实现，可分解为 3 个层面：上层涉及管理模式、服务模式，中层涉及业务组织、业务规范，低层涉及业务操作。

开放、灵活、协作的系统框架，适应业务灵活多变的系统，可重用的系统对基础平台提出了更高的要求，包括适应业务变化，利于管理交流，符合知识传播与知识管理等的内在要求等。个人认为，系统平台应该具有这样的内涵：①满足专业人员向用户提供所谓 right needs 的要求；②引导读者自己获取并满足其 right needs 的要求。这里，系统首先是人文的，是利于或者本身同时就是一个信息能力与素质的培育平台；其次，系统涵盖不同需求都可以得以实现的功能，由于需求自身也总是在不断变化的，因此，系统是灵活的，并且是可扩充的；③系统建设要依托所存在的现实环境，可以有效地串接整合各类信息化资源，而不仅仅是学术文献信息等。只要是用户所需要的资源，都可以利用并加以串接，这样可以多角度刺激读者利用平台的欲望，在潜移默化之中，使用与之关联的存在其中的也即 DL 中的专门资源，同时不知不觉地培育起其自身的信息能力。从这个意义上看，系统本身还是资源整合与团队协作的平台，并且不仅仅局限于图书馆本身所固有的传统的资源建设理念。这也要求我们在资源建设理念上要思考并寻求突破。最后，系统建设要为创新服务和服务创新提供条件和保证。

就 SOA 的系统实现而言，可以并且允许创新的管理模式与服务模式在系统投入使用阶段实现，应该成为系统设计、系统架构阶段要关注的焦点。系统的可用性、可修改性、功能性等则是在系统设计中必须考虑的因素。这与业务、业务流程控制、业务管理、用户需求等是密切相关的，需要兼容并蓄最新的理论成果，使系统成为理论成果的系统再现。小、快、灵，积木式则可能是当前的最佳选择。不仅可以针对不同图书馆以及不同用户的个性化要求，也可适应个体图书馆自身业务变化的需求。必须能够明确可能的业务工作流程并找出相关的业务节点；功能模块的架构与操作界面的展示可以灵活地适应不同管理模式下系统的授权需求。譬如，在业务界面的展示及用户权限的授权控制与管理中，具体的不同类群的用户，在什么样的管理模式及服务模式下，应该有什么样的可能操作，并可以在何种界面下（界面要素），进行什么样的操作，要能明确并加以满足，同时要能确保系统特别是有的数据是可靠、安全、可控的。

此外，弗吉尼亚理工大学数字图书馆研究实验室的研究团队对数字图书馆系统要素的 5S 研究可以为我们提供重要的参考。Rao（2008）将 5S 定义结构看作为数字图书馆系统建设的系统要素模型。

4.3.5　技术维度

图书馆一切工作是围绕资源与服务展开的；数字图书馆也是这样，除了数字资源建设、数字资源服务外，在技术层面，更加关注数字图书馆技术、框架与标准、业务流程整合。这里不仅有理念的变化，更有服务方式多样化的要求，对服务品质也提出了新的要求。技术维分析需要对可以采用的技术方法，信息技术自身发展、新技术应用带来的可能的变化点加以考察。

信息采集和移植：包括传统信息采集和数字信息采集两方面。传统信息采集使用的技术手段包括扫描、缩微、光学字符识别、人工智能等，数字信息采集包括文本、图像、音频和视频信息的处理等。

信息组织：包括信息组织技术、压缩技术、海量信息存储技术。信息的组织应用了 MARC 数据、元数据、自动标引、分类、知识组织与分类等技术，信息的压缩涉及文本、视频、音频等多种形态和标准，海量信息存储应用了分布式结构。

信息检索：包括文献以及视频、音频等多媒体检索。文献检索以全文检索为主，还涉及互联网搜索引擎技术。

信息安全：包括各种信息加密手段。

系统“随需应变”目标的实现，还需要我们对解决相关技术问题的方法、对技术的发展进步加以持续关注，这些方面包括以下几方面。

海量数字化资源的存储技术，SAN、虚拟化存储管理。

媒体处理技术的研究，由于音/视频、电子全文等类型媒体的丰富，需要解决无损、高压缩处理和基于内容的管理等问题。

分布式数字化资源组织及服务、资源、系统、知识的整合。

数字图书馆的安全管理，如统一认证、授权、访问控制。

知识管理，提供基于知识发掘（knowledge mining）的服务机制。

数字版权的保护与管理。

数字图书馆（DL）的科学管理，解决可持续发展的问题。

异构系统的互操作，及基于相关协议的应用开发。如：OAI、Z39.50、Z39.88、METS 等。

面向数字图书馆环境的对象描述语言标准，如 DOI、元数据（META DATA）的发展与应用等。

而从技术角度来看，信息资源共享 5A 目标以及用户服务 5R 目标的实现，依赖于检索系统的可用性、搜索功能、结果特性。

可用性：用户界面是否友好及易于使用（即无需用户培训）？基本搜索是否易于执行？是否提供聚类或其他可视化的检索结果？如果是，是否可以选取自己需要的聚类字段（如作者、日期范围、出版项）。是否支持分面（导览）搜索？是否支持分类法及/或本体？高级搜索是否直观？检索结果页是否内容丰富且易于浏览？是否提供基于 Web 的帮助页面？支持什么浏览器及其版本？搜索支持的最小屏幕分辨率？

搜索功能：能否选择特定来源搜索，或者选择多组来源搜索？是否实时并行检索多个来源？是否既搜索文摘也搜索全文？是否对不同用户集支持不同搜索页（外观）？具有哪些高级（字段）搜索能力？用户可搜索哪些字段？能否按不同属性执行搜索（如日期或相关性）？是否支持布尔逻辑、通配符和/或词组搜索？是否支持邻近搜索？用户能否保存搜索供以后执行？用户能否看搜索历史？用户能否定制其搜索体验？是否提供拼写检查，以更正潜在的拼写错误并提供拼写提示？是否提供期刊与数据库的浏览与题名搜索？能否按日期范围、只搜索同行评议文献、只搜索全文文献作限定搜索？是否以合理方式处理词干与停用词？是否向用户提供数据库描述？

结果特性：是否提供相关性排序？如果是，如何做的？是否对结果排重？如果是，针对什么字段做排重？是否合并不同来源的多个结果，以产生包含所有来源结果的单一结果集？对单个来源，软件能检索到多少结果？是否提供增量（部分）结果，让用户可以立刻看到部分结果，无需等待所有来源返回所有结果？系统能否对检索结果显示哪些字段提供灵活的处理？能以什么方式排序结果？是否支持结果过滤（缩检）？能否标记搜索结果以下载、保存或打印？结果一览表能否通过电子邮件发送？如果能，能否以 HTML 或文本方式发送？搜索结果能否输出为 RSS 种子？能否输出为引文？如果能，以什么格式？用户能否按内容类型组织结果（如视频、演示、培训课程、新闻）？

进一步依赖于信息组织的标引与分类。

知识管理（KM）有很多的领域和层面，核心是 Taxonomy（分类学）领域。通过 Taxonomy 技术可以自动实现非结构化信息的自动分类、标引等，可以通过聚类技术将相似的信息内容推荐给用户。Taxonomy 技术从中英文词表的建立、到词表管理系统、文件的自动标引、信息的自动分类和聚类等工作，都可以借助 Taxonomy 技术来完成。这要求我们特别关注知识技术如分类器研究、关键词检索、分类检索与引文检索，个性化定制，个人图书馆，检索结果的表达、分析、展示，信息计量理论方法的应用，高端的端对端的推介与定制、定题服务，统一检索与专业检索，统一认证与统一用户界面等相关技术的研究。如果，在应用系统中允许各种分类器存在，允许各种分类器建立（比如网络流行的自由分类法），提供不同的分类器服务，实现信息自动筛选等，则是满足用户对信息获取期望的一种选择。

4.3.6 业务维度

业务维分析侧重于对实现系统功能的业务目标、业务功能、业务流程进行分析，找到业务边界，作为可能的切割点，作为进一步分析的基础。业务流程分析是服务规划、实现“业务与 IT 对齐”的主要依据。

从业务形态来说，完整的数字图书馆系统包括 4 个核心体系：资源加工系统、存储管理系统、资源调度系统、网络运营系统。资源加工系统负责对传统媒介信息资源进行数字化加工，对多媒体信息的格式整理；存储管理系统负责对数字化信息进行分类组织与存储，提供安全备份；资源调度系统负责分布式存储的元数据和对象数据的资源共享、调度协调和跨平台查询检索等功能；网络运营系统负责基于网络平台为用户提供各种信息的在线使用、检索、下载，管理数字资源在内部网和互联网上的发布，可以方便地进行基于内容的全文检索。

从机构合作的角度可分为：文献共建协调子系统、文献共享协调子系统、联机编目子系统、联机检索子系统和数字化资源维护子系统等组成。

也有把数字图书馆系统分为：数字信息资源管理、数字资源的生产加工管理、数字信息服务管理、设备管理、安全管理等。

在实践中，CADLIS（中国高等教育数字图书馆）、TPI（同方知网数字图书馆）、TRS（拓尔思数字图书馆）、对数字图书馆系统构成的划分为业务域分析提供了重要的参考。

TPI、TRS 数字图书馆应用平台在系统结构上基于 ISO OAIS，支持 MARC、Dublin Core 等元数据规范，使用 XML、RDF 对元数据进行描述，支持 OAI（open archives initiative）、Z39.50、ILL（ISO10160/10161）、OpenURL 等协议，包括集数据加工、标引、建库、发布和检索服务为一体的自建库系统；实现异构统一检索、自动分类、知网节和参考链接的资源整合系统；集用户管理、安全管理、认证计费和个性化服务为一体的资源门户系统；基于国际标准 ISO10160/10161 的馆际互借系统、虚拟参考咨询系统；高校学位论文提交系统、课件库建设等应用系统。

TPI 数字图书馆应用系统架构分为四层，包括：数据资源层、集成揭示层、信息服务层、网站门户层。数据资源层完成各种纸质和电子资源的数字化、标准化和元数据标引工作，包括数字资源加工制作系统；集成揭示层提供异构数据库统一检索、引文链接、知网节等功能，实现对图书馆内各种数据资源进行整合，方便读者访问。集成揭示层提供链接整合、具有权限认证的检索整合和统一导航，以及 TPI 独有的知网节功能；信息服务层：将各种数据资源通过多种数据服务方式提供给服务团体或个人用户，包括虚拟参考咨询服务，馆际互借服务，个性化服务等；网站门户层为读者和管理员提供统一单点登录入口，网站内容的编辑、显示风格的设置及信息的多途径发布，提供个性化定制功能和数字版权保护功能。

TRS 数字图书馆系统是个组件架构，从系统技术架构来看，系统主要由数据层、应用组件层、应用层、数据加工客户端以及接口（API）构成，包括提供文本分类工具、文本摘要工具、文本聚类工具、相似性检索工具的 TRS 中文知识管理工具包；用于实现异构、分布多样化电子资源的跨库检索和开放链接的 TRS 资源整合门户；用于建立分类网络资源的一站式实时信息服务和导航，实现网络资源的自动采集的 TRS 网络信息雷达；用于实现内网、外网、内部办公平台等多网站多应用统一维护管理的 TRS 网站门户建设平台；用于建立数据的全文检索服务的 TRS 关系数据库检索引擎；用于纸质文件扫描、识别、标引、入库等一体化功能的电子书刊制作系统；用于电子文档资源预处理、标引加工的 TRS 文档预处理加工工具；光盘出版系统；虚拟参考咨询系统等。图 4-1 从业务流程的角度对 TRS 数字图书馆体系架构进行了描述。

CADLIS 数字图书馆系统依据《中国高等教育数字图书馆技术标准与规范》，以 Web 服务方式架构。采用 XML 技术构造和部署系统和子系统，采用 WSDL 技术来封装可重用的组件，采用 SOAP 来实现组件之间的互操作，本质上属于 SOA 的早期形态。图 4-2 和图

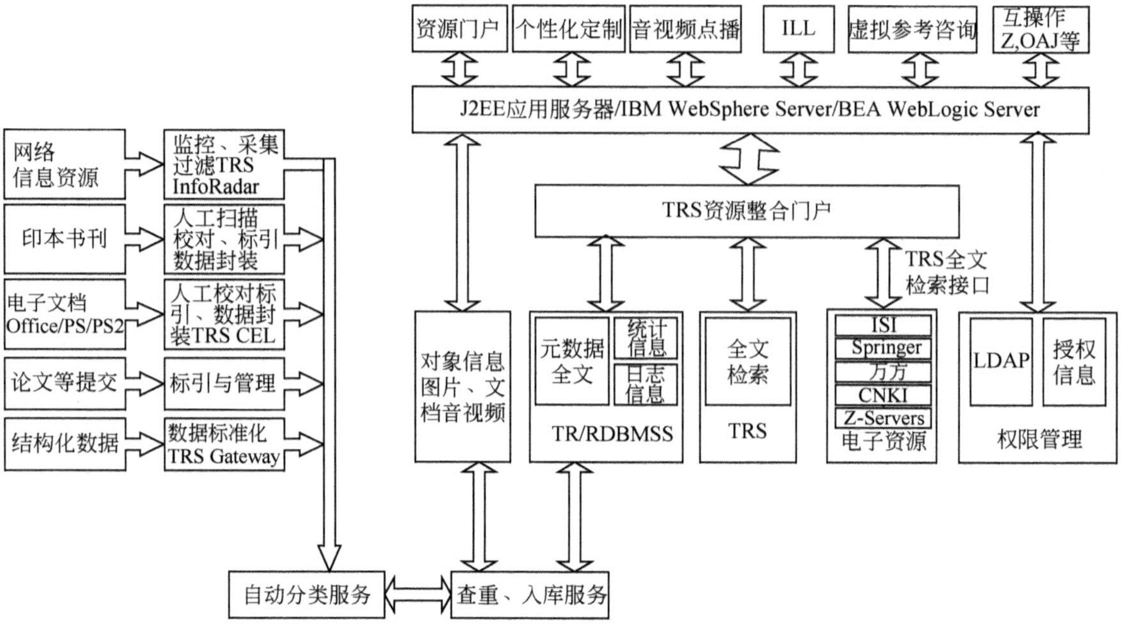

图 4-1　TRS 数字图书馆体系架构

4-3 对 CADLIS 的系统总体架构和分级部署结构进行了说明。

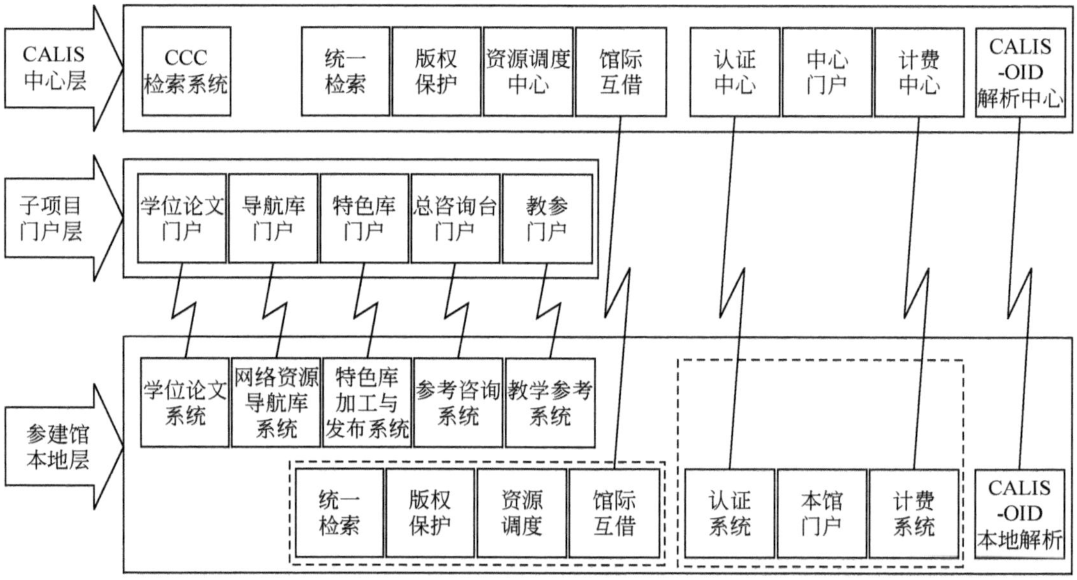

图 4-2　CADLIS 应用系统的分级部署结构

图 4-1、图 4-2 和图 4-3 从流程结构、模块结构和分级部署结构不同角度对数字图书馆系统构成进行了说明。

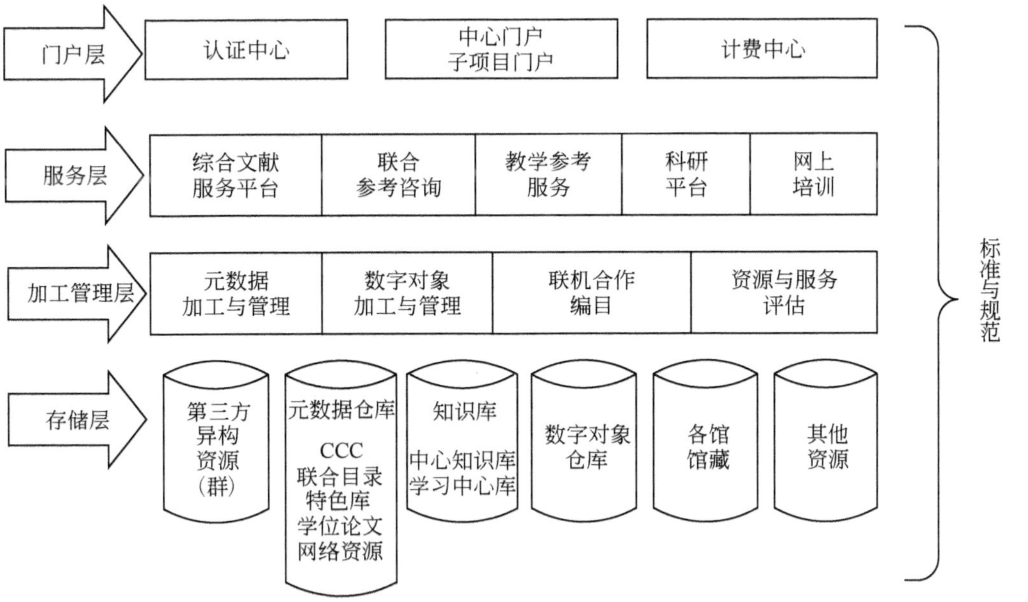

图4-3　CADLIS系统总体架构

4.4　数字图书馆系统构成

服务是SOA系统实现的关键和基础。从架构角度来看，服务的实现并不重要，重要的是服务本身，如果能确保“IT系统所实现服务的定义”与“业务功能和业务流程”一致，IT系统将更易于支持业务目标，满足机构组织的需要。

数字图书馆业务流程总体上是一致的，这为面向服务的业务域服务分析与服务规划提供了依据，Marcos（2007）提示了数字图书馆一般业务流程、质量属性与信息生命周期的关系。对数字图书馆系统建设而言，一般业务流程和环节是普适的，包括：在信息生命周期创建阶段的信息资源创作、修改，描述、组织、标引；在信息生命周期发布阶段的信息资源存储、归档与网络化；在信息生命周期查找阶段的信息资源搜索、浏览与推荐；在信息生命周期利用阶段的信息资源存取与过滤。在系统的构建过程中，信息生命周期的每一个阶段、每一个业务环节对所支持的系统有着不同的质量属性的要求。

总体业务流程其业务边界是清晰的，在技术实现上则不宜超越业务边界，以确保与业务边界的一致性。这样可以使得实现的业务服务在业务域是可理解的，从而为机构或个人组建随需应变的系统提供方便，也为促进服务资源的大规模复用提供良好的基础。这包括：①信息生命周期的每一个阶段都可以被独立的封装为粗粒度服务；②对应于生命期每一个阶段的业务环节都可以被独立的封装为粗粒度服务，它们的边界是清晰的，可以考虑将每一个业务环节对应于一种应用服务；③每一个业务环节自身有着不同实现技术和业务流程，它们可以被进一步分割为更细粒度的服务组合，业务流程则是SOA系统服务实现进一步分割的依据，只要它们的业务边界是清晰的。特别是针对不同类型的信息资源，在资源创作、修改、描述、组织、标引、存储、归档、网络化、搜索、浏览、推荐存取、过滤的每一个业务环节内有着相似的业务流程与业务环节，这也为服务的进一步细分和促进服务的复用提供了依据。

需要特别注意的是，尽管业务维度分析是服务规划的主要依据，但仅有业务维度分析是不够的，这有可能导致为 SOA 而 SOA 的倾向，在具体的服务规划中需要结合业务域其他维度的分析加以权衡。一个基本的建议是只要有可能就标准化流程和技术，创建标准化服务。

任何业务、任何技术都是为服务而生的。数字图书馆系统构建中强调“业务与 IT 对齐”与系统“随需应变”不能偏离读者，服务宗旨这个核心。

向 5A 目标努力。最大化地利用所有可能的资源是对图书馆的基本要求。每个图书馆都有自身的特点，没有两个馆是相同的，都有着自己的资源建设的针对性。实现资源共享不仅是用户，更是图书馆的期望，要求可以跨界、跨平台处理不同类型资源、整合资源、实现最大化共享。

向 5R 目标努力。每个人有自己需要的资源种类，用户有相对稳定的阅读倾向，每种类型的资源都会有相对稳定的用户类群。需要针对不同的用户类群提供个性化的服务，需要考虑资源的个性化分类组织作为提供个性化服务基础，需要考虑个性化服务以及资源共建共享中的重复浪费问题。一个问题是，长期以来，我们强调用户需求，但我们不能准确地确定什么是真正的用户需求，尽管对某一确定的群体和个人、确定的事件，我们的需求是明确的。在这方面，“读秀”的成功经验可以借鉴。“读秀”采用了可逆的资源组织模式（碎组织、零存零取、零存整取），把不同的用户需求，隐约包含在其对资源的双向组织之中，从而真正使不同群体的信息需求得以体现。某种程度上，“读秀”在不确定的读者需求下，提供了确定的满足读者需求的方法，从而满足了不同类型读者对信息、对知识的获取需求。

数字图书馆系统应体现时代对数字资源及其应用的需求，强调个性化的、高品质的、快速、准确、可靠的信息服务提供。在当前的服务环境之下，任何载体类型的信息资源的提供与组织、存取，以及各种类型的服务提供及其评价，其方法、手段的应用都应该以节省读者时间为原则。这样我们当前就应该更加关注资源的组织与服务的提供，这关系到信息的组织分类、检索分析及相关手段方法得利用等。至于资源的获取，由于各种类型的联盟以及图书馆馆际合作的成熟发展，我们总是可以得到所需要的资源。节省读者时间应当成为思考图书馆服务理念与管理理念的第一原则，在系统建设方面，则是 5A、5R 的结合。

第 5 章 数字图书馆管理体制与管理机制

经过十多年的建设与发展，我国数字图书馆建设事业已经达到了较高的水平。20 世纪 90 年代中后期的文化部“文化信息共享工程”、教育部“3C 工程”、科技部“国家科技图书文献中心”和中国科学院国家科学数字图书馆等一系列重要项目的实施，在数字图书馆建设、管理、运行、绩效评估等方面做出了富有成效的探索，并已经逐渐形成资源供给、系统研制与集成、图书馆服务、用户使用的数字图书馆产业链。数字图书馆建设已成为我国信息化建设的重要组成部分，是我国教育、科技、文化等事业发展的不可或缺的重要的基础设施之一。然而，我国数字图书馆建设也还存在诸多不尽如人意之处，主要原因在于我国数字图书馆事业尚未形成国家层面的宏观管理体制与有效的、切实可行的管理机制，政策的构建、实施与数字图书馆事业的蓬勃发展极不相符，针对性研究成果也较为匮乏。本研究在分析国内外数字图书馆管理现状的基础上，探索适合我国国情的数字图书馆管理体制与管理机制。

5.1 国内外数字图书馆管理现状分析

5.1.1 国外数字图书馆管理现状

欧美国家数字图书馆建设起步比较早，发展速度比较快，发展水平也比较高，但是也还未形成统一管理体制，主要发达国家的数字图书馆事业管理体系各不相同，如美国主要由国家科学基金会、国会图书馆和国家数字图书馆联盟管理；英国主要由高等教育基金理事会和英国国家图书馆运作和管理；法国主要由文化与交流部、国家计算机科学控制研究院主管；德国由教育与科研部、德国基础科学研究基金会主管；加拿大由国家图书馆负责；日本由 4 个国家级机构履行；俄罗斯的数字图书馆建设主要由科学部协调。在管理体制上，即便是最早提出数字图书馆概念并付诸实践的美国，其数字图书馆事业的管理也还没有形成成熟的体制与机制保障，相关政策也是在数字图书馆事业发展过程中不断完善、调整的。王东艳（2001）提出美国数字图书馆建设是先期进行示范工程建设，由于政府宏观调控、分工协作并进行团队化运作。在研究上主要由高校牵头，依托高校技术上的优势，在发展上走的是一条技术主导型模式。总的来说，西方国家在数字图书馆建设与管理上具有一些原发性的优越条件，蒋永福（2010）认为西方国家的文化管理体制及基础设施可以为数字图书馆的管理提供良好的外部环境和经验借鉴，诸如文化管理体制上的政策、决策、执行相分离的“分权管理”，权力下放并在资金分配上遵循“一臂间距”原则的“间接管理”等，这些都在其数字图书馆管理中得到运用和体现。

5.1.2 我国数字图书馆管理现状

数字图书馆建设是一项复杂的系统工程，需各系统、各部门协同参与，但梁彦滨（2004）指出我国数字图书馆研究建设中，传统图书馆尤其是国家图书馆是主要参与者，他们参与了大多数项目的研究、建设工作。王东艳（2001）提出我国数字图书馆建设主要是由国家图书馆牵头，走的是一条资源主导型发展模式。因此，传统图书馆的管理体制与管理机制必然对数字图书馆事业的管理产生较大影响。李嘉琳（2001）提出我国各类图书馆隶属关系主要参考前苏联图书馆管理体制，介于集中制与分散制之间，各系统、各部门的图书情报机构基本由各自职能行政管理部门进行管理，人事、经费、管理方面均完全隶属于上级主管部门，其服务对象也多局限于本系统内。图书馆划归何管理部门管理，则必然受所隶属管理部门自身管理体制的影响，在此基础上发展起来的数字图书馆事业，也在很大程度上体现出条块分割、各自为政、缺乏统一调控等特征。

1996 年第 62 届国际图联（IFLA）大会在北京召开后，我国开始了大规模针对数字图书馆的研发工作，在管理体制与机制上也做出了一定的努力。我国先后于 2000 年、2001 年成立了“中国数字图书馆工程建设专家顾问委员会”和“中国数字图书馆工程资源建设工作指导委员会”，作为联席会议的咨询机构；确立了“统一规划、制定标准、联合建设、资源共享”的中国数字图书馆工程建设原则。2002 年，中国数字图书馆工程法律法规指导委员会和中国数字图书馆标准规范指导委员会成立。《中国数字图书馆工程资源建设中涉及著作权问题的有关建议》《中国数字图书馆工程资源加工首批推荐使用的标准规范》等文件也陆续出台。目前，我国数字图书馆建设的主管机构有发改委、文化部、科技部、教育部、科学院、财政部等国家中央部门和一些地方政府部门，国务院新闻办、新闻出版总署、工业化和信息化部、国家广电总局等十多个部门也具有不同程度上的政策影响能力。郑建明（2010）认为在全局上，一没有一个相对集中的整体管辖机构；二没有一个有效的管理机制；三没有一个明确的分工；四没有一个全国性的切实可行的分阶段发展计划。管理体系的不完善，导致了我国数字图书馆建设中的诸多问题长期得不到很好的解决，如资源重复建设问题、技术标准规范不统一问题、网站服务界面不够便捷友好问题、版权政策问题等。数字图书馆是以互联网技术、数字技术等高端科技为支撑的社会系统工程，协调发展战略、有效整合资源、分享技术成果以及管理与建设经验、防止重复建设和资源浪费、实现共建共享，是我国当前和今后一段时期数字图书馆建设面临的紧迫任务。要实现这些任务，迫切需要建立一个完整有效的管理体制和成熟稳健的管理机制。

5.2 我国数字图书馆管理体制与管理机制构建设想

管理体制与管理机制是数字图书馆建设、发展的关键因素，起着统筹规划、全面协调的作用。所谓体制，即国家政策和各种法规的制定，是有关组织形式的制度。肖容梅（2010）提出数字图书馆事业管理体制是数字图书馆相关政策法规的制定和传递形式，即为保障数字图书馆事业正常、有效运转而制定的管理政策和法规体系以及国家对于数字图书馆管理的机构设置、隶属关系、权限划分及其相关活动进行管理的一整套制度化安排。而数字图书馆管理机制则是指数字图书馆事业有机体构造、功能及内部各组成要素之间的相互关系，是数字图书馆事业的运转方式。

5.2.1　管理体制构建

管理体制实为政策约束下的组织架构及组织内各管理层管理范围、权限职责、利益及相互关系的准则，其核心为管理机构的设置及各管理机构职权的分配以及各机构间的相互协调。借鉴西方国家文化管理体制中普遍遵循的政策、决策、执行分离的分权原则，我国数字图书馆事业应构建一个由中央统一领导、地方宏观调控、图书馆实体管理的数字图书馆事业三级管理体制（图 5-1）。其中，中央发挥战略决策职能，为数字图书馆事业发展提供政策导向和体制保障；地方承担指导性管理职能，协调、指导数字图书馆事业建设、发展；各类图书馆承担具体操作性管理职能，负责数字图书馆具体建设中的事务性管理。常友寅（2005）认为在数字图书馆管理体制构建中，应注重不断强化宏观管理，以行政手段为依托，以经济手段为补充，以法律手段为保障，形成三位一体的统一的有机整体，共同发挥作用。

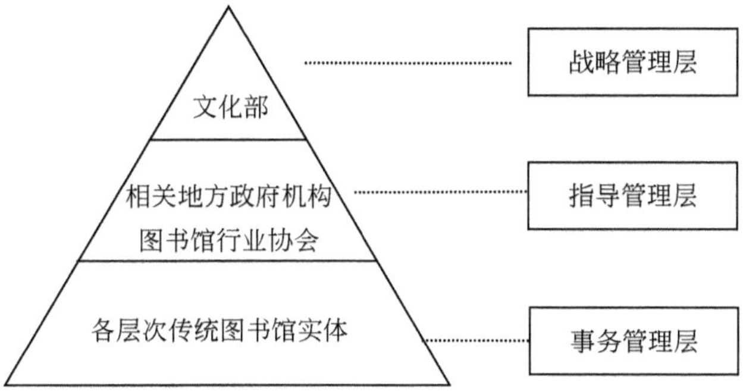

图 5-1　我国数字图书馆三级管理体制示意图

1. 战略管理层——宏观层面

战略管理在管理运行中处于主导地位，它不仅是设计其他管理环节的基础，还贯穿于其他管理环节，决定其他管理行为的有效程度。数字图书馆战略决策性管理属于政府宏观调控行为，表明政府对数字图书馆建设成效的重视，且政府行为的权威性和号召力更成为数字图书馆建设的坚强后盾。要做好数字图书馆的战略决策性管理，需做好以下几点：①要确保数字图书馆事业的宏观高度，确立数字图书馆的社会地位。翟春红（2007）认为要将数字图书馆建设作为大规模的国家事业来对待，将其作为一项关系社会各阶层的知识基础工程予以高度重视，在国家层面应建立辐射全国的国家数字图书馆，逐步消除地域差距带来的经济发展和文献信息资源分布的不平衡。②要明确国家层面的管理主体，实行数字图书馆的统一管理。彭俊玲（1999）提出要改变目前的图书馆归属分散、各自为政、协调困难的状况，实施宏观政策上的集权管理和行政事务上的分散管理，即在国家层面进行统一政策制定并确保实施，具体行政事务则由各图书馆系统具体操作。田国良（2009）结合目前我国数字图书馆建设的主体力量的国家图书馆隶属于国家文化部的现状，提出将数字图书馆事业统一归入文化部管理，赋予文化部数字图书馆事业管理职能，由其从全局角度统一规划、管理全国数字图书馆事业，当然可以借助高校图书馆、科研院所图书馆的资源、技术和人才等优势，形成协力共建的合力。③要加快实施我国图书馆立法工程，从法律层面保障数字图书馆事业发展。图书馆立法的欠缺容易形成对图书馆整体事业规划精神的缺失，应尽快出台包含数字图书馆内容的国家《图书馆法》，为数字图书馆的性质与职能、管理体制、经费来源、文献资源保障等提供统一的法律依据，对数字图书馆事业中的事权、财权和监督权利主体、实施对象予以明确规定和划分，解决图书馆事业发展的根本性问题。宋海艳等（2007）指出图书馆法一旦制订实施，必将成为管理数字图书馆的有力依据。

2. 指导管理层——中观层面

指导管理层的管理主体是一定区域内负责数字图书馆事务的地方政府管理机构和图书馆行业协会。数字图书馆事业是国家专门事业，但是在起步阶段具有一定区域性并带有很大的公益性，本地是首先的受益者，因此地方政府应设立专门机构来负责地区数字图书馆事业，承担起数字图书馆日常运行费用的部分甚至全部。图书馆行业协会因其专业及技术优势则可提供具体建设中的技术理论指导。地方政府管理机构和图书馆行业协会应各司其职、分级分类管理、协调，共同搭建数字图书馆建设的指导管理层。其主要任务是负责数字图书馆运行和发展的决策及其监督实施事务，并具体指导数字图书馆政策、法规的实施，规范数字图书馆建设与发展，引导职业准入资格制度和职业道德规范的建立。

指导管理层属中观层面，宜采取分散式管理模式。横向上，加强省级专业学会的功能，以便协调、统一省内各类型数字图书馆建设工作，减少重复、浪费。纵向上，加强各系统内数字图书馆建设参与主体的统一领导。指导管理层的职能包括：①协调各系统关系，在政策的导向下，协调数字图书馆事业的地区结构、系统结构，使国家数字图书馆事业发挥其应有的效应；②协调公益性与市场化关系，既要体现数字图书馆在保证全民获取权上的公平、公益特征，又能兼顾部分投资者的商业利益；③构建完善的政策法规保障体系，从法律上、体制上赋予图书馆行业协会一定的管理职能，以确保其行为的权威性；④确保法定及稳定的资金来源，通过常规经费机制的建立，保证能够获得可持续发展的资金投入；⑤保障人力资源的总投入与整体素质的提升，方家忠（2010）甚至提到具体可以考虑借鉴国外公共图书馆人员支出在总支出中占 2/3 的主体地位的做法。

3. 事务管理层——微观层面

数字图书馆是建立在形形色色的各系统、各类型实体图书馆基础之上的，依赖于传统实体图书馆而存在。实体图书馆作为三级管理体制的最基层，发挥着极为重要的作用。个体实体图书馆是该层管理主体，具体负责数字图书馆建设事业的实施工作，并在实施过程中逐渐完善制度管理、资产管理、质量管理、风险管理、营销管理等，使得战略管理层、指导管理层制定的政策、决策得以实现。事务管理层管理对象为数字图书馆微观元素，属于微观管理行为，他们负责各数字图书馆子项目的建设、管理工作，如各子项目资源的共建、共享，系统平台的维护，服务模式的探索等；并肩负制订数字图书馆具体建设过程中微观政策的任务，监督数字图书馆具体工程的建设实施等。此外，事务管理层管理还包括对战略层管理、指导层管理工作的监督。

由此，由文化部负责的战略管理层（政策层）、由地方政府管理机构和图书馆行业协会构成的指导管理层（决策层）、由各图书馆实体构成的事务管理层（执行层）组成的我国数字图书馆事业管理体制初步形成，三层之间各司其职、互相制衡、统一联动，形成了一种既相互分离、各自独立，又相互制约的有机体。

5.2.2　管理机制构建

管理机制本质上是管理系统的内在联系、功能及运行原理，是决定管理功效的核心问题，侧重于管理对象间的内在牵制和约束。管理机制是以客观规律为依据，以组织结构为基础，由若干子机制有机组合而成。数字图书馆事业管理机制涉及国家统一领导、机构合作发展、资金多元渠道、事业实体建设等的相互关系，可以参考“现代经营管理之父”亨利·法约尔一般管理理论，构建一个由计划、组织、指挥与协调、控制为要素的数字图书馆管理机制（图5-2）。

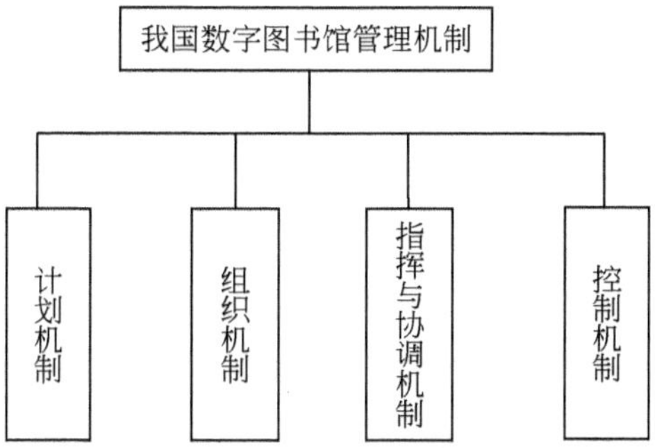

图5-2　我国数字图书馆管理机制示意图

1. 计划机制

为保证政策功效和管理体制功能的发挥，计划机制不可或缺，它是数字图书馆相关政策执行的有效保障。数字图书馆的管理体制从宏观、战略视角确定了事业建设的基本方向，但与实际操作具有一定距离。而管理机制的“计划”恰可弥补此不足。计划机制即在管理体制基本原则的指导下，由相应管理主体对数字图书馆建设宏观政策逐一分解，编制切实可行的执行计划。邹翔斐（2009）认为在政策分解过程中需坚持统一、持续、精确、灵活的原则。我国数字图书馆发展计划机制可分别由三级管理体制中各级管理主体在预测的基础上来制定，分别为战略管理层计划，即数字图书馆事业远景规划，为数字图书馆事业资源分配与产业规划提供依据；指导管理层计划，即数字图书馆政策执行计划，为事务管理层提供政策实施依据；事务管理层计划，即对战略管理层、指导管理层计划的分步实施计划。

2. 组织机制

管理体制的构建为数字图书馆事业搭建了宏观管理架构，形成了事业发展的组织和制度。而管理机制所要构建的组织层面主要针对数字图书馆具体事务的微观层面，包括具体的组织运作层面、物质保障层面和人力资源层面几个方面。郑宏（2004）认为数字图书馆事业微观组织运作层面，主要由储藏型数字图书馆、序化型数字图书馆和终端服务型数字图书馆构成。储藏型数字图书馆由国家图书馆及各地区大型图书馆、中心图书馆形成两级存储结构，负责搜集国内外数字文献及传统文献数字化处理等；序化型数字图书馆由各地区、各行业中心图书馆、大型图书馆构建，负责对原始数字化文献进行标准化、规范化的再加工；终端服务型数字图书馆由数量庞大的小型图书馆依据自身特色而建，直接向用户提供文献信息服务。孙坦（2000）提出数字图书馆组织结构设计应该是开放、动态的，允许新的信息利益和服务集成进来。数字图书馆物质保障层面主要指数字资源建设、组织与管理、系统运行与维护、用户培训等过程中所需的各种硬、软件资源、技术保障、资金需求等，这方面应重视政府投入牵引机制构建，通过政府财政投入的“种子资金”功效，吸引更多社会资金投入数字图书馆事业建设。人力资源保障方面包括基层数字图书馆管理、技术、法律、营销等各类专门人才的培养和使用等机制。

3. 指挥与协调机制

指挥与协调层面是数字图书馆宏观管理，也是其微观管理的本质层面，其行为主体是多层次的，涵盖管理体制框架下的国家战略指导、地方政府职能部门主导及各级图书馆行业协会的业务协调等。建立数字图书馆建设的指挥与协调机制，主要目的是使我国数字图书馆事业围绕一个或几个全国性的中心数字图书馆，着力构建在资源配置上集中与分散相结合的数字图书馆体系，让参与建设的组织可以发挥最大的作用，使得数字图书馆建设在各个环节上均能达到更高标准。构建三级管理体制旨在为数字图书馆事业选择方法、建立秩序，而指挥与协调机制则是在管理体制的框架下为各数字图书馆发展指出方向、设置目标、创造态势、开拓局面、增强协同以减少无效耗费。

4. 控制机制

控制是组织管理机制功能发挥的有效保障，数字图书馆管理机制中的控制机制主要由管理政策执行保障机制、管理监督机制、管理评估机制等构成。其中，管理政策执行保障机制能有效确保预期管理效果的发挥，运转协调、管理有方、保障有力的政策法规服务体系，管理政策修订、完善的长效机制等可以确保各类管理政策有效实施。管理监督机制是一种行为约束机制，监督管理行为是否合理、合法、适度、有效，可以提升管理效果、实现管理目标。杨凌云（2010）认为我国数字图书馆事业管理监督行为可由文化部专职部门和第三方机构共同进行，以确保事权、财权、监督权的分离，以在一定程度上避免政府主管部门同时承担资产所有者、政策制定者、付费者和监管者多重角色所带来的弊端。管理评估机制旨在评估管理效果，完善管理体系，主要从经费分配的合理性、管理体制的规范性、管理机制的完善性等几方面考察各数字图书馆的管理行为。

数字图书馆作为一个复杂的和动态的系统，制约其发展的因素主要有技术上的和非技术上的。我国数字图书馆虽起步较晚，但近年来在技术标准、规范、网络技术设施等方面取得了较大的发展。然而，非技术因素却成为影响我国数字图书馆发展的决定性要素。因为虽然有国外发展经验可供借鉴，但须结合我国国情，在经济、管理、人员等方面构建合理的体制与机制以适应我国数字图书馆事业的发展需求。我国数字图书馆管理体制与管理机制的构建势必在很大程度上保证数字图书馆事业建设的整体性、统一性、持续性、开放性，消除目前存在的各数字图书馆系统在资源共享、互操作等方面的障碍，降低我国数字图书馆建设成本，提高资源使用效率。本研究的目的在于引起同行、业界及政府部门对数字图书馆管理研究与管理实践的关注，以期有更多、更好的数字图书馆管理体系构建方面的成果，促进我国数字图书馆事业的健康、持续发展。

5.3　我国数字图书馆建设初始环境及政策动因研究

数字图书馆是十几年来世界图书馆事业建设的主题，我国政府也把数字图书馆建设作为促进社会发展的重要手段而在政策上加以重点保障。本研究在总结我国数字图书馆建设启动之初的社会需求和环境的基础上，分析数字图书馆建设的政策动因和政策目标，并评价政策目标在今天实现的程度。

数字图书馆建设是我国在 20 世纪最后几年中启动的信息化建设工程，作为一项需要巨大投入和多部门配合的重大现代化社会建设工程，在我国的制度环境下，它必须得到党和政府的政策认同、提倡和保护才能得到发展，关于数字图书馆建设的政策动因，陆宝益（2000）认为是“受到外界的影响、为解决图书馆发展中的内部困境、我国社会信息化的客观需要”。在数字图书馆建设已取得巨大成就的今天，回首 20 世纪 90 年代国内外图书馆事业发展环境，我国政府大张旗鼓地启动数字图书馆建设还具有更复杂的政策动因。

5.3.1　我国数字图书馆建设启动时的政策环境与条件

1. 国家的信息化发展政策形成了数字图书馆政策的上位政策

20 世纪 70 年代后，信息产业在发达国家取代传统重化工业成为国民经济的主导产业，信息化改变了世界的经济增长方式，改变了世界经济结构和经济基础。1995 年，发达国家信息产业的产值占国民生产总值的比例达 40% ~60%，年增长率是传统产业的 3 ~5 倍，为世界发达国家的经济增长贡献率超过了 25%，在美国则超过了 30%。特别是 1990 年爆发的海湾战争向全世界示范了军事信息化的威力，直接加快了世界各国信息化发展的速度。

我国党和政府对信息化的重视体现在国家的信息化法规政策中。1990 年发布的中国科学技术蓝皮书（第 4 号）《信息技术发展政策》中明确了我国的信息技术发展总体政策，1992 年发布的《关于加快发展第三产业的决定》将信息服务业列为我国第三产业的发展重点，国务院在 1993 年成立了“国家经济信息化联席会议”，开始建设“三金工程”，

1994 年制定的《90 年代国家产业政策纲要》则提出要在基础产业中有重点、分层次地大力推进信息高速公路网络建设。在 1996 年制定了《国民经济和社会发展“九五”计划和 2010 年远景目标纲要》，要求把“国民经济信息化的程度明显提高”作为“九五”计划的一项重要目标，提出“国民经济和社会各领域应用现代电子信息技术取得很大进展，计算机应用在生产、工作和生活中的普及程度有很大提高。初步建立以宽带综合业务数字技术为支撑的国家信息基础设施，国民经济信息化的程度显著提高”。杜佳（2005）提出类似的信息政策法规，到 2002 年 10 月已经超过了 1170 条，这些信息化发展政策为数字化图书馆的发展提供了上位政策保障。

2. 党和政府对数字图书馆建设提供了大力支持

1997 年北京图书馆牵头实施“中国试验型数字式国家图书馆项目”后，文化部主管图书馆业务的副部长徐文伯在 1998 年 8 月正式提出建设中国数字图书馆工程的设想，得到文化部部长孙家正的首肯，文化部专门成立了包括广播电影电视总局、国家税务总局、中国航天总公司、中国农业银行和北京图书馆等单位的领导参加的“中国数字图书馆工程筹备领导小组”，文化部召开了多次有两院院士、专家、教授参加的工程论证会。1998 年 10 月，国务院副总理李岚清在视察北京图书馆时赞成建设数字图书馆，指出“将文献资源数字化，通过网络与周围教育、科研等机构连接，然后与全国联网，实现图书、信息的资源共享，这是个方向。未来的趋势是图书馆数字化，数字图书馆是设有围墙的图书馆”，“未来图书馆的模式，就是数字图书馆”，同时提出国家图书馆“二期工程要结合数字图书馆去研究”。1998 年 11 月，国家计委批复了中国高等教育文献保障体系（CALIS）建设项目的可行性研究报告，正式启动了中国高等教育数字图书馆一期工程。1999 年 4 月，国务院副秘书长刘奇葆在参观北图的数字化图书馆试验演示系统后，再一次表示国家将全力支持数字图书馆的建设。在科技部的支持和协调下，国家“863 计划”智能计算机系统主题专家设立了数字图书馆重点项目“中国数字图书馆示范工程”，成立了中国数字图书馆发展战略组，专门对该工程涉及的技术、管理、运营、法律等问题展开研究。1999 年 11 月 12 日，首都图书馆被国家“863 计划”中国数字图书馆发展战略组确定为“中国数字图书馆工程首家示范单位”。2000 年 1 月，属于国家“863 计划”中国数字图书馆示范工程项目的超星数字图书馆在互联网上正式开通，我国数字图书馆建设在国家领导人的关注下高调启动。

3. 图书馆自动化和互联网建设为数字化图书馆奠定了技术基础

我国在图书馆工作中应用计算机起步于 20 世纪 70 年代中期，80 年代末，我国图书馆界掀起了自动化管理系统和局域网络建设的高潮，实现了馆藏书刊目录、期刊篇名、文摘、索引的计算机管理。1994 年后，我国很多图书情报机构开始利用网络向用户提供文献检索服务、文献全文查询等，国内图书情报界逐步实现了计算机化、网络化、自动化管理，推出了一批商业化的文献检索数据库，也为数字化图书馆建设提供了人才准备。1997 年 4 月，我国的四大网络（GSAnet、CERnet、Chinanet、ChinaGBN）开始互联，为中文信息上网提供了良好的网络环境，国际互联网带宽增加，信息网络基础设施规模跃居世界前列，上网计算机数在1997年10月达到了54.2万台，全国共有62万网民，1500个www站点。罗蕴青（2002）提出“日益良好的网络环境、初步完善的网络基础设施为数字化图书馆的建设创造了条件，中国数字图书馆工程的建设与应用可以充分利用这些已有的网络平台。”

4. 对外开放和交流提供了解决管理和技术困难的渠道

数字图书馆建设涉及网络通信、信息的压缩与解压缩、多媒体信息处理、分布式信息处理、信息安全、数据库、基于内容的智能检索，超大规模数据计算、软件重用技术、多语言处理技术、自动识别技术、中文信息和机器理解技术（如内码转换、自动分词、自动翻译、自动分类和自动文摘技术）、因特网人工智能技术等技术，其中，将资源数字化和资源存储、索引检索是数字图书馆建设中的三大关键技术。除此之外，陆承兆（2004）提出还要面对数字化工程起步时的包括建设经费、技术标准、数字化信息资源来源、知识产权、专业人才和对数字图书馆建设的认识等方面的管理和现实问题。

20世纪90年代中期我国数字图书馆启动时，恰值我国对外开放的深化时期，国内外在信息技术领域的交流较为广泛。随着西方国家对数字图书馆建设的一些关键技术的研发和商业化运用，这些已成熟的技术都随着各种IT技术装备进入我国并实现了实用化，我国信息产业界也同步地进行技术研发，为解决数字图书馆技术和管理问题提供了现实可能。

5. 协作建设理念优化了数字图书馆发展环境

数字化图书馆必须要在众多单位协作的基础上才能完成。美国的第一个数字图书馆计划“数字图书馆启动计划”DLIP（digital libraries initiative project）就是在1994年由美国国家科学基金会（NSF）、国家宇航局（NASA）和国防部高级研究署（ARPA）联合启动的。此外，英国国家图书馆与IBM英国科学中心联合开通的高校数字图书馆研究计划ELIOR（electronic library information online rnrir-val）、De Montfort大学与IBM公司合作的试验项目ELINOR、澳大利亚国家图书馆与大学图书馆等机构联合进行“澳大利亚数字图书馆”（australian digital libraries）等都是通过多馆多机构合作的方式展开的。美国在数字图书馆技术的研发也主要是由美国的6所著名大学采用协作分工方式进行的。

我国图书馆界具有资源建设协作的传统，由于建设数字图书馆的经济和技术基础都较发达国家差，在20世纪90年代数字图书馆建设启动之初，我国图书情报界就认识到协作建设的必要性，需要设立全国性的协调领导小组，负责安排全国各单位的数字化资源建设，做好可行性调研、需求分析，明确建设目标，制定项目规划和实施计划，组织好论证，对技术难题进行共同攻关，避免各自为政、盲目立项、标准混乱、重复浪费等问题。采取“整体规划、分散建库、集中联库、共建共享”的方法联合建设数据库，地区性的图书情报机构除参加中国数字图书馆等大型项目建设外，还要发挥各馆独特的资源优势，努力建设好地方性（地域性）的文献信息特色数据库，张津丽（1998）指出“全国各地的大图书馆和情报中心，要按照统一的分工和要求，根据自己馆藏资源的特点和优势，进行数字化处理和建立数据存储器或数据库，然后通过网络相连，并向全国读者提供信息服务……由国家出面统一建一个国家数字图书馆是最经济的，因而经济上具有高效率”。

1997 年召开的全国信息化工作会议讨论通过的《国家信息化“九五”规划和 2010 年远景目标（纲要）》中，确定了我国 CNII 建设“统筹规划、国家主导、统一标准、联合建设、互联互通、资源共享”的“24 字方针”。在 1999 年 1 月召开的全国文献信息资源共建共享协作会议上，文化部孙家正又提出“一要统一、二要联合共建、三要防止重复建设”的三原则，确定了我国数字化图书馆建设必须协作化建设的要求。

5.3.2 数字图书馆建设政策动因分析

当代我国各项社会重大建设项目的管理方式，仍然是传统的党和政府政策指导下的计划管理模式，政策规划是数字图书馆这样的大型社会工程立项建设的起点，政策动因决定了数字图书馆建设的制度设计和它的未来发展。

1. 改革开放和社会发展的时代性政治需求

经过 20 世纪 90 年代初“总结经验、整顿调整”后，1992 年我国的改革开放进入了整体推进、重点攻坚、以创立社会主义市场经济体制的基本框架为核心内容的综合改革阶段，党和政府工作重点从 20 世纪 80 年代探索“全面改革开放”转向建设社会主义市场经济，在宏观执政思想上尝试以经济的发展解决发展中出现的各种社会问题。为顺应 20 世纪 80 年代以来以信息化为代表的科技革命发展潮流，我国制定了科教兴国战略和可持续发展战略，确定要“依靠科技进步，加速科技成果向现实生产力的转化，解决好产业结构不合理、技术水平落后、劳动生产率低、经济增长质量不高等问题”，根据这种指导思想制定了一系列政策性文件，包括 1992 年国务院颁布的《国家中长期科学技术发展规划纲领》，1993 年全国人大常委会制定的《中华人民共和国科学技术进步法》，1994 年国家制定的《适应社会主义市场经济发展，深化科技体制改革实施要点》，1995 年《中共中央、国务院关于加速科学技术进步的决定》，1995 年党的十四届五中全会《关于制定国民经济和社会发展“九五”计划和 2010 年远景目标建议》等。1998 年 2 月江泽民关于“知识经济、创新意识对于我们二十一世纪的发展至关重要，要真正搞出我们自己的创新体系”的指示等政策思想，也直接提升了国内信息化建设的热度。通过政策提倡指导，在国外起步建设数字图书馆之初，我国也在技术设计、市场规划、工程实现、制度管理各个领域进行跟踪学习和同步应用。

2. 网络内容建设的政治价值认可

宣传工作是党的第二生命，党管宣传是一贯做法，传统的各种宣传媒介，报纸为第一媒体，刊物为第二媒体，广播、电视被称为第三媒体，随着信息技术的发展，新出现的互联网被人们称为第四媒体，管好用好互联网，用符合中国国情的、正确的思想文化占领互联网信息阵地，便成为我国新时期宣传工作的重要任务之一。江泽民在党的十六大报告中指出“互联网站要成为传播先进文化的重要阵地”，肯定了互联网的政治宣传重要性；吴基传指示“今后我国应该大力开发中文信息资源，推进网络文化多元化；同时要组织协调各方面的力量，加快建设各类‘数字图书馆’‘数字博物馆’，将历史上有代表性的典籍、文献进行数字化处理；既要积极传播我国的优秀传统文化和现代科学技术，也要注重传播国外的先进文化成果”。在中共中央政治局 2007 年 1 月 23 日举行的第三十八次集体学习会上，胡锦涛强调要“加强网络文化建设和管理，充分发挥互联网在我国社会主义文化建设中的重要作用，有利于提高全民族的思想道德素质和科学文化素质，有利于扩大宣传思想工作的阵地，有利于扩大社会主义精神文明的辐射力和感染力，有利于增强我国的软实力。我们必须以积极的态度、创新的精神，大力发展和传播健康向上的网络文化，切实把互联网建设好、利用好、管理好。”这种思想是党的中央领导集体对新技术进步在信息传播和新闻宣传上的一贯反映。数字图书馆作为一种新技术条件下的信息工具，主动地去认识、认可并建设、利用它，有利于传播先进的文化，有利于加强党的宣传工作。

3. 期望通过数字图书馆的内容建设增强国家软实力

北京大学中国软实力课题组（2008）提出“软实力主要是指一个国家意识形态和价值观念的认同力、社会制度和发展模式的吸引力、基本路线和发展战略的执行力、国民的凝聚力、民族的创造力、文化的感召力以及在国际事务中的影响力”。

互联网出现在美国、发展于欧美日等发达国家，1998 年“中国数字图书馆工程”启动时，以页面数量计算，互联网页上英文网页占总数的 68%，日文占 5.8%，德文占 5.7%，中文居第四，占 3.8%，其中还有较大比例是新加坡、中国台湾和中国香港等华语区所有，属于我国内地网站的网页比例更小。在互联网上，“发达国家通过网络向受众连续不断地传递文化信息，将其意识形态、价值理念强加于人，不可抗拒地传递、接受，会使受众产生亲近感、信任感，最后认同、依赖这种文化理念，与此同时对自己民族的自尊心、自豪感产生动摇。这对于一个民族、一个国家来说是相当危险的，将动摇其存在的根基。”徐文伯（2002）认为当越来越多的我国网民选择使用互联网来获取信息时，“我们必须对这次科技浪潮及网络发展状况有清醒的认识，大力发展网上中华民族文化，充实网上的中文内容”。“建设中国数字图书馆工程，实际上也就是建设中文因特网。这对于我们继承和弘扬中华文化，力争在未来的全球性竞争中取得主动权具有重要的社会和经济意义”。吴基传（2002）指出“数字图书馆是通过文化资源数字化建立的一个国家和民族的‘文化基因库’。因此，数字图书馆工程实际上是一次对传统文化的重新评估和重组的过程，是传统文化的再生”，是要“吸取交流世界各国的先进科研成果和经验，扭转中文信息数字化程度低的落后局面，确保国家的信息主权和文化传统的独立与完整”。因此，通过数字图书馆建设增加数字化信息的网上传播，增强我国的国家软实力，也是党和政府倡导数字图书馆建设时的一个重要思考点。

4. 技术上赶超世界先进水平的主观选择

赶超世界科技先进水平是我国对外开放的主要任务之一，早在 1978 年，邓小平同志就指出“要实现四个现代化，就要善于学习，大量取得国际上的帮助。要引进际上的先进技术、先进装备，作为我们发展的起点。”此后党和政府制定了大量促进图书馆现代化技术发展的政策，这种技术建设上的要求在 1992 年后的网络化时代变得更为突出，特别是在美国“信息高速公路”建设规划的启发和鼓舞下，我国制定了宏伟的网络和数字信息建设规划。在《中华人民共和国国民经济和社会发展“九五”计划和2010年远景目标纲要》中，要求在“九五”期间“发展数据通信网。发挥国家公用通信网的主导作用和专用通信网的能力，形成全国统一的通信网络体系。采用同步数字系列等先进的通信技术，完善网络管理体制”，到2010年时，“国民经济和社会各领域应用现代电子信息技术取得很大进展，计算机应用在生产、工作和生活中的普及程度有很大提高。初步建立以宽带综合业务数字技术为支撑的国家信息基础设施，国民经济信息化的程度显著提高。”在这个计划体系下，我国在“九五”期间启动了基于计算机技术、通信技术和数据库技术基础上的“金图工程”，开始建立中国图书馆信息网络。而1994年后各国开始建设数字图书馆，引起了我国的关注，1996年在北京举行的第62届国际图联大会，会前会后广泛的、丰富多彩的宣传活动，使得大会主题“数字化图书馆”意识深入人心，强化了我国在数字化图书馆建设上与世界发展国家接轨的意识，此后我国的数字化图书馆项目全面展开。

5. 经济文化发展对提高图书馆服务水平的应用需求

改革开放后经济建设的发展对文献信息服务有更多的需求，而按照传统的图书馆发展模式，所可能获得的投入是远远无法满足图书馆事业与其他社会事业同步协调发展需求的，因此图书馆必须要以超常规方式跳跃式地向前发展。1996年联合国经合组织发布的《技术、生产率和工作的创造》报告，认为“今天，各种形式的知识在经济过程中起着关键的作用，无形资产投资的速度远快于对有形资产的投资，拥有更多知识的人获得更高报酬的工作，拥有更多知识的企业是市场中的赢家，拥有更多知识的国家有着更高的产出”。1998年2月，江泽民在中国科学院起草的关于《迎接知识经济时代，建设国家创新体系》的研究报告上批示，“知识经济、创新意识对于我们二十一世纪的发展至关重要”，在1998年5月北大100周年校庆的庆典上，江泽民再次号召：“全党和全社会都要高度重视知识创新、人才开发对经济发展和社会进步的重大作用，使科教兴国真正成为全民族的广泛共识和实际行动。”2000年在北京召开的第16届世界计算机大会上，江泽民提出我国的战略是要“在完成工业化的过程中注重运用信息技术提高工业化的水准，在推进信息化的过程中注重运用信息技术改造传统产业，以信息化带动工业化，发挥后发优势，努力实现技术的跨越式发展”，从中我们可以看出国家以建设数字图书馆促进知识经济发展的政策思考。

6. 期望通过数字资源共享解决图书馆资源建设不足的问题

我国的图书馆事业长期以来一直存在着资源投入不足的问题，特别是20世纪90年代中期，我国图书馆界面临着因图书经费增长缓慢和文献采购价格暴涨带来的双重压力，书刊采购特别是外文期刊采购数量大幅降低，李曙东（1996）认为“1994年以来情况更加严重，外汇汇率并轨和增值税两项使外文书的购置费用增加63%，书刊涨价估计在15%左右，合计涨价78%。以上原因造成文献大量削减。”甚至像清华大学这样世界著名的大学，它的文献入藏量也只能满足该校科研教学所需的10%，虽然可以通过资源共建共享在一定程度上缓解这种文献信息资源供与求的矛盾，但传统的资源建设协作模式和协作组织方式，已被实践证明是低效的。互联网提供给我国图书情报界一种崭新的资源建设协作的新技术条件，即建设运行于互联网环境的数字资源库，以可控的资源建设投入，高效率地服务更多的读者。从数字图书馆的技术设计和服务方式上看，它都能满足这个要求，这同样成为我国各界特别是图书馆界热切欢迎数字图书馆建设的原因。

5.3.3 我国数字图书馆建设政策目标的实现

以先进的科技手段武装图书馆，提高图书馆的功效，使图书馆从传统的手工管理走向机械化、自动化、网络化和数字化是图书馆事业发展的必然，这种发展趋势与改革开放以来我党的“真理实践观”“三个代表”重要思想中的“先进生产力”理论、科学发展观理论是相一致的，因此数字图书馆的发展获得了党和政府大力的政策支持。经过10余年的发展，我国的数字图书馆建设取得了巨大成就，建立了（或正在建立）国家数字图书馆、国家科技图书文献中心、国家科学数字图书馆、中国高等教育数字图书馆、中共中央党校数字图书馆、全军院校数字图书馆和中国社会科学院系统数字图书馆7个国家级数字图书馆（系统），其中国家数字图书馆于2008年9月9日正式竣工试运行，成为我国数字图书馆发展的标志性事件。虽然发展成就巨大，但江向东（2003）认为仍然存在有“缺乏有效的宏观调控，重复建设问题突出、技术落后，标准不统一、版权意识薄弱、运行机制问题”等问题，原来的政策目标仅仅达到了部分地实现。

1. 我国包括数字图书馆在内的互联网内容服务业依然发展不足

据2010年1月中国互联网络信息中心（CNNIC）发布的《第25次中国互联网络发展状况统计报告》显示，我国2009年网页数量达到336亿个，年增长率超过100%。各类网络应用使用状况及用户增长中，前三位分别是网络音乐、网络新闻、搜索引擎，后两者属网络信息获取，使用率分别是80.1%和73.3%，2009年网络新闻使用率为80.1%，用户规模达到30 769万人，年增幅31.5%；中国网民规模达到3.84亿人，普及率达到28.9%。但同期美国、日本和韩国互联网普及率分别达到74.1%、75.5%和77.3%，相形之下我国网络建设的差距还很大，与此同时中国网民规模增速在逐步放缓，较2008年增长了28.9%，只略高于世界平均增长水平25.6%，并且在网络普及上还存在着地区间的严重不平衡。数字图书馆的建设、运营、服务都是基于互联网的，互联网建设及应用的差距也同步地反映出了我国数字图书馆建设的差距。

2. 数字图书馆建设的政治性和文化性目标部分地实现

建设数字图书馆的目标之一是尝试以互联网数字内容服务于党和政府的政治和文化目标。但由于现代社会科学和人文科学都奠基并主要发展于西方发达国家，我国社会和人文科学研究的基础不足，在发展的指导思想上又缺少连贯性，缺少发展人文和社会科学的良好环境，使人文和社会科学研究活动中的主流话语权一直倾斜向西方各种学派理论。在“三个代表”重要思想、科学发展观的理论指导下，近年来我们利用各种大众传媒加强了正面宣传工作，增加了中国传统优秀文化的宣传，并通过“扫黄打非”“净化网络环境”

等行动及采用在互联网国际出口安装防火墙、使用屏蔽过滤软件等方式清理网络数字资源中的不健康、不正确的文化信息，网络文化和数字化图书馆信息服务在我国的文化、教育、科学、社会中的影响已日益加强，虽然这种政治性和文化先进性目前还要靠较高成本的行政手段来实现，但在互联网和数字信息服务的发展期是不可避免的。

3. 数字图书馆建设已实现可观的社会与经济效益

我们常说的数字图书馆现在主要是两大类型，一是传统的图书馆经过数字化技术改造，通过网络手段提供数字信息服务，其数字化建设投入列入正常的事业建设经费。这种复合型的图书馆提供的数字化服务一般仍属于公益性、服务性的部门，其产出仍然只能用定性的方式进行描述，因此，其产出是模糊的，无法进行数学意义上的投入产出计算。但作为与数字图书馆服务直接相关的一项社会指标，是2007年我国科技人员发表的期刊论文为7.82万篇，首次超过美国，位居世界第一。2009年上半年，我国在国际顶级学术期刊上发表的论文已达到25篇，超过2008年全年发表的总数。在我国的经济增长中，目前科技对经济增长的贡献率在40%，国家已提出到2020年时科技对经济发展的贡献率要达到60%以上，这也是与提高数字图书馆的信息服务能力分不开的。

数字图书馆的第二大类型是商业化的网络数据库数字化服务。由于起步较晚，我国的商业性数据库产业远远落后于美欧等西方国家，数据库数量少、商品化程度低、数据库产品学科分布不太合理、数据库产品利用率低，经济效益平平、数据库产品规模小，质量不高，服务范围窄、联机服务有待大幅度提高、产业政策有待进一步明确加强。孙承鉴（2006）认为自2000年以来，在我国已逐渐形成资源供给、系统研制与集成、图书馆服务、用户使用的数字图书馆产业链。目前国内主要的数据库有中国期刊网、人大报刊复印资料、万方、维普、超星、方正、数图、国研网、新华财经网、书生等。这些“数字图书馆”按商业模式运营管理，拥有较大的用户市场，市场细分明确，多数数据库公司都已进入了良性循环，谢琳惠（2007）提出通过“数据库经营的商业化、市场化；数据库产业的法律化、规范化；数据库经费的正常化，制度化；数据库企业的现代化、品牌化；数据库标准的科学化，统一化”，具有较好的经济效益和发展前景。

4. 数字图书馆管理协调机制的进一步完善仍面临困局

我国目前涉足数字图书馆宏观管理的机构有国家发展和改革委员会、文化部、科技部、教育部、中国科学院、财政部等国家部门和一些地方政府部门，这些部门共承建了数字图书馆项目28项，在档案、文物、广电等系统也有相应的数字化资源建设项目，国务院新闻办、原新闻出版总署、文化部、工业和信息化部、原国家广播电影电视总局等十多个部门也都具有对数字图书馆建设的政策影响能力，多头管理的结果，田国良（2009）认为一是没有一个相对集中的整体直辖市机构；二是没有一个全国性的切实可行的分阶段发展计划；三是没有一个明确的分工；四是没有一个有效的管理机制。管理协调体系的不顺，又必然会造成数字图书馆建设在发展规划、资金投入、资源建设、数字资源的访问、建设标准等方面的一系列问题，但管理和协调体制的建立在今天仍然难以形成较为完善可行的方案。

数字图书馆建设属于信息产业建设范畴，作为社会发展系统工程中的一个子系统，需要与社会的整体科技水平、经济基础、管理水平等有机地结合才能健康发展，政策的预定目标才能充分实现。我国数字图书馆建设之初，管理者和图书情报学界针对数字图书馆建设和管理问题曾经提出过许多大胆设想，但在今天看来，无论是建设数字图书馆的政策设计，还是数字图书馆建设过程中的具体规划，都很难与数字图书馆的实际发展充分契合，因为技术的发展、社会的前进难以准确地把握，作为数字图书馆服务的市场更是变化快速，因而政策目标的设计与政策的现实实现产生差距也就难以避免。

5.4　数字图书馆建设的政府职能诠释

数字图书馆是国家的知识基础工程，也是一项社会系统工程，作为公共文化建设的重要组成部分，在保障公民文化权利，缩小“数字鸿沟”，促进社会平等，推进社会主义精神文明建设等方面具有重大意义。作为知识经济的重要载体，数字图书馆的发展水平已成为衡量一个国家信息基础设施水平的重要标志，成为当今世界科技文化竞争的焦点之一。2008 年 2 月 27 日，党的十七届二中全会通过的《关于深化行政管理体制改革的意见》指出：“通过改革，实现政府职能向创造良好发展环境、提供优质公共服务、维护社会公平正义的根本转变”，要全面正确履行政府职能，“建立健全公平公正、惠及全民、水平适度、可持续发展的公共服务体系，推进基本公共服务均等化”。政府是基本公共服务的提供者，同时也是整个公共服务的规划者和管理者。数字图书馆作为一项基本公共服务的社会事业，是社会风险的防震器和减压剂，是政府在“风险社会”的时代环境下必须加强的一项基本职能。数字图书馆建设是政府推进公共文化服务均等化重要的一步。数字图书馆作为一项公益文化事业，政府在统筹规划、整体布局、透明监督、信息披露、资金管理等方面起着举足轻重的作用。但我们也应清楚地认识到，在我国数字图书馆建设中，由于其特殊结构以及其公益性、非营利性、志愿性等特点决定了其公共责任与其他主体相比具有特殊性和复杂性，而政府在数字图书馆这种特殊性和复杂性面前并没有表现出应有的主体地位，在一些方面存在“缺位”现象，表现在数字图书馆建设缺少统筹规划，各自为政、相互分离、重复建设、产权不清、法人制度不完善、市场机制和公益行为之间的目标替代、信息披露不充分、监管缺位等方面，政府在数字图书馆建设中的理性定位就显得格外重要。

5.4.1　统筹规划，整体布局，合理分工，避免重复建设

数字图书馆工程不仅是高科技项目，也是跨部门、跨地区、跨行业和跨学科的宏大文化工程，必须在政府的宏观调控，统一规划、组织和协调，并在资金和政策方面给予支持和保障，加强协作、协调，形成合力，这样我国数字图书馆建设才能健康、高效地发展。数字图书馆建设是一项公益文化事业，也是国家文化战略保障体系的重要组成部分。政府在数字图书馆建设中是宏观规划和指导者。目前，我国数字图书馆建设遍地开花，有国家战略层面的数字图书馆，如 CADLIS；有区域和地方性的数字图书馆如湖南省高等学校数

字图书馆、湖北省高等学校数字图书馆等；也有城市性的数字图书馆，如宁波市高等教育数字图书馆。这些层次不同、级别不一的数字图书馆对于文化资源的共建、共知与共享积累了丰富的经验，推动了数字文化资源保障体系的深入发展。但也存在着一些问题：①数字图书馆作为一项社会基础事业，按系统、行业归口管理，各个数字图书馆依附于所在系统的各级行政管理部门。数字图书馆的管理体制属于条块分割的管理体制，部门、地区和单位都分别建立起各自所属的数字图书馆和发展体系，并分头编制，形成“事出多门”的格局。在建设过程中条块分割、画地为牢、各自为政，以至于数字图书馆整体规划失控，这是一种粗放型和指令型增长方式。②目前我国数字图书馆布局失衡，首先表现在地区失衡，如东部地区无论从数字图书馆建设的规模还是数量上都强于西部地区；其次表现在系统失衡，如高校图书馆参与意识强于公共图书馆。③数字资源建设具有一次和可重复性双重特性，即数字资源一次性建设可重复使用。对数字资源的重复建设必然会造成不必要的浪费。我国数字图书馆存在结构性缺陷，许多数字图书馆在建设过程中基本上是各自为政，相互分离，中央、区域与地方相互之间缺少沟通与联系，这必然导致各个数字图书馆建设的“隔离性”与“绝缘性”，并且都追求“小而全”“大而全”，重复建设非常严重。事实上，无论是国家层面的数字图书馆，还是区域和地方性的数字图书馆在数字资源建设方面都存在着一定的重复建设现象，一些子项目功能重叠，内容吻合，服务单一，特色不明。政府需要从制度和政策上保障我国数字图书馆的整体规划与建设，需要从中央到地方，从系统内到系统外，各级地方政府和相关部门根据各自特点，按层级、梯次和体系建立各级数字图书馆，合理布局，强调特色，注重互补，共建、共知、共享，以共建为基础，以共知为手段，以共享为目的，形成布局合理，特色鲜明，互为补充数字文化资源保障体系。

5.4.2 理顺政府与数字图书馆建设单位的权责关系，建立现代事业法人制度

事业单位是以实现社会公益或为党政机关提供服务为目的，由各级政府、企业法人、社团法人或公民举办或上述法人或自然人共同举办的，依法登记成立，独立运作并承担民事责任，从事非营利性社会服务活动的独立法人。传统的图书馆属于事业单位。目前我国数字图书馆是在传统图书馆基础上发展起来的，作为虚拟实体依附在传统图书馆之上，是传统图书馆资源数字化和运作实体化的结合体，从这个角度上讲，数字图书馆也表现出事业单位的性质。在“新公共运动”的推动下，应理顺政府与数字图书馆建设单位的权责关系。数字图书馆主要是国家和政府出资推动建设的，政府作为投资主体和产权主体，有权选择自主经营、授权经营或委托经营等形式，一旦选择授权经营或委托经营后，政府与数字图书馆建设单位则会产生委托—代理关系，数字图书馆的所有权与经营权分离开来。政府通过一套复杂的委托代理程序把数字图书馆交给代理人管理，他们的效用函数是不同目标的混合体，而非专注于提高组织的经营利润，由于合约的不完全性，所有权具有加强技术与管理创新和降低成本的双重激励。在组织所有权与经营权分离的情况下，合理设定产权主体权利的行为边界，明确规定产权主体之间的权利关系，从而在组织内部形成有效的

权力制衡机制。这种委托—代理关系把政府这个产权主体与数字图书馆建设单位运营主体分离，使数字图书馆建设单位成为具有独立法人资格的运营实体。政府的主要责任不再是提供某项具体的服务和设施的生产，而应该提供诸如法律、税收、知识产权、版权保护等运营环境，在起草合约协议，确定服务供应标准、资金来源、服务质量的条款和条件，建立绩效评价标准，确定服务定价模式等方面负有不可推卸的责任。常友寅（2004）认为政府还应当从完善知识资本市场规则、引导信息产业结构调整和建立社会保障制度入手，规范数字图书馆外部运营环境。另外，在数字图书馆治理过程中，应完善理事会制度，优化法人治理结构。我国数字图书馆建设单位理事会制度不完善，一些数字图书馆建设单位根本不存在理事会，这就导致内部监督制衡失效的事屡见不鲜。张玉磊（2008）提出应在产权改革的基础上建立现代理事会制度，理事会可由行使所有者权利或行使政策制定者职能的政府部门任命，在理事会里应包括消费者和其他利益相关方的代表。

5.4.3　平衡数字图书馆建设中的政府参与和市场运作关系

数字图书馆建设包括信息基础设施建设、网站维护、电子图书购买、版权获取、信息资源管理、人力资源建设等内容，这些工作内容需要充裕的经费来支持，应当说，经费紧张是图书馆界面临的共同难题，特别是以传统图书馆为基础的数字图书馆更是如此。数字图书馆市场化运作显得非常有必要，这有助于吸收社会资本、充分竞争、提高效率，建立多系统、多层次的服务体系。孙友祥（2009）认为应积极发挥市场在数字图书馆建设中的作用，鼓励社会力量参与数字图书馆建设中来，完善治理主体结构，实现治理主体由单一到多元、治理路径从单一到协和、治理体制从单一到复合的转变。但我们也应看到，市场化运作也为数字图书馆带来了一定的负面影响：①从商业运作本身看，会给数字图书馆带来终极价值目标和商业手段之间的困扰。这种困扰实质是数字图书馆对“短期利益”与“长期利益”的平衡问题，是数字图书馆工具性手段和价值目标之间的平衡问题。如果没有健全有效的监督和制约机制，就必然会发生目标替代问题，如果处理失当，数字图书馆就会失去可持续发展的能力。②就商业化对服务对象的影响来说，收费等方式的采用会使那些最需要帮助的弱势群体难以取得帮助。由于收费带来的服务群体的变化将会带来数字图书馆服务功能的转移甚至是弱化。③数字图书馆将会因此与营利组织界限模糊，吴风珍（2006）认为这样从观念和社会心理上不利于社会公众识别、信任数字图书馆的公益性。因此，我们必须处理好数字图书馆建设过程中的政府参与和市场运作的关系，重要的是厘清数字图书馆产品分类、数字图书馆服务分类、用户需求分类的工作。数字图书馆产品可分为公共产品和准公共产品，数字图书馆服务可分为基础服务和非基础服务，用户需求可分为基本需求和个性需求。对于数字图书馆公共产品、基础服务、用户的基本需求来讲，政府应主动参与，积极投入，建立数字文化资源保障体系，满足用户的基本需求。而对于数字图书馆的准公共产品、非基础服务、用户的个性化需求，应支持和鼓励社会的一切力量参与数字图书馆的相关建设，逐步建立起多渠道、多层次、多样化的数字图书馆产品与服务供给体制。数字图书馆准公共产品交由市场生产并递送，把筹资与递送相分离。尽管数字图书馆准公共产品的生产和递送环节从公共部门向私人部门转移，但政府在财政和服务的监督方面的角色并没有减少，并且作为监督者的地位提高了，政府应在确保数字图书馆市场运作部分在追逐利润的同时，对数字图书馆的市场运作进行一定的介入，从而保证数字图书馆的整体公益性质。

5.4.4 致力于信息披露，完善监督体系

政府通过“委托—代理”形式，使得数字图书馆的所有权和经营权相分离，“放权”给数字图书馆建设单位经营。但“放权”并不意味着“弃责”，不能“一包了之”。政府对数字图书馆的监管工作有待进一步加强，这表现在数字图书馆信息披露不充分，社会监督不足，新闻舆论监督不力，外部评估制度不完善等方面。数字图书馆信息提供与企业的信息提供不同，它不拥有商业秘密；与政府的信息提供相比，它又不涉及国家安全机密，再加上数字图书馆以公益为旗帜，吸收社会各方面的资源等性质，这就决定了数字图书馆完全可以比政府和企业更充分、更透明地披露信息。这也是数字图书馆提高公信力的重要表现，即要向公众公开公众所关注的信息，以增进社会公众对数字图书馆建设的信任度。数字图书馆不仅要对单一资产供给者负责，也要对共有资源的其他使用者以及后代负责。数字图书馆信息披露涵盖以下几个方面：①背景信息。主要包括组织简介、目标与使命、业务范围、主管单位、组织章程及其修改情况、机构设置及其增减情况、相关管理制度及其变动情况、会务情况等。这些信息的披露有助于利益相关者对数字图书馆作基本了解，同时也为判断其运营行为是否违规提供标准。②财务报告和相关信息。主要包括会计准则要求提供的会计报表，资产、负债和净资产及其变动的信息，资源分配和资财投向等方面的信息，有助于理解财务报表的信息。这些信息将会反映数字图书馆使用资金的整体情况。③业务活动信息。主要包括资助（实施）的项目、项目时间、项目当事人、项目效果等。这些信息的披露能够使利益相关者对数字图书馆的业务活动有更深入的了解。④绩效信息。主要包括支出中用于组织自身建设费用与用于公益项目费用的比例、在最小化成本的基础上所提供公益服务的数量和质量是否让受益者满意、组织的持续生存能力。这些信息反映组织的资源是否被用于组织的公益宗旨、组织的运营效率和效果。⑤有关管理人员的信息。

目前，我国数字图书馆信息披露主要是对前景信息进行介绍，而对相关的财务报告以及业务活动和绩效信息披露甚少。美国学者里贾纳·E. 赫茨琳杰（2004）对非营利组织的信息披露提出了“披露—分析—发布—惩罚”（DADS）法的解决方案，即加强非营利组织业绩信息的披露（disclosure）、分析（analysis）、发布（dissemination），对不遵守以上规定的组织进行处罚（sanction）。由于组织资源的有限性以及管理者机会主义的行为倾向，当信息披露的成本大于收益时，组织没有信息披露的动机或者信息披露动机不足，这时的规范就只能以强制性制度来代替，信息披露就只能是强制性方式。因此，通过独立的评估机构监督就非常有必要了。

独立的评估机构是独立于政府机构的第三部门，本身也是非营利组织。第三方独立的评估机构通过搜集有关数字图书馆的资料，按公众一致认可的评估标准，对数字图书馆的表现进行评估，并将评估资料及评估结果用最简单最直接的方法告之公众。

程昔武（2008）认为美国政府对非营利组织监管的做法值得我们借鉴。美国政府代表社会从对非营利组织拨款的申请到拨款的使用，再到最后的回报和验收，一直全程实施严格监督，并定期向全社会公布；非营利组织的财务要接受联邦税务局的监督并且向社会公开，类似于证券上市公司的报表，它不单包括机构的基本财务信息（如各类收入、开销和资产负债），还包括关于开销的详细分类信息，并且要注明项目开销的用途。同时，政府也应创造社会与新闻舆论的监督环境。

目前，社会监督不足主要是因为：一方面，长期的传统思想和计划经济等原因，我国公民权利意识和监督意识薄弱；另一方面，公众缺乏参与监督的渠道和法律保证。新闻舆论监督不力。与其他监督方式相比，我国舆论监督的功能还远远没有得到应有的发挥，其表现有舆论监督渠道不畅、新闻媒介的监督力度不足、舆论监督滞后于其他监督等。社会监督力量主要包括大众传播媒介的舆论监督机制、竞争环境形成的市场监督机制。

5.4.5　完善税收制度和转移支付制度，为吸收社会力量创造良好的外部环境

根据邓国胜（2010）《中国 NGO 问卷调查的初步分析》，在非营利组织投入比例中，政府补贴占到53%，服务收费占31%，民间捐赠占10%，外国援助占2%，还有其他收入占4%。

政府对数字图书馆的投入可以包括两种方式：一是直接的方式，即政府拨出部分税收收入用于资助数字图书馆建设；二是间接的方式，即向数字图书馆捐款的个人和企业提供减免税的待遇，并给数字图书馆建设的收入免税待遇。政府资助不一定要采取政府直接投资亲自经营的方式，这种政府直接生产的方式将对私人捐赠产生较大的“挤出效应”。

资助形式可以多样化，其原则在于降低公共物品的供给成本，提供公共物品的效率。例如，政府津贴、补助、政府购买、合同承包等多样化的形式，这种政府与数字图书馆建设单位的合作伙伴关系既可以降低政府的财政负担、提高生产效率，吴伟（2007）认为还可以缓解政府直接支出对私人捐赠的“挤出”。

数字图书馆属于非营利组织。我国对非营利组织的税收政策也不明确、不具体、不系统。税法中应明确体现出对非营利组织的界定、对不同类型非营利组织减免的税种、减免幅度等具体内容。吴伟（2007）认为内外资捐赠的免税待遇也不尽相同，内资企业税前利润的3%用于捐赠可以免税，超过3%便不能免税；而外资企业的公益性捐赠可作为当期成本费用列支，没有比重限制。这种“歧视”与“差别”的税收政府不利于数字图书馆社会捐助与参与，应当完善国内税收制度，广泛吸收社会力量参与数字图书馆建设。

另外，也应完善转移支付制度。转移支付是指货币资金、商品、服务或金融资产的所有权由一方向另一方的无偿转移。政府间财政转移支付指在既定的政府间责任和收入划分框架下，通过财政资金在各级政府之间的无偿划拨以弥补财政纵向和横向失衡、校正辖区间外溢、稳定宏观经济、促进区位效率、实现其他非经济目标的一项财政资金再分配制度。

德国的转移支付制度有明确的法律形式加以规范，可以为我国转移支付制度的完善提

供一定的借鉴。胡悦（2010）提到德国《基本法》规定："公民生存条件一致性"，即确定了公民享有公共服务不论在什么地方都应是相同的，经济发展水平高的州必须对经济发展水平低的州提供财政补贴，以保持各州的适度财政和国内各州居民生活水平的相对一致。财政转移支付有两种形式，即一般性转移支付和专项转移支付，对于数字图书馆建设来讲，应当采用专项转移支付，通过对西部地区数字图书馆建设的专项转移支付，有助于数字图书馆服务的全覆盖和均衡化，促进优质数字文化资源有序扩散和转移。

传统的基于政府统治视角的政府主导的公共服务舞台和政府全能角色以及自上而下的决策体制必须重构。政府是数字图书馆建设的宏观指导者和调控者，政府应当从完善数字图书馆相关的政策、法律、版权、税收等外部环境入手，吸收社会力量参与数字图书馆建设，并以信息披露为着力点，建立多元监管体系，从而保证数字图书馆建设的公开、公平、公正以及效率，体现数字图书馆的公益性和公信力。

第6章 数字图书馆发展模式

6.1 国外数字图书馆建设模式探究

随着信息技术的蓬勃发展，信息的种类和形式越来越丰富，存储和传播的信息量越来越大，用户的信息需求越来越多样，从而使数字图书馆正经历着前所未有的变化。从1988年，美国国家科学基金会的伍尔夫在撰写的国际合作白皮书中正式提出“数字图书馆”这一概念起，数字图书馆发展至今已有二十多年的历程。在这二十多年里，数字图书馆从虚拟的概念到在建设的项目，从以馆藏为主导到以用户为中心，逐步实现了各种信息资源的有序化组织和共享，拓展了信息资源理论研究和实践发展的新领域。

目前我国的数字图书馆建设已取得了长足进步，各种已经建成，或正在建设规划中的行业性、地区性数字图书馆项目，甚至数字图书馆联盟更是层出不穷。在看到发展的同时，也应注意到，由于对数字图书馆理解的差异以及各种数字图书馆项目自身建设规划、资源分布、组织方式、服务内容等方面的差异，造成了数字图书馆发展上的许多问题，如缺乏宏观规划、缺乏协调机制、资源重复建设、监督管理不利等。如何以我国数字图书馆事业整体发展为视角，以国家信息基础设施工程为出发点，建设数字图书馆已成为摆在我们面前的课题，因此对国外数字图书馆建设机制及发展模式的研究将有助于解决以上问题，通过对现有国外数字图书馆建设模式的分析与探讨，取其精华，去其糟粕，不仅可以有效地推动我国数字图书馆事业理论的发展，更对我国数字图书馆的实践具有重要的指导意义。

6.1.1 国外数字图书馆建设模式分析

国外以美国为首设立了各种数字图书馆项目，也形成了一批各具特色的成果。目前国外数字图书馆建设和发展的模式概括起来主要有以下几种。

1）国家政府投资，以国家图书馆示范为主导

国家图书馆处于一个国家图书馆事业建设的首要位置，是国家信息资源建设总体规划制订、设计、实施的关键，在宏观上更是把握全局，协作调控的核心，因此国家图书馆在数字图书馆的建设中起着“示范”的作用。如“美国记忆”，该项目由美国国会图书馆为建设主体，对国会图书馆及其他机构收藏的，与美国相关的历史事件、档案、照片等进行数字化加工，免费开放给大众，使全球范围内的用户可以在互联网上浏览和了解美国的历史。“美国记忆”数字化馆藏就是从图书馆拥有知识产权的历史资料数字化入手，主要是

特色古籍馆藏数字化，也有对特色专业馆藏进行数字化，还有对新书刊数字化的投资。“美国记忆”后来开展了国家数字图书馆计划，将上百万具有史料价值的馆藏转换为数字化形式。“美国记忆”是要让所有的学校、图书馆、家庭同那些公共阅览室的长期读者一样，能够任意从自己所在的地点接触到这些对他们来说崭新而重要的资料，并按个人的要求来理解、重新整理和使用这些资料。

国会图书馆在国会的支持下，也正式开始启动国家数字图书馆项目（national digital library program，NDLP）。该项目在组织机构上主要由国会图书馆总体负责协调管理，包括制定技术标准、审核具体收藏项目、组织专家和用户评估项目成果、筹措资金等；全国范围内的其他图书馆、博物馆、档案馆、历史学会等各类有关组织，均可单独或联合向国会图书馆申报子项目，得到批准后便可正式参加到 NDLP 的工作中来。继美国之后，其他国家的国家图书馆都开展了国家数字图书馆计划，如日本的“关西图书馆”，新加坡的“无边界的电子图书馆网络”，这些数字图书馆项目都是由国家图书馆示范带头建设的著名的数字图书馆工程。

数字图书馆是各国信息工程的基础设施，是衡量一国信息水平的标志，因此以国家图书馆示范为主导的数字图书馆项目，各国政府是建设数字图书馆资金的重要来源。仍以“美国记忆”为例，虽然有多方投资，但在 1994～2005 年，美国国会仍投入了 1500 万美元，用于“美国记忆”的研发。同样，日本的关西图书馆工程，日本政府投资了 4 亿美元进行项目开发。政府对数字图书馆的大力介入，确保了数字图书馆项目的资金渠道，至少是数字图书馆研发的初始资金来源。而国家图书馆作为建设的主体，提供了丰富的资源、先进的技术、专业的人员以及全方位的管理协调。这种模式的数字图书馆成为各国启动数字图书馆计划的最早也是主导模式。

2）基金会投资，以项目为主导

基金会是国外募集资金，发展经济、科技文化的一个重要渠道，一般为非盈利性组织，旨在通过无偿资助，促进社会科学、文化教育等公益性事业的发展，其资金具有明确的目的和用途。因此，在数字图书馆的建设和发展中，基金会也是一股中坚力量。如目前美国政府支持力度最大的数字图书馆计划——美国科学数字图书馆（NSDL）计划，其项目均由美国国家科学基金（NSF）提供资助。而 NSF 也在“数字图书馆启动计划”中起着举足轻重的作用，在 DL1 阶段投资 2400 万美元，并提供为期 5 年的 4000 万～5000 万美元的资金资助 DL2 阶段的建设。

John W. Kluge、The David and Lucile Packard 基金会、AT&T 公司、柯达公司、福特基金会等都有资助。美国国会图书馆还与 Ameritech 电话公司联合设立了“国家数字图书馆竞争项目”，由 Ameritech 电话公司捐赠 200 万美元，作为对 NDLP 中优秀收藏项目的奖励和资助。刘晓清等（2020）提到国会图书馆的职责是协调管理，包括制定技术标准、审核具体收藏项目、组织专家和用户评估项目成果、筹措资金等。

以项目为主导的数字图书馆的建设主体呈现多元化状态，很多子项目由大学图书馆或者专业机构进行具体建设，刘燕权等（2010）指出社会探险家（social explorer）——美国人口统计制图数字图书馆，虽然由美国国家科学基金会（NSF）的 SMETE 数字图书馆资助，但建设主体为纽约城市大学、皇后学院和加州大学洛杉矶分校；又如化学教育数字图书馆（Chemical Education Digital Library），从 2006 年 10 月起，先后共接收 NSDL 数字图书馆项目的资助共计 150 多万美元，而由美国《化学教育杂志》（*Journal of Chemical Education*）、美国化学学会教育分会（the Education Division of the American Chemical Society）和 ChemCollective 等专业机构合作研发。

“美国记忆”由美国国会图书馆负责。全国范围内的公共图书馆、研究图书馆、学院图书馆、博物馆、档案馆、历史学会等各类有关组织，均可单独或联合向国会图书馆申报子项目，得到批准后便可正式参加 NDLP 的工作。尽管美国记忆是多家单位合作完成的，但其他单位所占的比例很小。

虽然这些项目拥有不同的建设者，但是选择何种项目进行投资，研发的方向是否符合基金会对项目的总体规划，相似项目间如何整合统一，以及每个项目之间组织管理等一系列问题，仍是由美国国家科学基金会（NSF）决策干预，并予以解决。基金会资助已经成为目前国外数字图书馆建设的主要方式。

3）高校自行投资，以大学图书馆联盟为主导

高等院校是数字图书馆建设不可或缺的力量，不仅汇集了各类型的研究性学术信息资源，同时还拥有专业的各学科人才和尖端的信息技术，更具备了合作、共享的客观条件，即建设单位同类，用户覆盖面广泛。如 HathiTrust 数字仓库就是由美国机构合作委员（Committee on Institutional Cooperation，CIC）的 13 所大学联盟及加利福尼亚大学（University of California，UC）系统的 11 所大学机构共同发起的一个项目。该项目对成员高校图书馆的文献资源进行数字化，并集中保存，建立起一个共享的数字仓库，将大学图书馆承担“信息保存和获取”这一历史悠久的任务在数字环境下继续发扬光大。其项目经费主要来自参与该项目的各个高校，成员高校在加入该项目时，根据该校需要数字化的文献资源的数量交纳一笔初始经费，以后每年再交纳保存数字资源所需的年费。苏海明（2009）认为因为数字化及保存文献资源需要大量的资金，因此参与该项目的高校都是资金雄厚的名校，以确保该项目的可持续投资和建设。

以大学图书馆联盟为主导的数字图书馆，是集中高校的各项优势，多方协作的成果。相对其他模式的数字图书馆，在用户服务上，更加注重专业性、学术性信息的深层次挖掘和检索。通过联盟范围内成员机构的合作与共享，改进了信息组织的策略，减少了资源存储的空间与花费，保证了数字资源的及时更新，并加深了共享服务，为学术研究和教育提供了有力支持，真正做到了消除信息障碍和壁垒，发挥出“1+1>2”的作用。

4）企业投资，以企业研发为主导

IBM 公司是最早介入数字图书馆建设的企业，由于其在研究开发数字图书馆软件产品方面经验丰富，于 1996 年推出了数字图书馆方案第一版。它是一套可伸缩的多媒体管理方案，能将音频、视频、图像、文本等信息转换成数字化形式，并通过 Internet 向全球发布，包括内容的创建和获取、存储和管理、检索及查询、信息发布、权限管理等五项功能。此外，李力（2005）提到 IBM 公司还提供相关“数字图书馆”的软件包供图书馆使

用，并从 1995 年起倡议成立全球数字图书馆联合会，1997 年夏天又成立了东南亚数字图书馆联合会。

如果说 IBM 公司是以技术渗入数字图书馆建设中，那么 Google 则是以雄厚的资金优势，强大的搜索引擎技术，以及资源全部免费开放的服务理念而进入数字图书馆建设的。2004 年 Google 表明要扩张其初期称为 Google Print Library Project 的计划，宣布与几个知名的大学和公共图书馆建立伙伴关系，包括密歇根大学、哈佛大学（哈佛大学图书馆）、斯坦福大学（Green Library）、牛津大学（博德利图书馆），以及纽约公共图书馆。并计划在十年之内数字化并提供约 15 万册的 Google 图书搜索服务。随后加入 Google 图书计划的图书馆每年递增，截至 2008 年，Google 和合作伙伴的图书扫描计划达到了 700 万大关。Google 的使命是对世界上的信息进行组织以方便用户访问。虽然这个协议仍然引起了很多争议，但对于用户是具有实际收益的。

企业对于数字书馆领域的介入已经越来越深入，并且数量也在不断增长。它们善于将资源、技术和商业化运作融合，不仅参与数字图书馆的建设研发，而且还通过市场运作，推动数字图书馆项目的传播与销售，拓展了数字图书馆发展的空间和维度。

6.1.2 国外数字图书馆建设的借鉴之处

1）建设模式多极化，联盟形式更加凸显，但在管理体制上仍然松散

国外数字图书馆的建设模式越来越趋向于多极化，上述提到的诸多数字图书馆的建设项目，在后续的发展中大多吸收了不同体系的建设力量。苏海明（2009）提到 HathiTrust 项目，其中的成员馆都曾经参与了 Google 图书搜索的计划，而项目成立后，这些图书馆也将继续和 Google 公司合作，共同数字化图书馆馆藏资源，目前 HathiTrust 数据库中有超过 200 万册的图书是由 Google 数字化的，为 HathiTrust 数据库节省了大量的成本和人力。另外联盟形式更加突出，出现了跨行业、跨地区，甚至是全球性的数字图书馆合作，如 G8 全球数字图书馆联盟，世界数字图书馆项目等。

这种多方协作、联盟的方式打破了数字图书馆的界限，让数字图书馆建设不再仅仅是图书馆界的责任，而成为不同国家、地域，乃至全社会的焦点。协作联盟的方式提高了数字图书馆的社会影响力，促进了整个信息化社会的资源共享，从而增强了图书馆信息组织和利用的能力，是未来数字图书馆建设的方向。但是协作联盟的方式也有弊病，由于协作方的多样化，地区的距离感，加上各自组织结构和管理方式的差异，使得各个建设子单位容易各自为政，孤立存在。即使有项目的总体规划和调控，但是在管理上依然是松散式的，这将不利于数字图书馆建设的标准化和规范化的制定。

2）资金来源多元化，但经费投入仍然是主要问题

数字图书馆的建设需要大量的资金投入，仅仅靠国家政府、基金会等单一方向的投资，远远不能满足数字图书馆的建设成本，因此需要多元化的经费渠道。如“美国记忆”，由于将历史资源数字化的成本高昂，国会图书馆需要寻找另外更有效、更经济的方式来与

大众分享这些珍贵资源。1994 ~ 2000 年，除了国会两党提供的 1500 万美元启动资金，该项目还得到了来自私人部门的 4000 万美元捐款。而 1996 ~ 1999 年，国会图书馆从 Ameritech 公司获得 200 万美元资助用于鼓励各类机构以竞争的方式取得资金，用于对本单位收藏的有关美国历史的资料进行数字化加工并通过美国记忆网站提供资源服务。刘燕权等（2009）提出此举产生了 23 个数字收藏（collections），充实了美国记忆数字图书馆的内容，使其能够提供一百余个不同主题、年代、地点和类型的数字收藏。

由此可见资金的多元化渠道，也带来了馆藏资源的扩充。但是目前经费投入仍然是国外数字图书馆面临的问题。大多数基金会资助的项目，都是通过申请、审核才能得到资助，这些经费一般用于数字图书馆的初期建设。要获得后续建设的资金，必须再次申请并通过考核，这将造成在有限的资金下，新项目和后续建设项目之间的竞争。如果无法获得进一步的资助，即使使用开源软件减少后续维护的预算，仍然会因为资金链接不上，而使一些数字图书馆无法可持续发展。刘燕权（2008）提到 NSDL 下的性别与科学数字图书馆，由于该项目选题面太宽，运行成本昂贵，最后仅仅开展了 4 年就夭折。

3）建设范围涉及面广泛，但侧重点各有不同

国外数字图书馆的建设范围相当广泛，涉及多个领域。如 NSF 资助的隶属于美国海洋哺乳动物委员会的国际生态环境与生态系统政策文献数字图书馆；试图囊括地球上各种物种的生物学信息并以树形结构表示物种进化关系的生命树项目；DL2 中的印第安纳大学数字音乐图书馆项目等，涵盖了生物、化学、物理、文学、艺术等多个领域。

虽然建设的内容很全面，但是建设的重点各不相同。如 DL1 的项目多是技术研发型的数字图书馆。由于当时为数字图书馆起始时期，因此建设的重点旨在组织集中力量进行技术研发，攻克数字图书馆面临的技术难题。而到了 DL2 阶段，在建设理念上提出“以人为中心”，这表明已经开始将数字图书馆的建设重点转移到用户身上，强调服务的重要性，由技术研发向信息服务及用户需求活动研究转移。除此之外，国外数字图书馆还注重特色馆藏资源的建设，“美国记忆”是最典型的代表。

值得注意的是国外数字图书馆在选择项目时，注重避免重复资源的建设，如刘燕权（2007）提到美国物理教师协会、美国化学协会和卡内基·梅隆的项目致力于将相似的资源合并；刘燕权（2009）又提到数学门户（math gateway）和数学科学数字图书馆（Mathematical Science Digital Library），两个相同领域的数字图书馆经过整合合二为一。将同类资源聚合，重视了资源的有机整合和充分利用，提高了数字图书馆对信息的深层次挖掘和检索能力。

4）关注文化、历史，注重版权归属

国外数字图书馆建设都很重视文化和历史的资源保护。如刘燕权（2009）提到罗塞塔数字图书馆，号称人类语言的绿洲，通过创建语言学资源数字图书馆，收藏濒临灭绝语言的各种信息，包括录音、文法、字典等，并通过互联网向用户发布语言信息。这不仅可以对人类语言资源起到长期保存的功能，同时也可以让使用小语种的人们通过互联网扩大那些语言的使用范围，从而一定程度上避免语言的解体。

关注文化、历史的同时，版权问题也是不可回避的。以 HathiTrust 数据库为例，该数据库会与此版权所有者签订版权许可协议，得到允许才开放文献，而且当项目的合作机构或组将资源存储于此数字仓库时，也将签订数字资源协议。同时 HathiTrust 根据文献的书目记录，建立了版权数根据文献的书目记录，建立了版权数据库，并依照美国的版权法律，采取多种技术手段来进行版权管理，如采取 IP 地址限制、用户授权许可等。苏海明（2009）提到为了提高版权管理的可靠性，HathiTrust 还开发了一个版权回顾管理系统。由此可见数字图书馆建设时数字资源面临的最重要问题就是版权法，而作为图书馆员在开始数字化工程之前就必须考虑到数字化材料是否会触犯版权以及知识产权。

6. 1. 3　对我国数字图书馆建设的启示

纵观国外数字图书馆建设模式，有很多值得我们思考和借鉴的地方，对我国数字图书馆的建设有着积极的指导意义。

1）以国家资金投入为主，实行统一规划，分层次建设

数字图书馆属于国家文化事业的重要组成部分，国家对其建设资金的投入和战略上的规划，将会决定数字图书馆发展的深度和广度。我国幅员辽阔，高校众多，地区间科学教育文化水平的发展极不平衡，因此更需要国家在数字图书馆的建设中占主导地位。

首先在资金投入上，要以国家拨款为主要来源。法国图书馆馆长让-诺埃尔·让纳在北大的演讲中说道“数字化资料的保存不应交给私营公司，而必须由国家来支持”。而国家的支持首要的就是资金保证。如果仅仅依靠各个图书馆自筹资金，无论是从信息资源的覆盖面，还是建设的可持续性等都难以满足用户日益增长的知识需求。因此，由国家拨款为主应成为我国数字图书馆建设资金的主要方式。

其次，项目的规划执行，要由国家政府统一调控，分工合作。经国家确立，建立具有法律意义，拥有行政职能和权威性的数字图书馆管理机构，宏观协调我国数字图书馆工程。以国家为中心，地区及高校、其他专业机构为分支，逐步分层次建设。由国家管理机构确立建设的规模，明确信息资源的内容，制定通用的标准和规范；各成员馆明确自己的职责，展现自身特色。最后通过国家管理机构协调组织，达到资源的共享共建，避免重复建设和资源浪费。目前在我国，CADLIS（中国高等教育数字化图书馆）已初步建成以国家为主导的开放式的高校数字图书馆体系。“九五”和“十五”期间，国家发改委和财政部共投入资金 15000 万元，各级图书馆自筹经费 2800 万元，形成了全国、地区、成员馆三级层次的分布式数字图书馆体系。

2）倡导公益性服务，关注知识弱势人群，体现人文关怀

国外数字图书馆无论以何种方式建设，大多仍然是公益性质的，只有个别项目的在线服务需要向用户收取少量的费用。在我国，图书馆更是国家文化事业的重要组成部分，一直承担着信息整序、知识传递、社会教育的职能，而数字图书馆事业则是以满足公众日益增长的文化、知识需求为目标，力图成为信息获取，知识创新的枢纽，因此公益性开放是

必然的。同时我国的数字图书馆事业还需要贯彻“以人为本”的建设理念，关注知识弱势人群。所谓知识弱势人群，是指信息获取相对闭塞、知识相对缺乏的社会个体。在国外，数字图书馆的建设都很重视知识弱势人群，如刘燕权（2009）提到 NSF 资助的“科学奥德赛”项目，该项目着眼于 20 世纪以来近百年内的科学探索和成就，囊括了各学科领域的科学发展信息，以多媒体形式呈现给初高中学生，为他们提供 100 年内的科学发展概况信息。又如 Rossman（2009）提到美国 11 个州和哥伦比亚图书馆联合开展了 InfoEyes 项目，专门为阅读和视力障碍者提供数字参考咨询服务，保证他们享有与正常人同等的权利。我国目前也已建设了中国盲人数字图书馆、中国少儿数字图书馆等，服务于知识弱势人群，这些资源都是免费的。数字图书馆的公益性开放，使知识弱势人群享有了平等获取知识文化信息的权利，体现了我国社会文化事业的人文关怀。

3）兼容并蓄，吸收多种语言文化文明，更注重推广民族传统文化和语言资源

数字图书馆建设的目的之一是推广本国、本民族的历史、传统文化。作为使用人口最多的语言，促进汉语言文化资源的发展是数字图书馆义不容辞的职责。国外的数字图书馆已经在我们之前关注汉语言文化，Karen（2011）提到 1991 年由研究图书馆组织（Research Libraries Group，RLG）发起的中文善本书的一项合作计划联盟（Chinese Rare Books Project）得到了许多北美东亚图书馆界的支持，并开始合作以期建立一个独一无二的国际电子联合目录，企图将北美，甚至全世界所有的善本书馆藏全部包括在研究图书馆资讯网（Research Libraries Information Network，RLIN）的数据库中。其中的哈佛大学燕京学社承担的中国拓片的数字化项目，从 2008 年 4 月开始做数字化处理，已经处理了20 060 张中国的拓片，包括 1066 种 2465 件。目前已经可以连线。虽然中国也加入该联盟，但作为汉语言的发源地，失去了应有的主导地位。

与此同时，英美语言文化的渗透也不容小窥，代表为 Google 推行的数字图书馆计划。由于 Google 在网络上的强势地位，将更加推动英语学术文献的势力扩张，其他国家（或语种）只有两条路选择，要么和 Google 合作，要么在学术领域逐渐淡出，英语因此将在其他文化之上成为压倒性的语言与文化标准。周军兰（2006）认为这样就会产生一种危险，英文中夹带的美国观念，将对未来一代看待世界的方式产生极大的影响。因此法国推出了法国文化数字图书馆，欧盟成立欧洲数字图书馆以反对 Google 图书计划。我国如何在其他语言文化意识形态的侵袭下，不仅包容多语言文化文明，更要增加汉语话语权，提高文化软实力，是值得深思的。

4）转变观念，构建合理的社会信息环境

通常我们认为信息是一种工具，数字图书馆是一种媒介，只是方便我们检索和获取知识。而实际上，数字图书馆不是一种图书馆形态，也不是物理存在的实体，而是借用了图书馆的组织模式和服务模型，建立在虚拟现实（virtual reality，VR）技术基础之上，由遍布网上的信息资源，通过动态搜寻和链接，构成的类似图书馆的信息环境。在这种信息环境下，我们可以将隐性知识转化为显性知识，将未知的知识转化为自己的思想，最后都转化为文明成果。这种转变是精神生产力转化为物质生产力的转变，体现了信息资源的价

值，也证明了数字图书馆建设的意义。所以数字图书馆不仅仅是图书馆界的事业，而应该成为全社会关注的对象。因此转变观念，宣传和推广数字图书馆是十分必要的。开展全民培训，提高运用信息工具、获取信息、处理信息、发挥信息效益以及不良信息免疫的各种信息素养，构建良好的社会信息环境，以期数字图书馆的可持续发展。

数字图书馆建设是一个长期而又复杂的工程，采取何种模式建设，是衡量一个国家和地区社会信息化发展水平的重要标志。选择什么样的建设模式是决定我国数字图书馆事业发展的战略决策问题。在总结国外数字图书馆建设经验的基础上，我们要构建以国家为主导，实行公益性开放，体现人文关怀，彰显汉语言魅力的数字图书馆，让其成为社会主义文化事业的核心力量。

6.2 国内数字图书馆建设状况基本认识

在中国，数字图书馆建设具有初步规模和成效的包括文化部“文化信息共享工程”、教育部“3C 工程”（CALIS、CADAL、CASHL）、科技部国家科技图书文献中心（NSTL）、中国科学院国家科学数字图书馆、国家数字图书馆工程等，鉴于数字图书馆建设的复杂性和规模化，郭晶等（2010）提出管理模式必然是数字图书馆管理涉及的一个核心问题。建设体制与管理模式问题已经成为数字图书馆建设中的一个重要课题，它关系到数字图书馆项目或工程建设、管理、运行与建设绩效等诸多方面因素，是一个复杂的系统工程课题。

本书以国家数字图书馆与高等教育数字图书馆（China academic digital library & information system，CADLIS）新一期建设计划与实践为例，分析比较两者在建设目标、技术框架、管理等方面的异同，以期探索国内数字图书馆的基础构架、运行机制与体系等涉及建设模式等方面的现状，并根据数字图书馆建设理论与实践和数字图书馆评价体系，探讨目前国内数字图书馆建设需要进一步发展的方面。

中国数字图书馆工程作为我国第一个政府支持的国家级数字图书馆项目，目标之一是建立起一个跨地区、跨行业的文化信息资源网络，使之成为我国的“国家信息基础设施”；全面地收集图书馆、博物馆、纪念馆、新闻出版机构、艺术团体、音像影视、体育、旅游等单位的文化资源信息，将其中的精品内容进行数字化与深加工，建设起一批以数字化图书馆、数字化博物馆、数字化影视中心等为代表的资源库，形成巨大的知识宝库，全面提升各级公共图书馆的文献保障水平和信息服务能力。

最近的国家数字图书馆推广工程，由 30 多家省级图书馆参与，制订统一的资源加工、组织、保存、服务等各项规范，提供统一平台服务，支持各公共图书馆开展本区域内特色资源的建设，开展深层次的数据挖掘与知识组织，以技术手段打破不同行业、不同地域图书馆之间的界限，使全国分散异构的数字图书馆系统连接为一个超大型数字图书馆，推动我国文献信息资源的共建共享。“县级数字图书馆推广计划”使全国 2940 个县级图书馆具备数字图书馆服务能力，国家数字图书馆服务网络已经初步建成。同时，已经形成的数字图书馆系统及各类型资源库，使得在全国范围内建立数字图书馆共建共享平台，实现各数字图书馆系统间的跨库无缝链接成为可能。

6.2.1 国内数字图书馆发展研究的代表性观点

张晓林（2001）根据数字图书馆建设的基点、体系形式和所解决的关键任务，将数字图书馆机制的范式确定为从“基于数字化资源”向“基于集成信息服务”以及“基于用户信息服务”发展的 3 个阶段。李培（2004）提到美国“数字图书馆先导计划”一期（DLI-1）目标的“推动收集、存储、组织数字化资源的技术手段的发展，使数字化信息能通过网络进行查询、存取与管理”发展为二期（DLI-2）“主要研究 DL 中信息生成、获取、使用、归档和保存的整个生命周期”，并将以人文为中心（human-centered）的研究、基于内容和藏品（collection）的研究、以系统为中心（system-centered）的研究，确定为 3 个最主要的方向。

数字图书馆评价是数字图书馆建设成效的评估，特别是目前大多数字图书馆建设以项目形式完成和推动，数字图书馆评价体系反映着人们对数字图书馆建设成效的期许，也在另一角度为数字图书馆建设提供标杆。刘炜等（2007）提出包含“数字资源”“服务”“技术”“管理”和“用户感知”5 个方面在内的数字图书馆评估指标体系，但从其列出的“本研究相关度较高的 8 个标准或项目”，这个指标体系仍是以传统图书馆的评估方法和指标体系为参考坐标。乔欢（2004）指出欧洲数字图书馆评价框架则处于“面向系统”和“面向用户”之间。乔欢（2005）还提到美国数字图书馆评价方法来源于不同领域，如图书馆评价、信息系统评价、网络信息资源评价等，项目审核的评价标准包含对人类智力发展的价值和对研究活动的影响。萨拉赛维奇呼吁，在数字图书馆建设中，应该加强对用户需求、用户满意度的调查和评价，加强用户与系统设计者的关系。乔欢（2005）还强调对数字图书馆社会影响、系统效果、效率的全面评价，通过评价，引导数字图书馆的建设和发展。乔欢（2005）认为萨拉赛维奇的数字图书馆评价体系中，“可用能力”和“系统功能”是最主要的两个评价尺度。

6.2.2 国内数字图书馆建设现状

国家数字图书馆是“国家图书馆二期工程暨国家数字图书馆工程”的一部分，2005 年获批并开始实施。高等教育数字图书馆由大学数字图书馆国际合作计划（China academic digital associative library，CADAL）和中国教育文献保障体系（CALIS）组成，在 2010 年分别启动了 CADAL 二期和 CALIS 三期的建设，两者具有一定的独立性，相比 CADAL，CALIS 准确地来说是一个保障体系，本书中的高等教育数字图书馆相关内容以 CADAL 为主。

根据国家数字图书馆和高等教育数字图书馆（以 CADAL 为主）的项目框架，我们总结和比较两者在总体架构、资源、技术、服务、标准规范、合作以及版权等方面建设各自的重点（表 6-1）。

表 6-1 国家数字图书馆和高等教育数字图书馆的框架特点

项目	国家数字图书馆	高等教育数字图书馆
建设目标	世界上最大的中文数字信息保存与服务基地	多学科、多类型、多语种海量数字资源；构建整合全球学术资源及其服务
总体架构	用户层、业务应用层、应用支撑层、数据层、基础设施层	用户层、业务应用层、应用支撑层、资源层、信息基础结构层
子项目	技术支撑环境、资源、服务、标准规范	资源、服务、合作与交流、技术支撑环境、标准规范
资源	接受缴送的数字资源；购买数字资源；自建资源，以及对购买和缴送资源的数字化；网络资源采集	特色资源与学术性资源；数字化扫描资源以及通过购买或交换获取的资源；网络资源挖掘和整理
技术支撑环境	支持数字资源采集、加工、保存、服务的技术支撑平台	包括技术基础层、资源层、语义层、平台层、应用/服务层的技术支撑环境
服务	为各个地方馆提供政府信息公开的独立应用平台和环境；为个人提供国家图书馆数字电视频道、移动、互联网等多种媒体服务	资源发现服务；资源提供服务；参考咨询服务；其他如定题服务、摘要服务、翻译服务等
标准规范建设	优先选择已有国际标准、国家标准、行业标准、事实标准；借鉴国内已有的数字图书馆标准规范研究与实践成果；标准规范委托研发（34 个）	与国际数字图书馆共建合作，共同制定、推广相关的国际技术标准和规范；涉及 95 个标准规范（集）
合作	系统建设、资源建设和服务层面与出版商、技术商、平台商、运营商全方位合作，依托业界、政府直至全世界	参建单位共同完成资源建设与服务；与其他数字图书馆系统共同制定标准规范与共建服务平台
版权	资源建设子项目中专列版权管理系统	根据版权级别构建六级资源利用模式
管理	资源采集加工、资源组织与保存管理、资源服务与发布等业务；唯一标识符、版本管理、基于 ESB 的应用支撑平台等系统的模块化高效协同管理	完善规章制度，包括项目管理办法、经费管理办法、资源分级管理办法、资源共建共享办法、接受捐赠文献管理办法等

基于国家数字图书馆与高等教育数字图书馆各方面建设重点的比较，我们简单分析当前国内数字图书馆建设现状，认为两者具有一定的共同之处，这反映了国内目前数字图书馆实践的基本水平，但由于建设主体与建设目标的不同，两者在不同方面各有侧重，体现了一定的差异性及不同的建设取向。

6.2.3 数字图书馆建设基本水平

1. 建设框架已经成型

虽然表述方式各有不同，但从两者的总体架构和子项目看，目前国内数字图书馆的建设框架已经基本成型。数字图书馆建设，包括：①网络、存储等硬件设施；②数据层/资源层作为数字图书馆的内容体系；③业务支撑、数据支撑以及相关关键技术支撑的应用支撑层；④为应用层，包含面向用户的发布服务，即服务支撑体系，以及面向数字图书馆建设的如资源采集、加工及组织的业务应用模块；⑤用户层提供统一认证。但在实际建设实施过程中，两者的侧重各有不同，我们在下文详细描述。

2. 资源向服务转变

与早期对数字图书馆建设更多专注于资源的数字化不同，当前国内数字图书馆发展开始将注意力集中在如何提供服务上，实际上这也符合张晓林教授总结的数字图书馆发展范式。在数字图书馆建设之初，有研究者呼吁不要将数字图书馆建设理解为馆藏数字化，笔者以为，数字图书馆建设之初的理解实际上是符合数字图书馆发展规律的，而目前从资源转向服务也是国内数字图书馆建设发展到一定阶段的必然。

两者都在各自子项目中将服务列入。国家数字图书馆确定以国图为中心，国内其他馆为节点的服务体系；高等教育数字图书馆则构建参建馆共同实施的分布式服务体系。两者都以丰富的服务模式和服务手段为不同的用户群体提供面向不同层次、不同需求个性化服务。

3. 单纯馆藏数字化建设向多渠道转变

作为数字图书馆内容，资源建设将一直是数字图书馆建设的重点。两者在资源建设方面已经摆脱单纯的、单馆的馆藏数字化加工的建设模式，扩大资源建设的渠道，充分与出版商、其他数字图书馆等各方面合作，建立保护数字资源加工、数字资源购买、数字资源交换、数字资源共建以及网络资源挖掘与整理的多渠道资源建设模式。

4. 注重标准规范建设

数字图书馆需多部门或机构共同参与，涉及多种学科类型和媒体类型，资源的数字化表达与连接、共建共享、有序管理等，关键在于标准与规范建设，包括文献信息工作标准、计算机、通信与数据库建设标准等。两者也都将标准规范建设列入子项目，并规划了数量不一的标准规范建设数量和建设模式。

5. 注重管理

数字图书馆宏观管理将数字图书馆作为国家信息基础设施建设的重要组成部分，考虑如何协调各方面因素，使之长效发展；微观管理则是数字图书馆如何把握建设目标和建设方向，提供建设的实际效益，良好的、有序的管理是数字图书馆建设中统筹安排人力、物力和财力的根本，也是数字图书馆建设过程中将资源与技术整合，更有效提供服务的基础。

微观管理是宏观管理得以实现的保证，国家数字图书馆和高等教育数字图书馆分别以确定模块化管理和制定一些规章制度的方式，突出管理在数字图书馆建设中的重要性。

6. 注重合作

数字图书馆从来就不仅仅是图书馆，或者说一个独立的图书馆所能完成的。无论是单馆为中心的国家数字图书馆，还是参建馆共同完成的高等教育数字图书馆，两者都在认识到图书馆是建设主力的同时，主动在工程建设、资源建设与服务，包括标准规范建设等方面，采取了与相关出版商、技术商、平台商、服务供应商、运营商，以及其他数字图书馆之间的合作，形成围绕着资源、网络与服务的合作建设模式。

6.2.4 数字图书馆建设侧重点

国家数字图书馆和高等教育数字图书馆的共性体现了目前国内数字图书馆的整体发展水平，但由于建设目标的不同，取向不同，侧重点也有不同。

从建设目标来看，国家数字图书馆因其依托国家图书馆的背景以及公共图书馆的特性，为“世界上最大的中文数字信息保存与服务基地”，并提供针对公众的快速印刷、缩微、互联网服务、手机、数字电视、手持阅读器方式、盲人数字图书馆、触摸屏等各种服务方式，在服务路径上，依托数字电视系统和移动服务平台，力图依托国家骨干通信网，通过电视机和移动终端使国家图书馆的资源与服务真正走入广大民众的日常生活中，数字图书馆作为国家信息基础设施建设重要组成部分的特征初现雏形。

高等教育数字图书馆的目标也相当明确，即构建包含多学科、多类型、多语种海量数字资源的学术数字图书馆，体现了依托学术图书馆的背景，因此除了在信息资源采集对象方面不同，也因为服务对象的不同，高等教育数字图书馆注重供特定学科研究的特色学术数字资源的建设，同时在技术等层面注重如何从信息资源中实现知识发现。①在建设框架方面，以资源层对应国家图书馆的数据层，资源层的含义更为广泛，既包含实体资源、实体知识库，也包括本体知识库。②在标准规范建设中，根据对象的发展路线，实施“普通对象、原生数字对象→CADAL 数字对象→信息对象→知识本体”；根据对象集的发展路线，实施“数字对象的无序集合→有序的信息组织→知识组织”。③在技术支撑环境中，在资源层与应用层之间，增加包含“主题词表、语义单元、交叉关联图”等内容的语义层，构建“海量跨媒体信息的知识管理跨媒体智能搜索与推理系统”。

对于这些侧重点，我们认为并非是两者之间的优劣，而是不同数字图书馆建设主体根据不同建设目标以及针对服务对象不同而体现的多样性，形成不同建设模式的典范。而且，这种差异性还有助于不同数字图书馆建设经验和成果的相互借鉴。

此外，魏大威（2008）认为，国家数字图书馆在标准规范建设模式中优先选择或借鉴现有各类标准，以及委托研发的方式是数字图书馆标准规范建设的正确之举；在全流程管理中，构建基于 SOA（service-oriented architecture）和 ESB（enterprise service bus）的应用支撑平台系统，实现用于支撑业务子系统开展业务协同、互访，功能调用，数据交换的通用运行、管理环境，实现数字图书馆内部各个异构系统之间的无缝融合，则为数字图书馆建设提供可借鉴模板，以及推动数字图书馆理论的发展。高等教育数字图书馆因其资源建设中尚有大量数字化加工，较多涉及版权及知识产权解决方案，采取与法律界合作研究公益性数字图书馆知识产权解决方案；尝试集体缴约授权；涉及从“公共领域资源”、不同知识产权状态资源以及“有密级限制要求的资源”的六级资源利用模式等，为数字图书馆建设过程中版权问题的解决提供较为完备的解决方案。其基于用户体验的沉浸式跨媒体阅读平台建设也为数字图书馆从资源向服务转变后，再由“面向系统”向“面向用户”转变进行了初步的尝试。

6.2.5　国内数字图书馆建设的基本原则

尽管以国家数字图书馆和高等教育数字图书馆为代表的国内数字图书馆建设在各方面都已有较为全面的发展，但对比国内理论界对数字图书馆发展范式的研究、对数字图书馆评估体系的研究，以及与更早开展的数字图书馆实践相比，有两个基本原则。

1）合作与协调

有研究者认为国外数字图书馆采取的是多元投资建设的模式，国内数字图书馆建设发展落后于国外是经费原因，我们认为经费固然重要，但不是全部。在国内，所谓的多元投资建设的模式或许并不完全适合。

国家数字图书馆和高等教育数字图书馆的基本架构中，确实有与其他相关机构的合作计划，甚至与国外数字图书馆的合作，但从可获得的资料看，由于分属不同的行政或业务主管部门，资源、技术、服务等方面较少具体的合作，因此笔者以为，推动国内数字图书馆发展的关键仍然在于如何进行宏观管理。作为跨部门、跨行业的大系统工程，需要政府出面统一规划、组织与协调，形成良好的协调管理与合作共同发展的机制，这种合作既包括围绕单一数字图书馆建设工程主体、协作建设机构之间的合作与协调，也包括国内不同数字图书馆建设工程之间、与国外数字图书馆建设工程之间的合作与协调。这需要我们通过对①建设与管理体制，国家事业宏观管理体制与专门事业的决策管理程序、组织机制、运行机制；②利益协调与约束机制，事业发展的国家主体与成员机构、相关机构的利益关系；③利益诉求的表达机制，事业成果的共享机制，投资主体与成员机构、相关机构的权益机制等方面的研究。确定国家统一领导、机构合作发展、资金多元渠道、事业实体建设体制，通过架构数字图书馆政策环境和制度机制，形成可行的、符合我国当前数字图书馆事业发展实际的、科学的技术规范和管理制度体系。

鉴于数字图书馆建设的复杂性和规模化，管理模式必然是数字图书馆管理涉及的一个核心问题，国家数字图书馆和高等教育数字图书馆分别从数字图书馆建设主体角度形成独自开发和管理的数字图书馆模式和联盟下的数字图书馆管理模式的典型范例。然而，田国良（2007）认为从宏观管理角度角度，需在一定社会环境下，政府及有关部门为了促进数字图书馆良性发展，根据数字图书馆客观规律，运用经济、法律和必要的行政手段，从系统、综合和全局角度对数字图书馆活动实施整体指导、调控，从而越过数字图书馆建设主体（微观管理主体），着眼于数字图书馆管理主体，着眼于数字图书馆事业，通过分析我国现有的管理机构和组织，提出在现行机构框架内通过主体工程、子项目工程、分工参与、群策群力的方式实施宏观管理。

归根结底，我们认为，需要从战略高度确立数字图书馆建设管理的实体，从而避免分散建设、分而治之等导致国内数字图书馆合作与协调建设可能先天不足的因素。

2）推动面向用户数字图书馆建设

数字图书馆事业实体建设体制从宏观层面将推动数字图书馆发展，但数字图书馆建设要获得认可，得到广泛影响，需面向用户。

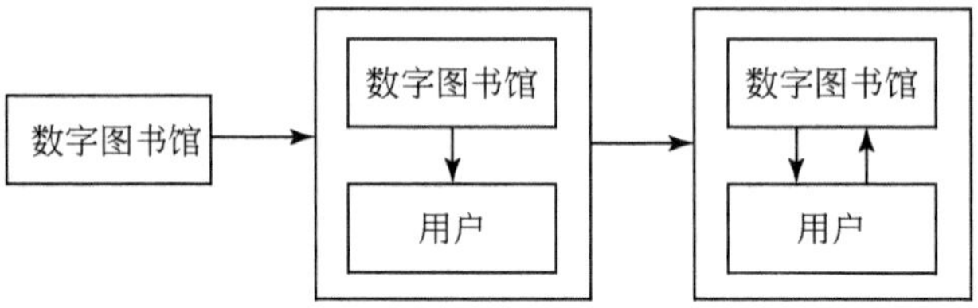

图 6-1　数字图书馆发展过程

图 6-1 为数字图书馆发展过程的简单模式，如上文分析，我们认为，目前国内数字图书馆发展已经从单纯的、封闭的数字图书馆发展，向面向用户的数字图书馆发展转变。笔者称之为“单纯的、封闭的数字图书馆”而不是“基于数字化资源的数字图书馆”，是因为我们认为早期的数字图书馆发展虽然可能以数字化资源为主，但并非仅仅是资源数字化，否则也不会有“技术先导”　“资源先导”以及“服务先导”之分。但如张晓林（2010）提到，数字图书馆的使命是以有组织、具权威的方式，直接提供数字和非数字信息供用户使用，从而将信息技术、教育和文化三者在当代图书馆服务中联系起来，即数字图书馆只是数字信息环境下用户在使用信息过程中一个环节。作为信息用户，信息空间是在以他自己为中心的多种信息网络和交流渠道所构成的整体空间，不会局限在数字图书馆。在这一点上，无论是张晓林教授的“基于用户信息服务”的第三代数字图书馆，还是 DLI-2 的“以人文为中心（human-centered）的研究”，以及数字图书馆评价体系中的“用户感知”“面向用户”等都体现了数字图书馆建设的用户倾向，即便是面向系统、可用能力以及系统功能等，其最终目的也是为保证用户更好地利用。所以，数字图书馆建设的长效和可持续发展的另一个关键在于如何通过信息用户的评价并得到认可，即需要让信息用户能真正将数字图书馆作为其信息空间的一部分。

面向用户的数字图书馆除了单向地向用户提供数字信息服务，还需要嵌入用户的信息环境，形成双向交互。我们认为国家数字图书馆通过数字电视等方式将数字图书馆推向大众生活、高等教育数字图书馆实施基于用户体验的沉浸式跨媒体阅读平台建设都在此方面进行了有益的、初步的尝试。

笔者并不完全赞同对数字图书馆的技术主导型、资源主导型、服务主导型的分类，并认为数字图书馆是一个整体，技术、资源、服务皆为主要因素，缺一不可。数字图书馆整体建设在微观上针对单一数字图书馆工程，在宏观上则指向国内数字图书馆事业。

通过对国家数字图书馆与高等教育数字图书馆的比较分析，我们认为单一的数字图书馆发展模式取决于其建设主体与建设目标，由于不同于国家图书馆的“国家图书馆示范”与高等教育数字图书馆的“大学数字图书馆联盟”参建馆共建，其侧重点各有不同，从而形成不同类型的数字图书馆体系与建设模式。其他如国家科技图书文献中心（NSTL）和国家科学数字图书馆（CSDL）也应如此。因此，数字图书馆建设的发展，既需要在管理体制方面把握共性，也需要根据不用类型数字图书馆建设的个性，根据不同类型数字图书馆服务的对象即用户的不同，确定不同的发展重点，在此基础上统一管理，共同促进，协调发展，推动数字图书馆事业前进。

6.3 我国数字图书馆建设模式发展研究

数字图书馆是国家信息化战略的一个重要组成部分，世界信息强国都已投入巨资研究建设自己的数字图书馆。我国数字图书馆研究始于 1996 年，是年 5 月，国家图书馆提出了中国试验型数字式图书馆项目，经文化部组织与协调，上报国家计委，并于 1997 年获得批准立项，它的立项标志我国在数字图书馆领域的实际研究工作的开始。

徐引篪（2003）提到所谓数字图书馆建设模式，简单地说就是由谁（公共部门，还是私人部门?），以什么样的机制（出钱，还是出力? 如何实现成本、价值和收益的平衡?），在什么样的法律和制度环境中建设的问题。这是业界对数字图书馆建设模式概念较为统一的认识。

数字图书馆与传统图书馆一样是一个生长着的有机体，其内涵将随着社会的发展而发展，同时由于数字图书馆是建立在计算机、通信等高新技术的基础上，技术的进步也将推动数字图书馆的发展。随着数字图书馆内涵的不断完善与发展以及相关技术的不断进步，必将对我国数字图书馆建设模式产生一定的影响。

6.3.1 我国数字图书馆的建设模式

我国数字图书馆的建设模式主要有政府主导建设模式、图书馆自主建设模式、商业公司独立建设模式、公私合作建设模式。

1. 政府主导建设模式

政府主导建设模式是我国数字图书馆早期建设的主要模式。政府主导建设模式指由国家中央政府或地方政府相关部门出资立项并委托有关组织或单位来组织实施与运行的数字图书馆建设模式。这类数字图书馆项目包括由国家发展和改革委员会出资立项的国家图书馆二期工程暨国家数字图书馆基础工程、文化部出资立项的中文元数据标准规范项目、教育部出资立项的中国高等教育文献保障体系等。政府主导建设的数字图书馆项目一般具有强烈的示范性和公益性，其收藏的数字资源一般为免费或以极其优惠的价格提供给读者使用。

2. 图书馆自主建设模式

图书馆自主建设模式是我国高校图书馆进行数字化建设的主要模式。图书馆自主建设模式指由图书馆组织资金、人员及其他相关资源对本馆馆藏进行数字化并提供网上检索与文献传递等服务。可以说，这类数字图书馆是对原有实体图书馆的数字化延伸。2000 年以后我国高校图书馆开展了不同层次、不同内容、不同规模的数字化建设工作，虽然绝大多数自主开展的数字化图书馆建设内容主要限于数字化信息资源建设及相对简单的技术开发层面且处于相对较低的水平上，陆宝益等（2006）认为这是我国高校数字化图书馆整体建设的重要战略基础。

3. 商业公司独立建设模式

随着数字图书馆的发展，其潜在的巨大商机吸引了商业公司的注意，部分网络信息服务商在政府的支持下开始进入这一领域。1997 年 12 月，国内最早的数字图书馆技术研发者，北京超星技术发展有限责任公司创建了国内首家以图像存储为主的数字图书馆——超星数字图书馆。2000 年底，北京书生科技有限公司也开始了数字图书馆的业务运营。2002 年方正也正式进入数字图书馆领域。黄文忠（2010）提出商业公司独立建设模式建设的数字图书馆依靠市场生存，以市场为导向，多元化发展，多种经营并存，信息基础设施先进，信息资源加工集成化，信息资源服务见效快，市场运行可持续发展，有利于形成新的信息产业。

4. 公私合作建设模式

这种模式主要由徐引篪和黄颖于 2003 年总结提出，并在其“数字图书馆建设中的公私合作模式”一文作系统的阐述。他们认为，数字图书馆公私合作建设模式指在坚持保护和利用知识产权的基本原则上，在市场经济提供的法律和制度平台上，公共部门和私人部门合作建设数字图书馆。公私合作模式有效利用了市场经济在高效配置资源和明晰知识产权上的优势，结合了公共部门和私人部门的不同特点，能够最大限度地创造价值和提高效率。我国目前也在探索公私合作建设模式，如由国家图书馆发起并控股的中国数字图书馆有限责任公司等。

6.3.2 我国数字图书馆建设模式构成

一个完整的数字图书馆项目包括管理、资源建设、技术支持和服务 4 个部分，其构造如图 6-2 所示。要评价一个数字图书馆项目的成功与否，主要取决于这 4 个组成部分的建设水平与协调度。我国现行的数字图书馆建设模式在这 4 个方面的建设中都取得了较为显著的成果，但也存在一定的不足之处。管理方面：没有制定统一规划，各建设主体之间缺乏协作意识，标准与规范制定刚刚起步未形成完整的体系，相关法律法规建设不到位；资源建设方面：经费来源单一总量不足，版权处理机制未建立，各自建设产生大量重复；技术支持方面：忽视技术重要性只是引进相关技术与系统却没有使其参与其中，技术标准各异通用性与检索性较差；服务方面：市场化运作片面追求其私益性而忽视了其公益性，等等。

1. 数字图书馆管理

1）从相对无序到统一规划

统一规划是我国数字图书馆发展的一个重要趋势。田国良（2007）提到数字图书馆起

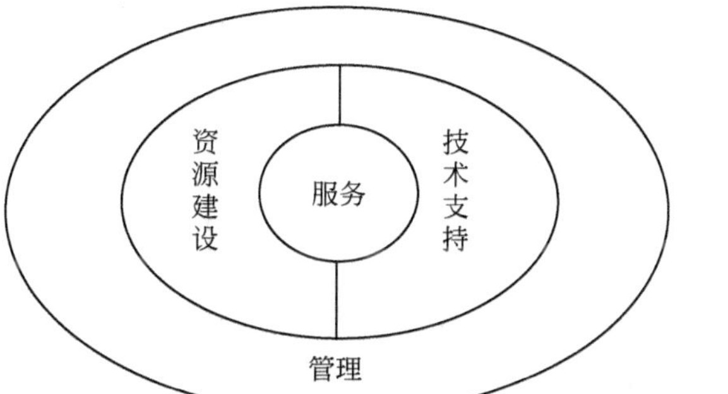

图 6-2 数字图书馆结构图

步较早的美国和俄罗斯目前都是由一家机构协调，联合有关部门共同研究和建设数字图书馆。目前我国在数字图书馆建设上缺少一个宏观的发展规划。虽然各系统所组织的数字图书馆项目基本上都制定了项目的分阶段实施计划，但由于其仅考虑到本系统内的情况，而与其他数字图书馆项目之间缺少有效协调和分工。这种相对无序的发展环境使得我国在数字图书馆建设中出现如大量低水平重复建设等制约数字图书馆长效发展的问题。这些重复资源不仅占用大量的存储空间，而且也加重了信息再加工的难度。因为没有统一的建设标准与规范，各数字图书馆所采用的系统在结构、功能、通信协议、元数据格式、检索方式、用户界面等方面各不相同，从而导致各数字图书馆系统的兼容性较差，难以实现资源共建共享。胡燕菘（2005）提到 2001 年“我国数字图书馆发展规划研究”项目由国家计委立项，该课题的最终成果是形成国家数字图书馆建设的指导性意见。虽然目前该项目还没有结题，但其意义重大，可以说统一规划是我国数字图书馆实现共建共享的必然要求。

2）从自主建设到协作建设

数字图书馆是一个跨地区、跨部门、跨行业的宏大系统工程，应在统一的工程目标、标准规范下，多方协作，协同共建。李力（2005）提出美国数字图书馆建设就结合了出版业、信息服务业、图书馆行业、电子出版、新型的数字信息服务业等。其核心原则和方法是强调研究中的协作关系，计划负责人制定的共同战略构想即强调研制中的研究者、开发商和用户之间的协作伙伴关系，将这种关系视为项目成功的关键。我国虽然早在建设中国数字图书馆项目时就曾提出协作共建，但由于管理体制的约束及利益诉求等原因，各相关行业和部门在实际建设中缺乏有效的合作和协调。但随着我国数字图书馆建设的开展，人们已经开始意识到协作对数字图书馆建设的重要性，2007 年 7 月 26 日，文化部、国家图书馆、全国文化信息资源建设管理中心、中国图书馆学会、上海图书馆、中国科学院国家科学图书馆、CALIS 管理中心、CADAL 管理中心、中央党校图书馆、国防大学图书馆共同组建“全国数字图书馆建设与服务联席会议”。

2. 数字图书馆资源建设

1）从资源数字化到数字资源收集

2010 年 5 月，由全国 8 家主要数字图书馆共同组建的“全国数字图书馆建设和服务联席会议”在上海发布的《数字图书馆资源建设指南》中将数字图书馆资源建设定义为“对信息资源进行选择、采集、组织和管理，使之形成可利用的数字资源体系的过程”。我国数字图书馆资源建设主要包括对馆藏文献进行数字化，二次文献和书目信息加工，收集多媒体资源、网页以及全文数字资源等数字资源。其中，全文数字资源包括学术性电子期刊、电子图书、电子报纸、电子博硕士论文、电子档案等。截至目前各数字图书馆资源建设依然以馆藏文献数字化作为其资源建设的重点，但笔者认为各数字图书馆的馆藏文献是有限的，而新出文献出版社一般都有电子版本无需进行二次数字化，因此随着数字化工作的深入，相信用不了多久现有的馆藏文献将会被全部数字化，而到那时数字图书馆资源建设的重点将转为对数字资源的收集、保存、加工与利用上来。

2）从版权规避到版权保护

知识产权保护与利用是数字图书馆可持续发展的有力保证。知识产权是知识经济时代最重要的财富和资源，发达国家深谙此理，因此更加重视对于知识产权的保护和利用，而非在规避的基础上利用，因为规避意味着更大规模的规避，而保护基础上的利用则能促进知识产品更大规模地被创造出来。1996 年欧盟颁布《关于数据库法律保护的指令 96/9EC》，2000 年美国政府发布《防止数字化侵权及强化版权赔偿法》。我国在知识产权保护上也出台了一系列的法律法规，如 2006 年出台的《信息网络传播权保护条例》，2008 年 6 月 5 日国务院印发了《国家知识产权战略纲要》（简称《纲要》）。《纲要》中明确提出：“到 2020 年，把我国建设成为知识产权创造、运用、保护和管理水平较高的国家。”《纲要》在知识保护方面提出：“修订惩处侵犯知识产权行为的法律法规，加大司法惩处力度。提高权利人自我维权的意识和能力。降低维权成本，提高侵权代价，有效遏制侵权行为。”同时，对于合理使用知识产权，提出“制定相关法律法规，合理界定知识产权的界限，防止知识产权滥用，维护公平竞争的市场秩序和公众合法权益”等。可以说重视知识产权保护与利用是数字图书馆建设必须面对的课题。

3）从政府投入到多渠道投入

我国数字图书馆建设经费来源较为单一。早期主要是由政府等公共部门出资建设，如 2002 年由国家财政拨款 11.42 亿元建设的国家数字图书馆工程项目。近年来出现了一些信息技术开发公司出资建设，如由超星公司出资建设的超星数字图书馆等。除了上述两种经费来源外，目前我国数字图书馆建设还没有其他来源。事实上，国外在数字图书馆建设经费来源上除了政府与商业公司外还包括各种基金会、民间组织、行业协会、企业、个人等，如“美国记忆”项目，有 4500 万美元的经费是由 AT&T 公司、柯达公司、福特基金会等私人企业、公司、基金会和个人资助；1999～2000 年，美国科学基金会 NSF 对两个数字图书馆规划 DLI-2 及 NSDL 的批准项目共达 90 个，已批准经费 7000 多万美元；2000 年 4 月，美国国家人文学基金会 NEH 资助 DLI-2 金额达 5000 多万美元。

我国基金会数量近几年增长速度非常快。据民政部公布的数据，截至 2007 年年底，中国共有基金会 1369 个。2008 年 1 月 1 日起《企业所得税法》的实施，企业发生的公益性捐赠支出免税比例从之前的 3% 提高到 12%。2008 年 1 月 18 日，财政部和国家税务总局联合发布的《关于公益救济性捐赠税前扣除政策及相关管理问题的通知》，扩大了基金会公益性捐赠免税范围，该项优惠政策的出台，也将促进中国非公募基金会的发展。目前我国的基金会一般专注于慈善、扶贫、教育等领域，对数字图书馆建设方面的投入还比较少，如2009年10月16日台湾慈济慈善事业基金会向国家图书馆和中国数字图书馆捐赠了该基金会所属的版权图书、期刊、杂志、音像制品等资源。但随着数字图书馆相关政策的出台与完善，笔者相信会有越来越多的基金会投入到数字图书馆的建设中。同时，政府还应出台有关政策法规，鼓励民间组织、行业协会、企业、个人等社会力量投入到数字图书馆建设中来。

3. 数字图书馆技术支持

1）从旁观者到参与者

我国数字图书馆建设早期主要依靠传统图书馆，缺少相关技术领域研究部门的有效参与。相关技术研究部门的旁观使得我国数字图书馆在技术开发上能力有限，无法取得重大突破。相反，国外在数字图书馆建设上除了传统图书馆参与以外，更加注重技术领域研究部门的参与，陈源蒸（2005）国家“863”攻关项目“知识网络———数字图书馆系统工程”对美国DLI项目承担机构分析后说明，“由图书馆或情报学院系牵头的DLI-2项目只占少数，多数研究方向是由计算机专家而非情报学家领导的”。吴蜀红（2004）指出“数字鸿沟主要不是在资源数量的差距上，而是在数字技术的差距上。不了解这一点，我国将长期处于落后状态。”我国数字图书馆的建设者也逐渐意识到数字图书馆每一个阶段性的发展，无不与技术的突破性进展有关，一定意义上而言，技术是推动数字图书馆发展的动力；并在数字图书馆建设中将技术支持与资源建设放在同一层次上，同时开始注重与高校、科研院所的合作，共同开展数字图书馆相关技术的研发。技术支持从旁观者逐渐成为数字图书馆建设的参与者，成为数字图书馆项目的重要组成部分之一。

2）从单一共享到复合共享

2009年被认为是“云计算”元年，“云计算”是继个人电脑、互联网之后电子信息技术领域又一次重大变革。“云计算”简单地说就是将计算任务分布在大量计算机构成的资源池上，使各种应用系统能够根据需要获取计算能力、存储空间和各种软件服务。采用“云计算”构建数字图书馆，一方面可以以较低的成本从云计算平台获得更加巨大的计算能力和海量的信息存储能力，彻底摆脱硬件设备的限制。另一方面各数字图书馆项目之间可以共同构筑数字图书馆的信息共享空间，分享基础设施，并提供共享数据资源、特色服务等。可以预见未来数字图书馆建设中共享的将不再限于数字资源方面，也将包括所有的软件资源和硬件资源。笔者将这一共享机制称之为复合共享机制。当前国内在建的数字图书馆项目中已有部分项目开始采用云计算技术进行建设。其中做得比较好的当属由中国高等教育文献保障系统（CALIS）承担的分布式中国高等教育数字图书馆系统三期项目。该项目在建设中提出结合云计算、SaaS、Web2.0、SOA等技术打造CALIS数字图书馆云战略。CALIS云服务平台被称为Nebula平台，该平台可以为各高校图书馆提供本地化的私有云方案，并可构建多级的 CALIS 云服务中心。王文清（2009）提到 CALIS 云服务平台的基本框架已经完成，Nebula OSGi 框架、Nebula 开发平台、本地基础平台核心版和典型应用系统、统一用户等基础信息库和统一认证机制基本建成、公共服务平台框架、部分核心服务、基于 Hadoop 的大数据资源存储服务系统（ PaaS 服务）原型以及已有 SaaS 系统的改进已初步完成。

4. 数字图书馆服务

1）从追求私益到回归公益

长期以来我国数字图书馆建设项目主要是由传统图书馆领导，而图书馆历来是最重要的公益性文化事业单位，应将公益性放在第一位。但事实上，目前我国建设的数字图书馆项目尽管由政府主导，但基本上都采用市场化运作的方式，以盈利为目的。数字图书馆的公益性已经让位于私益性。与此相反，国外数字图书馆建设一般更注重公益性，如 2007 年 10 月，由联合国教科文组织牵头组建的世界数字图书馆项目，其建设目标是将世界各国图书馆和其他文化机构所拥有的珍稀罕见的资料进行数字化，并通过网络供所有用户免费访问。美国国会图书馆的“美国记忆”，其建设目标要让“所有的学校、图书馆、家庭同那些公共阅览室的长期读者一样，能够任意从自己所在的地点接触到这些对他们来说崭新而重要的资料，并按个人的要求来理解、重新整理和使用这些资料。”我国数字图书馆界也开始意识到公益性对数字图书馆建设的重要性，并开始免费开放各自的数字资源。如 2010 年 5 月由全国 8 家主要数字图书馆共同组建的“全国数字图书馆建设和服务联席会议”在上海发布了《数字图书馆服务政策指南》，提出“数字图书馆的服务应立足于公益性，在尊重和保护知识产权的前提下，提供广域网范围的免费服务”。使得数字图书馆开始回归到公益性。

2）从“用户—馆”到“用户—云”

服务是数字图书馆的价值体现，也是图书馆、博物馆、档案馆等各种传统信息服务机构在数字图书馆领域的一项重要工作。随着“云计算”理论及其相关技术的发展与完善，未来的数字图书馆将连成一片包含各种数字化资源的“云”，每个数字图书馆都是这片“云”的一个结点。传统“用户—馆”的服务方式将被“用户—云”的服务方式所取代。各信息服务机构都将通过这片“云”提供服务，而对于用户而言他们面对的是一个统一的“云”服务界面。用户所有服务诉求都将通过“云”分配到不同的信息服务机构，由各信息服务机构协作回答用户诉求。如某些交叉学科领域专深的服务诉求不仅要求本领域专家的协作，还要求相关领域专家的支援，并且其资源可能分布于多个数字图书馆中，这就要求各数字图书馆进行服务协作。服务协作化是数字图书馆价值最大化的保证。

6.3.3 关于我国数字图书馆建设模式发展的战略思考

1. 组建国家数字图书馆行政管理部门

要使数字图书馆建设有序开展必然要求各建设主体进行有效的协作，发挥各建设主体的优势并抑制其不足。首要任务是组建国家数字图书馆行政管理部门，早在中国数字图书馆工程立项之时文化部就与各有关部委协商组建了包括国家图书馆、教育部科学技术司、科技部高新技术发展及产业化司等 21 家单位参加的“中国数字图书馆工程建设联席会议”。其主要职能是：宏观规划工程的建设方向；协调工程的资源建设和标准规范；协调国产高新技术和高性能设备在工程建设中的推广和使用；协调工程建设中知识产权问题等事宜。但可惜的是，到目前为止“联席会议”在我国数字图书馆建设中都无法有效发挥其应有职能。究其原因，一方面是由于该“联席会议”仅属于行业组织，缺少行政强制力；另一方面由于“联席会议”办公室设在国家图书馆中，难免会在数字图书馆建设中偏向传统图书馆领域，导致其他行业不愿参与其中而自立门户。为有效解决目前数字图书馆建设主体的协作问题，笔者建议将“联席会议”行政化，赋予其相应的行政强制力，并从经费、资源建设、技术引进、政策、目标等多方面发挥行政管理的积极作用。同时新的“联席会议”将不再挂靠在国家图书馆里，而将其上升为文化部的下属部门，这既可以提高数字图书馆建设的战略重要性，同时也能有效防止数字图书馆建设偏向传统图书馆领域，有助于各部门及行业间的协作。数字图书馆建设主体协作化可以有效解决目前我国数字图书馆无序发展的现状。

2. 建立国家数字资源中心

数字图书馆建设是国家信息化战略的一个重要组成部分，数字图书馆资源建设不再只是对传统图书馆的馆藏文献的数字化，还包括各种多媒体资源、网页、学术性电子期刊、电子图书、电子报纸、电子博士硕士论文、电子档案以及博物馆、档案馆、大学、政府机构等各种信息服务机构所收藏的文献资料的数字化，等等。由于各行业、组织和部门所收藏的文献资源或数字资源都存在一定的交叉重复，如不加查重地进行数字化会导致大量的重复性建设，浪费本就不充足的经费。因此应在国家层面上组建国家数字资源中心，其主要功能是保存各行业、组织和部门所建设的数字化资源并提供查重服务。通过组建国家数字资源中心可以有效避免资源建设中重复性建设问题。当然，为保证国家数字资源中心所保存的数字资源的完整性应建立健全相关法律法规，如建立《数字资源缴送法》等。其次是对数字资源进行合理利用，对无版权的资源由国家进行统一数字化建设，并免费提供给所有用户使用，保护数字图书馆的公益性；对版权内资源采用市场化运作，严格执行知识产权相关法律法规，保护版权人的合法利益。最后应充分利用各行业、组织和部门的电子文档资源，避免二次数字化。

作为国家信息化战略重要组成部分的数字图书馆与传统图书馆一样是一个生长着的有机体。随着社会发展及相关研究的深入必将促使数字图书馆的内涵不断发展与完善，与此同时其建设模式必将随着数字图书馆的发展而发生一定的转变。数字图书馆建设模式研究对加强与指导我国数字图书馆建设具有长远的理论意义和现实意义。本文从数字图书馆建设所涉及的管理、资源建设、技术支持及服务四个方面对我国数字图书馆建设模式的发展趋势进行分析，希望能对我国数字图书馆建设模式研究有所启发。本文所述只是笔者的基本想法，其中许多问题有待进一步深入研究。

6.4 我国数字图书馆运行模式研究

互联网普及之前，拥有印刷型文献的图书馆是人们获取信息的主要途径之一。20 世纪 90 年代以来，互联网的迅速发展，不仅带来生产、生活方式的深刻变革，也极大地改变了文化传播渠道，博客、论坛、手机报、微博等层出不穷。数字图书馆作为一种新的信息资源组织与服务方式，极大地适应了网络环境的特点和需要，是网络时代人们获取信息和知识的重要来源。如今，数字图书馆在我国已经经历了数年的发展，是我国图书情报学科的重要研究领域。苏新宁（2011）对 CSSCI 2000～2009 年十年间的统计数据进行分析，认为数字图书馆研究领域的相关文献达 3580 篇。伴随着数字图书馆研究与实践的深入，各国政府都已经认识到数字图书馆的开发和利用在国家信息化战略、公共文化事业等方面的重要作用，数字图书馆项目层出不穷，数字图书馆建设工程如火如荼。如美国的美利坚记忆项目，美国数字图书馆首创计划；日本的数字图书馆联合研究项目；中国的中国数字图书馆工程项目，教育部的 CALIS、CADAL、CASHL 工程，科技部的国家科技图书文献中心（NSTL），等等。分析数字图书馆有关工程项目在我国数字图书馆建设中的地位和作用以及在实践中的运行模式，对于我国数字图书馆建设和研究，对于我国数字图书馆事业有极大的参考价值。笔者以国家数字图书馆工程为例，分析其地位和作用，并从运行与管理方面对其进行剖析，并提出了一个数字图书馆模型。

6.4.1 中国数字图书馆工程地位和作用

1. 中国数字图书馆工程是国家文化事业的骨干工程

信息技术和网络技术在图书馆广泛应用，数字图书馆与互联网、信息高速公路联为一体，提供的资源越来越丰富，服务对象、内容、形式、手段有很大改变，图书馆规模、办馆实力、服务能力等都得到了长足的发展，成为世界上信息资源最丰富，用户最多，利用最方便的图书馆。李子婷（2004）认为数字图书馆成为社会文化事业和产业的重要组成部分，在经济文化建设中发挥着重要作用。

中国数字图书馆工程作为我国政府支持的国家级数字图书馆项目，目标之一是建立起一个跨地区、跨行业的文化信息资源网络，使之成为我国的“国家信息基础设施”；全面地收集图书馆、博物馆、纪念馆、新闻出版机构、艺术团体、音像影视、体育、旅游等单位的文化资源信息，将其中的精品内容进行数字化与深加工，建设起一批以数字化图书馆、数字化博物馆、数字化影视中心等为代表的资源库，形成巨大的知识宝库，全面提升各级公共图书馆的文献保障水平和信息服务能力。

由此，我们也可以认识到数字图书馆资源建设牵涉到整个文化产业，是带动文化产业发展的强大力量。中国国家数字图书馆工程已然成为了国家文化事业的骨干工程。但是，国家数字图书馆工程并不是国家图书馆数字图书馆建设的全部，作为一个工程项目，它的建设内容应该有明确边界，国家数字图书馆建设不仅需要国家数字图书馆工程的支持，还需要充分整合图书馆内各种类型的物理资源与数字资源，在已有服务的基础上，继续开拓新的服务渠道、服务方式，与其他数字图书馆系统保持连通，共同建设中文数字资源服务网络。

2. 国家数字图书馆是国家知识环境的骨架

姜永常（2009）认为泛在知识环境是个智能无所不在的知识空间。在这个泛在知识空间中，无论知识的任何一种形态（数据、文献、信息、信息系统、若干信息系统组成的信息体系）和任何一层内容（知识元、知识单元、知识系统、若干知识系统组成的知识体系），还是知识的应用环境和应用群体，都可能被本体化、语义化，从而被协同地组织在一个可扩展的知识网络中，借此人们便可以从各个层面、多个角度来灵活地解析、链接、交互、组织、表现和利用知识内容。

泛在知识环境下的数字图书馆在提供用户信息资源利用过程中来实现自身价值方面比以往任何发展阶段、任何形式的图书馆都表现得更为显著。韩丽（2009）说在这一过程中既实现了其社会价值，又创造了经济价值。泛在知识环境下用户获取知识信息变得更为快捷、方便，数字图书馆成为了一个互动、自由、无缝对接的信息服务交流平台，增强了数字图书馆在知识基础设施领域的重要作用。数字图书馆被认为是知识环境下社会分享信息和知识的主要方式，它的重要性已经不仅仅停留在物理层面，它更是泛在知识环境的骨架。

数字图书馆是以信息技术为基础，其结果是用数字化把全国以至于全世界图书馆的信息资源连为一体。国家图书馆是国家总书库，是国家信息资源的中心，在数字图书馆建设上是核心，这是历史赋予的使命。美、英、法等国家在数字图书馆建设上也都是以国家图书馆为核心。国家图书馆承担的中国数字图书馆建设工程，就是全国数字图书馆建设的核心工程，它具有统领和带动全国数字图书馆建设的作用。所以，中国数字图书馆工程是国家数字图书馆是国家信息环境的骨架，全国的数字图书馆工程都应当统一在这个工程的宏观架构之中。

6.4.2　数字图书馆运行模型

数字图书馆发展的一个主要问题是要构建一个先进且符合实际的运行模式，整合单个数字图书馆和其他如谷歌搜索引擎等的优势，提供基本信息服务和个性化信息和知识服务。当前，我国数字图书馆有以下几种运行模式：①国家与单位投资，用户免费使用。CALIS 是其中的一个代表。②国家与企业投入，市场化运行。以中国数字图书馆网站为代表。③企业投入，市场化运行。CNKI 中国知识基础设施工程，超星数字图书馆等属此种模式。而本文构建的则是基于公共文化事业和国家信息环境的数字图书馆模式，如图 6-3 所示。在这个模式中，涉及数字图书馆的主体、管理、运行、资源、服务等方面。具体如下。

1. 数字图书馆主体

数字图书馆主要涉及数字内容供应者、数字内容服务提供者、数字图书馆联盟和其他

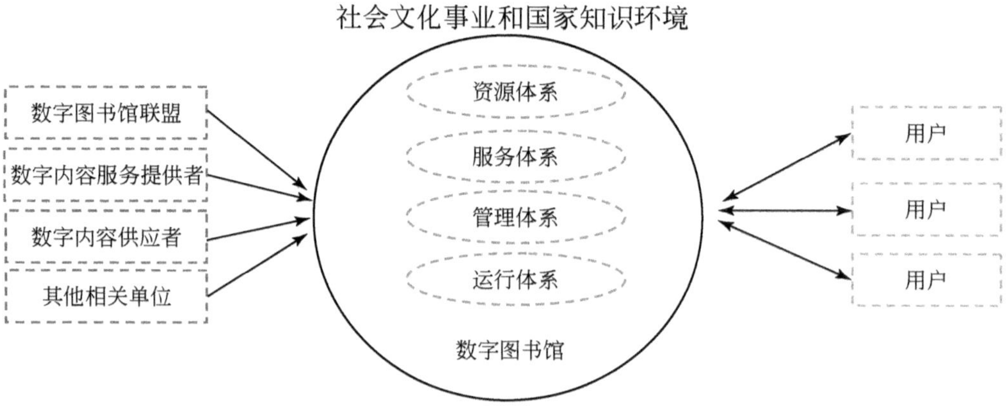

图 6-3　数字图书馆运行模式

相关单位等。

数字内容供应者主要涉及提供各种数字资源到图书馆的内容生产者或创作者。内容供应者主要包括著作权供应者（作者和著作权人）、出版社、报社、出版公司、大专院校和学术机构数字内容进口者、专业数据库和网站等。

数字内容服务提供者提供配套服务平台，根据用户的要求，通过各种渠道为用户服务。内容服务提供者包括搜索引擎服务提供者、个性化和专业门户网站、数字电视、广播、移动通信设备提供者。通过这些服务的整合，内容服务提供者可以为用户提供一站式服务。

数字图书馆联盟负责的数字内容加工、组织、储存和管理，就信息、资金、技术和人力资源等方面，各数字图书馆通过资源共享，增强自身实力，提高服务水平。

其他相关者，涉及第三方承包商、监管机构和支付中心，包括组织第三方承包商提供技术和资金支持数字图书馆数字化服务的企业，印刷企业、专用软件提供企业和物流企业等。监管机构涉及版权机构、文化部门和认证机构。支付中心涉及企业机构或银行等金融机构。

2. 数字图书馆管理体系

在国外，政府、基金会、行业协会专业机构和企业等都是投资主体。例如“美国记忆”由美国国会提供1300万美元，其余由国会图书馆向私人企业、公司、基金会和个人筹集。John W. Kluge、The David andLucile Packard 基金会、AT&T 公司、柯达公司、福特基金会等都有资助。“美国记忆”由美国国会图书馆负责协调管理。全国范围内的公共图书馆、研究图书馆、学院图书馆、博物馆、档案馆、历史学会等各类有关组织，均可单独或联合向国会图书馆申报子项目，得到批准后便可正式参加 NDLP 的工作。中国数字图书馆依靠中央和地方政府投入，也通过其他途径筹措资金。“中国数字图书馆”由国家图书馆控股，中国数字图书馆有限责任公司组织和策划，是一个以提供信息资源内容为核心的中国数字图书馆网上展示体系。公司采取市场化运行机制，以一个综合性中文资讯服务平台为目标，推动资源建设联盟、数字图书馆技术研发与应用联盟、信息服务特别是信息的商业化服务联盟的建设，以支持中国数字图书馆工程的发展。

田国良（2005）认为从国外数字图书馆建设可以看出：美国等发达国家都广泛动员社会力量参与，而中国，基金会和行业协会专业机构等投资数字图书馆的案例没有，也很少有真正意义上的公司、个人赞助国家数字图书馆项目。因此，建设我国国家数字图书馆要向美国学习，广泛动员如政府、专业协会、各种基金会、企业、私人等社会力量，进行捐助或投资。在国家数字图书馆运行过程中，国家是投资主体，图书馆是建设主体，社会力量是有益补充。郑建明（2011）认为，当前由于分属不同的行政或业务主管部门，国内数字图书馆在资源、技术、服务等方面较少具体的合作。比如在高等院校领域，图书馆采取自行开发和加工、免费服务、局部使用的运营模式。郑建明（2010）提出这种模式缺乏图书馆与技术型、赞助型或数据加工型企业的有机结合，不利于馆藏资源数据加工的规模化、标准化，以及内容提供、数据加工、资源共享等各个环节的规范化、效益化。郭海明（2008）认为在运行上，我国国家数字图书馆建设应改变当前分散状况，采用集中模式，建立起全国公共数字图书馆服务体系，提供统一技术规范与服务标准，为分布式数字图书馆提供基础设施与技术平台支持，建立一个全国资源与服务协调中心，在资源与服务体系上采用统一标准，促进各成员馆的数字信息资源共建共享，包括协调采购、规范服务、经费使用、用户管理等问题的统一规划和管理，最终建立起“国家主导、教企合作、广泛参与、公益运营”的数字化图书馆运行模式，促进我国数字图书馆事业的良性发展。这种虚拟中心的管理模式既保持了成员馆的相对独立性和自主性，又通过协同和管理扩大服务系统的整体效应。

3. 数字图书馆运行体系

在国外，一般由国家投资无知识产权争议的数字图书馆项目，大多是用户免费存取基本数字信息资源。“美国记忆”数字化馆藏就是从图书馆拥有知识产权的历史资料数字化入手，主要是特色古籍馆藏数字化，也有对特色专业馆藏进行数字化，还有对新书刊数字化的投资。“美国记忆”也开展了国家数字图书馆计划，将上百万具有史料价值的馆藏转换为数字化形式。“美国记忆”是要让所有的学校、图书馆、家庭同那些公共阅览室的长期读者一样，能够任意从自己所在的地点接触到这些对他们来说崭新而重要的资料，并按个人的要求来理解、重新整理和使用这些资料，至于一些特色化服务则是收取相关服务费用。我国国家图书馆于 2010 年实施了“县级数字图书馆推广计划”，通过文化信息资源共享工程的服务网络，使全国所有县级图书馆都具备数字图书馆服务能力。陈雪樵（2008）认为在此基础上，实施数字图书馆推广工程，构建以国家数字图书馆为中心、以各级数字图书馆为节点、覆盖全国的数字图书馆虚拟网络，建设分级分布式数字图书馆资源库群，在全国范围内形成有效的数字资源保障体系，借助电信网、广播电视网、互联网通道，以手机、数字电视、移动电视等新媒体为终端，向公众提供多层次、多样性、专业化的数字图书馆服务。此外，中国国家数字图书馆公司采取市场化的运行机制，其网站资源划分为完全公益性服务（基本数字资源）和深度有偿服务（特色资源）。其产品与服务包括：数字图书馆系统集成、数字图书馆应用系统件、企业在线情报服务、电子信息资源服务、文献数字化工业生产技术与服务、音像多媒体资源服务。其网上读书服务网站的会员会费和网站深度服务所带来的收入成为主流收入来源，为网站可持续发展提供经济基础。

颜务林（2009）提到，公益性、群体使用效益、对信息弱势群体的关怀是图书馆生存的三大基石，更是国家图书馆事业生存的基石。图书馆事业是一种公益性事业，只能由公益性机构来完成，由政府公共资金来支持。数字图书馆作为社会公共文化事业的一个组成部分，理应以公益服务为目标，面向读者提供文献信息服务。有一点需要明确，即政府对数字图书馆的投资应是全方位、持续性的。但是，陈耀盛（2002）认为即使是政府投资的数字图书馆，在保证其基本数字信息资源免费服务的同时，也可以选择某些特殊数字信息资源，开展深度有偿服务，以补充政府投资的不足。因此，我国数字图书馆应坚持公益性运行。一方面，要坚持公益服务为主，有偿服务为辅。面向广大社会公民提供免费数字信息资源服务的同时，在部分适宜市场化的领域引进商业资金开展收益性服务。另一方面，在管理上借鉴商业化手段，借鉴商业企业运作的成功方法与经验，创新我国数字图书馆管理与运营的方式，探索市场化运作的模式，以提高我国数字图书馆服务效率。此外，在实际运行过程中，还要注意数字图书馆的评估。在评估中，注意主观评价与客观测量相合，定性与定量相结合，对数字图书馆进行综合评价。在评估中，用户是数字图书馆最直接的评价主体，用户的反馈很重要。用户评价表现为对系统功能的要求；在系统开发中，用户对系统的可用性评价影响设计者的思路的调整；系统运行中，用户评价亦是数字图书馆能否为组织所接受的最后判断依据。用户是数字图书馆一切服务工作的出发点，以用户为轴心，通过用户偏好、知识结构、用户满意度等方面的评价，调整数字图书馆服务理念、服务方式、服务手段和服务内容，以适应网络环境中用户对数字图书馆的信息需求，促进我国数字图书馆事业的发展。

4. 数字图书馆资源组织体系

资源组织体系宜采用分布式方式。网络环境下，根据我国数字信息资源的分布特点，建立一个分布式全国性信息资源体系，即将资源存储在各成员数字图书馆，而在主网站则有详细的元数据或目录数据库，用户可以直接获得或浏览所需信息的描述资源，并提供链接到资源所在数字图书馆。对资源进行规范利用与管理，充分发挥各数字图书馆在分布式数字信息环境中的优势。实际上，任何机构都不可能收藏所有的数字资源，再者数字信息资源的分散收藏在某些方面相比集中收藏更能方便本地用户利用。因此，国家数字图书馆资源体系依托于各成员数字图书馆，尤其是地区数字图书馆中心馆、高校图书馆及科研机构图书馆等，面向全国提供信息服务。

以 WorldCat 为例。WorldCat 是一个提供图书馆内容及服务的全球性网络，它将各馆馆藏编入图书馆内容数据。现在，其拥有数千万条书目记录，涉及 10 亿多资料，包含数百种语言和所有格式，包括数量激增的电子资源和数字对象。它命中率高、元数据质量受控、应用 FRBR 规范化记录，让用户快速定位资源，享受服务；而且通过分载，降低了成本和冗余劳动。无论是小型公共图书馆还是大型高校图书馆联盟，通过 WorldCat 服务，让各馆能与其他数千家机构共同累积信息，形成统一的工作流，如通过合作网络，进行诸如采购、编目、资源共享、馆藏管理等操作，节省时间与金钱，促进专业服务如数字内容、本地知识和专业知识、特殊馆藏的发展。WorldCat 还可以通过常用的网络工具如百度、

Google、Google Books 和 Yahoo 等访问馆藏内容。WorldCat 将馆藏资料数据与基本机构数据如馆藏网络地址、电子内容服务器以及其他网络服务等挂钩，通过战略合作与分布式技术，使其在互网广为传播。

5. 数字图书馆服务体系

数字图书馆服务体系应是一个全国性的统一的数字图书馆服务体系。数字资源服务与协调管理中心，在遵守规定的标准化原则基础上，各成员数字图书馆实体可以建立各自独立的子服务系统，建立集中与分散的数字图书馆协作网络，形成全国性数字图书馆网络。由于分布式数字图书馆网络具有稳定、可靠、安全等特点，为用户提供了灵活多样的访问途径。

1）基本信息服务

适用于大多数人，用户可以通过网络信息门户、公共媒体（如数字电视和广播）和移动通信终端设备等查询和获取感兴趣的信息。如在数字图书馆搜索引擎，用户可以自由地登录到数字图书馆网站，输入搜索条件，可以浏览主题、标题、摘要和下载资源检索结果。对于一些特色化深加工资源，用户可能需要支付服务费用。联机订阅数字图书馆服务将定期推送给用户其感兴趣的服务。数字图书馆还利用各种媒体，例如数字电视、广播和移动通信终端设备，提供音频和视频等信息服务。普及读物或文化素质教育的项目则为免费服务。

2）专业信息服务

目前，多数图书馆基本服务方式不能满足用户个性化信息需求。营造性化信息环境，满足用户特定信息需要，是当前数字图书馆服务的迫切需求。个性化信息服务模式，不是千篇一律的服务方式，它充分体现以人为本的服务理念，尊重用户、研究用户的兴趣与行为习惯，为用户选择和提供更加切合其实际需要的信息资源。个性化信息服务的内涵主要包括两个方面：一是用户可以根据自己的兴趣、爱好和需求定制自己所需要的资源和服务；二是信息提供者根据用户的需求和特点，建立起个性化的用户模型，对提交给用户的信息进行个性化检索和过滤，或者根据用户的动态需求进行主动推荐。对于个性化、专业化信息服务，将根据服务的不同层次，适当收取费用。

6.4.3　数字图书馆运行机制分析

目前，我国的数字图书馆建设分别由多个系统来进行，既存在着体制问题，也有利益分配问题。如果数字图书馆建设还像传统图书馆一样分属三大系统，就会造成人力、物力、财力等资源投入不足和重复浪费。国外已将总体规划、分工协作作为建设数字图书馆的指导性原则，如美国数字图书馆启动计划的核心原则就是强调研制中的协作关系，由高校牵头，联合各级院校、图书馆、学术团体、公司及政府各部门形成数字图书馆的战略同盟。

1. 管理机制

中国数字图书馆建设需要统一规划指导，并注意分工协调。把现有的中国数字图书馆工程建设联席会议作为国务院信息化办公室下设的全国数字图书馆建设领导机构，并在省区设立同级机构，作为政府的引导、管理、监督机构。同时，把现有的中国数字图书馆工程建设专家顾问委员会作为其下属的规划、协调、指导的专家委员会。真正把中国数字图书馆工程建设的原则统一规划，制定标准、联合建设、资源共享，将防止重复建设落到实处。在这个过程中，政府应主导数字图书馆建设并起领导作用。数字图书馆发展之所以未像人们预期的那样成功，一个重要原因就是政府没有发挥主导作用。一些全国性或地区性、行业性、区域性的数字图书馆建设，政府只是作为一般的投资者，并没有很好履行决策、组织、协调等职责，把这些责任统统交给了图书馆。实际上，图书馆仅仅是一个社会公益性服务机构，没有社会管理职能，无法也不可能履行好这些职责。最后，不少数字图书馆项目建设虎头蛇尾或半途而废。数字图书馆建设要求可持续性，这是最大的难点。从目前国内情况看，有的数字图书馆开始投入较大，后续投入很少甚至不投入，难以为继。所以，政府财政的持续稳定投入是数字图书馆发展的根本保证。

2. 资源建设机制

体系和学科相结合。将中国数字图书馆工程的数字图书馆联盟扩大，建设我国三级体系和分学科的数字图书馆系统工程。即以中国科学院文献中心、中国社会科学院、中国工程院等与相关 CALIS 学科中心结合组成全国某学科数字图书馆中心，与相关 CALIS 区域中心结合组成地区性中心图书馆，本地站点与镜像站点结合，形成三级保障体系。对基本数字化馆藏与特色化数字资源建设，应遵循统一规划、统一标准、联合建设、资源共享、防止重复建设的原则，按体系和学科进行，数字化资源网站建设与各镜像站点结合。对新的现行出版物，应充分利用出版商的电子文档资源，考虑建立新出版物电子文档的呈缴本制度，并依法拥有合理使用权。在馆藏资源建设、数据库建设、用户服务、文献传递等过程中解决版权问题。如宁波城市图书馆整合本市各大图书馆的文献资源与服务，引入国内外主要文献服务系统（CAUS、NSTL、NDL、OCLC、WebofScience、SWICH、“读秀”等），建设本地特色文献数据库及其导航系统，配置教育类文献资源与服务，将各图书馆现有资源进一步发挥作用。国内的基本文献资源，以镜像为主；常用的外文数据库，以包库使用为主；与国内外的图书馆服务联盟（如 OCLC、NATL、CAUS）开展合作。宁波地方文献数据库，参考维基百科模式，建立“宁波百科”。该数据库在图书馆与读者之间开展“互动”，读者在利用资源的同时，可以自行录入信息。

3. 服务机制

各数字图书馆应定期更新基本数字化资源内容以满足一般用户需求，应发展个性化和特色化服务，深层次开发数字化资源，形成核心竞争力。应把网站设计结构层次简洁、方便、易用、信息新颖、服务个性化作为衡量数字图书馆网站标准。如利用 Web 网站技术、Portal 技术和 3G 等现代信息技术建立起联合数字图书馆门户，向读者提供全方位数字图书馆服务的平台和窗口，在这个平台上读者可以整合区域内各图书馆的各种应用和服务，如OPAC及扩展服务、数字资源检索服务、参考咨询服务、知识导航等；可以集成各种网络资源，如Web网页、Blog、Email、新闻、RSS、天气预报等。可以运用统一检索系统对图书馆自建和外购的各类分布式的异构的网络资源系统提供统一的检索服务方式，实现对异构资源的整合检索。实现多馆联合参考咨询，集合多个图书馆人财物力，共享各馆数字资源，为读者提供更加快速、准确的服务。宁波市数字图书馆采用由超星公司基于“读秀”开发的平台软件，除提供信息的展现功能外，还具备内容管理、多应用系统集成、个性化定制等功能；内置门户个性化定制工具、数字图书馆应用服务接口，并能与统一用户认证管理和统一结算管理有机集成。通过知识信息门户，用户可以获得专题知识信息发布、知识导航、智能信息搜索、个性化信息服务、推送信息服务等知识信息服务能力。向全市范围，实行“一站式检索”，采取原文直接下载与原文传递相结合的原文获取方式。资源调度的优先级由高到低依次为：本地馆—中心馆—分中心馆—其他成员馆。根据成员馆对馆外提供服务的数量，由政府财政向各成员馆提供资金补贴。

4. 动态维护机制

数据库的维护包括正常维护和内容更新。其中，数据库的网络安全问题和内容更新维护最为重要。加强安全技术的研究与应用先进可靠的安全技术，可以在很大程度上减少网络受到攻击的可能性。这是网络安全的基础。制定应急处理计划，做好备份与恢复。因为网络上没有绝对的安全，所以制定应急处理计划，做好备份与恢复是数字图书馆虚拟数据库网络安全的后方阵地，一旦发生安全事故，应做到尽量减少损失，根据事先制定的应急处理计划，在最短时间内恢复正常的通信和服务。数据库内容的更新维护也很重要。通过利用本地数字图书馆人工搜集和自动搜集软件进行信息资源的更新采集；让用户参与数据库的维护；设定一定的软件，统计用户对信息的访问频率，将访问频率高的内容从远地服务器或数据库中下载到本地存储器等措施，进行更新。

5. 考核评价机制

数字图书馆考核评价也很重要。根据数字图书馆的特点，要利用各种评价方法，注意主观评价与客观测量相结，定性与定量相结合，对数字图书馆进行综合评价。此外，要重视用户。用户是数字图书馆最直接的评价主体。刘晓清（2010）提到用户评价表现为对系统功能的要求；在系统开发中，用户对系统可用性进行评价，影响到设计者的思路的调整；系统建成后，用户评价成为数字图书馆能否被组织接受的最后判断依据。用户是数字图书馆一切服务工作的出发点，以核心用户为轴心，通过用户偏好、知识结构、用户满意度等方面的评价，调整对用户的服务理念、服务方式、服务手段和服务内容，以适应网络环境中用户对数字图书馆的信息需求。颜务林（2009）指出宁波城市图书馆主要满足宁波市教育、生产、科研各系统对文献信息的需求。国内文献需求保障率达到95%以上，国外文献需求保障率达到90%以上。为各高校学科点、学位点、重点实验室以及科研生产机构中的工程研发中心项目等提供文献信息保障。这极大改变了宁波目前存在的各图书馆、科技信息研究院等机构重复投资、效率不高的现状，全面提升了数字文献信息服务的能力，使之达到国内先进水平。

数字图书馆的开发和利用在国家信息化战略、公共文化事业等方面有重要作用，国家数字图书馆工程项目在我国数字图书馆建设中具有举足轻重地位和作用。对其进行研究，对于我国数字图书馆事业有重要的价值与实践意义。本书基于国家数字图书馆工程视角提出的基于公共文化事业和国家信息环境的数字图书馆运行模型，涉及数字内容供应者、数字内容服务提供者、数字图书馆联盟和其他相关单位等。建设我国国家数字图书馆要向美国学习，广泛动员社会力量。在国家数字图书馆运行过程中，国家是投资主体，图书馆是建设主体，社会力量是有益补充。我国数字图书馆应坚持公益性运行，实际运行中，要注意数字图书馆的评估。数字图书馆资源组织体系宜根据我国数字信息资源的分布特点，建立一个分布式全国性信息资源体系，服务体系应是一个全国性的统一的数字图书馆服务体系。

第 7 章　数字图书馆系统架构研究

技术与人文的互动促进了图书馆事业的发展，对数字图书馆系统建设提出了随需应变的要求，要求系统能够敏捷反应业务需求；“系统孤岛”现象是导致“信息淹没”“信息孤岛”现象的根本原因之一，有待于从系统和制度两个层面加以解决合作与共享的问题；系统资源共享也是数字图书馆资源共享的一个重要方面，现有系统本身也存在一定的问题。这些都对数字图书馆系统建设提出了重构的要求。

从数字图书馆系统建设本身来看，目前，数字图书馆系统建设多从服务角度，从资源建设角度，以及从知识技术及其应用的角度，沿着纵深的方向，围绕特定的业务服务和业务功能而进行。系统之间的整合一般多在建构的内部进行，并且多是紧密耦合的，即便是松耦合的整合与互操作，其整合的层面也比较单一。在系统资源的共知、共建、共享，以及不同机构或联盟之间的互通与互操作方面则没有什么突破性的、实质性的新进展。事实上，①网上的各个信息系统，都有重兵把守，壁垒森严，结果形成无数的信息孤岛，应用系统之间不能互联互通，不能进行信息交流和共享，信息冗余现象严重，国家花费了大量的人力、物力获得的海量数据和信息被孤立于所属的部门，不能被广泛地使用。②在数字图书馆系统自身的建设上，也存在着极大的重复与浪费：不同的系统，相似的功能；或相似的功能，不同团队的重复开发等。③数字图书馆系统的开放程度不够，数字图书馆资源共建的门槛过高，合作共建多属于制度安排或者是项目拉动，未能吸收社群或个人的广泛参与。这些在客观上，已经成为数字图书馆建设和发展的系统瓶颈。

1996 年，SOA（service oriented architecture，即面向服务的架构，也有翻译为“面向服务的体系结构”，“以服务为中心的体系结构”）概念被 Gartner Group 第一次明确地提出。SOA（service oriented architecture）意为“面向服务的体系结构”“以服务为中心的体系结构”“面向服务的架构”，其中“面向服务的架构”较为常见。很多组织和个人都对 SOA 给出过定义，结构化信息标准促进组织（The Organization for the Advancement of Structured Information Standards，OASIS）（2006）对 SOA 的定义：“SOA 是为组织和运用存在于不同所有者领域的分布式功能提供的一种软件架构范例”。其初衷是为企业提供一种构建 IT 系统的标准和方法，并通过建立可组合、可重用的服务体系减少 IT 业务冗余，以加快项目的开发进程。受当时的技术与市场环境等方面的限制，SOA 的思想并未受到应有的关注。随着 Web Service、XML 等技术的发展与完善，实施 SOA 的基础技术环境逐渐形成。2002 年 12 月 Garnter 再次提出 SOA，Gartner 认为“新一代信息系统关键在于支持灵活的、快速的业务变化”、“SOA 是现代应用开发领域最重要的课题”，SOA 可能带来的技术效益与业务效益引起了业界的广泛兴趣，SOA 开始由理念逐步走向现实。目前，更多的机构和组织已经把关注点从简单的 Web 服务拓展到面向服务体系架构的各个方面，包括安全、业务流程和事务处理等。

SOA 迅猛发展的原因还在于一些标准、各种支持 SOA 开发的平台、工具及中间件纷纷出台，为 SOA 的实施提供了便利的环境支持。SOA 不是突然出现的，它是技术和经验积累起来的成果。自 2004 年以来，OASIS 为 SOA 标准化工作成立了 13 个技术委员会，所从事的 SOA 标准化以工作流、转换协调、编排、协同、松耦合、业务流程建模和其他有助于敏捷计算概念为中心，内容涉及 SOA 的方方面面。2009 年 12 月，"全国信息技术标准化技术委员会 SOA 标准工作组"（SOA 标准工作组）在北京成立。在 2009 年 5 月与 2009 年 10 月，中国分别正式成为 ISO/IEC JTC1/SC7/SG-SOA（国际标准化组织/国际电工委员会第一联合技术委员会软件工程分技术委员会 SOA 研究组）与 ISO/IEC JTC1/SC38/WG-SOA（国际标准化组织/国际电工委员会第一联合技术委员会分布应用平台服务分技术委员会 SOA 工作组）的召集人国家。厂商与标准化组织的努力也使得 SOA 在学术界和实践领域的受关注度不断上升。

7.1 数字图书馆系统分析模型

SOA 强调软件及服务的思想，服务是其关键的组织概念。SOA 本质上是一种模组化的系统构建方法，运用 SOA 的根本目标在于实现业务与 IT 对齐，提供随需应变的服务。本文基于我们对 SOA 的理解，给出了数字图书馆系统分析模型。

SOA 本质是一种模组化的系统构建方法。在此我们给出这样的理解："模"即业务模型，业务服务；"组"即服务组件，组件模型。因此，从图书馆的角度实现服务定义并从技术角度实现所定义的服务，建立起它们之间的关系是构建 SOA 系统的关键。从系统架构的角度来看，分割进而形成标准化服务是系统架构分析研究的主要关注点。

服务是 SOA 中关键的组织概念，SOA 系统的构建是以作为"积木块"的服务为中心的。横向业务、技术、应用 3 个维度表达了一种业务分析与技术实现的过程，以及架构设计中业务与技术分离的一种方法。①从应用角度表达了面向服务的系统架构分析是由系统目标到服务实体定义的一个逐步分解的过程，如何实现服务的分割、实现服务的定义是其关注的焦点；②从技术角度表达了面向服务的系统构建是由一系列服务创建到继而组装成为一个应用系统的系统实现过程，服务如何实现、服务之间如何关联并组装为系统是其关注的焦点；③系统架构设计必须综合考量业务需求的充分表达、技术上的要求与限制，在众多的需求中做出权衡。而纵向系统、服务、用户、资源 4 个维度则代表了系统与系统架构（SOA）设计中一组关注点分离的方法。纵向之间存在近似的一一对应关系。它们为如何实现服务的分割以及实现系统的随需应变提供依据。

纵横之间对角线表达了系统架构设计需要整合两个领域（两类专家）相关知识，就 SOA 而言，横向与纵向相关分析的结合，为 SOA 下的数字图书馆系统架构、服务分割、服务定义及系统实现奠定了基础。

面向服务的分析是一个敏捷的过程，系统分析与技术实现存在一一对应关系，反应业务与 IT 对齐与系统的随需应变，是图书馆专家与 IT 技术专家交流的过程。

7.2 数字图书馆系统分析的关注点

"服务"是 SOA 系统实现的关键，是 SOA 系统实现的基础。这包含两层含义：①SOA 系统的实现需要构建大量的"服务"，需要把紧耦合的系统切割成可组装的松耦合的服务；②"服务"需要标准化，包括服务切割的标准化、服务定义的标准化、服务实现的标准化。标准化服务是实现软件资源共享，实现系统"随需应变"的关键。

笔者认为，实现"服务"的标准化，需要在数字图书馆系统建设总体目标的指导下，在整体的环境中加以考虑权衡，放在具体的业务服务体系中权衡。在这里有几个主要关注点需要进一步加以说明。

7.2.1 关注用户需求及其可能带来的变化

用户是系统服务的终极目标，以用户需求作为面向服务系统架构分析的切入点是 SOA 的内在要求。研究用户需求的不确定性与用户需求的相对稳定性，其最终目的是"节省读者时间"，使每一位读者能获得所需要的有针对性信息服务。

用户需求的不确定性是为用户提供多样化服务的理论基础。一般通过各种手段来捕获不同类型的用户需求，并逐步加以明确的，比如用户的信息行为、信息心理、信息技能的培育、数据挖掘、分析等。在系统构建层面，则需要通过对不同用户角色的比如信息创建者、信息组织者、信息管理者与信息消费者的需求分析，来定制不同的系统功能，从而实现对信息的有效组织和检索，为最终用户提供"快、精、准"的信息服务。在数字时代，用 5A 和 5R 理论来指导表达这样的需求在理论上可能是恰当的，在实践中则更加强调以 5A 与 5R 为目标，在信息组织、信息检索、信息表达、信息推送等方面来下功夫，通过新技术、新研究成果的不断应用，通过系统不同的功能环节的小改小革来逐步逼近这样的目标。

用户需求的不确定性对系统提出了"随需应变"的需求。用户需求的不确定性同样受到信息环境的影响，相对稳定的信息需求也会产生变化。这些都会使得用户提出系统变更的需求，要求系统做出相适应的变化，系统的"随需应变"需求被提了出来。就系统本身来说，功能、性能、稳定性、扩展性等等需求也会随信息技术的进步而被要求进行不断的演化。

尽管用户需求的不确定性是客观的，但是对于不同类型的用户群，他们在特定的信息环境中对信息的需求是相对稳定的，这类似于"运动与静止"的关系，需求的不确定性是绝对的，需求的稳定性是相对的，需求的不确定性与需求的稳定性又是相互联系并且统一的。表现在数字图书馆系统构建的层面可能存在如下的表述：他们对系统的构建有着一致的需求，同时他们的个性化需求也希望在系统建设的层面予以表达，并且相对稳定与一致的需求也会随着信息环境及技术与人文的进步发生变化，这些都需要有一个随需应变的系统与系统架构来能够满足或适应用户需求这样那样的变化。

从系统自身的角度，如果我们可以在架构的层面，将可以反映用户需求变化的系统功能抽象出来并表达为服务，那么，我们就可以通过对这类服务的选择与组合来实现满足用户需求变化的随需应变的系统。这样的可能性确实存在。

7.2.2 关注信息技术及其可能带来的变化

技术与人文的互动促进了图书馆事业的发展。信息技术的每一次进步，都可能带来用户需求的变化，带来图书馆服务与管理理念的变化、服务模式与管理模式的创新或变革的需求，而这些都会要求联络资源、服务和用户的数字图书馆系统能够做出敏捷的反应，做出相适应的变化。SOA 从技术上为我们提供一种可以渐进的方式敏捷反应业务需求的可能性，如果在具体的行业应用中，系统的总体架构不发生改变，这种敏捷反应就能成为现实。

这要求我们必须关注信息技术的发展及其可能带来的变化。如果在系统总体架构设计中，把可能发生的变数控制在某个特定的框架之内，在服务体系的构建中，尽可能地把可能发生的变化以服务模块的形式按 SOA 服务实现的要求予以定义、加以封装，那么，当需要发生变化时，我们就可以最小的代价、最快的速度来满足对业务需求的敏捷反应。这样做的好处还在于：如果存在大量的类似服务，我们就可以根据不同机构自身的系统构建要求，来选择所需要的服务，并组合成我们所需要的系统；根据机构自身的发展要求来逐步拓展系统的功能。这在系统开销及经费投入方面带来的好处也是显而易见的。

信息技术在图书馆的应用及其为我们可能带来的变化，是数字图书馆研究的主要领域。需要强调的是这种变化可能发生在 SOA 系统中业务服务、业务流程的每一个环节。

7.2.3 关注服务粒度与业务服务的标准化

在应用 SOA 构建服务单元（模块、子系统）时，服务单元的粒度应当合理，粒度过大或过小都会造成问题。在进行业务服务的切割过程中，应当按照“业务与 IT 对齐”的要求，对包括业务边界、服务边界、系统分解、系统合成、系统相关性等加以综合考量，也只有如此，所构建出的服务才可能成为行业认可的、可理解的标准化服务。

这是因为，业务边界对于流程优化和业务实现的关系至关重要，直接影响项目的成败；服务边界划分影响业务的实现以及用户满意度；粗粒度的服务虽然可以获得较好的性能，但如果过于庞大、太复杂，可重用的程度会降低；细粒度的服务，会产生更多的组合，可重用程度会提高，但因数量过多，会增加系统的开销，导致系统性能的下降、可靠性降低；再有，相互关联、紧密依赖的子系统应当成为同一个服务，不宜分割成相互独立的服务。一般认为，采用较粗粒度的服务可以避免出现因为环境的局限而导致的系统瓶颈，但这是以降低服务的可重用程度，甚至是牺牲局部“随需应变”的可能性为代价的。

7.3 数字图书馆系统服务分析

一方面，数字图书馆系统目标与业务目标的一致性为建立统一框架提供了可能性；另一方面，建立统一的系统框架，应该具备有效利用技术的能力以及吸收必然变革的能力。SOA 则是具备这种能力的一种系统架构。

7.3.1 分析思路

SOA 的核心理念是构建积木式的系统，本质是模组化系统构建的一种方法，从软件工程的角度，强调“随需应变”“软件即服务”，从应用角度强调“业务与 IT 对齐”，联络其中的是“服务的复用”与“服务的组合”，目的是为了实现所构建系统的随需应变。作为积木块的“服务”则是构建这样一种系统的基石，从应用的角度来看，服务与业务的对应关系，如何建立服务与业务的映射，如何构建标准化的服务，是构建面向服务架构系统的关键和首先应该解决的问题。

这里主要是从应用层面对基于 SOA 的数字图书馆系统架构及其相关的服务进行分析定义、分类整理、归纳总结，主要关注系统架构中的模块结构、流程结构。其他技术层面的系统架构在“SOA 技术框架概要”部分中已经描述。这样就形成了较为完整的系统架构体系。

面向服务的数字图书馆系统业务域分析主要跨越 SOA 参考架构的服务层、业务流程层、表示层，涉及相关应用系统的模块结构和流程结构。SOA 为我们建立了统一的系统架构模式，其参考架构就是 SOA 建立起来以后通常呈现的体系结构，在这里有几点需要特别说明。

（1）SOA 是架构风格，是方法；而不是具体架构具体实现技术、具体架构元素。SOA 的首要目标是 IT 与业务对齐，支持业务的快速变化；其次是 IT 架构的灵活性和 IT 资产重用。在工程上，SOA 的重点是服务建模和基于 SOA 设计原则进行架构决策和设计，在具体的实施过程中，构建可重用的服务是 SOA 系统实现的核心。

（2）SOA 提供一种可组合的技术架构，根据数字图书馆系统建设目标设计一种通用的架构形态，根据业务需求进行服务设计是实现 SOA 要关注的主要问题。系统实现的技术路线在于：在一个标准的平台上构造企业所需的标准服务；对既有系统中功能的提取与包装，并形成标准服务。在架构层面则需要首先关注服务体系、服务分类与分割。从业务层面，对组织目标进行面向服务的分析，组织相关的系统（子系统）的功能，业务服务与业务流程是必须说明清楚的。

（3）SOA 的真正价值在于可以灵活构建，规避业务变革与 IT 变革所带来的风险；SOA 提供了一致性的架构，可以承接历史，着眼未来，实现系统渐变式的演化，最大程度保护已有的投资。SOA 的价值实现来自于大量的标准化服务存在，SOA 不在于实现了某种功能，而在于某种功能的实现可以灵活多变，因此，实现对服务的标准化定义十分关键。

再者，研究系统架构，必须从研究系统需求开始。SOA 强调 IT 与业务需求的一致性，用 SOA 方法，还是要从业务需求开始。应当突出以下 3 个方面。

（1）以 5A、5R 理论为指导，探索新模式；

（2）以问题需求驱动，研究形成甄别机制、协同工作机制；

（3）以促进形成数字化综合服务大环境为目标，着力点在于新技术的整合应用。

以往的研究聚焦于资源共享，以统一元数据描述为代表，主要关注信息资源的标准化表达。本书聚焦于系统资源共享、系统本身的建设问题，主要关注标准化服务构建问题，在应用架构层面考虑对服务的定义与标准化分割。对业务服务的分割除了必须满足 SOA 的技术要求，即 SOA 的技术框架外，需要把握好两点：一是数字图书馆架构述及的目标、方法与关注点；二是从用户的角度来理解把握业务、业务流程，以服务来实现业务与 IT 对齐。这样如果能够有效消除两类专家对同一业务理解的不确定、不一致性。实现业务与 IT 对齐，所创建的服务就能在架构层面实现系统的随需应变。在分析中，还应把握以下 4 个方面。

（1）以 SOA 来架构数字图书馆首先要对系统需求，主要是业务、服务、流程进行分析与描述，明晰其确定的边界。

（2）从业务模型的同质性和异质性考量建立在模型之上的 SOA 系统架构服务。对业务、流程、服务等的分析要针对架构的水平、垂直系统，体现重点、热点、焦点问题在架构中的解决思路。比如，专用系统、不同专用系统间的集成，联邦系统中服务的复用问题。

（3）从管理层面的业务环节与过程控制入手，考虑如何实现未来业务环节与业务过程的控制以及业务部门的重组，适应可能的变革或者敏捷反应业务需求；以及服务类型级别与满足不同类型图书馆对灵活系统、不同性能的要求方面的考量。

（4）从技术层面考虑图书馆系统目标与服务功能的拓展。如何利用先进技术与先进的技术理念，实现多种类型资源的高度共享化、信息加工的深层化、服务的个性化，使不同读者群可以多途径、多渠道、多选择、方便快捷、成本低廉获取信息和知识，并且有哪些与之相关的、可能被吸收、采纳的新的技术前沿和应用。

7.3.2 分析样式

结合上述内容和讨论，这里给出一个数字图书馆系统服务分析样式。

服务分类：分为实体服务、信息服务、流程服务和交互服务。

——实体服务是基本业务功能的实现，是原子服务，也可以是服务的组合。可由 SCA 实现；

——信息服务负责统一数据访问模式，可被 SCA 调用，由 SDO 实现；

——流程服务关注应用逻辑，实现业务过程编排，可由 BPEL 实现，和 SCA、SDO 一起实现应用和更大的服务。

——交互服务包括界面交互、伙伴服务、协同服务、知识管理等。可由 ESB 实现。

服务级别：分为企业级、部门级和应用级。

——企业级对应于联邦整合；

——部门级对应于本地集成；

——应用级对应于本地专用系统。

最后，根据上述的服务分类和候选服务定义汇总、权衡形成针对某种系统的服务体系。在具体实施阶段，还需要借助 SOA 服务建模工具做进一步分析、完善，最后形成正式的服务描述。

7.3.3 普适分析

“一些偏好可能是完全无意识造成的，但另外一些则是深思熟虑的结果”。系统建设目标与业务功能、流程的基本一致为一体化数字图书馆系统的实现奠定了基础。允许技术与变革的存在与发展，并能够随需应变；充分考虑用户需求的确定性与不确定性，考虑用户个性化需求的满足，考虑因此而带来的新一轮的系统需求，带来的可能的业务与服务模式的变革，是面向服务分析阶段的主要工作，从而实现 SOA 为我们带来的流程的可变更、功能的可拓展，系统的随需应变。

7.3.4 系统目标分析

数字图书馆主要为解决信息资源有效利用而产生，解决信息检索困难、异构信息仓储的互操作性和缺乏对大规模分布数据的操作机制等主要问题。核心技术是研究数字化信息的有效组织结构，解决各个信息仓储的互操作性，形成数字图书馆基础结构体系以有效地操作大规模的、分布的数字化信息。数字图书馆的研究内容是实现在网络环境下跨仓储的、统一高效的访问和检索工具，以及提供一套高效的信息生成、组织和提取技术，等等。

系统目标分解关乎 3 个层次：整合架构，集成架构与业务系统服务架构。系统目标分析需要对系统目标、作用范围、主要功能以及要处理的对象等进行描述。

就具体的业务而言，不同的业务系统有着目标上的差异。但如果它们是针对同样的业务则有着共同的目标，提供的主要服务功能则是相同的，尽管在实现方式与手段上可能是不同的。系统目标的一致性和差异性要求在分析中处理好共性与个性的关系，包括结合系统目标与功能需求来捕获人文需求、把握技术发展，在 SOA 的框架下进行面向服务的业务域服务分析。从服务层面（用户需求）看数字图书馆系统建设中 SOA 的运用。通过对数字图书馆总体建设目标在资源层面、服务层面和管理层面予以分解、萃取、综合，包括对资源整合目标、内容服务目标、用户服务目标、系统管理目标进行萃取，并进一步细化为系统的建设需求，通过需求分析，给出一组数字图书馆的系统候选服务。

就现实系统而言，分析中的主要差异点存在于资源差异、服务能力的差异。对不同资源类型的处理，不同用户需求的处理差异。主要矛盾存在于资源处理上，以往的专用系统对不同类型资源处理的技术方法不同，多为紧耦合的系统，而在整合层面，对不同资源则采取了相同的处理方法。以往理论上的分层结构，在实际应用中大多以竖井式结构呈现的。

SOA 屏蔽了系统平台之间的差异，运用 SOA 的目的之一，在于打破竖井式结构，使应用天然具有集成能力，构造可复用、易集成的业务应用。构建适用业务灵活需求的，各具特色的，协同的、互操作的、可共享的、共建的、用户广泛参与的数字图书馆联邦是我们的目标。

理论上，以内容（内容管理）为核心的数字图书馆系统建设，强调不同类型资源的整合、对资源内容的深度挖掘，体现作为服务的资源基础；以用户（用户管理）为核心的数字图书馆系统建设，强调用户行为、服务模式与管理模式，体现图书馆服务的本质。以系统为核心的数字图书馆系统建设，着力于资源和用户，希望把两者通过系统而有机地联系起来，并通过寄生于系统之上的技术创新实现管理创新和服务创新。

在实践中，如何有效地整合各类可用资源，实现对信息资源可靠的、方便快捷的存取，并从中体现图书馆人的自身的存在价值，既是图书馆在未来继续存在、得以发展、地位提升、功能拓展的必然要求，也是时代对图书馆提出的新的挑战。这里涉及图书馆发展战略、管理理念、服务理念的创新，等等。这要求从业务和技术两个方向相适应。就面向服务的系统而言，需要特别关注以下 4 个方面。

（1）面向软件的服务：技术中立的服务、可重用的服务、随需应变、业务与 IT 对齐。

（2）面向用户的服务：用户行为、推送、定题、统一检索、信息分析。

（3）面向资源的服务：不同资源、资源整合、存取、提供、筛选。

（4）面向管理的服务：授权控制、流程管理（控制）、流程变更、统计分析、决策支持、统一认证等。

如何建立业务服务于服务组件之间的映射关系，处理好、调度好用户服务、资源服务、管理服务以及技术实现之间的关系，则是面向服务的业务域分析的重点。特别是，用户是系统服务的终极目标，5A、5R 目标的实现主要依赖于检索系统的性能，需要特别关注。

7.4　数字图书馆系统实现机制与策略

SOA 本质上是被用作系统和服务管理的集成技术，实施 SOA 涉及技术与路线的选择。上文对 SOA 理论与技术框架进行了讨论，具体分析了 SOA 的技术架构，并对 SOA 框架之下的数字图书馆系统应用架构中的相关服务如何进行业务域分析进行了研究，为 SOA 数字图书馆系统实现奠定了基础。然而，这仅仅为系统的实现在架构层面做好了准备，实现基于 SOA 的数字图书馆系统路还很长。本节将对 SOA 下数字图书馆系统实现的技术机制与实施策略作进一步探讨：一是技术层面涉及技术路线上的选择；二是组织层面涉及实施策略上的考量。

7.4.1　建立 SOA 基础平台环境

运行、管理 SOA 应用程序，需要 SOA 基础平台，这是 SOA 平台的一个部分。SOA 基础必须支持所有的相关标准和需要的运行时容器。SOA 不同于现有的分布式技术之处在于大多数软件商接受它并有可以实现 SOA 的平台或应用程序。SOA 提供了一致的系统架构方式，表达了 SOA 平台和基础设施架构之间的关系。SOA 平台架构包括 SOA 应用基础平台层、数据层、SOA 应用层。SOA 应用层架构包括资源集成层、构建层、服务层、流程层、协同层。

SOA 计算环境的建立主要涉及 SOA 平台产品的选择。目前，IT 领域提供了不少可供选择的 SOA 平台，包括：IBM、BEA、微软、SUN（CAPS）、普元（EOS）、浪潮

Loushang、东方通、中软国际 RESOURCEONE V4、锐易特、炎黄盈动等。这里有几点需要特别强调。

1）技术选择问题

不同产品提供商提供的 SOA 产品存在技术路线、技术选择上的差异。技术路线、技术选择上的差异导致平台产品在性能与处理能力上也存在差异。

SOA 产品有两种主流企业级应用技术路线 . NET 和 J2EE，主要观点：①有必要对 . NET 和 J2EE，采取平衡、中立的策略；②J2EE 和 . NET 在架构上基本相同、相互竞争与学习，主要差别在于实现的机制上，J2EE 能够办到的事情，. NET 也一样办得到。③平台建设厂商的设计能力，开发实施能力，项目管理能力才是关键，需要考虑未来的系统运行与管理的方案。

2）标准程度问题

SOA 提供了统一的、标准化的架构模式，标准是 SOA 最为重要的方面。尽管不同产品提供商自称产品是标准化的，但是它们在某些方面所遵循的标准可能是不同的，所提供的 SOA 产品存在标准选择与标准化程度上的差异。譬如在 SOA 应用基础平台的构建上。

3）SOA 治理问题

和传统技术不同的是，SOA 是一个横向的技术，它不仅影响 IT 系统的设计者和开发者，它更需要改变业务部门对 IT 系统的看法，也需要运营部门改变系统运营的方式。几乎所有的相关人的活动都会围绕着服务模型和服务元数据。因此，服务模型和服务元数据质量直接决定着数字图书馆系统向 SOA 转型的效果。SOA 监管则通过建立适当组织和流程保证服务模型和服务元数据在创建时和运行时的质量。可以预见的是，采纳了 SOA 后，SOA 监管会成为图书馆技术部门的重要任务之一。但是在 SOA 的治理上，SOA 平台产品之间是有差异的。

另外，业务和信息技术可以看做是同一个车轮上的两个齿轮，如果一个在运转中发生了变化，则要求另一个作出相应的反应。系统需要做到灵活、可扩展、及时响应、有弹性，并且能够动态地进行重新配置，也必须充分考虑 SOA 的治理问题。因此，对于 SOA 架构平台选择就相当重要。

7. 4. 2　实现 SOA 生命周期管理

SOA 系统的实现具有从简单到复杂各种形式。从实践的角度而言，一般的 SOA 的项目实施应该包含如下步骤：规划设计、服务建模、服务实现和架构设计、以服务为中心的开发和集成、服务管理。

1. 规划设计

从 SOA 技术实现的角度来看，规划设计主要从以下几个方面把握：①对组织内部和外部的业务进行划分。确定服务的内容、提供者、使用者、建设者、管理者、投资者等。明确“责”“权”“利”。②根据业务架构和需求确定应用系统的构成及其边界，系统之间的交互与共享的原则和方式。解决内部和外部服务 SOA 规划设计内容的提供和使用的技术实现问题，提供相关的技术设计，解决基础设施、功能、安全、性能、升级等方面的技术问题。③制定接口的规范标准，包括发布、查询、使用、管理、升级的细则。但不限制实现的技术和产品。提供 SOA 的应用系统设计规范，保证应用系统之间基于标准提供服务和使用服务。

2. 服务建模

如何根据服务建模方法学创建符合 SOA 设计原则的服务模型是实施 SOA 极其重要的一步。发现服务候选、决定服务暴露和进行服务规约是这一步的重要内容。就 IT 而言，目前不同的 SOA 平台开发商根据自身的产品线推出了一些服务建模方法与服务建模工具。

在前面的章节中，笔者从图书馆业务域的角度较为充分地讨论了基于 SOA 的数字图书馆系统服务的分析方法，目的是为了可以依据所给定的方法，根据数字图书馆系统中不同的专用系统业务目标能够分析给出相关的服务候选，从而较为充分地表达图书馆领域对于 SOA 的较为具体的应用需求，并以此作为与 IT 领域交流基础、作为 SOA 应用决策的基础。从 IT 角度来看，以业务域分析得出的服务候选为基础，按照 SOA 的技术方法来逐步实现服务建模及后续的服务实现、应用集成，从而保证“业务与 IT 对齐”目标的实现，真正实现 SOA 的价值。

3. 服务实现

根据确定的服务模型，结合现有 IT 环境确定服务和服务组件的实现策略，并设计用于实现服务的基础架构（如 ESB、流程服务引擎、人工服务容器等）也是实施 SOA 过程中非常重要的一步。服务组件划分、服务实现决策和服务基础设施设计是这一步的重要内容。有几点要特别强调，①服务应当有清晰边界：跨越系统边界的操作通常代价昂贵。边界应当尽量简单，易于使用，具有较小的界面。②服务应独立自治：服务的提供者应当是独立自治的单元，尽可能减少对外部体系的依赖性。③服务只共享协议、标准、格式，不共享类。④服务通过 Policy 实现兼容：把交换的内容和交换的方式、技术分开。

4. 服务集成

在 SOA 的实施项目中，开发和集成的模式都会发生相应的变化，服务会成为开发阶段的中心概念。服务模型映射到编程模型，逐步实现服务，并在服务层次上进行持续的集成是以服务为中心的开发和集成这一阶段的主要内容。

一般而言，首先构建一个骨架系统并在后续工作中不断加以完善，在服务层次上进行持续的集成是一个不错的选择。这样既能体现 SOA 的集成优势，又能在系统开发的早期即能获取 IT 的投资回报；特别是在系统开发周期中就能体现并满足随需应变的业务需求，而并不一定需要完成一个完整的开发版本以后再进行必要的二次开发。

5. 服务管理

服务管理侧重于在 SOA 实施中如何实现非功能性需求，包括服务性能、服务安全等。

从建模和设计的角度来说，SOA 更多地侧重在业务层次上，也就是通过服务建模将业务组件化为服务模型，它是业务架构的底层，是技术架构的顶层，承上启下，是灵活的业务模型和 IT 之间的桥梁，保证二者之间的“可追溯性”。从架构的层次上，SOA 更多地侧重于如何将企业范围内多个分布的系统（包括已有系统/遗留系统）连接起来（ESB，Adapter，Connector），如何将他们的功能、数据转化为服务，如何通过服务中介机制（ESB，Service Registry）保证服务之间以松散耦合的方式交互，如何组装（集成）服务为流程，如何管理服务和流程等。它的架构、设计和服务实现基于已有的实践和方法的，如 J2EE 或 . NET。

7.4.3 统筹规划、统一标准，建立一致的服务框架

数字图书馆体系结构与服务模型确定信息资源、应用程序和基础设施所属的组织及其在静态和运行时执行的过程中的相互关系。它还确定机构服务组合（在内部和外部同时公开）及其所属的类别。为促进图书馆行业内的系统资源共享、服务共享，有必要对其体系结构及相关的服务进行梳理，建立一致的服务框架。

1. 应用架构方面的考量

SOA 有利于改变或增强应用系统在信息共享、协同工作、互联互通、业务应用几方面的能力，要求在系统整体规划、系统架构、业务模型、项目管理、系统运维等方面加强研究。特别是数字图书馆系统本身即一个复杂的大系统，要求我们更加要关注系统的整体能力以确保成功和系统建设的可持续发展能力。

在数字图书馆应用架构方面可以考虑 3 个层次：①宏观上考量架构的组合能力，涉及具体的应用（子系统）间的整合、服务、消息、安全性等；②中观上考量以合适的粒度分割服务，编排业务流程，在参考技术架构的指导下，实现子系统的功能，包括业务逻辑与业务建模、服务分割、服务逻辑的独立性，恰当的功能边界划分，创建可组合的服务，创建标准化的服务等；③微观上考虑服务的实现，包括标准服务、遗留服务、组合服务的结构及与服务实现的相关内容。

这里有几点要特别注意，①业务边界：行政/业务边界对于流程优化和业务实现的关系至关重要，直接影响项目的成败；②系统边界：系统边界划分不当是一个常见的问题，影响业务的实现以及客户/用户满意度；③系统分解：系统过于庞大、太复杂，应当合理分解成小系统；④系统合成：系统单元模块太小、数量过多，导致系统复杂度过高、可靠性降低、建设和管理成本上升；⑤系统相关性：相互关联、紧密依赖的子系统应当成为同一个系统，不应当分割成相互独立的系统。

2. 服务规划与服务决策

服务是 SOA 系统实现的关键和基础。从架构角度来看，服务的实现并不重要，重要

的是服务本身，如果能确保“IT 系统所实现服务的定义”与“业务功能和业务流程”一致，那么 IT 系统将更易于支持业务目标，满足机构组织的需要。

1）关于服务的标准化

标准化是 SOA 实现的基石。构建适用业务灵活需求的，各具特色的，协同的、互操作的、可共享的、共建的、用户广泛参与的数字图书馆联邦，需要服务的标准化。这需要规划基于一系列清晰原则的清晰架构，实现基础 SOA 的清晰技术集，包括技术实现上的标准化和行业应用中服务（服务分割与服务功能）的标准化两个方面。

在技术方面，SOA 的设计遵循质量原则、自治原则、标准原则、灵活性原则。就服务而言，在 SOA 中建立的标准化服务，标准化封装遗留应用逻辑，服务组合在统一和标准的通信渠道下实现交互则是其关注的焦点。

在行业应用方面，积木块的划分，如果没用统一的标准，将会导致其复用性的下降，或者说其复用性不能得到良好的体现，系统的灵活性也会受到影响。非标的积木块的划分，可能满足了一定范围内的或企业内的随需应变，但行业内的或者跨行业的随需应变与复用效率则得不到体现。再有，不同组织开发的积木块又如何得以通用呢，这就会出现技术匹配而业务不匹配的现象。因此，研究服务分类与服务分割，构建应用服务体系与服务标准件的研究就显得十分必要。此外，服务模型方法可以处于项目级、业务线级、企业级或生态环境级。也就是说，需要考虑不同层次、规模的图书馆对业务服务处理能力的要求。

2）关于服务的切割

应该从技术与业务等角度来考察服务及流程的概念，结合图书馆自身的目标考虑服务的切割。在系统层面，构建以复用性、灵活性及可靠性为目标的，满足不同类型、不同层次需要的数字图书馆应用需求的数字图书馆系统，需要不同规格、用途的积木块以按需构建成符合特定馆需求的数字图书馆专用系统，通过对积木块服务的选择、组配、不同层面、针对不同用途的整合形成专用系统，体现按需构建系统的灵活性，实现业务与 IT 对齐。因此，服务的分割及其功能的实现必须充分考虑其图书馆的属性比如共享，必须在数字图书馆体系的框架之下加以考察，从而使得形成的积木块服务得以在更加广泛的范围之内复用，这也是系统构建效率得以体现的一个方面。

只要有可能就标准化流程和技术，创建标准化服务。不仅要考虑 SOA 能带来的灵活性和业务保护，还要考虑从图书馆现有模式迁移至 SaaS 方案的成本。必须充分考虑未来可以根据业务需求在不同的服务交付模式之间迁移，而无需每次都全盘放弃原有投资。所以，只要有可能就标准化流程和技术，创建标准化服务。

为服务库中的每个服务确定正确的设计与功能是成功实现 SOA 的关键，而成功的 SOA 项目应确保可重用的软件服务与实际的业务流程完全一致。这样，业务流程与其软件实现的良好配合与协调，令业务的运营流程可以根据外界环境的变化做出快速变化，从而令机构能适应发展的需要。

实现服务描述与其技术实现相分离。这意味着机构可以根据服务描述对业务运营问题的实现进行考虑和进行 IT 投资，服务描述所定义的特征与功能可以通过任何技术来实现。

这种分离，同样促进了服务实现的多样性，使得构建更贴近于业务操作的 IT 系统的能力得以增强；这种分离，进一步扩大对服务进行选择的余地，扩大了可重用服务的重用空间（组合服务），也使得构建随需应变的系统成为可能。

3）服务可重用与服务粒度

定义可重用的服务也许是面向服务中最重要的方面。在 SOA 环境中，复杂的服务可由多个服务组合而成，而由此合成的应用也可以发布为服务，供人和 IT 系统使用。要实现服务的最高价值，必须在开发时就考虑与其他服务的互操作，并通过与其他服务的组合来构建应用。重用通用的业务服务的益处是容易理解的。不过访问服务的效率是必须要评估的，因为通常使用服务比使用可重用的代码库要消耗更多的计算资源。

就服务粒度而言，当从小规模开始时，很容易构建出功能和响应都达到预期目标的面向服务解决方案。随着范围的扩大和功能的增加，基于消息的通信量也将增长，在环境方面的准备不足可能导致重大缺陷。服务粒度无论是细粒度的原子服务还是较粗粒度的组合服务，强调服务的功能性，与相应的业务服务细节相对应。服务组合某种意义上是更粗粒度的服务，是为适应业务需求的灵活变化或者是适用于采用不同的管理模式决策而定制的，主要通过流程组配与授权管理而实现的。服务粒度与服务组合的切分与实现一方面可以实现软件的重用（这方面遵循信息隐藏原则），另一方面可以按管理模式与服务模式的要求实现业务需求在系统内的按需定制。这样可以保证系统架构是灵活的，系统实现是低成本的。管理控制的实现则贯穿于服务组合、流程组合的实现过程。也就是说在服务组合的实现中还要把可控制、可管理的相关需求着重考量，而不只是仅仅考量业务功能的实现，从用户的角度来看，他们可能更加关注这一点（可管理），再有粒度与可靠性及消息传输问题。以 SCA（SCA 支持同步和异步消息传递）的方式实现服务组合，尽量减少与外部服务的交换量。

构建一个成功的面向服务的解决方案，关键在于事先理解方案的性能需求和基础设施的性能限制。另一方面，由于 SOA 引入了数据处理层和集中的安全处理层，于是就受制于这些层所强加的相关性能的开销。因此在构建服务时强调粗粒度接口和异步消息可以避免潜在的处理瓶颈。

3. 遗留系统的处理

SOA 主要关心两个问题：一是承接历史，以整合现有的系统，消除信息孤岛，实现业务流程自动化，发挥更大价值为目标；二是着眼未来，以快速灵活构建构建新的应用系统，敏捷适应多变的业务需求为目标。这也带来了风险，需要业务域和 IT 域作出相应的变革。实施 SOA 往往涉及业务流程、业务边界、部门职权的变革，业务部门的支持、参与和推动是成功的关键因素；需要改造 IT 整体架构、应用架构、整合架构、管理方式、规范标准、IT 治理等 SOA 设计理念不一定适用于所有部门，一个有效方法是首先进行 SOA 成熟度评估，然后制定最佳的实施策略和路线。

SOA 可以以松耦合的方式集成服务，集成功能实现业务应用。SOA 提供了一种方法，通过这种方法在构建分布式系统时，可以将应用程序功能作为服务提供给终端用户应用程序或其他服务。对于遗留系统而言，一是直接将遗留系统封装为服务；二是实现渐进式的改造：① 提取各个应用系统中需要对外暴露的功能模块；② 将这些功能模块表现为服务组件的形式；③将已实现的服务发布到服务注册器，供其他服务调用者进行查找和绑定；④ 绑定和调用服务，将各个应用系统集成起来，实现企业应用在功能层面的集成。

任何系统都可以被看作遗留系统，任何遗留系统对可以被封装为服务。总体上，在图书馆实施 SOA 的一个建议是以渐进的方式来实现对系统的改造。这要分三种情况加以讨论：当从零开始构建业务系统时，采用 SOA 架构与不采用 SOA 架构成本可看做是相同的。当业务发展或发生重组等变化而原有系统不能满足需要，而需要重构业务系统时，采用 SOA 架构与不采用 SOA 架构成本可看做是相同的。当业务发生缓慢变化并可预见到将来需要重构业务系统时，由于可以按模块分阶段逐步实施 SOA 以适应变化的需要，这样就不需一下投入一大笔经费进行系统改造，而是根据业务发展情况和资金情况逐步投入，从而缓解资金投入方面的压力。

4. 系统的随需应变

关于系统的随需应变的一个主要的观点是为不同的管理模式、服务模式选择、创建不同的服务模块。

强调管理创新、服务创新的今天，不同机构类型的图书馆、同种类型的不同图书馆之间管理与服务模式多样化、差别化成为图书馆发展的显著特点，作为发展趋势，这一方面极大地方便了读者，丰富了资源，同时也为统一的管理系统的定制，系统间的互联、互通、互操作设置了障碍，特别是研究一种能够适应灵活多变的业务需求的图书馆系统架构策划成为迫切的问题。

从系统分析角度，作者认为可以确认一点，并从 3 个方面进行考量：①针对任何一种业务服务，系统服务设计都是沿着两条线展开的，一是横向的流程控制，二是纵向的权限控制。流程控制主要和业务实现相关，纵向授权控制主要和管理相关，两者之间有密切的联系。②可以从 3 个方面分析、考量。一是服务的切分，主要是功能模块的切分。二是业务流程的组织，主要是业务实现与业务环节控制。三是管理权限的控制，主要是权限与服务，与管理模式的对位关系。

为了从设计角度满足 3 个层面的管理需求，作者认为可以确认一点，并从 3 个方面进行考量：①要按照 SOA 的架构原则与目标，确保系统及其相关模块的设计是有效性、可靠性、可扩展性等。②具体从服务粒度、服务组合、控制实现 3 个方面考量、分析。③前两点体现管理的计划与组织，第三点体现管理的控制。

7.4.4 重视治理、协作共建，实现系统渐进式演变

1. 协作共建，建立行业技术联盟

需要有一个强大的有效主体来实现图书馆行业一致性的服务框架。识别、指定、创建和部署企业级服务需要 SOA 治理，也必须由一个强大的有效主体监视服务组合的整个生

命周期。再有，在数字图书馆研究中，很多研究和应用积累了可观的经验，但这些经验很少是系统化的或可分享的，也需要有一个组织来领导和促进这种知识与经验的共享。特别是任何一个图书馆依靠自身的力量来实现 SOA 都是有难度的，有必要成立一个专门的组织加强对 SOA 的领导与研究，譬如成立图书馆技术联盟或者技术联盟下的 SOA 工作组。CALIS 在这方面有成熟的经验，可以借鉴。这样的团队应该是能够吸纳不同机构包括 IT 组织人员的。

一个有效的治理团队，必须能够解决以下 3 个问题：①必须作出什么决策来确保有效地管理和使用 SOA？②谁应该作出这些决策？③将如何作出这些决策，以及如何监控这些决策？一个有效的治理团队，必须着眼于以下 4 个方面。①着眼于使图书馆远景、目标和要求与 IT 工作保持一致；②着眼于 IT 的价值如何通过诸如效益增加、费用减少、错误降低等结果得以证实，从而实现价值传递；③着眼于机构的持续运营和为保护 IT 资产而采取的措施，从而降低风险；④着眼于优化作为随需应变的操作环境或者支持应用程序服务的其他环境的一部分的基础设施服务，从而促进系统资源共享，实现“随需应变”的目标。

一个技术联盟组织结构包括决策层、领导层、业务管理团队、项目管理团队：①决策层。负责制定业务策略、目标和远景。②领导层。领导层根据业务策略、目标和远景，创建数字图书馆系统体系结构，制定 SOA 原则，制定体系结构标准，作为任何专用系统体系结构都需要遵循的最重要的规则。该团队还确定需要优先创建哪些专用系统的体系结构，以确保与业务需求相一致。负责在需要设计和实现任何新的应用程序需求时，监督是否遵循体系结构标准。③业务管理团队。这一层由多个单独的团队组成，每个团队关注（相关）业务需求的一个或多个方面，负责收集和确定业务需求，并且明确地定义业务应用程序，以满足给定的业务需求。④项目管理团队。这一层的团队管理典型应用程序设计和开发的整个生命周期，包括解决方案定义、解决方案概要分析、宏观设计、微观设计、构建、测试和部署等阶段。每个项目团队都与特定计划团队协同工作，而一个计划团队常常同时负责几个项目。

2. 选准突破点，实现渐进式演变

系统是有生命的，一方面在于系统的生命周期，另一方面在于系统目标要体现或反应系统用户的人文需求。数字图书馆系统是个大系统，业务应用、互联互通、协同工作、信息共享、门户网站、办公自动化、数据库、网络/安全等等都需要从系统层面解决，存在不同类型的专用系统，存在不同层次与类别的应用架构，如：整合架构、集成架构、专用系统架构，资源共建架构面向信息创建者（信息存档），资源共享架构面向信息管理者（信息组织、访问管理），资源共知架构面向信息最终用户（信息获取与信息展示），等等。以系统共享、资源共享为目标的架构，以用户服务为目标的架构既有差别又相互联系。如何找准切入点是需要深入分析的。

以系统为中心的数字图书馆建设，以服务为中心的数字图书馆系统建设，不同于以资源为中心的建设，也不同于以用户为中心的建设，是两个建设的有机结合体，结合于服务（系统是其存在、载体），是两个方面的有机揭示和统一。更加应该突出体现的是现代数字

图书馆建设中技术与人文并重、融合的理念。着眼于当前图书馆界的资源共建建设，协同共建问题有可能是一个突破点：①系统成为资源共建的瓶颈；②主流的资源共建成为制度下推行的产物，而非对等共建，因此共建的积极性可能受到影响。鉴于此，网络资源协同共建可以成为对等共建的突破点，而有一个适于对等共建的、让更多的有志者可以广泛参与的系统则成为此项工作得以成功有效实施与实现的必要前提和保障。

就 SOA 下的系统整合而言，严格依照 SOA 理念和方法所构建的数字图书馆系统，可以在系统的不同层次上实现整合与互操作，并且是松耦合的，比如在数据层、服务层、系统层或访问层等，同时系统的个性化需求也可以灵活地实现。但就既有数字图书馆系统的整合来说，情况就不那么简单了，并且既有系统的整合研究更加具有眼前的现实意义。大致看来，如何在合乎规范和标准的前提下，以业务服务为基础，对业务建模，以服务为基础来实现灵活与重用，实现对既有数字图书馆系统的可靠整合，服务粒度、服务边界以及服务切割则是关键。此外，业务的整合需要在数字图书馆框架范围之内的各个层次上进行全面的整合：数据、流程、人机交互和安全等。如何从战略远景出发，制定数字图书馆系统的业务整合目标，这些目标有哪些水平整合的业务流程来支撑，怎样监控、管理、优化这些流程。这样的整合需要以一种渐进的方式进行。

SOA 的部署并没有统一的方法，有些可能通过业务流程的驱动来实现，而另一些则可能通过对技术的集中变革实现。因此，一张清晰的，为企业量身订制的 SOA 部署路线图将是避免投资浪费的最佳选择。整合现有应用系统以及整合业务流程是部署 SOA 的首要驱动因素，建立新的业务能力则是部署 SOA 在未来最重要的驱动因素。建设面向服务架构的图书馆，需要明确 SOA 价值。部署 SOA 是一项业务驱动的组织变革，而不只是技术驱动或成本削减。SOA 并不完全是因为技术标准的不断成熟，工具的不断完善就能充分实现的。部署 SOA 是通过一定的投入进行组织的深刻变革以获得最大的利益的。以 SOA 为导向的图书馆组织需要重新梳理业务流程，从业务和技术两方面迎接 SOA 挑战。

第 8 章　数字资源管理模式

8.1　数字资源类型及其管理

8.1.1　数字资源的基本认识

数字技术、数字信息系统、数字图书馆、数字化科研等诸多与包含“数字”的概念不断涌现，与此同时，人们逐渐发现，在人类活动的各个领域，如教育、科研、行政管理、企业管理乃至人们的日常生活，以“数字格式”存在的各类型资源已经成为这些运作环境的主要内容。如何管理这些数字资源，并使之高效发挥其应有的作用，是当前亟待解决的问题，也是当前各界研究的热点。

本书所讨论范围内，基本不考虑人们在日常生活中所涉及、通过网络获取并有助于其生活与工作的那些信息，如房产信息、物价信息、交通信息等。这些信息往往是针对个人，而就一般意义而言，资源是指自然界和人类社会生活中一种可以用以创造物质财富和精神财富、具有一定量的积累的客观存在形态，需要有一定的丰裕度，也需要得到有效的组织才可以为人们所利用。因此，本章讨论的数字资源是指那些以数字格式存在，并需要经过一定方式有效组织与管理以供人们利用的信息资源，基于此角度，数字资源的组织方式将是本章分析和讨论其管理模式的主要内容。

此外，在不同场合人们会将数字资源与网络资源混谈。网络资源侧重于获取资源的方式和途径，而数字资源侧重于资源的存储方式和载体的类型。早期人们按存储介质将数字资源分为磁介质和光介质，前者包括硬盘、磁盘阵列与磁带等，后者则包括 CD、DVD 等，随着网络技术如宽带接入技术、高速互联网络、移动互联网、网格技术、云存储与云服务等云计算技术，以及存储技术的发展，磁介质逐渐成为数字资源载体的主流，表现为光盘数据库（包括光盘塔技术）逐渐消亡并被网络数据库所替代，而随着磁盘阵列价格的持续走低，长期保存方式中，光介质资源逐渐淡出，磁带保存模式的比例也在逐渐缩小。因此，当前人们所利用的数字资源几乎都是通过局域网或广域网（通常所说的因特网）获取，不再区分数字资源与网络资源。

8.1.2　数字资源的类型

与传统载体的资源相比，数字资源的类型有了极大的扩展，主要在于除了极少数类型，大多类型的传统资源都有对应的数字资源类型；与此同时，一些传统载体时期不存在的类型也在不断涌现，或即便存在相应或相近的传统载体，因数字格式的属性，内涵已经发生了巨大的变化。是否与传统载体资源对应是将数字资源分为两个大类的基本标准，以下将详细讨论，首先将分析数字资源类型及其与传统资源的区别，这是确定数字资源管理模式的前提。

从图书馆角度看，按传统载体对资源类型的区分方式，数字资源的类型包括电子图书、电子期刊、电子报纸以及其他作为图书馆馆藏的数字格式的资源，如学位论文、会议论文、地图、乐谱、政府工作报告等；另外，包含数字格式音视频资源、图形图像资料的多媒体资源等正成为图书馆数字馆藏的主要部分；一些经济统计数据库、材料属性、相图数据库等事实型数据库也正在逐步发展中。

按来源及获取的方式进行区分，数字资源包括商业数字资源、自建数字资源和免费数字资源等。商业数字资源有着比较完善的组织方式，需购置并获得许可协议后才可利用；自建数字资源和免费数字资源在内容上有一定的重复性，前者侧重于某个图书馆按照一定的主题或原则，通过采集和自行制作等方式获取并组织的资源，如机构知识库、特色数据库等，一般会保存在局域网范围内，但也逐渐开始以托管的方式保存在远程，自建数字资源的含义比较广泛，如图书馆自身馆藏的书目数据库也可归入自建数字资源范围；后者以因特网上开放获取资源（如 open access 电子期刊）和其他可公开存取网页资源为主，这些免费数字资源具有零散、不稳定、质量参差不齐等特征，需要以相应的方式进行筛选并完成信息资源组织才能提供有效地利用。数字资源的类型多样，来源丰富，如何组织这些各类型资源，统一为使用者提供服务已经成为目前数字资源管理迫切需要解决的问题，这涉及数字资源的整合，本章将在稍后进行详细讨论。

突破图书馆传统载体资源的范畴，以及不考虑来源及获取方式，仅就数字资源本身而言，王启云（2003）认为已经基本形成将数字资源分为两类的观点，即包括直接以数字模式产生的数字资源和由其他介质形态转换而生成的数字资源。李宝强（2007）认为前者直接由文字处理软件、CAD、数字摄像设备等数字信息系统产生，可称之为原生数字资源；后者则是利用数字扫描、OCR 等数字化技术对印刷型文献进行加工、处理而生成，可称之为转换型数字资源或数字化资源。

8.1.3 转换型数字资源

随着数字技术的迅猛发展，资源数字化的范围在不断扩大。转化型数字资源也称为“数字再造资源”，是对现已存在的资源进行数字化制作或“数字拷贝”的结果。数字资源长期保存概念的范畴内，也存在着一种数字资源向另一种转换的处理方式，如以统一管理和便于获取及利用为目的，不同数字格式的转换、元数据的转换，以及存储载体的转换等，这里讨论的转化型数字资源专指从传统载体向数字载体的格式转换。

除了早期仅仅针对印刷型文献的转换，如全文本数字化最主要应用在古籍数字化方面，从早期的全文影像向全文本（可全文检索）发展等。资源数字化的初始目的之一在于对一些珍贵资料长期保存和推广利用，而数字拷贝技术的发展，将能通过对原物的另一种表现形式，利用数字化的特长将原物更好展现，在一定程度上更有利于推动研究。当前可以进行数字拷贝的对象已经几乎涵盖人类所有的文化遗产，包括文本、图像、声音，比较有影响的如美国、口述历史的特色数据库等。此外，转换型数字资源发展的一个显著标志还在于对实物的数字化，具体包括：①立体实物的数字化处理，采用先进的三维扫描技术，对雕像、壁画等实物进行专门定位的扫描，之后利用相关软件拼接和运作这些扫描结果，并最终通过三维方式展现；②平面实物的数字化处理，如书法作品采取对原始页面图像进行切分，获取单字，记录单字在页面中的位置，并提取单字特征，保存到数据库；③生命体的数字化，即与生命体的本质就是信息相关，科学研究中将基因及与其对应的细胞及其功能完全数字化，并利用计算机对这些基因的功能和它们的相互作用进行模拟，这种数字化生物学的意义在于，如某地产生了一种新的感冒病毒，可以在当地测出病毒的基因顺序并传递到远程的计算机，远程计算机对基因顺序进行模拟，计算出疫苗的结构并传回当地，从而能迅速制造针对此感冒病毒的疫苗。

8.1.4 原生数字资源

原生数字资源（digital born）或被称为天生的数字资源（born digital resource）。原生数字资源的产生并不是很久，但其含义也发生了变迁。早期，原生数字资源是专指那些初始状态就是数字格式的资源，随着数字处理技术的发展，这种对于原生数字资源的判断方式开始显得有些不太适宜。从图书馆的馆藏资源看，原生数字资源已经经历了“p-first →p+e →e+p →e-first →e-only”这一总体发展路线，所谓 e-only 即采用完完全全的数字资源作为馆藏。图书馆馆藏的这种变化一方面是读者的需要，更主要是出版业的推动。在现代数字出版技术下，即便是传统载体时期，大量纸质文献出版至少出版社是有用做数字排版的电子文档的。当人们逐渐习惯数字格式的信息资源时，将不再经历将出版社电子文档转换为纸质文献出版和发行，然后通过资源数字化形成转换型数字资源的流程，而是直接以数字格式出版。各类已有纸质格式再通过数字化完成的数字资源，正在全部向先有数字格式以及按需印刷成纸质格式模式发展，如电子期刊和电子图书等。如果仍然采用资源初始状态是否是数字格式来判断，会混淆电子期刊和电子图书与另一些有着鲜明特征的原生数字资源，不利于对这些资源实施符合其价值的有效管理。

因此，人们开始尝试区分广泛意义上的原生数字资源，并试图给出更恰当的定义，常娥（2009）认为，资源的初始状态是否为数字格式只是判断是否为原生数字资源的必要条件之一，而非充要条件。新含义的原生数字资源专指那些有特定价值、迫切需要关注并投入更多精力管理的网上最初始、“原生态”的数字资源，是那些利用计算机和网络创造、生成、存储及传播的数字资源，并且没有经费支持，没有固定的组织、机构或者商业公司加以管理，由网络用户自发创作的，原汁原味的信息资源，如电子邮件、BBS、即时通信工具、微博、博客等社交网络产生的资源。随着互联网信息的不断扩充和加深，越来越多的原生数字资源通过动态网页技术与数据库技术结合的方式提供给人们，包括表层网（surface web）和深网（deep web）资源等。

除了作为网络“原生态”的原生数字资源，还有很多区别于电子期刊、电子图书等有对应的传统载体类型的数字资源，我们也称之为原生数字资源，如 NASA（美国国家航空航天局）每天收回数 T 的太空数据。其他原生数字资源还包括生产和制造行业的数字设计和控制，各行业的测试数据，以及银行业的金融数据等。这些数字资源与传统资源有一定的相关，但不具备一一对应的特性。此外，笔者在以上讨论转换型数字资源时提到，对病毒的基因测序，以及人类的大科学计划如基因组计划为30亿个碱基对构成的人类基因组精确测序，从而最终弄清楚每种基因制造的蛋白质及其作用，这些是人类基因的直接转换，是细胞结构的数字格式转换。然而，基因测序的结果是可以进行计算机模拟操作的，从而模拟产生的派生资源，如上文提及通过对感冒病毒顺序进行模拟，计算出疫苗的结构，这个疫苗结构体系完全是计算并通过数字技术模拟完成，也是极其重要的原生数字资源类型。

8.1.5 科学数据与数据科学

人类科研活动产生大量资源，作为具有全新含义的数字资源，这些资源有些是直接产生于数字仪器设备原生数字资源，有些则是科研活动研究对象，甚至科研活动中人的行为的数字模拟，这类越来越显示其重要性的学术数字资源，被统一称之为科学数据。这些具有不同于以往人们所称谓和表达的科学数据随着“科学计算”与“协同”为主要特征的数字化科研（e-science）兴起，并伴随着数据科学（data science）与数据自然界（data nature）等概念的产生而出现。

科学数据作为一个传统概念，随着数据科学的兴起和在数字化科研背景下“数据密集型”科学范式的形成，其含义正在发生着变化，作为数字资源的一种，科学数据是科学研究过程中产生的一切以数字格式存在的对象，具体包括以下各方面：①由各种探测器、高性能计算机模拟、高端仪器设备等产生海量、原生的科学数据，这些科学数据不仅仅包含传统条件下“理论预测+实验观测”中的实验观测结果，还包括将科研活动中各方面的因素，如科研人员、科研仪器，甚至科研过程（科研工作流）和管理机制进行聚合，同时，将科学研究对象（包括社会科学领域的研究对象）以计算机仿真和模拟分析等方式产生的数字表达等。这种数字表达相对于传统表达的优势在于能描述大尺度或微尺度的实体，以及按照科研人员的需要，进行科学研究所需要的各种形式的组合或变化，甚至是自然界不存在的科研对象的数字表达。②初始数据包括科学实验所未经处理的数据和科学研究对象的数字表达，从初始数据到中间数据乃至最终到研究结果的科学工作流（scientific workflow）技术，使得科学数据的可视化方法、技术及软件资源也以一种资源的形式存在，人们能以一种可重复、可验证和分布式的方式来描述科学研究或科学实验的过程，了解科学研究过程中所采用的数据处理方法、模型和工具，从而对科学研究进行验证。总的来说，科学数据包括科研对象的数字表达、科研过程工作流的数字表达、科研过程各环节的科研数据及其与科研过程相关的各项属性数据，以及描述这些属性的元数据等。如同数字资源中对如艺术品等实体的数字拷贝，完整意义上的科学数据也是对整个科研行为的“数字拷贝”。科学数据作为整个科研行为的“数字拷贝”存在的意义一方面是通过数字模拟，实现人们对于科研活动可验证和可重复的理解，另一方面由于科学数据的模拟特性实现科研活动过程“可分解”，使得人们可以从科研活动的任意环节介入，去进行新的探索。

当前，不仅仅是科研活动中涉及的科学数据含义的变迁，如同在朱扬勇（2009）数据学（dataology）或数据科学（data science）所研究的对象，与人类各项社会活动有关的，广泛意义上的社会信息化正源源不断地将现实世界中的各种事物及其涉及的各类现象以数据的形式存储到塞伯空间（cyberspace）中，这本质上也是各类数字资源源源不断生产的过程。作为一种表现形式，这些数据记录着自然界、人类活动、人类自身的一切内容，除了记录天体运行、气象水文数据等，还记录了人类的行为，包括人类生活和社会发展，大量数据产生并被快速存储在塞伯空间中，出现所谓的数据爆炸（data explosion），并形成与现实世界对应存在的数据自然界（data nature），是现实世界数字格式的“镜像”。对此，一方面要研究这些数字资源本身的规律和现象；另一方面，这些数字资源也成为探索宇宙的规律、探索生命的规律、寻找人类行为的规律、寻找社会发展规律的一种重要手段，如可以通过研究数据来研究生命（生物信息学）、研究人类行为（行为信息学）等。

随着数字技术的发展，数字自然界与数字自然界所衍生的各类资源正在成为数字资源的主体，对这些数字资源的管理也正在成为数字图书馆发展必须要解决的问题。

8.1.6　数字资源管理的相关因素

数字图书馆管理研究多数是从信息资源管理和著作权角度开展，其中以“资源数字化”而来的“转换型数字资源”所产生的著作权或版权问题最为突出；信息资源管理所涉及的内容较为广泛，包括数字资源从采集、组织、服务到长期保存各个环节，及管理活动整体或这些环节所涉及的外部因素，包括信息资源管理的配置模式等，如李宝强（2007）认为根据对数字资源两种不同类别，对转换型数字信息资源的配置宜采用政府调控模式，对原生数字信息资源的配置宜采用市场驱动模式；同样是信息资源管理角度，数字资源管理的内部和外部相关因素共同形成一个系统，可以采用动态发展的系统思维和复杂系统的自组织理论研究数字信息资源管理，从演化的角度研究数字信息资源管理，分析了数字信息资源管理的自组织动态演化过程，同时秦春秀等（2008）明确了数字信息资源管理自组织演化必须具备的条件、演化的动力和规律等。其他研究从信息资源的目标管理、信息资源组织中标准体系建设、现实馆藏的组织管理、虚拟馆藏的组织管理、信息资源管理认证和安全五个方面提出数字图书馆信息资源组织管理模式。

数字资源管理除了上述内容，较为关键的环节在于通过对数字资源类型及其发展的理解，确定符合使用者利用的组织管理模式，综合起来，可以分为数字资源整合管理模式和数字资源生命周期管理模式。

8.2　数字资源整合管理模式

随着数字资源数量的激增，以及如以上所论述数字资源类型和内涵的日益丰富，数字资源信息系统的数量和种类也在不断增加，这些数字资源信息系统给人们使用带来便利的同时，不同的数字资源信息系统因各自不同的结构、内容、界面等方面的差异，给有效管理造成障碍，并直接影响数字资源用户的利用效率。数字资源信息系统各方面的差异造成所谓的“信息孤岛”，数字资源数量巨大、鱼龙混杂，来自不同供应商的数字资源相互重复，如何帮助用户突破不同信息系统相互割裂所造成的信息获取障碍，并消除信息噪音、去芜存菁，通过相对统一的入口提供最符合用户需求的结果，是数字资源管理需要研究的方向，数字资源整合管理则是解决此问题的途径。

8.2.1 数字资源整合的基本认识

1. 整合管理

“整合管理”究其本身来说，更多体现在企业管理领域，其理论基础是来自系统论即通过组织和协调，将一个系统内部各个相关却彼此分离或隔离的资源进行统一管理，从而达到系统最优化的目的，即通过信息系统的资源共享和协同，将相对零散的要素组合在一起，并最终形成有价值有效率的一个整体的管理方式。

整合管理的实施路径主要是优化资源配置，即根据整体最优化的最终目的的要求，对不同来源、不同层次、不同结构、不同内容的资源进行识别与选择、汲取与配置、激活和有机融合，使其具有较强的柔性、条理性、系统性和价值性，并创造出新的资源的一个复杂的动态过程，从而形成一个完善的为客户服务的系统，并最终取得1+1>2的效果。任明彦（2009）认为在选择并配置的过程中，整合管理并不一定选择所谓普遍意义上最好或最坏的资源，而是根据需要选取最有利于系统优化，以及最有利于发挥不同要素之间关联效益的资源。

2. 信息整合

李广建（2005）认为信息整合研究则主要研究如何利用相关技术和标准，针对分散的、异构的系统、服务和资源乃至信息和知识进行整合，形成一个效率更高的数字服务体系，以便实现广泛的资源共享，推进个性化、一站式信息服务。赵洗尘（2003）从数字图书馆资源组织角度提出，数字资源整合管理是为构建一个基于web环境的综合性文献信息服务平台，把各类分布式文献信息资源按一定的管理方式和应用目的组织起来，实现内容间的无缝关联，以统一的界面提供对各类资源的透明访问，并最终把文献信息资源融入知识服务体系中。这样的含义上，数字资源的整合管理与一般意义上的整合管理有一定的不同。

本体意义的整合管理是“预先”“有一定目的和倾向性”地选择“一个系统内部各个相关却彼此分离或隔离的资源”，因此与信息整合的“整合”有一定的差异。信息整合是面向多个系统，且所谓相关却彼此隔离的资源，在检索行为发生后实现关联的，特别是基于联邦检索技术的统一检索（unified search）。信息整合是根据用户的检索条件获得各个数字资源信息系统相互关联的资源，这些资源的关联是通过与用户检索条件进行匹配实现的。

但值得关注的是，整合管理究其根本还是整合成“为客户服务的系统”，以及寻求资源和客户需求的最佳结合点，这与数字资源管理的最终目的是一致的。数字资源整合不仅仅是实现将不同的分布式数字资源的统一检索，归根到底还是需要对于实施完成整合的资源整体，如何实现帮助用户获取他们“最需要”的资源。与同一般意义上整合管理并非选取最有价值，而是选取最有效和最符合需要的资源一样，数字资源的整合管理也是需要达到帮助用户获取他们所最需要、与他们提交的检索请求最相关的资源。此外，通过整合管理，不但能实现不同类型和格式且相互关联的数字资源的获取，还能够通过这些资源的关联关系，获得超过资源本身含义的价值。这也是当前信息整合发展的主要方向，通过对信息的整合，推进知识发现，从而最终实现知识管理。

3. 数字资源整合

数字资源整合管理从广泛意义上理解分为递进的两个层次：其一是对各类型数字资源的统一检索；其二是在此基础上通过数据关联实现知识发现的知识管理。作为知识发现的基础，当前数字资源统一检索已经有较为成熟的发展；知识发现是统一检索发展到一定阶段的产物，其目的不只是提供一个单纯的对所有类型数字资源实施检索的统一界面，更是一种通过对所管理数字资源进行标引等预处理、检索结果相关度分析和个性化处理的基础上，帮助和引导用户在获取资源之外，通过对不同检索结果之间的关联，挖掘并发现新的知识，并实现知识管理。

龚亦农（2005）认为，从应用需求角度看，可以把数字图书馆资源整合的目标分为三步：首先是更好地揭示资源；其次，是实现各类资源内容间的无缝关联和透明访问；最后是将资源纳入到统一的文献信息服务体系中，做到资源与服务的无缝结合，为用户提供高效率、个性化的优质知识服务。马文峰（2007）认为根据对数字资源具有层次性的自然结构状态的客观反映，人们对资源整合逐步深化的认识过程，和由简单到复杂、由低级到高级的资源整合的实践过程，可以将数字资源整合的层次分为数据整合、信息整合和知识整合。因此，数字资源整合不仅仅是对数字资源的信息组织，还应该包括基于知识层面的“整合”。知识发现服务层级的整合管理是超越了资源本身的管理，进入知识管理领域。

8. 2. 2　统一检索

统一检索数字资源整合管理模式的主要部分，将统一检索称为整合管理的主要部分，是因为数字资源统一检索是实现知识发现和知识管理的坚实基础，而且经历不同的发展阶段，但目前已经相对成熟。当前，统一检索仍然在不断发展中，从这个角度来说，统一检索和知识发现是一个并行发展的两个环节，前者为后者提供支持，后者则从需求和技术角度不断向前者提出新的挑战。

实现统一检索的数字资源整合管理有两种模式：其一是数字文件管理，其二是数字目录管理。数字文件管理是将各类型数字资源作为文档集成为一个全文数据库，数字目录管理则是将这些数字资源的元数据集成，建立元数据仓储或通过中间件技术提供数字目录检索，并利用链接技术实现对数字资源的获取。当然也有这两个模式的混合，如 Dialog 将不同数字资源包括书目、索引、数据、全文等整合在同一个数据库中。

1. 数字文件管理

特色数据库是文件管理模式实施数字资源管理的典型应用，特色数据库是围绕一个主题，集成与之相关的各类型可采集到的数字资源。特色数据库建设一方面充分展示本地区、本部门有特色的资源，另一方面还充分展示学校重点学科建设的特点；机构知识库也是典型应用之一，机构知识库保存与机构产出相关的各种类型数字资源，是研究机构认识到机构研究或学术产出积累和促进机构科研发展的作用和意义，在数字资源的资产管理和长期保存等概念的兴起等背景下产生的。

特色数据库与机构知识库均是将包括纸质资源数字化或原生数字资源全文以文件系统的方式实施管理。前者一般会采用关系型数据库，并结合事务处理层与接口层等应用自行开发基于 web 的应用，后者常采用如 DSpace、Eprints、Fedora 等开源软件等，这些开源软件也采用关系数据库为底层数据库，无论哪种方式，基本上都是遵从自下而上的硬件设施、数据/资源（内容层）、业务层、服务层、用户层这一数字图书馆基本的体系结构。数字资源集中体现在内容层，除了各类型数字资源对象（全文），还包括描述这些对象的元数据。如同操作系统对文件的管理，各个数字资源对象按时间等序列以字节流形成存储，以文件夹和文件名等形式进行组织，不同类型资源混杂排列，如机构知识库中包括期刊论文、会议论文、PPT 文档、课件、科学数据等。

由于文件系统本身并不存储数字资源对象的格式信息，但不同格式的文件往往需要独特的应用程序才能打开和利用。在数字资源管理系统中，体现为打开音频、视频文件需要执行多媒体播放应用程序、打开图形图像文件需要图片浏览应用程序、打开文本文档需要文本编辑应用程序等，即只有创建该类文件的程序才能够解释此类文件，这可能导致了众多特殊文件格式和应用程序的产生以及多应用系统之间共享数据的障碍。因此，文件管理模式除了解决数字资源对象的存储（包括一些非标准或非结构化数字对象的转化处理等），更为重要的是解决对这些数字资源的描述，这些描述不仅仅是针对数字资源形式特征和内容特征，还包括对一个集成的文件管理系统内，数字资源格式信息的描述，即记录所保存文件文档的“解释”软件描述，甚至保存此软件。关于确保数字资源的打开和理解，数字资源“长期保存”部分将进一步阐释。

此外，一个文件系统所保存不同数字对象不是相互孤立的，相互之间保持一定的相关性，这涉及关联关系的描述。不同数字对象关联关系是数字资源管理的依据，如机构知识库建设过程，可以按课题组等实施数字资源管理，不同类型数字资源的关联关系即属于此课题组。更为具体的关联关系还包括按课题进展实施数字资源管理，如科学数据，可以根据科研过程的不同阶段科研数据的特征实施管理，从科研过程具有领域活动生命周期而言，即以领域活动生命周期为关联关系的数字资源管理，具体将在下文详细分析。

2. 数字目录管理

数字文件管理模式针对独立的数字图书馆信息系统是可行的，如上文提及的特色数据库或机构知识库等。但为用户提供信息服务的数字资源往往分别存贮在不同的数字文件系统，这些数字文件系统来源不一，采用信息系统的数据库结构各异，将这多个数字文件系统合并和集成为一个庞大的文件系统并不可行，数字目录管理是解决和整合多个数字资源的最主要的方式。

数字目录管理通过对数字资源的目录（元数据）的整合，实现对数字资源的查询，并通过链接技术完成到作为数字对象的数字资源获取，究其发展过程，数字目录管理经历了 OPAC 整合、资源导航、联邦检索和元数据整合等阶段。

1）OPAC 整合

OPAC 整合是一种从传统书目管理发展起来的整合方式，OPAC 作为馆藏书目数据库，本身是数字资源的类型之一，也是需要被整合的对象，但由于 OPAC 能够实现传统资源与数字资源的共同揭示，在数字资源出现初期，OPAC 能帮助用户无需花时间和精力熟悉新的用户界面和操作方式，能够轻松地查询数字资源。

OPAC 对数字资源的整合有两种方式，其一是基于协议的整合，即前端是图书馆集成管理系统（LIS）的书目检索界面，后端利用 Z39. 50 协议，通过相应接口整合各个数字资源信息系统，包括支持此协议的其他图书馆书目数据库或一些文摘索引库，事实上发展到在联邦检索阶段，依然有采用 Z39. 50 等协议等完成资源的统一检索；另一种做法是将不同数字资源，无论是本地保存或是远程服务器都视为如同传统的馆藏资源，对这些数字资源进行编目，以 MARC 记录的方式揭示，并在 MARC 数据的 856 字段中记录这些数字资源的访问地址（URL 或 DOI）。通过 OPAC 整合，固然依托了用户相对熟悉的方式，但面向传统资源的 MARC 数据描述和揭示方式无法很好地解决庞杂和海量数字资源的编目问题，更难以处理数字资源开放链接和动态地址等方面的问题。

因此，利用 OPAC 整合数字资源基本不可行，但可以肯定的是，利用 OPAC 整合包括数字资源在内的各类型馆藏，形成集成的书目数据库并提供统一检索是符合用户使用习惯的，即虽然技术和对资源揭示方面无法实现对所有数字资源的整合，但这个理念是值得借鉴和传承的，数字目录管理发展至元数据整合方式，元数据仓储也可以看做是图书馆馆藏书目数据库的扩展，元数据整合方式也是 OPAC 整合方式的扩展。此外，称为下一代 OPAC 的新一代资源脱离图书馆集成管理系统，独立开发相应软件，针对之前 OPAC 检索结果处理相对较差的弱点，利用 web2. 0、tag（自定义标签文件）技术，以及从检索结果相关性处理等方面也在推动统一检索的发展。

2）资源导航

资源导航以数据库导航和电子期刊导航为主，我们认为资源导航是数字资源整合的过渡阶段，或是补充手段。由于无论是数据库导航还是电子期刊导航，都是针对这些资源的形式特征，如数据库名称或期刊名，虽然一些较为完善的导航系统将数据库或电子期刊进行了分类处理，终究还是没有涉及资源的内容，而且与 OPAC 对数字资源的处理一样，资源导航整合方式也同样无法解决数字资源开放链接和动态地址等方面的问题。

由于数字资源信息系统对应着特定的出版社，出版社作为数字信息资源的生产者往往也是其数字资源品质的保证；数据库平台有其完善的检索功能，是统一检索平台所无法取代的；从学术研究角度，有较多的研究者习惯定向性阅读其研究方向的核心期刊。基于以上原因，数字资源的利用者需要有相应的导航或指南，从而指引他们快捷地找到需要查询的数字资源信息系统或电子期刊等，因此资源导航的作用仍然不可或缺，提供数字资源整合的专业公司也有相应的产品提供更完善的电子期刊导航或数据库导航工具，并配合开放链接等技术解决数字资源访问等问题。

3）联邦检索

联邦检索也称为跨库检索，是统一检索最为直接的表现形式，基本原理是就是通过一个统一的界面帮助用户实现对多个本地或分布于网络中远程数字资源信息系统实施检索，以及对结果进行处理后，同样通过统一的界面进行展示的方式。

联邦检索大致分为两种方式，其一是利用所一些标准协议建立中间件，如上文提及的Z39.50协议等进行组织，即统一的界面接受查询指令后，利用统一界面与各个数字资源信息系统通过标准协议建立的接口分发指令，分别到所选择的数字资源信息进行查询，并分别获取检索结果；其二是因为目前大多数数字资源信息系统都提供基于web页面检索，检索指令的分发是直接提交web页面的查询接口，分别查询并获得检索结果。由于通过标准协议分发检索并获取的结果是基于底层数据库，检索结果往往可以经过预处理，完成合并去重乃至分面排列及聚合处理等，然后再统一呈现；web页面检索是对检索结果页面或布局进行分析，检索结果统一显示，虽然显示格式一致，但往往是按所选择的数字信息资源系统罗列，分列现实，无法实现检索结果的预处理。

无论是哪种方式，在理论上联邦检索实现了统一检索在一个界面实现统一对所选择数字资源信息系统检索，并在一个界面呈现检索结果的目的，但是事实上，由于联邦检索的机制是分发检索请求、等待所有数字资源信息系统检索完成后才能完整呈现的模式，尽管大多联邦检索采用了检索未全部完成前可以部分显示较快获得的检索结果，在用户查看这些检索结果的同时继续执行其他稍慢完成的检索，但就完成一次检索需要以所选取全部数字资源信息系统检索全部完成为准，那么完成一次检索所费的时间只能是最晚也是最慢完成的那个数字资源信息系统的检索时间，因此检索效率成为了联邦检索无法突破的瓶颈，因此联邦检索的整合方式将逐渐被元数据整合方式所替代。

随着统一检索（主要是联邦检索）发展起来的开放链接服务，包括SFX、360 link等，这些属于基于链接服务器的数字资源整合，通过OpenURL框架实现不同数字资源信息系统之间的无缝链接，配合着联邦检索或其他数字资源整合方式，从篇对篇进行链接的层级，解决检索结果到全文资源的链接服务。一般来说，这种链接服务需要与联邦检索、元数据整合等统一检索服务相配合才能最终完成对数字资源的整合。

4）元数据整合

联邦检索的先天缺陷使得人们将视角继续放到如OPAC整合一样通过建立一个针对所有数字资源的“书目库”，从而完成对于这些数字资源的检索服务，这就是元数据整合方式。传统载体为主的信息资源管理阶段，OPAC整合通过对所有各类型资源利用MARC进行编目，构建统一的书目库，这样的方式在数字资源为主的阶段得以保留，元数据整合方式与OPAC整合一样，也是针对数字资源的特点，将其元数据进行规范化处理并导入新的数据库中重新组织的方式。

元数据整合通过构建元数据仓储，对需要整合的各类异构的数字资源信息系统进行元数据抽取或收割，通过一个标准的元数据框架映射成为元数据仓储所能接受的数字资源描述元数据，导入并聚合成统一的元数据索引，最终通过强大的搜索引擎提供快速检索服务。同时，因经过了预处理阶段，检索结果可进行合并、筛选、分面和相关性聚合等。

元数据是数字资源产生并保障有效管理以来备受关注的研究方向，MARC 实际上也是一种元数据，只是并不适合类型繁杂和数量巨大的数字资源，因此研究者已经制定包括 DC 在内的多种符合数字资源标引的元数据规范。就构建元数据仓储而言，元数据的获取主要通过抽取本地数字资源的元数据（如馆藏 OPAC 数据与特色数据库的元数据）、购买的商业数据库元数据、利用 OAI-PMH 这一元数据的收割互操作框架获取的元数据等，这些元数据通过映射方案被导入具有标准数据结构的元数据仓储。目前国内的一些元数据整合产品采取通过 web 页面分析收割并生成的元数据，由于没有许可协议或相关标准的支持，其准确性和完整性有一定的差距。

无论是数字文件管理中对各种类型数字对象如打开方式或数字对象之间关联的标引的要求，还是数字目录管理不同阶段的发展中依托数字目录揭示数字对象，元数据在数字资源整合管理中具有相当重要的地位。张丽、汪语宇（2005）认为资源描述是数字资源整合的第一步，资源描述是从资源库（单一数字信息系统或多个数字信息系统）中抽取元数据，建立语言模型，用以描述、反映资源库中所包含的文献及其内容、形式等特征，以供检索使用的过程。数字文件管理模式中，需要制定一个符合所管理各类型数字资源的元数据规范，而数字目录管理模式的元数据整合中，除此以外还需要制定不同数字资源信息系统的元数据映射规范。

但是，如同采用数字文件管理模式集成为一个庞大的文件系统并不可行，集成一个针对所有数字资源的元数据仓储在实际实施中也并不现实，对于一些无法获取元数据的数字资源，需要以技术手段利用相应的标准接口实施补充，并保证系统的可扩展性，如资源集成方面的 OAI、OpenURL 等协议，资源检索方面的 LADP、Z39.50 等协议等，这对数字图书馆建设实践也提出相应的要求。概言之，数字资源整合采取以下方式：对于有限范围内（特定主题的特色库等）的数字资源，利用数字文件管理模式实施管理，并进一步通过元数据收割、购买、网页抓取等多种手段，建立元数据仓储，同时为提供开发性的标准协议接口，整合其他相关数字资源。

数字资源的整合技术不断发展，可整合数字资源的类型不断增加，范围包括电子文档、网页及网络原生数字资源等文本型资源，事实数据、科学数据等数值型资源，以及图像、音频、视频等多媒体资源等。人们开始要求能够通过对数字资源的整合实现特定专业领域知识的发现。如上所述，当前的整合主要针对各数字资源信息系统语法异构问题的解决，且主要通过元数据以及数据映射方法加以解决。涉及专业领域知识，面向语义的集成成为整合研究领域所面临的挑战，运用领域本体来描述概念以及概念之间的关系，可以不断提高整合的深度和效果，实现知识整合和知识发现。

8.2.3　知识管理

知识管理理论提出知识存在显性知识和隐性知识两个部分，以及有着通过内化、外化、群化与融合而实现的相互转换与螺旋式增长过程。以学术资源管理为例，科研活动中，科研人员的内化活动表现为“消费”他人科研成果，即获取并通过阅读以学术信息资源为载体的显性知识，同时在参加学术会议和参与学习等交流活动获取隐形知识；科研人员的外化活动即科研产出，包括出版发表以学术信息资源为载体的显性知识，以及发布学术报告和进行教学等交流活动中的隐形知识等。Andreas（2011）指出正是在这种两个阶段周期循环的过程中，实现知识的发展，这其中显性知识如何组织和管理即涉及学术信息资源的知识管理模式。

高新陵（2011）认为知识发现是通过数字资源获取知识、利用知识，其目的是创造知识并推动人类知识发展的过程，因此，知识发现是对数字资源实现知识管理的关键环节。知识发现的概念内涵包括隐性关联知识发现、非相关文献知识发现和数据库知识发现等，相关方法包括对数字资源的内容分析、基于引文分析的知识关联、基于共线分析的知识关联、基于主题分析的知识关联，以及建立基于语义网体系结构的推理机制等。此外，笔者在上文提及领域知识，知识发现在实际应用往往也包括以领域知识为驱动来获取知识的方法。要实现此目的，必须对数字资源采取知识管理模式。

1. 数字资源知识管理的含义

数字资源知识管理模式究其本质也属于整合管理的范畴，只是我们在讨论整合管理时，或者就当前发展现状而言，数字资源统一检索依然还停留在从形式特征整合为主，并从主题及分面管理方面辅以内容特征的揭示。同时，目前被称为“学术资源发现系统”的元数据仓储的数字资源整合方式只是提供了知识管理的一种可能性，而不是真正意义上的数字资源知识管理。“学术资源发现系统”究其根本，是对于海量的数字资源，采用基于预索引的元数据仓储方式，尽管往往其元数据的记录已经超过10亿条，但本质上还只是实现通过对检索词与已经完成预索引的文献之间的匹配，快速检索获得结果，这样的过程中并未实现对全部数字资源或检索结果那部分数字资源的知识管理。所谓“知识”是要求有一定体系，以及有一定相关性的一组数字资源，检索结果中的相关性依然是基于检索词所指引的一组数字资源，而不是这一组数字资源本身的关联，而知识发现本身就是基于信息资源的关联，通过对内容分析和推理而完成的，就目前的“发现系统”而言，这种对数字资源的关联、内容分析与推理的实现，依然是专业领域研究者在搜索过程中结合其自身对数字资源所蕴涵的“知识”不断进行判断和选择，而不是系统所完成的。

因此，知识管理的实现除了对数字资源的元数据进行“预索引”，还需要“预揭示”不同数字资源的在知识层面上的关联关系，从而实施基于知识组织的资源整合，这样的整合方式才能够帮助使用者更有效地实现知识发现。基于知识组织的数字资源管理，我们称之为数字资源知识管理模式。

知识组织不同于信息组织，无论数字文件管理模式或是数字目录管理模式，本质上还是一种信息组织，是根据一定的原则和方法，将原本处于无序状态的信息转化成有序状态的过程，从而方便人们利用和传递。在这个层面上，数字资源管理的对象是一篇电子期刊论文、一本电子图书、一个图片文档、一段视频，抑或如web2.0的微内容，如网络原生数字资源的一条微博、一封电子邮件等，这些本来零散和无序的数字资源，经过元数据的描述，并实施整序成为相对关联的数字资源信息系统，这种关联的基础是对数字对象的信息描述结果，并通过描述结果的相似度实现关联。

信息描述是将信息资源作为描述对象，对其形式特征和内容特征进行描述，包括两层含义。首先在于信息描述基于一定的规则和标准，其次在于信息描述的结果是一条有关该信息资源的书目数据记录，它由若干个信息描述项组成，每一个信息描述项都是该信息资源的一组特征，如名称、责任者、出版或发表机构、信息编号、信息来源、信息资源分类或主题表述等。这样的信息描述形成的“书目记录”往往高结构化的，以关系型数据库构建的书目数据库或元数据仓储是一个严格的二维表，在结构定义上有很强的限制，这种信息组织的优势在于能够保证布尔逻辑关系运算的准确性，以及保证检索结果的完备性，但由于无法处理非结构化数据，从而成为实现知识组织的先天障碍。

对数字资源实现知识管理除了源于使用者知识发现以及实现知识发展的需求，还在于数字资源本身的发展，这些发展颠覆着人们之前对通过信息组织实现对信息资源进行管理的理念，继而发展到知识组织，并形成数字资源的知识管理模式。以数字化科研环境下科学数据为例，与传统载体乃至数字格式的期刊论文等均有很大的不同。其一，对于科学文献可以根据文献题目、责任者、所属机构等特性进行描述，而科学数据，作为来自于数字化科研以及作为科学出版领域的新型资源，涉及复合信息对象，体现为包含不同内容、不同格式、不同时间等属性各异的信息单元。其二，科学文献是相对静态的，一旦形成即成为固化对象，科学数据则不然，尽管我们可能会保存特定某一条科学数据，并描述之，但科学数据从其自身而言是动态存在，动态性不只体现在作为数字资源在内容和存取地址的动态，还在于科学数据经历着科研之初的初始数据、科研过程的中间数据、最终发布的结果数据，以及对这些数据的再利用（reuse）并进入下一个周期等。因此，无法对科研活动不同阶段进行静态的割裂，而需要将初始数据、中间数据、结果数据作为一个整体去考虑，以及科学数据在不同阶段属性的变更，如时间属性的修正、存取属性的更换等。其三，也是最为重要的是，当前数字资源的主要特征是不同资源间的相关程度不断提高，人们开始关注信息资源之间的关联关系，以及这些关联带来的全新属性信息，包括如关联如何创建的、如何表示这种关联、谁利用这种关联、如何保存关联信息，以及关联创建的时间等，这些关联关系是以上提及信息描述结果中，各条“书目信息”的某个字段，如根据题名之间的相似度所建立的关联关系所无法比拟的，因此对信息资源描述与组织提出新的要求，或者说相比与信息组织只是针对信息资源本身，知识组织则还需要强调对不同资源间“关系”的描述，从而成为数字资源描述与组织的重要组成部分。

概言之，数字资源的知识管理模式是由基于信息组织的统一检索发展而来，对数字资源本身以及不同数据资源之间的关联关系进行揭示，实现知识组织，从而帮助使用者完成知识发现的数字资源管理方式。

2. 数字资源知识管理的实现路径

在知识管理模式下，数字资源管理从两个角度展开。其一，数字资源描述体系的发展，需实现并突破之前只能处理结构化数据的局限性，对数字资源所蕴涵的知识本质以及知识之间关系进行有序描述，并实现基于数字资源内容描述的知识组织，以及实现非线性、联想型、智能化的知识组织，这方面主要从信息组织方法角度向资源描述体系发展；

其二，领域数字资源揭示的发展，强调系统化地处理和利用信息和数据，发掘知识内涵，其主要形式是建立不同学科、行业的知识资源库和知识网络系统，它所提供的是具有规律性的信息，具有内在关联的信息链和知识链。这方面主要是领域知识管理，如领域本体的发展等，对应于数字资源基于知识层级的揭示。

1）数字资源描述体系

对数字资源之间关联性的表达，即不同数字资源的“关联关系”作为被描述的重要组成部分时，需要新的规则和方法才能完成。实践过程中，随着信息资源从纸质载体向数字载体的变迁，MARC 增加可以描述网络访问地址（URL）的相应字段，以及特别是包括 DC 元数据在内的各元数据规范及其扩展在各个领域的应用等。当前随着不同类型描述对象的涌现，可以发现这种改造与变革除了在表象层面上作为描述工具的变化，更重要的是，信息组织与信息描述所依据的规则与标准也在发生着变化，从根本上去适应各种新型数字资源的描述与管理，并为知识组织的实现提供可能。

事实上，传统方式无法解决对数字资源的描述究其根本原因，在于其逻辑起点依然是针对“当下”以及“可触及”的信息资源，并主要是描述其物理形态，以及仅仅描述在“案头”的信息资源，即针对“手边的文献”（the physical form of the item in hand）的描述，对与这些资源有相关性的其他资源无法顾及，而对数字资源整合和知识组织而言，各类资源之间的关联，即各数字资源之间关系的描述已经必须解决的问题，彻底解决问题需要在哲理基础上去改变，而不仅仅是技术性或工具角度的修正。从资源描述系统的发展来看，其哲理基础是应用“实体—关系”模型（entity-relationship model，E-R）所构建的概念框架，以及依据 E-R 概念框架所确定包括实体、实体间关系、实体与用户的关系等对象，完成这些对象属性进行描述的资源描述模型，并为这些对象及其属性的描述和定位提供完整的体系，从而最终能够对不同实体类型的描述对象进行详细分析，也能够从使用者的角度获取各个实体及其属性和关系。

E-R 模型表述实体与关系的模式，应用于信息系统设计。实体（entity）表示为一个描述对象，可以看做是一个需要解释其特性的“名词”，如某个多媒体片段或某本电子图书；关系（relationship）则为通过动作表达不同实体间的关联，如多媒体片段与其创作者，电子图书著者与其写作的图书等。实体和关系是这个模型中两个最基本的对象，可以分析实体的属性并描述之，同样，关系也可以成为被描述的对象。此外，E-R 最基本模型是一个实体通过一个关系与另一个实体相连，复杂模型则根据多个实体之间的多重关系表现，多个实体与多个关系分别具有多个不同的属性，这种可扩展性可应用于数字资源间成指数增长的各种关联关系。就实体而言，可以根据需要尽可能地分割为符合描述需要的最小颗粒，正是基于这样的理念，可以构建新的资源描述模式，将之前对于“分子”的描述单元细化为“原子”，因为所有不同的分子都是原子构成的，在搜索的时候可以通过搜索原子，而不用管分子的构成方式，以及当搜索到“原子”以及通过对“原子”构成“分子”的结构，即不同原子之间的关系时，用户可以还原出“分子”。最为直接的例子是电子图书，可以不只是对整本图书的描述，而可以是对电子图书中的各个片段、图表等任何独立意义的单元进行描述，章节结构、图表在书中所处位置等等可以表达为这些描述对象与全书的关系，从而充分体现数字资源丰富的含义，以及通过对数字对象结构的描述，成为更强调对数字资源内容特征而非形式载体特征揭示的要求。

2）领域数字资源揭示

与基于信息组织的资源整合不同，基于知识组织数字资源整合的基本概念及整合的单元是“知识”，我们可以说信息是无序的，但知识不同，知识在本质上就是抽象化、系统化、理论化的信息，其系统化的本质体现在不同概念的关联是知识的基本属性。知识组织一方面要描述数字资源中作为基础要素的概念，同时需要将数字资源中的概念群以反映知识结构的方式表达出来。更进一步，还需要能实现资源语义概念模型的形式化，从而实现知识标引、知识推理、语义层面上的检索等。在多种表达概念关联体系的方式中，本体是被推崇和肯定的，其原因在于本体在构建形式化、概念间语义关系的表达、通过逻辑推理获取新的概念以及本体在领域知识的进化等方面的优势。在数字资源整合方面，以 XML 的语法功能，以及 RDF 作为描述资源语义的通用框架，再通过本体赋予资源以语义，这些相结合，最终解决数字资源的语义异构，实现向知识网的发展。

8.3　数字资源生命周期管理模式

生命周期理论是考察研究对象的一种具有普适意义的方法论，已广泛应用于多个领域。数字源生命周期管理模式源于信息生命周期管理，这种模式的形成基于对信息运动、信息生命周期作为信息管理一种模型的理解，以及数字资源的管理以用户为中心和反映领域活动生命周期的特点角度的发展。

数字资源生命周期管理模式的形成是针对数字资源具有生命周期管理两重性特征的理解：其一，针对数字资源本身从产生到利用，以及到消亡或长期保存的生命周期管理；其二，映射用户领域活动生命周期的数字资源管理，即信息资源生命周期与领域活动生命周期的两重性。基于此，我们建立数字资源生命周期管理层次的基本模型（图 8-1），生命周期理论作为方法论基础，数字资源生命周期管理由“信息生命周期”和“领域活动生命周期”两个层次支撑；同时，信息的（运动）状态与信息的价值则分别从信息外在形式变化和信息内在价值变迁为信息生命周期管理提供实施路径和依据。

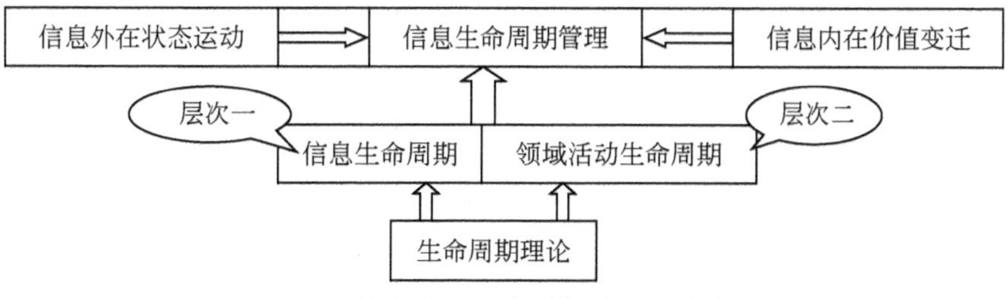

图 8-1　数字资源生命周期管理层次模型

8.3.1 信息生命周期

1. 信息运动角度

可以将信息生命周期看作是在其“生命过程”不同阶段存在的状态，存在状态可以理解为信息的运动，也就是说纯粹地从信息运动讨论其存在的表现形式，讨论信息如何随时间、空间而运动变化。万里鹏（2005）认为正是在信息由低级阶段向高级阶段的每一次运动中，通过人类的价值创造活动，包括信息的组织、分析、判断以及运用信息做出决策，实现和获取信息的价值；索传军（2010）认为信息运动的主体是信息本身，信息生命周期理论应回归到对信息本身的研究，通过定量化描述和测度信息客体在其生命周期中的特征，深入剖析其内在规律。无论是针对信息还是针对信息运动，此层面只对信息在其整个生命周期内的存在形式及其规律做出科学的解释，并不考虑如何通过信息的利用帮助机构以最小的整体成本获取最大的绩效，以及不考虑机构、用户以及环境等。

2. 作为信息管理模型

索传军等（2008）将信息生命周期管理理解为一种信息管理模型是最为经典的信息生命周期管理理论，是对信息进行贯穿其整个生命周期、从创建和使用到归档和处理进行管理的研究，也是一种针对信息进行主动管理的过程策略。

信息生命周期全过程经过提炼与抽象，包括“生成、选择与评估、管理、资源揭示、数据应用和数据保存”6个阶段；权限管理这一贯穿所有阶段的重要问题；根据不同管理主体需求而提出的元数据创建、长期保存与转换、存储和配置等。马费成（2010）则根据不同管理主体需求而提出的元数据创建、长期保存与转换、存储和配置等，以及因此而提炼产生的链形、矩阵形、环形和螺旋形等信息生命周期的基本模型。

此外，涉及信息价值的管理，即从信息资源长期效益和可持续发展角度（long-term prospects），将信息生命周期与信息价值相关联。其基本原理是基于对信息价值的理解，以及对信息价值将随着时间推移不断衰减的判断，因此需结合管理成本进行考察。与主要关注信息生成之后是如何被采集、组织、存储和利用的各个环节不同，此方面以价值测度为基础，以信息价值的产生为起点，并以定量的方法根据一定的测度指标来客观地描述和模拟信息的生命演化进程。相关研究包括信息精选与信息老化理论等，探讨需存档信息的遴选、影响信息老化的因素和机理，信息传播过程中价值与使用价值的动态变化规律等。因此，马费成等（2010）认为既是根据信息生命规律，合理配置资源，进而对信息进行合理高效的管理，从持续长效的管理机制和长远收益来保障信息有序建设和高效利用；也是考虑“未来”的可持续性，即不仅仅局限在对当前状态的管理，还需考虑远期未来价值状态（正面效应），以及信息保存成本的测算（负面效应）等，从而制定有效实施管理的方案。

3. 管理系统功能层面

在英国联合信息系统委员会（Joint Information Systems Committee，JISC）支持下，数字

数据管理中心（Digital Curation Centre，DCC）发布了如图 8-2 所示的数字资源生命周期管理的模型（Curation Lifecycle Model）。此模式将其所管理的对象定义为数据（data），包括数字对象（digital object）或数据库（database），其中前者可以是独立的数字款目，如单个文本格式文件、图像或声音文件以及相关的标识符或元数据等，也可以是一组连续和相关的对象，如一个网站所包含的网页等；后者是存储在计算机系统中的结构化数据或记录。这种广泛的定义，使得这个模型得到广泛应用和传播。

DCC 的数据管理模型根据与数据的相关性，将数据管理的生命周期分为两个环节（见图 8-2），结合数字资源生命周期管理，此两个环节表现为：其一，与作为信息管理模式的信息资源生命周期管理相关，即数字资源处理的完整生命周期活动（full lifecycle actions），包括数字资源的描述、保存、共享利用和存档；其二，数字资源实施管理各环节的功能描述，即对数字资源进行的操作层面，按照数字资源所处阶段及状态的顺序（sequential actions），相关的操作行为（action），包括创建、接收、保存、评估、选择、存档、转换、再利用等，以及在这个过程中的处理（dispose）、重新评估、转换格式等。保存和存档是两个不同的概念，区别在于前者只是以利用为目的提交到数字资源信息系统，而后者为经过评估等环节确定长期保存的数字资源。处理（dispose）环节含义相对丰富，既包括未选择成为长期保存数字资源的处理，也包括按版权或法律规定不可再于当前数字资源信息系统进行保存的资源的处理，处理结果可能是迁移至其他数字资源信息系统，或按规定进行销毁等。

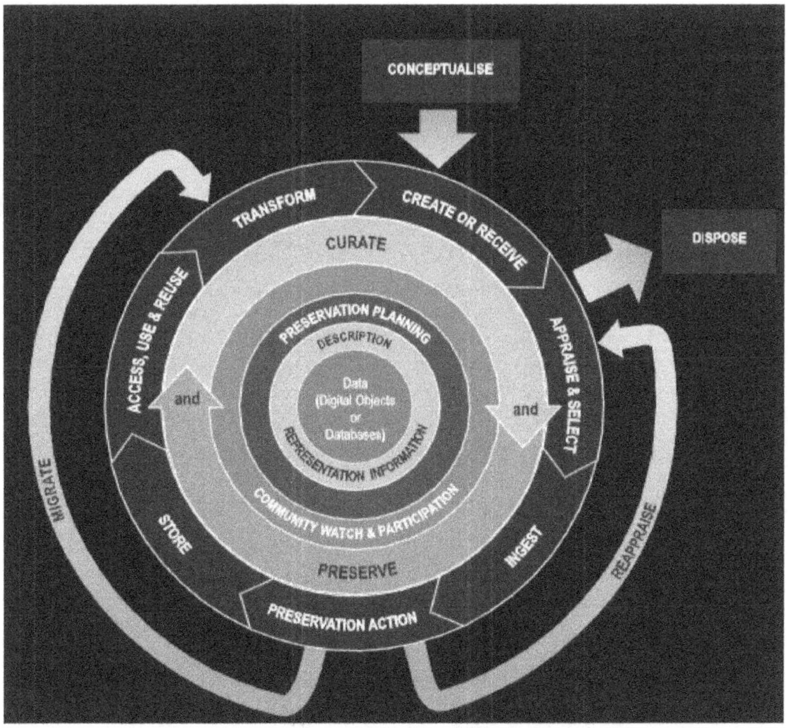

图 8-2 DCC 数字资源生命周期管理的模型示意图

4. 数字资源长期保存

因数字资源的特殊性，长期保存是数字资源生命周期管理模式中的重要环节。数字资源长期保持一般从两个角度进行：其一是从数字资源形式角度讨论如何实现长期保存，其二是从数字资源的内容角度讨论哪些资源需要长期保存，从而涉及信息资源的价值维度。本节主要从数字资源形式角度展开。

数字资源的不稳定性体现在数字资源存在着资源内容与其承载容器的分离。传统纸质资源的获取（纸质文献的翻阅）在某种程度上对资源的长期保存产生消极和负面的影响（纸质文献载体的损伤），因此传统载体资源的长期保存是通过对资源的封闭来实现，如古代藏书楼对藏书封闭式收藏的管理方式。数字时代，资源的获取与资源的保存分离，数字资源的长期保存并不取决于其载体的寿命，而是取决于资源的内容尽可能经常地被从一个载体转到另一个载体的可能性，如传统资源的数字化；还取决于被保存的资源是否可以能够被获取，即对数字资源访问路径的保存，体现在长期保存的关键因素不仅仅是数字资源的载体，还在于需要保证使用者能够拥有获取这些资源的途径。所谓途径，其一是数字资源访问权限的控制；其二在于数字资源的获取途径，网络资源的获取途径表现为网址，如URL；数字资源的获取途径表现为存储位置。如果失去了获取途径或者不可能获取，那么数字资源不能被称为被长期保存，因此数字资源长期保存的目的不仅仅是保证其载体的存在，还需要维持其可获取性。

此外，由于数字资源格式的多样性，还需要从可读性上进行保证，即针对所保存的数字资源，考虑是否同时也保存可以打开并阅读其内容的相关执行程序（软件）。究其本质，技术是数字资源长期保存的关键部分，体现在技术的成熟使得数字资源长期保存得以保证，如存储设备费用的降低等，但如果数字资源长期保存对技术的依赖性过大，其风险也就越大。毕竟长期保存的数字资源是需要在未来进行读取和理解，过分复杂的技术（如复杂的软件格式）可能导致数字资源读取的障碍。一般，利用当下最为简单的技术对数字资源进行长期保存，将来才有可能通过同样通过简单的操作来读取和理解。

8.3.2 领域活动生命周期

无论是信息运动层面，还是从信息管理模型，以及将信息资源作为管理对象或从信息资源长期保存的形式或内容角度去考察，基本都是将信息资源脱离于产生这些资源的源头，忽略了这些信息资源往往来自人们在某个领域的具体活动。

1. 信息与领域活动的关联性

作为具有普适意义的方法论，不仅仅在信息管理领域，生命周期理论还分布在文件生命周期理论、软件工程技术、客户生命周期、产品数据管理技术、供应链管理与企业创新、企业信息管理、产品生命周期管理、企业核心能力、产业集群竞争力、企业生命周期管理、环境管理理论、绿色产品制造等多个领域等。因此，信息不是独立存在，而是来源于以上所描述人类各个领域的各类活动，这就要求我们实施信息资源管理时，需将信息资源的管理与这些信息资源所在领域的活动结合，而不是将信息资源从相关领域活动剥离，仅从信息资源本身，从对其进行开发、组织与利用的开发者角度去考察。继而转向将信息的生命周期与其所在领域活动的生命周期结合，将信息资源回归到其所在领域，实现着眼于其作为生命周期方法所适用对象的重要属性“连续性、不可逆转性、替代性”的分析，这个分析方式不仅仅是信息或信息运动过程单纯的存在，还具备信息所在领域的独特个性，并与所在领域活动相关联。

2. 以用户为中心与领域活动的关联

彭斐章（2005）认为数字信息资源书目控制是以存储和检索出用户特定需求的信息资源为目的的一种书目控制行为。这种将“用户特定需求”纳入书目控制的目的体现了以用户活动为中心的数字资源管理方式。数字信息资源产生于特定领域，从而在其产生的角度与领域活动相关联。同时，对这些资源的管理也需要秉承以用户为中心的方式，因此从其利用角度与用户领域活动实现关联。

信息检索是从一定规模的文档库中找到满足用户提出需要的信息的过程，狭义的信息检索仅关注查找过程的匹配，广义的信息检索还包括如何将信息按一定方式组织和存储起来。狭义角度的信息检索将信息组织与检索行为割裂，因此信息组织环节并不考虑在检索行为中用户可能会存在的一些特性与需求，这点与传统目录学是一致的。传统书目编制往往基于学科，如化学文摘、生物学文摘等，其主体是针对特定学科的文献，以这些文献为基础，编制书目并提供文献的导引。传统目录编制者收集文献，通过主观标引将这些文献归类汇总，从而实现“辨章学术，考镜源流”，也就是说传统目录学的着眼点在具体的文献，传统书目围绕文献展开，目录工作的对象是文献。当代目录编制方式发生了变化，依然是科学地揭示与有效地报导文献信息、以解决巨量的文献与人们对其特定需要之间的矛盾的学科，其中心和焦点却已经侧重“人们的特定需要”，对文献信息资源描述、组织与揭示方法及其规律也开始为“特定需要”服务，实现了从传统书目注重文献本身到注重检索与用户转向。这种转向不只局限在目录的编制，在数字环境下，数字信息资源的组织也是如此。

对于用户的转向包括两个方面。其一是为达到用户在通过检索获取信息资源从而实现良好的匹配，为提高检索效率和效益做准备，在标引、著录、组织等实现书目信息与源文献之间映射的过程中，着重考虑如何符合用户的检索行为，从而更好地实现书目利用的目的；其二则是检索行为的延伸，即从用户获取资源的目的考虑目录的编制方式。此层次是基于获取资源不是用户行为的终结，而是用户利用这些资源实施其所在领域的活动，因此，为使用户获取资源后的领域活动能高效进行，在信息资源管理方式时需要将这些因素纳入到信息组织的原则。

以数字资源中的各类学术信息资源为例，除了常见的电子期刊论文、电子图书等，还包括如统计数据库、相图数据库等事实型数据库，以及科学数据等原生数字资源，这些资源来自不同的科研活动，是不同科研活动的产物，它们可能来自同一研究人员、同一课题组、同一研究方向，或者来自同一研究课题的前期研究背景、中期或最终研究成果，或者互为补充及支撑材料，或者根本来自不同学科，并通过引文或非引文相关性实现关联，使得各类学术信息资源相关程度不断提高。因此，科研人员在关注学术信息资源的同时，也开始关注保持各类信息资源相关性的关联关系，包括如何、是谁以及何时创建的这样关联关系，如何利用与保存，以及如何表达这种关系等。这种关联因学术信息资源数量的增长、关联类型的增长，呈指数性增长的趋势，信息资源管理需要关注和揭示信息资源的同时，为保证在信息资源检索和获取中体现不同资源之间的关联，还需要实施关联关系的描述和揭示。

数字资源整合模式下，利用元数据仓储的知识发现工具对各类资源及其关联进行组织与管理，但管理方式究其根本还是主要面向资源本身，资源之间的关联如上文所示，主要在于类似文献题目相似度等方面。而生命周期管理模式，提供一种将各种数字资源关联起来的方式，这种关联的核心就是用户的领域活动，即将数字资源的组织与用户领域活动涉及的流程结合。具体地说，以领域活动生命周期为“链”，将与活动相关的各类资源“串起”的组织方式，即以用户为中心、基于领域活动生命周期的管理方式。因此，信息资源系统中不同的数字资源将不是独立的存在，而是打上与这些资源相关的领域活动的标签，所谓与领域活动相关，包括支持此领域活动的资源，如进行一项科研活动所需要的学术信息资源，也包括此领域活动所产生的资源，如这项科研的产出，如期刊论文、专著、报告或相关科学数据等。从信息组织角度，这些资源存在的根本原因在于其所关联的领域活动，对这些资源的描述需要揭示领域活动中与其他资源之间的关联，以及其在领域活动过程的位置。也就是说，不是某一资源个体（item），而是以特定关联方式组合的资源集合（items），特定关联的依据即是领域活动，当领域活动具有生命周期特性时，这些数字资源的则可循此特性，实现并形成其生命周期管理模式。

如同传统目录学向当代目录学的转换，数字资源的关联不再是针对资源本身，而是着眼于资源的利用者，因此，以用户为中心、面向用户领域活动生命周期的管理模式，提供给用户的不是某一孤立的资源，而是符合和支持用户活动的一组资源。从这个角度对信息资源进行组织与管理，是以领域生命周期为基点的生命周期理论的发展。

一些商业出版社已经着手数字资源管理方式的改变，并提出从内容提供商向基于信息工作流解决方案的供应商发展，具体包括整合期刊论文、专著全文、试验数据、临床结论数据，以及生物医学本体（ontology）等各类资源，这些资源通过相关性标引和数据挖掘，实现关联，提供科研工作流的解决方案。

所谓模式，其本身只是针对某一特定问题，通过归纳所形成解决此问题的方法论，或者说通过一种模式可以有效地解决特定问题。因此，本章归纳并论述的数字资源管理的两种模式仅仅是解决数字资源管理过程中特定问题的两种方法，这两种方法都是针对数字资源的特征所实施的管理，只是侧重点不同。在数字资源管理具体实施中，往往会将这两者模式中的一些具体处理办法相结合，以及会根据特殊的需要，结合用户的需要，整合一些其他更便于用户利用数字资源的处理方式。

8.4 数字资源管理著作权解决模式

多媒体技术的发展使得电子图书、电子期刊、电子报纸、数字图像、音频、视频等数字信息越来越丰富；网络技术的发展也使数据信息的传递变得更加方便快速，用户获取和传递数字资源也变得越来越容易。但随之出现了许多问题，如通过网络传输数字资源时，个人或机构非法对数字化文献和作品的侵权更加容易，篡改也更加方便。因此，如何有效地保护著者的知识产权，成为数字资源建设和管理过程中亟须解决的现实问题。

8.4.1　数字资源建设侵权案例

2002 年 6 月 27 日，北京大学法学院陈兴良诉中国数字图书馆侵犯版权一案，是我国数字图书馆界版权纠纷第一案。原告发现其享有版权的三本书未征得其同意被上载到被告的网站，并且发现读者只有在付费成为会员才可上网阅读并且下载作品，遂起诉侵犯其信息网络传播权，法院判决被告中国数字图书馆公司停止侵权，并赔偿经济损失和合理费用 8 万余元。2003 年 6 月 17 日，中国大百科全书出版社诉北京世纪超星数图公司、广东省中山图书馆、深圳图书馆、辽宁省图书馆侵犯信息网络传播权纠纷的案件均由北京市第一中级人民法院审结。因当事人在诉讼中达成了庭外和解，法院最终以“准许原告撤诉”裁定结案。2004 年 12 月，郑成思、唐广良等 7 名知识产权法学专家起诉书生之家数字图书馆侵犯著作权，书生公司在未与其签订著作权许可使用合同，也未征得本人许可的情况下，擅自使用 7 名专家的多部作品。最终法院判令被告北京书生数字技术有限公司立即停止侵权，公开致歉，并且赔偿原告郑成思等 7 名专家经济损失共计 20 万余元。2007 年，中国社会科学院吴锐等 400 位学者状告超星数字图书馆及其关联企业盗版，2008 年 4 月，500 余名硕士、博士起诉万方数据“中国学位论文数据库”侵权，2008 年 9 月，480 名硕士、博士起诉万方数据侵犯其著作权，2009 年 11 月谷歌数字图书馆未经授权将 570 余位中国作家的作品扫描上网，引起众多中国作家强烈不满。

这些案件仅仅是在社会、学界具有影响力的经典代表，这些案件不仅显示了我国数字资源建设中各方利益的冲突，而且反映了我国数字资源建设的任重道远。

8.4.2　数字资源建设侵权的内在原因分析

1. 数字资源建设公益性与盈利性的界定

公益性是指公共社会利益，给全社会带来巨大公共社会利益。盈利这个概念有 3 种表达方式：营利，即谋求利润；赢利，即获得利润；盈利，即获得净利润。但是，所有相关法律法规条文的表述所用的词都是营利，而不是盈利或赢利，而恰恰这两个词在词义上是有区别的。营利是谋求利润，针对的是动机，而盈利、赢利指的是获得的利润，针对的是结果。营利是以利润的最大化为目标，盈利则是资金运作的正向结果，不论其大小。

我国公益性数字资源建设者数字图书馆已成为社会信息资源的重要传播者、加工者及提供利用者，甚至创造者。这种特殊性决定了我国著作权法和相关法律应尽可能同国际惯例接轨，将非盈利或公益性数字化图书馆等机构，在法律上确定为例外或豁免对象，并结合国情给予一定的特权。任宁宁认为（2010）赋予公益性数字图书馆对馆藏文献的数字化权、展示权和出借权，使读者可上网浏览馆藏数字化文献，可按规定出借馆藏数字化文献，但是不得损害著作权人的利益。

然而，随着数字技术和网络传播技术的突飞猛进及其普及应用，盈利性数字资源建设者尤其是数字图书馆商业化运营，使版权作品的大部分利润从出版商和发行商向商业性数字资源建设者转移。在将信息资源数字化和创建数据库的过程中，为了追求全面性和及时性，同时节约成本，不愿完全做到获得每个版权人的授权，结果商业性数字资源建设者尤其是商业性数字图书馆成为当今社会最普遍的版权侵权人。

2. 数字资源建设权利许可问题

1）“合理使用”不适用盈利性数字资源建设

各国版权法在对著作权人的利益实行保护的同时，还会引入合理使用原则，对著作权进行必要的限制，防止权利滥用，以达到保护公众利益、促进社会公益事业发展的目的。这对于公益性数字资源建设者尤其是数字图书馆这一集公众利益服务与商业化运作于一身的新型图书馆，合理界定其合理使用范围尤为必要。

文献数字化已经被公认为属于复制行为，数字资源建设者将资源数字化是否属于合理使用的范畴是当今一大争论。而且，事实上合理使用条款的构建应该主要适用于公益性数字资源建设者，这种保护例外无法直接引入盈利性的数字资源建设者。是否具备公益性，是判断信息传播机构版权侵权豁免的决定性依据之一。因为盈利性的数字资源建设者出于其自身固有的获取经济利益的目的，向广大用户收费。美国等国家在多项版权政策上区别对待非盈利性机构和盈利性机构，仅仅允许非盈利性机构对馆藏资源进行数字化复制，对其合理使用以作为豁免或例外限定了严格的条件。因此，盈利性机构要想使用权利人的作品用以提供给社会公众获取经济利益，就必须事先获得权利许可，也必须支付相应的费用。

2）获得海量作品的版权许可困难

正因为盈利性机构在信息资源的采集上不能享受传统公益性的豁免，因此，它要想使用权利人作品，就必须事先获得版权授权许可。然而要制作大量的数据库以提供便捷的计算机检索，必须获得版权许可，这一许可量是相当大的。按以往传统的做法，就每一件作品分别直接同权利人单独洽谈达成许可协议获得权利许可，这种授权模式相当困难，几乎是不可能的。其要面对数以万计的权利人开展谈判以获得许可，这种“一对多”的谈判模式在理论上虽过得去，但实际操作上却是得不偿失。这种“海量许可”带来的巨大交易费用，使得盈利性机构的建设成本畸形提高，违背了推进社会文化发展的初衷。加之，我国现行法律严重滞后，存在诸多的缺陷，对法定许可的规定也不充分，还没有一套比较成熟的集体授权机制，许多方面的规定都极大限制、束缚了我国数字资源建设的发展。由此可见，要想顺利地解决我国数字资源建设的版权问题，关键就在于如何既方便快捷、又合法有效地获得版权权利许可。

8.4.3　数字资源建设著作权解决模式

近年来，国内外代表性的数字资源建设机构在版权问题的解决方面做出了探索，取得一定的成效。

1）直接授权模式

直接授权模式指通过利用各种可能的渠道和关系与作者和出版社取得联系而获得授权。如超星数字图书馆的成立版权机构，统一管理，投入大量的人力、物力和财力，获取授权。由于著作权人众多，又极其分散，虽然高校图书馆、公共图书馆和作者给予了大力支持，但依然高昂的交易成本严重阻碍了大量交易的进行，使版权资源无法得到充分的应用，无法发挥它应有的社会和经济效益。所以这种模式只适合某些特定作品，需要个别与作者谈判时选用。

2）"先斩后奏"模式

"先斩后奏"模式即数字资源利用可以事先不经作者许可，事后向作者支付报酬，类似于现行著作权法上的"转载"。大部分传统图书馆所属的数字图书馆都采用这种模式，如国家数字图书馆直接将馆藏作品数字化后放入网上图书馆，只是在其版权声明中要求对收录作品有异议的作者，自己主动与中国数字图书馆有限责任公司联系，并且大力倡导鼓励著作权人将作品的使用权赠送给国家数字图书馆。

3）"授权要约"模式

授权要约是指著作权人在符合著作权所有理念、公约、法律的前提下，在图书出版的同时以要约的方式，声明著作权人的权利和作品使用条件，并通过代理机构向著作权人支付报酬，使用者只需符合授权要约确定的条款就可直接使用著作。授权要约模式一般适用于版权人对众多潜在的作品使用者的使用授权，对于数字图书馆的意义则在于：一方面，作为版权作品使用者，数字图书馆可以根据版权作品创作者的授权要约，在遵守其规定的著作完整性、署名权等附加条件的前提下，严格按照创作者的使用条件使用作品，向其支付必要的使用报酬；另一方面，作为网络环境中版权作品的创作者，体现了当事人订立合同的自治原则，让使用者可以很容易地找到著作权人，提高了授权效率。书生之家数字图书馆倡导此种模式。

4）谷歌模式

A. "舍弃"（opt-out）模式

如果一个出版者向 Google 提供一份不想 Google 扫描的书籍清单，那么 Google 就会放弃对这些书籍的扫描从而使这些书籍不进入 Google 数字图书馆。

B. 默示许可模式

网络环境下的默示许可是指在一定情形下，权利人虽未标明许可在网络空间传播作品，但从权利人的行为或依据法律规定可以推定其对该使用不表示反对，从而认定经由许可而利用作品的许可样态。在默示许可制度下，版权人可以行使许可权、报酬请示权和禁止权，即在使用者利用作品后的任意时段，权利人都可以主动提出付酬请求，使用人必须按照适当标准支付，在使用者恶意不支付的情况下，版权人可禁止使用者使用作品并要求经济赔偿。Google 对图书的扫描和提供网上检索主要就是基于默示许可制度。

C. 著作权集中管理模式

著作权集中管理，是指著作权人（包括邻接权人）授权著作权集中管理组织来管理他们的权利，即监视作品的使用，并与未来使用者或使用单位洽谈使用条件，发放作品使用许可证，在适当条件下收取费用并在著作权人之间进行分配。它是联系作者与作品使用者的“中介人”。通过著作权集体组织这一中介，作者的著作权得到了有效的保护，作品使用单位也省去了寻找作者并与之谈判的麻烦。著作权人创作的优秀科学文化成果可以通过各机构如数字图书馆公布传播；同时各机构可以获得有关信息资源建设、传播和利用的授权，从而解决数字资源建设中的知识产权问题。

以上几种模式存在如下缺陷：直接授权模式在处理出版物的数字化处理与传播方面，涉及大量作品、作者，不仅难处理，而且工作量大、花费高；“先斩后奏”模式虽然有相关法规作保障，但大大损伤了著作权人合法利益的完整性；“授权要约”模式避免了超星版权模式中海量作者与使用方一一洽谈的麻烦，它意味着数字图书馆等机构使用此书的数字版权时，不必再按照传统的方式与著作权人单独签署版权授权合同，从而降低了版权交易成本。对于作者，作品的使用方式很多，但作者不可能向每家数字图书馆、网站和媒体去追讨权益。这样，由作者发出授权要约，在一定条件下允许别人使用自己的作品，并集中交由一家版权公司收转，既方便了作品传播，也维护了自己的权益。但是，前提是权利人自愿向公众发出要约，但事实上权利人常常忽视此项权利，因此该模式可操作性较差，目前一直停留在倡导阶段。董永飞（2010）介绍谷歌推出 opt-out 策略，以解决谷歌寻找版权人的难题，相对而言，版权人退出该计划的花费远低于谷歌寻求海量许可的花费，且作者与出版商对谁有授予权利比谷歌更清楚。但是如果其他搜索引擎也以 opt-out 策略从事大量数字化计划，版权人将面临一次又一次的 opt-out。而且 Google 模式其实是一种责任的转移——将作品复制与传播须获得版权人许可的责任转移到了版权人身上，有悖传统法律。而著作权集中管理模式解决了海量授权和合理使用问题，维护了著作权人的利益，提高了运作效率，有助于数字资源建设。

8.4.4 著作权集中管理模式分析

1. 国外的著作权集中管理模式

对著作权进行集体管理，最早可追溯到 18 世纪后期的法国。1777 年，法国著名剧作家博马舍倡议成立了戏剧立法局，是世界上第一个著作权集体管理组织机构。随着世界各国对知识产权的日益重视，美、英、德、日等著作权保护比较发达的国家先后成立了不同管理模式的著作权集体管理机构。按著作权集体管理的不同分类，著作权集体管理模式有多种。从市场竞争角度来分，著作权集体管理模式可以分为垄断和竞争两种模式。

1）垄断模式

在垄断模式下，大部分的大陆法系国家对集体管理组织都加以严格的控制，通过立法使管理机构具有垄断地位，并明确规定机构的设立、运行等过程，由相关部门加以监督；但也有少部分机构的垄断地位是自然形成的。著作权集体管理垄断模式的优势是可以集中帮助权利人行使权利，形成规模效应，减少交易成本，使集体管理机构具有一定的规模，更好地发挥功效；对于使用者来说，只需面对一家机构，而无需面对不同的权利管理者，节省时间。垄断性的著作权集体管理的具体运作模式主要有两种：一种是制定专门的著作权集体管理法律，如日本、德国和中国；另一种是在著作权法中作出专门的规定，如法国、意大利、俄罗斯等国。垄断性的著作权集体管理机构在设立上，一般一类作品只设立一个集体管理组织。有的具有绝对的垄断权，如意大利的作者出版者协会（SIAE），全国仅此一家。

2）竞争模式

采取自由竞争的著作权集体管理模式多为英美法系国家。英美法系国家根据反垄断法关于不得限制竞争的规定，将著作权视为动产，依据公司法或竞争法建立著作权集体管理机构。竞争性的著作权集体管理机构自主成立、自律管理，政府不过多干涉，只受反垄断法制约。竞争性的著作权集体管理机构的代表有美国词曲作者和音乐出版商协会（ASCAP）等。采取竞争性著作权集体管理模式的优势是可以防止集体管理组织垄断，有利于保护著作权人和使用者的利益。但缺乏垄断会造成每一个集体管理组织的代表性都不强；权利人和使用者面临多个机构选择，具有较大的机会成本。同时，每个机构都需要花费人力、物力、财力从事管理活动，增加了交易成本，最终不利于著作权人权益的实现。

2. 对我国的借鉴意义

我国版权集体管理制度尚不完善，虽然已成立了中国音乐著作权协会（1992 年）、中国文字著作权协会（2008 年）、中国电影著作权协会（2010 年）。这些组织在协调有关版权关系，维护著作权人的合法权益方面存在着不足，它们均带有半官方性质和垄断性质，服务意识和管理水平有待提高。要完善我国的著作权集体管理模式，就要借鉴国外先进的经验。

1）确立著作权集体管理组织的性质

《著作权集体管理条例》虽然在对设立集体管理组织时规定："依法享有著作权或者与著作权有关的权利的中国公民、法人或者其他组织，可以发起设立著作权集体管理组织"，但在第 3 条又要求"著作权集体管理组织应当依照有关社会团体登记管理的行政法规和本条例的规定进行登记并开展活动"。这就是要求著作权集体管理组织的设立要满足《著作权集体管理条例》的要求，同时也要符合《社会团体登记管理条例》的规定。

我国现行著作权法有关著作权集体管理组织为非营利性组织，这个规定过于宽泛，应将著作权集体管理组织定义为社会团体法人。如此定位的主要目的是为了更好地履行著作权集体管理组织的中介职能，更好地提供代理服务，并能独立承担相应的责任。著作权集体管理组织还应具有如下特性。

（1）公益性。因为从国际惯例来看，公益性是著作权集体管理组织的共同点。

（2）唯一性。指同一类型版权作品只应有一个著作权集体管理组织。尽管目前个别国家（如美国）基于其国内反垄断法的规定，有多个著作权集体管理组织，但更多的国家则强调著作权集体管理组织的唯一性。这主要是因为如果对同一类型作品同时设立多个著作权集体管理组织，容易分散集体管理的力量，造成著作权集体管理组织之间的内部矛盾，同时不利于作者行使权利，不利于使用者使用作品。

（3）自治性。强调自治性的主要目的是为了保证著作权集体管理组织的中立性、有效性，同时也是基于目前著作权集体管理组织普遍采取协会这种组织形式，而协会都应是自治的。

（4）非营利性。尽管美国等著作权集体管理组织采取了公司形式，承认著作权集体管理组织的营利性，但更多的国家则采取非公司形式，认为其是非营利性的组织。同时，营利性的著作权集体管理组织可能会提高竞争性和效率性，但更可能的则是凭借其优势地位而损害版权人与使用人的合法权益。

2）著作权集体管理组织的分类

著作权集体管理组织有综合型和单一型两种类型。综合型指不区分作品类型，而是将各种类型作品的使用权利全部收集起来进行集中管理；单一型则是专门管理某种特定类型作品（如音乐作品、美术作品等）的使用权利，或者专门管理某种类型作者（如作家、导演、科研工作者）的作品使用权利。如我国目前已成立的音乐作品著作权协会和文字作品著作权协会都属于单一型的著作权集体管理组织。综合型和单一型各有其利弊。无论从授权还是获得使用许可方面，综合型都较单一型有更大的便利性。作者无需因自己有不同类型作品，使用者也无需因其需要同时使用多种类型、多种形式的作品而费时费力去寻找多个著作权集体管理组织。但是相对于综合型，单一型的在集中管理作者权利、发放许可使用证、收取和转发使用报酬方面具有高效、快捷的优势。

根据我国现状，笔者认为，目前我国比较适合于采用单一型模式，即按照作品类型分别成立相应的著作权集体管理组织。其理由在于以下 3 个方面。

（1）我国人口众多，作者和作品使用者的数量完全可能位居世界前列，因此如果采用综合型模式，即全国只设立一个著作权集体管理组织，则要想让该组织管理好这海量作者的海量权利，为海量使用者提供好许可使用服务不可行。

（2）我国目前已出现两种类型（音乐和文字）的著作权集体管理组织，为单一型模式的发展奠定了一定的基础。

（3）从国际社会来看，分类设立著作权集体管理组织是国际社会较为普遍的做法。比如，法国已有各类著作权集体管理组织 22 个；英国按作者性质设有英国作家联合会、英国导演联合会等；德国按作品类型设有德国文字与科学作品集体管理协会、德国音乐作品表演权、复制权集体管理协会等。

3）著作权的集体管理的原则

著作权管理组织和著作权人之间的授权关系有三种：一是委托代理关系，二是信托关系，三是权利转让关系。各国的司法实践及不同学者对著作权集体管理组织与著作权人之间关系的界定不一样。按照国际社会的普遍做法，著作权集体管理组织常常以会员制的形式来建立其与授权作者之间的关系，即将与其建立许可授权关系的作者发展成其组织中的会员。一般来说，著作权集体管理组织只能管理其会员授予的作品使用权，而不能管理非会员的任何作品使用权。

扩展性集体管理则是著作权集体管理组织对非会员作品的一种非自愿许可使用。也就是说，会员作品的使用者与管理某一类型作品的集体管理组织之间签订的许可使用协议，对属于该种类型作品范畴的非会员作者依法具有约束力。这种管理原则是目前北欧国家著作权集体管理中普遍采用的一种集体管理原则。比如，按照芬兰著作权法中有关扩展性集体许可条款的规定，任何人或机构如果从管理某一领域作品的著作权集体管理组织，例如负责作品二次使用的联合版权组织（KOPIOSTO）那里获得了影印复制已出版的作品的许可，则他也可以从该组织获得影印复制该领域中非会员作品的许可，但应按规定向集体管理组织交纳使用费。另外，作品被授权使用的非会员有权要求著作权集体管理组织按照相关标准付酬。

因此，采用扩展性集体管理原则，则既有利于非会员作者实现其作品的经济价值，在一定程度上保护了非会员作者的相关权益，提高了非会员作品的利用与传播效率，又能为使用者，尤其是数字图书馆的使用提供方便，从而有利于数字资源的建设与发展。

4）监督机制

我国著作权集体管理事业刚起步，必须加强监管，防止权力的滥用。我国对著作权集体管理的监管的责任基本由相关主管部门承担。在对著作权的集体管理上，国家版权局作为主管部门，监督力度有限；民政部门作为审批主管部门，对著作权集体管理的具体操作不熟悉，也难以有效监督。因此，应落实多头监管，并增设内部监察机构来加强内部监督；同时，还应加强宣传力度，强化公众的法律意识，提高作者的维权意识，增加集体管理信息的透明度，使全社会公众对其进行有力的监督。

我国的数字资源建设中仍然存在着不规范和不合法的现象，根本原因就是没有理顺相关主体如著作权人、出版发行商、数字图书馆联盟、盈利性数字图书馆等的权利义务关系，使得著作权人实施其著作权的传统方式在数字图书馆中遇到巨大障碍，难以找到有效保护著作权人合法权益的方式。所以，应不断地对实践中遇到的一系列问题如权利许可和合理使用及相关措施如版权解决模式等进行分析和总结，这将会有助于我国的信息法制化建设，从而推动泛在知识环境和公共文化事业的持续、良性的发展。

第9章　数字图书馆联盟机制

图书馆联盟是由于图书馆文献资源建设投资紧缺而产生的一种共享需求，是指两个或两个以上图书馆为了实现信息资源共享、利益互惠的目的而组织起来的、受共同认可的协议和合同制约的图书馆联合体，以共享理念为发展出发点，以信息资源建设为基础，以信息技术的发展为支撑，以组织管理制度为保证，实现资源共建共享、服务共享为目的。

1886年，Molvil Dewey就在Library Cooperation中提及图书馆合作。图书馆之间的合作是贯穿图书馆发展进程的一条主线。而信息时代网络环境下，图书馆之间的合作变得更为密切。合作和联盟使图书馆能够集合起来超越任何单个图书馆的力量，以应付来自各方的挑战。随着数字图书馆的高速发展，为了适应数字环境下图书馆生存的需要，数字图书馆联盟于20世纪90年代产生，并逐渐成为图书馆界关注的重点之一。

国内外学界对数字图书馆的定义比较模糊，对数字图书馆联盟概念的界定亦不统一。国内学者李富玲（2005）认为数字图书馆联盟就是通过一定的组织形式和规章制度，由信息技术与网络来联合不同地域、不同结构的数字图书馆，促进各成员馆对数字化信息资源的联合建设、存取与利用的数字图书馆组织协调机构。赵莉总结出数字图书馆是通过互联网联结起来的数字化资源库群，是将数字化资源实行分布式计算机管理的、实现网络化存取和智能化服务的信息和知识资源共享系统；数字图书馆联盟，是建立在开放的、分布式数字图书馆基础之上，由图书馆及相关资源拥有单位组成，以实现资源共享为前提，在数字化领域担当特定领导角色的联合体。从某种意义上说，图书馆联盟是技术联盟与学术联盟的融合。其目标在于营造一个数字化图书馆的集成服务环境，通过技术、资源、人才等各方面的全面交流和协调管理从而最大限度地实现资源共享。它作为一个集合概念，既是数字图书馆建设的内在要求，又是资源共享的有力保障。郭一平（2007）的观点是，数字图书馆联盟是以自愿为原则，以契约为前提，以资源共享为目标，以数字化信息资源的购买、存取、组织、利用、管理等一系列业务为协作内容的联盟；其最终目标是构建一个良好的信息环境，通过互联网为读者提供分布式异构数字化信息的智能检索和服务。

笔者认为，数字图书馆联盟界定有4个要素：①联盟有一定的组织形式、运行机制和规章制度；②联盟成员馆是不同地域、不同机构的数字图书馆；③联盟成员之间平等自愿；④联盟目标是通过协作、合作，构建一个良好的信息环境，合作收藏文献，实现资源共享。

9.1　数字图书馆联盟发展现状

数字图书馆联盟诞生于美国，具有代表性的如环太平洋数字图书馆联盟（Pacific Rim Digital Library Alliance，PRDLA），它是一个跨国开展数字图书馆的合作研究计划的组织；

美国数字图书馆联盟（Digital Library Federation，DLF），1995 年由美国国会图书馆等图书馆及美国国家档案记录局等联合组织，2004 年英国图书馆作为 DLF 第一个境外成员馆加入了该组织；Dspace 图书馆联盟（Dspace Federation），Dspace 是在原麻省理工学院图书馆与 Hewlett-Packard 实验室合作的基础上于 2002 年 11 月吸收美国其他 6 所大学图书馆而建成的。在欧洲具有代表性的数字图书馆联盟中，发展早、规模大的当属“G8 数字图书馆联盟”（European Commission Group 8 Global Inventory Project），该联盟于 1995 年 5 月由欧共体七国集团（G7）组成，后来俄罗斯的参加使得 G7 变成 G8，该项目的目标是从现存的数字化项目中组织一个大型的人类知识的虚拟馆藏，通过网络为广大公众服务。我国也成立了数字图书馆联盟。2000 年中国国家图书馆成立了中国数字图书馆联盟，科技部成立了虚拟的国家科技图书文献中心（NSTL）。2001 年成立有国防科工委所属院校图书馆联合体、上海高校网络图书馆、中国高等学校数字图书馆联盟（CALIS）；2002 年成立有中国教育科技数字图书馆（CERDLIB）、河北省高等学校数字图书馆联盟、天津高校数字图书馆联盟等。

9.1.1 美国数字图书馆联盟

国家数字图书馆联盟（DLF）于 1995 年 5 月 1 日成立，由当时 16 个较大的研究型图书馆、社会组织及政府代理处等机构组成。最初的目的是“在国家范围内及周边地区来集合那些可能对各地的学生、学者及市民造成影响的数字化材料，以及那些反映了美国文化遗产的建筑学和动力学的文献”。现在 DLF 有 23 个会员组织，它们几乎全是最大的研究型图书馆，如哈佛大学图书馆、加利福尼亚大学图书馆，还有一些诸如图书馆和信息资源审议会（CLIR）这样的社会组织以及国会图书馆这样的政府实体。近来虽然“国家”的头衔被摘了下来，但 DLF 成员依然可称为美国数字图书馆的中坚。

在 1996 年 6 月 DLF 的“计划任务决算报告”（planning task force final report）中建议对该组织基础性结构进行创新，并提供了一些可供活动的领域和范围，包括发现和检索经济模型、数字化资料和档案。1999 年，DLF 启动出版系列计划，有两部已出版发行，在因特网上也有相关内容。

DLF 的主要方针和会员关系如下。DLF 的主要方针：①在今天确认明天的机遇；②合理分配资源和发展引导边缘方面的利润；③传播信息，关注那些能够左右美国国家数字图书馆的策略、标准、实践及工具的观点；④培养创新资源服务。DLF 的会员关系：DLF 的 23 位会员实际上是 23 对伙伴。这些组织每年捐赠一定数额的运营经费，每个组织在指导会议上都有一个席位，通常由该组织的执行官出席。另外，DLF 的指导会议上有包括 OCLC、网络信息联盟这样的“同盟者”。

在分类活动利益的引导下，DLF 现在正在按照一个扩大了的盈利范围来经营，包括数字化资源的存取管理、开发和检索元数据、数字化成像、数据库的建设。包含上述项目的两个主要工程是在建的美国二期工程和数字化证明（certificate）原型。

（1）在建的美国二期工程要确立一种标准化的、能够检索复杂编码数字化对象的方法，使不同图书馆的数字化对象运用同一种检索工具能被很好地利用。例如，如果两个不同的图书馆分别在他们的馆藏中将日志数字化，那么在同样的存取方法下，从日志中恢复并播放那些馆际的网页应该是可能的，就像它们在同一个馆藏中。

而要做到这一点，必须有一个可以使不同的数字化对象交合在一起的智能的（或开放的）编码标准。目前已有 5 个 DLF 会员在这方面进行合作研究。

（2）数字化证明原型的目标是发展并检验这样一种协定，使得商业资源提供者可以确认使用者是图书馆的合法赞助者（顾客），所使用的是经过批准（许可）的资源。这样的协定是必要的。例如，使图书馆的赞助者（顾客）可以直接从主页上存取（下载）那些经过批准的图书馆数据库，从而免除了办理其他相关证明的麻烦（例如 IP 过滤器、委托书）。在这个协定中，主要参与者包括加利福尼亚数字化图书馆、哥伦比亚大学图书馆、JSTOR 和 OCLC。

DLF 在最初的 5 年里只取得了少数的标志性成就，而由于不同播放器之间的利润分配存在太大的分歧——从私立大学到公立大学再到公众图书馆——以致不能达成任何清晰的、意见一致的委任协议。而一些参与协作的组织，其制度性文化甚至妨碍了合作。DLF 为解决这个不能达成一致的难题，把那些会员组织在一起，帮助协调解决。DLF 致力于开发反映美国历史与科技文化成就的数字式资源库及分布式数字图书馆系统，旨在促进不同的组织之间就共同关心的利益和话题进行有效的讨论，提出解决问题的方案，并通过联盟的形式进行合作，使图书馆在数字化发展过程中合理利用资源，实现资源共享，提高服务效益，促进共同发展。

9.1.2　俄亥俄州图书馆与信息合作网

俄亥俄州图书馆与信息合作网（Ohio Library and Information Network，OhioLINK）是由该州大专院校图书馆和州图书馆构成的资源共享联盟。这一模式被美国高等教育理事会和州政府理事会评为创新和增效的先锋，也被世界同行视为图书馆合作、集中投资和提供有效服务的典范。

1987 年，俄亥俄州大学校务委员会（Ohio Board of Regents）针对州内 13 所大学图书馆增加空间及馆藏的要求，建议尽快建立一个全州性的电子图书目录系统，以便借资源共享来应对经费短缺和信息剧增的挑战，满足师生员工及其他用户对图书和信息的需求。1992 年，OhioLINK 在俄亥俄州政府的全力支持下得以正式成立，以求在全州共同的图书馆自动化系统基础上，解决大学图书馆经费短缺和典藏空间不足的问题，实现图书馆合作和资源的共享。因此，联盟创建的主要目标为通过连接所有会员图书馆的自动化系统，联合编制目录，从而提高馆际互借服务的效率。

OhioLINK 的会员为俄亥俄州全州学术研究图书馆，现有 89 个成员，以私立大学和学院居多，约占 52%；次之为社区及技术学院，约占 27%；最后为公立和研究型大学，约占 20%，以及俄亥俄州立图书馆。合作规模虽然越来越大，但是仍然以公私立大学、技术学院、二年制社区学院和州立图书馆等为联盟会员，并没有扩及盈利机构。

OhioLINK 的经费来源主要是州政府的财政拨款，分为资产拨款和运作拨款。资产拨款用于支付中心系统的硬件设备和软件、网站维护、参考资料库等，运作拨款用于支付合作网中央系统的人事、办公设备、管理、软件维护、资料库签约等。此外，OhioLINK 其他的经费来源包括申请外部基金的资助和成员交纳的会员费。

根据不同的标准，图书馆联盟可分为不同的类型，如按联盟所涉及的地域范围划分，可分为国际性、全国性、跨州范围、全州性、地方性等；又如从联盟所包含的图书馆类型来划分，可分为大学图书馆联盟、公共图书馆联盟、专业型图书馆联盟和综合性图书馆联盟等。OhioLINK 的成员都是俄亥俄州的图书馆，又以大学和学院图书馆居多，因此，它是全州性的大学图书馆联盟。

图书馆联盟的模式也多种多样，既有非常松散的，为了降低费用而合作购买数据库的使用权而建立起来的联盟，也有组织严密、设有专职人员、共享自动化系统并开展多项活动的集中式图书馆联盟。OhioLINK 采用的是集中式资源管理模式，只有图书馆目录信息分置于各会员机构，但在联盟中心仍有一个中心数据库加以整合。

OhioLINK 的共同愿望是为提供广博的信息资源、全力支援 21 世纪俄亥俄州高等教育的发展，因此，主要服务对象为俄亥俄州大专院校与社区学院的教师、职员、学生与图书馆人员。

OhioLINK 除提供传统的纸质文献资源为用户提供服务以外，还注重电子资源和数据库的共享服务，事业改革与发展包括电子图书、在线工具书、期刊的全文数据库和硕士、博士论文在线电子文本等。此外，OhioLINK 重视对数字媒体资源的收集，如数字媒体中心储存和提供各成员馆拥有的各种各样的多媒体资料，包括艺术和建筑图像、录音像、地图、外国语音像等，又如近年与其他机构合作成立的数字媒体院（Digital Resource Commons），是一个可提供丰富的研究、历史、教育、创作材料制作的俄亥俄州的学术社区，供全州高校储存、使用和保存各种格式的数字资料，包括录音、录像、文本、图形图像等。

OhioLINK 的主要产品服务有 6 个：中央数目库（library catalog），电子资料库（research databases），电子杂志中心（electronic journal center），数字媒体中心（digital media center），电子图书（e-books）和电子硕士、博士论文中心（electronic theses and dissertations center）。尽管每个产品服务的对象不同，但是仍然以会员馆的合法用户为主，即主要是为会员馆的合法用户提供优质的服务。

OhioLINK 注重运用现代先进的技术来开展服务，所提供的服务方式有联机馆际互借、数字化全文传递、在线数据服务、网站综合服务等。

由于 OhioLINK 是全州性的大学图书馆联盟，只存在联盟中心和会员馆两级机构，因此他们所建立的服务体系仅是面向联盟中心成员馆的。OhioLINK 以全州所有会员图书馆的互惠合作、资源共享为目标，因此，其服务宗旨是信息资源的轻松获取和快速传递，能保证在 3 天之内将文献送到用户手中。

不论是对于读者还是对于会员馆，OhioLINK 所提供的服务项目很多。对于读者，他们都能提供联合目录检索、馆际互借服务、文献传递服务、电子资源导航服务、重点学科导航库服务、教学参考及远程学习服务、参考咨询服务、数字图书馆服务和异构数据库统一检索等服务；对于会员馆，他们提供的服务项目有信息资源软硬件合作开发及标准化发展、线上合作编目服务、合作采购与联合签约服务、合作典藏、人员培训服务、文献传递与馆际互借服务、技术支援服务和虚拟咨询服务等。但是他们之间又有所不同，OhioLINK能提供个性化信息服务，更具人性化；对于会员馆，它还能提供数字媒体管理与发展服务、电子资源管理与发展服务。

9.1.3 中国高等教育文献保障系统

中国高等教育文献保障系统，是经国务院批准的我国高等教育“211 工程”“九五”“十五”总体规划中三个公共服务体系之一，是国家经费支持的高校图书馆联盟，其建设水平基本上可以代表我国图书馆联盟的水平。

CALIS 于 1998 年 11 月正式成立。联盟成立动机系因高校图书馆各馆自我保障模式的弊端日益突出，主要为解决经费不足、文献利用率偏低，以及网络环境下信息获取等问题。CALIS 的宗旨是，在教育部的领导下，把国家的投资、现代图书馆理念、先进的技术手段、高校丰富的文献资源和人力资源整合起来，建设以中国高等教育数字图书馆为核心的教育文献联合保障体系，实现信息资源共建、共知、共享，以发挥最大的社会效益和经济效益，为中国的高等教育服务。由于联盟成立动机、合作的目的不同，联盟的目标也就有所差异。CALIS 以建设以中国高等教育数字图书馆为核心的教育文献联合保障体系，实现信息资源的共建、共知、共享为目标，可以说是重点在“建”。

CALIS 的会员以全国高校图书馆为主亦含其他信息服务机构，迄今参加 CALIS 项目建设和获取 CALIS 服务的成员馆已超过 500 家。会员有核心会员馆和一般会员馆之分，其中以共享成果为主的会员图书馆有 400 多家，承担共建任务的会员图书馆有 90 多个，其他行业的会员机构有 7 个。CALIS 则以全国高校图书馆为主，其他信息服务机构为辅所组成，其范围已经扩及盈利机构。

CALIS 的经费来源主要来自中央政府的资助，全国中心图书馆与地方高校图书馆有相应的配套资金加以支持，同时，各成员馆也要交纳一定的会员费，享受 CALIS 提供的服务。

CALIS 的目标是建设以中国高等教育数字图书馆为核心的教育文献联合保障体系，其会员包括全国的大多数高校图书馆，是全国性的大学图书馆联盟组织。

图书馆联盟的模式也多种多样，既有非常松散的，为了降低费用而合作购买数据库的使用权而建立起来的联盟，也有组织严密、设有专职人员、共享自动化系统并开展多项活动的集中式图书馆联盟。由于 CALIS 需要形成全国、地区和高校三级联合文献保障体系，使得资源比较分散，因此采用分散式资源管理模式。

CALIS 的服务对象除高校的教师、行政人员与学生外，还包括其他信息服务机构的人员。相对于 OhioLINK 所提供的多元化资源，CALIS 只提供纸质文献资源和数据库资源，其中以数据库资源为重点，通过引进数据库子项目，联合购买国外数据库和电子文献来缓解我国高校外文文献长期短缺，无从获取或迟缓的问题，推动高校科研和教学的进步；通过高校学位论文库子项目，建设一个集中检索、分布式全文获取服务的 CALIS 高校博士硕士学位论文文摘与全文数据库，目前有数据 384 万条，其中，中文数据约 172 万条，外文 212 万条；通过专题特色数据库子项目，按照统一的建库标准和服务功能要求，构建统一的公共检索平台，建成一批具有中国特色、地方特色、高等教育特色和资源特色，并服务于高校教学科研和国民经济建设、方便实用、技术先进的专题文献数据库，现有 75 个。CALIS 也注重运用现代先进的技术来开展服务，服务方式有联机馆际互借、数字化全文传递、在线数据服务、网站综合服务等。

CALIS 的主要产品有联合目录数据库、引进数据库、高校学位论文库、专题特色数据库、重点学科导航库、教学参考信息库、虚拟参考咨询、数字图书馆门户和 CCC 西文期刊篇次目次等，各个数据库的服务对象为会员馆。值得一提的是数字图书馆门户服务，它包括数字图书馆门户网站和门户构建平台，其中数字图书馆门户网站是面向全国高校的服务平台，以全方位、个性化方式提供综合信息服务、统一用户管理、会员管理，在线应用培训、电子资源导航、门户个性化定制工具、集成化服务接口等；数字图书馆门户构建平台，通过提供“自定义、积木式、个性化”的系统建设流程和功能模块，为各个高校提供一套数字图书馆门户服务网站的构建工作，高校用户用此平台通过二次开发能够方便、快捷地构建自己个性化的门户服务网站系统。

服务体系上，CALIS 在北京建立了文理、工程、农学、医学 4 个全国性文献信息中心，构成 CALIS 资源保障体系的第一层；在 8 所“211 高校”建设了 8 个地区性文献信息中心，构成了 CALIS 保障体系的第二层；在未设全国中心和地区中心的省市建立 30 个省级文献信息中心，构成了 CALIS 保障体系的第三层；CALIS 保障体系的第四层就是各成员馆了，CALIS 的服务将从面向“211 高校”到面向所有高校。CALIS 的服务宗旨是建设以中国高等教育数字图书馆为核心的教育文献联合保障体系，实现信息资源的共建、共知、共享。

不论是对于读者还是对于会员馆，CALIS 与 OhioLINK 所提供的服务项目都差不多。对于读者，他们都能提供联合目录检索、馆际互借服务、文献传递服务、电子资源导航服务、重点学科导航库服务、教学参考及远程学习服务、参考咨询服务、数字图书馆服务和异构数据库统一检索等服务；对于会员馆，他们提供的服务项目有信息资源软硬件合作开发及标准化发展、线上合作编目服务、合作采购与联合签约服务、合作典藏、人员培训服务、文献传递与馆际互借服务、技术支援服务和虚拟咨询服务等。CALIS 能提供数字图书馆解决方案，有助于会员馆的数字图书馆建设。

9.2 数字图书馆联盟的建设机制

数字图书馆联盟，经过 10 余年的建设和发展，不再是一个个单体，作为社会文化事业的重要组成，已经成为享有盛誉的信息资源共建共享品牌。它们成熟的建设理念、完善的管理体制、精心的组织规划、有序的运行机制以及取得的可喜成就，备受业界的广泛关注。

9.2.1 管理体制与运行机制

OhioLINK 组建的目的就是在全俄亥俄州统一的图书馆自动化管理系统的基础上，解决大学图书馆经费短缺和典藏空间不足等现实问题，实现区域内图书馆间的深度合作与资源共享。截止到2008年，OhioLINK共有89个会员，包括14个公立大学图书馆、23个社区图书馆、51个私立学院图书馆以及俄亥俄州立图书馆，为全州73万多名学生、教师、职员和其他研究者提供多种信息服务。

OhioLINK的管理体系（图9-1）是由一个管理委员会（Governing Board）主导全局大政方针，并委托一个执行主任（lead implementors）在两个委员会的协助下主管合作网的具体运行。管理委员会向俄亥俄州大学校务委员会报告，指导俄亥俄州合作网的所有计划，制定大政方针，审批经费，它由大专院校的教务长和其他成员单位领导组成，每年至少要召开6次常务会议。现届委员有13名正式委员（9名来自综合性大学、3名来自社区学院、1名来自独立院校）和5名由于职务而成为的当然会员（即ex-officio members，具体是两名俄亥俄州大学校务委员会委员、技术顾问委员会主席、图书馆顾问委员会主席和合作网执行主任）。执行主任配有一套工作班子负责中央系统的日常工作。技术顾问委员会（Technical Advisory Council）和图书馆顾问委员会（Library Advisory Council）协助执行主任开展工作，其中图书馆顾问委员会下辖4个常设委员会，即信息资源合作管理委员会（Cooperative Information Resources Management Committee）、资料库标准及管理委员会（Database Management and Standards Committee）、校际服务委员会（Intercampus Services Committee）和用户服务委员会（User Services Committee）。

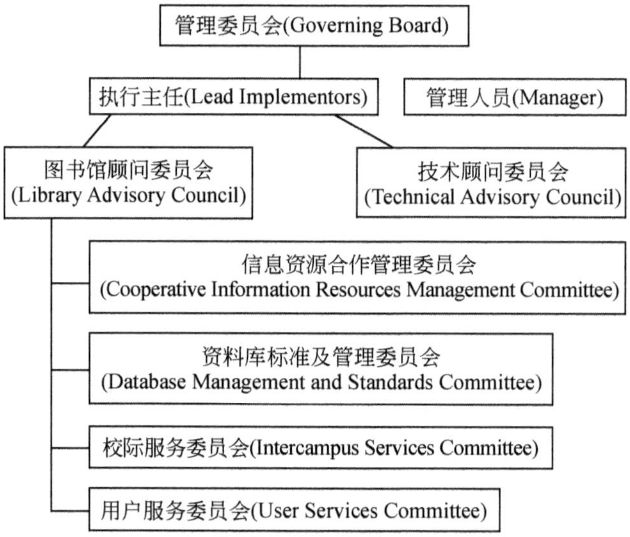

图9-1　Ohi1LINK管理体系示意图

OhioLINK在组织机构的最上层设有一个高效的管理委员会，该委员会委托一个执行主任在两个理事会的协助下管理联盟的具体运作（图9-2），执行主任拥有一个工作班子负责中央系统的日常工作。两个理事会下设一个联席会和4个常设委员会。各常设委员会又根据需要组建各类工作组，探讨和解决专门的问题。

在这个框架下，作为最顶层的管理委员会对俄亥俄州大学校务委员会负责，其成员由联盟院校的教务长和其他成员单位领导组成，职责是指导OhioLINK的所有计划，包括制

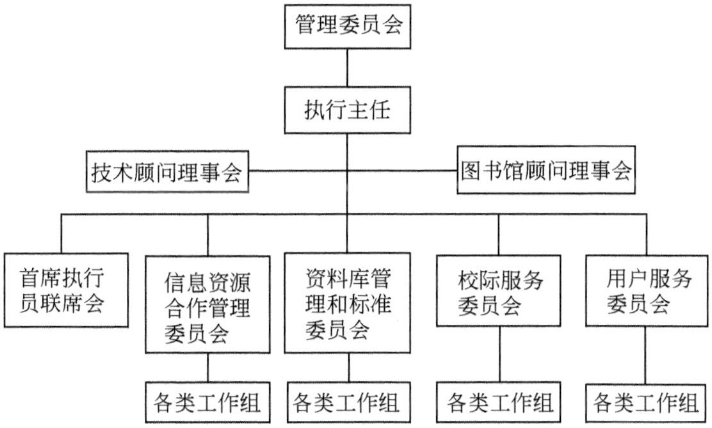

图 9-2　OhioLINK 管理体系图

定大政方针、审批经费等；图书馆顾问理事会参与管理委员会的决策和规划，其成员包括 OhioLINK 执行主任和4 个常设委员会主席、联盟内两所私立大学和所有公立大学图书馆的馆长、私立和两年制学院的校方代表，职责是负责审批常设委员会提出的合作项目，讨论和批准重要资源的分配；技术顾问理事会由联盟成员馆分管计算机和网络技术的副馆长、网络工程师和图书馆系统馆员组成，负责审查 OhioLINK 的技术战略方针，对中央管理系统、各成员单位的本地系统中跟合作项目相关的部分提供技术指导和支持；首席执行员联席会由每一成员单位指定的图书馆系统馆员组成，负责全面维护各成员图书馆本地系统与 OhioLINK 相关的政策和章程，定期交流信息；信息资源合作管理委员会由图书馆采访馆员组成，负责向图书馆顾问理事会提出采购建议，对采购目标和该目标的出版商进行调查，管理所采购资源在成员图书馆间的分配；资料库管理和标准委员会由各成员图书馆的编目馆员组成，他们的任务是负责及时维护 OhioLINK 的运行核心——中央书目库，严格把关中央书目库内书目的质量标准，制定所有成员馆都应当遵守的与元数据相关的政策和章程；校际服务委员会由各成员图书馆流通部和馆际互借部馆员构成，负责制定全俄亥俄州资源共享的政策和章程，协调成员馆系统之间的协同运作，监管文献传递；用户服务委员会由各图书馆参考馆员组成，负责提供对与用户相关服务意见的反馈，评估 OhioLINK 系统并提出改进建议，组织培训和参与 OhioLINK 各项服务的宣传推广。

一般来说，OhioLINK 内部合作项目的建立过程是自下而上的，始于4 个委员会下设的各类工作小组。这些工作小组在经过调查研究后拿出文献资源建设方案，如与联盟内各成员馆达成共识，他们就着手起草与项目有关的政策和标准等文件，并提交给相关的常设委员会审查讨论，常设委员会把经过认证的方案推荐给图书馆顾问理事会审议，若顾问理事会批准，该认证方案则再被推荐给执行主任实施。管理委员会对联盟的一切项目拥有最终决定权，但一般只扮演督导员的角色，决定权大多是在图书馆顾问理事会和执行主任这一级做出的。

OhioLINK 是充分整合了俄亥俄州各类公共图书馆和院校图书馆资源的共享联盟。这一模式被美国高等教育理事会评为创新和增效的先锋，也被世界图书馆同行视为图书馆间集中投资、相互合作和提供有效服务的典范。

20世纪90年代末，教育部着力发展教育科研网和文献保障体系两大公共服务系统。

CALIS管理中心（图9-3）设在北京大学，负责CALIS专题项目的实施和管理。CALIS管理中心设有专业中心和工作组，负责某一专题的工作，包括联机编目和技术两个专业中心；一个引进资源工作组和研发部、系统运行部、业务发展部、办公室4个工作部门。联机编目中心具体负责推进多语种多资料类型联合目录数据库和联机合作编目资源共享系统的建设，为全国高校的教学科研提供文献资源网络公共查询。技术中心负责技术开发和技术服务，为CALIS成员图书馆提供全方位的技术解决方案和技术服务。引进资源工作组的职能是对“十五”期间引进数据库经费的使用提出建议，参与制定引进资源计划，共同磋商各类资源的引进和开展引进资源评价指南、数据库培训等方面的工作等。研究开发部负责CALIS公共服务系统的研制开发与委托开发管理。业务发展部是负责CALIS对外宣传、资源和资产运作的部门。系统运行部具体负责CALIS共享系统的运行维护。办公室负责对全国中心、各地区中心及各省中心的管理，负责CALIS的宣传、行政事务管理，以及对外交流与合作。此外，CALIS还设置有专家委员会，其成员由CALIS管理中心根据工作需要推荐，由CALIS领导小组聘任，受管理中心领导。专家委员会根据CALIS的发展需要，开展相应的调查研究，并协助CALIS管理中心制定相关的发展规划和工作方案、技术方案，负责对CALIS各项工作的评估。委员由系统内外的图书情报专家、信息技术专家组成，具体又划分为三个组，即发展规划和评估组、资源发展组和技术咨询组。

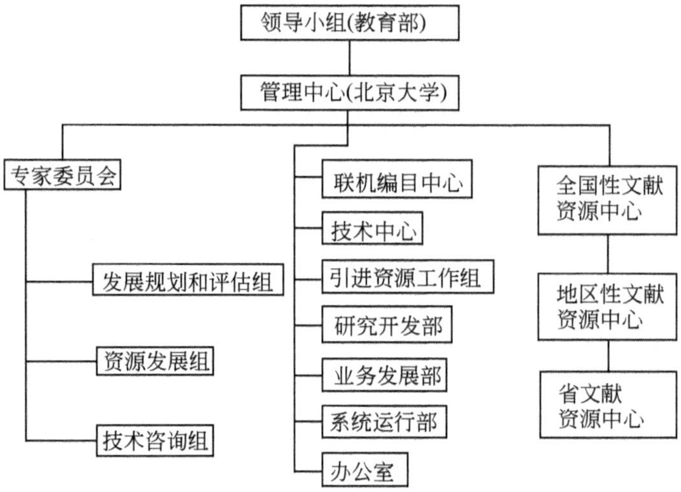

图9-3 CALIS管理体系示意图

在这个框架下，CALIS项目建设领导小组负责制定工作规划、审批管理实施方案、聘任专家组检查系统建设进展情况、对项目建设的重大问题进行决策并且协调解决建设中存在的问题。在领导小组下设有由图书馆领域的专家以及相关领域专家组成的“网络自动化建设”和“文献资源建设”两个专家小组，这两个专家组定期召开会议，制定项目实施时间表、布置具体任务、提出咨询意见、评估项目实施进程和技术路线、讨论重点项目建设方案。这两个专家组还必须协助领导小组制定和审核项目的各类工作方案和工作计划，拿出具体可行的建议和意见，并且对一些重要的子项目建设进行评议和可行性论证。

在 CALIS 的管理中心下设有一个管理中心办公室，作为常设的管理机构，该办公室接受 CALIS 领导小组和管理中心的双重领导，负责管理中心下设的四个书刊采编中心和八个地区与学科中心的工作。按照高校的地域分布和专业特色布局，各个地区和学科中心图书馆要面向本地区和学科群的基层图书馆提供服务，分中心按年度向上级中心汇报工作，接受管理中心的统一部署，形成“管理中心——地区与学科中心——基层图书馆”的三级服务网络体系。

9.2.2　技术平台支撑

图书馆联盟的组建基础，是各个成员图书馆自动化管理系统的整合统一和信息资源软硬件的标准化。共享技术平台是联盟内图书馆自动化集成管理系统和相关子系统的共建共享。

OhioLINK 的各个成员图书馆统一选择创新界面公司 INNOPAC 图书馆自动化管理系统作为应用软件，在硬件上统一采用美国数字设备公司（Digital Equipment Corporation）500 系列主机产品，并由俄亥俄州大学研究网络将全州大学系统的 14 家俄亥俄州的公立大学，24 家地区大学的分校，23 家社区学院以及 51 所私立学院和研究性大学图书馆以及俄亥俄州图书馆连成一体。

CALIS 技术平台涉及三十多个应用系统软件，涵盖资源加工组织、管理、服务等，中心服务系统部署在主节点，包括资源加工、资源质量管理、资源整合、资源服务、应用服务等；共享版系统部署在 30 个共享域中心节点，同区域性服务，涉及资源共建和共享等；本地版系统部署在图书馆本地节点，提供主要的本地资源加工、管理与服务。CALIS 三期提出了服务平台 Nebula 的构建，支持多机负载的动态分配与任务调度。软件共享平台是云技术支持的 SaaS 平台，可以定制或嵌入各共享域服务体系，与主流应用系统接口，可嵌入本地服务系统。

9.2.3　馆际互借和文献传递系统

文献传递与馆际互借是图书馆资源共享的主要表现形式。文献传递一种非返还式的文献提供服务方式，它是指利用传统的物流传递或者现代的电子传递方式，在适当的时间将各种不同类型、不同来源的外部文献资源，以合理的价格和快捷的方式，直接或者间地接传递给信息受众的服务模式。馆际互借是指处于同一系统内，或者不同系统间的图书馆，根据双方共同认可的协议，相互出借各自的馆藏文献，但是该文献的所有权还是隶属于出借馆，并且馆际互借后的文献，最终还是要回到出借馆，馆际互借是一种返还式的文献提供服务。区域性馆际互借与文献传递服务是以地域为中心的图书馆联盟成员之间的资源共建共享形式。

目前，OhioLINK 的馆际互借和文献传递系统既包含了传统馆藏纸质文献的物流传递方式，也包括了提供珍贵原始资料影印件或复印件的文献传递方式，实现了资源共享与服务共享的整合。

OhioLink 在组建之初，就通过广泛调研和公开招标的方式，最终选用了 Innovative Interface Inc（美国创新界面公司）开发的图书馆系统软件和美国数字设备公司提供的计算机应用硬件作为联盟统一的信息化平台，以实现联盟计算机中心管理系统及各联盟图书馆本地系统高度的融合并能快速链接。OhioLink 在保证技术标准整体一致的前提下，授权联盟内各成员馆可以根据各自不同的需求在本地系统内进行各种系统参数的设定。

OhioLink 远程馆际互借的最大的优势是各个联盟成员图书馆间可以实现快速的跨馆借阅与文献传递一体化服务。通过联盟的中心服务器，联盟内的所有读者可以在任何时间、任何地点在线查询所需要的文献资源，当所需要的文献资源在本地图书馆没有收藏时，读者可以直接进入 OhioLink 的联合书目数据库页面查询，当查询到其他成员图书馆有入藏，就可以向该图书的入藏馆发送借阅申请，并通过 OhioLink 成熟的文献传递系统获取文献。OhioLink 的联盟读者还可以申请"非原馆返还服务"，即可以将所借图书就近还给离自己最近的一个 OhioLink 联盟图书馆。OhioLink 的中央数据库系统可以允许约 5000 个读者同时登录使用，馆际互借服务不仅可以借阅纸本文献的借阅，还具有声像资料及进行图书预约功能，读者可以在线互借八十多个联盟馆的图书和各类文献资源。OhioLink 的远程借阅服务为联盟内图书馆读者带来了前所未有的便利。

OhioLink 从建立以来一直都致力于为各联盟图书馆建立资源丰富的虚拟馆藏。OhioLink 在其中心数据库内建立了一个公共的中央书目数据库系统，目的是为联盟内图书馆的所有读者提供标准化的书目数据，方便读者进行联合书目查询与网上图书互借。中央书目数据库的数据来自 OhioLink 各个联盟馆的本地系统。各联盟馆通过联机存取书目记录、联合编目和 OCLC 书目进行图书编目作业，并将书目记录实时转入联盟中心书目系统。联盟内的读者在本地图书馆书目系统上如果没有查到所需的书目信息，则可以直接进入中央书目数据库进行查询，中央书目数据库将提供拥有该种图书的图书馆列表，并能够同时提供图书的预约与流通状态信息。OhioLink 中央书目数据库系统内拥有俄亥俄州八十多所大专院校图书馆以及州立、私立图书馆数千万条的书目信息，通过中央书目数据库、各联盟图书馆本地书目库和馆际互借系统间的无缝连接，为读者的信息服务提供保障（表 9-1）。

表 9-1　OhioLINK1994～2008 年接受提交的馆际互借数量与增长率统计

年份 / 项目	1994	2004		2005		2006		2007		2008	
		数量	增长率	数量	增长率	数量	增长率	数量	增长率	数量	增长率
提交的馆际互借量	61 170	691 370	1030%	747 600	1122%	756 000	1136%	751 200	1128%	777 034	1170%

国内成功的"馆际互借与传递系统"主要部署在中国数字图书馆推广工程、CALIS 等，为联盟成员单位的读者提供当地缺藏的图书、期刊、论文等文献资料，是成员单位为本地读者利用外馆收藏资源的一种途径。

CALIS 馆际互借与传递系统基于国际标准 ISO10160/ISO10161 协议，包括馆际互借管理系统（含用户服务网关）、馆际互借协议机和文献传递系统，由馆际互借网关、馆际互借事务信息管理系统、馆际互借协议机、文献传递系统组成。馆际互借事务信息管理系统负责用户管理、事务管理、账户管理、系统管理、统计分析和参数配置。

CALIS 馆际互借管理系统主要功能包括管理本馆用户，处理用户申请，处理其他成员馆的文献传递请求，向其他成员馆提出文献传递请求，其中用户网关主要功能包括接受用户文献传递申请、跟踪所提出申请的处理情况、管理自身的资金账户和用户。

通信协议机用于所有采用 CALIS 馆际互借与文献传递应用软件的成员馆之间的事务处理通讯，主要特色包括自动异步处理馆际互借员发出的处理指令。

文献传递服务系统用于原文的扫描与馆际传递。

CALIS 联盟内部署服务站点，以保障馆际互借与原文传递的服务资源。其馆际互借模式主要有以下特点：

自觉处理好联盟图书馆资源收藏、获取、共建、共享的关系，在立足资源共享的技术上，实现图书馆事业联盟的共同发展。一般是在顶层中枢的统一规划和指导下，联盟成员单位文献信息资源实现统一集中管理，通过整合各成员馆的各类文献资源，进一步提高信息资源的使用效率。

地区差异、经济差异和文化差异导致的不同区域的图书馆发展基础条件参差不齐，发展较不均衡，因此联盟在进行资源采购的过程中，都统一遵守中心采用的集团采购方式进行文献资源统一购买，各成员图书馆按照财力的不同，重点致力于本单位特色馆藏资源建设，但是读者在使用图书馆资源的时候，可以获取联盟的图书馆信息资源。

9.2.4 联盟集团采购

由于当前国内各图书馆普遍经费紧张的现状，文献出版数量激增和文献价格不断上涨等因素造成目前图书馆文献收藏的增量逐渐减少，而读者的信息需求不断上涨，读者的信息意识也在不断增强，因此读者的抱怨日趋强烈，这一切都给我国图书馆事业的发展造成了很大的负面影响。联盟集团采购，使得图书馆联盟的各个成员馆在购买和租用电子资源时具有强大的谈判优势，以集团优势购买资源能够实现资源的共建共享，目前看来，这也是各国图书馆摆脱现实困境的唯一可取之路。

Ohiolink 主要是针对电子资源采用集团采购的方式，Ohiolink 的集团采购部门在购买电子资源的过程中扮演“藏书采购代理人”的角色。按照采购资源的不同，集团采购部门指定不同的“集团采购召集馆”，该召集馆是该次集团采购工作的全权代表，负责组织谈判专家和谈判代表与数据提供商进行谈判却不从中获取任何利益。联盟集团采购部门通常先请相关学科专家和数据库采购专家评估拟购买的数据库产品的购买价值，然后与联盟成员商定购买事项，协调各个成员馆的购买范围和购买需求，最后在平等的基础上和数据提供商进行价格和服务谈判。

CALIS 集团采购到 2009 年共组团 107 个（554 次）集团采购。10 个全国和地区中心承担了集团采购组织工作，21 个成员馆参加谈判小组，270 家单位签署了《CALIS 集团采购委托协议》，174 份签字盖章完整的方案提交教育部备案。

现在已经明确引进数据库的集团采购引入代理服务机制，由获得国家有关部门批准的图书进出口商来协助组织谈判、签约等相关工作。

建立高校数字资源采购联盟（Digital Resource Acquisition Alliance of Chinese Academic

Libraries，DRAA），CALIS 开展相关资源的评估、信息发布、数据存档备案和培训。

2010 年 4 月 15 日，高校图书馆数字资源采购联盟成立，26 个与会图书馆代表发起，原则通过了《联盟章程》《联盟工作规范》《联盟委托协议》，建立网站发布相关信息。联盟宗旨为团结合作开展引进数字资源的采购工作，规范引进资源集团采购行为，通过联盟的努力为成员馆引进学术资源，谋求最优价格和最佳服务。联盟由理事会、秘书处和成员馆组成，负责数据库评估，组织专家进行数据库谈判，集团采购方案审核与发布组织培训，集团采购代理商选择、数据库商和代理商售后服务监督。

国内一些区域联盟集团采购主要采用联合购买和集团买断两种方式。集团联合购买是指资源建设领导小组根据资源购买需求的不同，组织各参团成员馆以联合采购的方式引进数据库资源，以便获得更大的价格优势，不同的数据库采用不同的费用机制，目的是能够使各参团馆均能获得最大的经济效益。集团买断一般又分为两种方式：一种是由管理机构全额出资，买断目标数据库的使用权后供各图书馆免费使用；另一种是由管理机构补贴部分经费，加上需要购买该数据库的各成员图书馆自筹经费，共同买断数据库的使用权，供自筹经费的各图书馆使用，而各成员馆的费用，按照年度总经费预算的比例，采用分级分类的等级支付机制。

集团买断引进文献资源，建立区域资源镜像站点，各镜像站点提供 24 小时全天候服务。以此来分流用户访问，减轻服务器访问压力。

9.2.5 区域数字图书馆联盟的发展特色

20 世纪 90 年代以来，随着现代信息技术在图书馆领域的广泛应用和个人计算机在图书馆用户中的逐渐普及，传统图书馆的服务流程和服务形式都发生着翻天覆地的重大改变，以网络数据库和电子期刊为代表的各类电子资源呈现出迅猛发展的强劲势头。面对这种情况，各图书馆如何能够合理利用现有设备，在经费相对增长较慢的大形势下，使读者能够更加方便、便捷、全面地获取所需的信息，已成为图书馆界亟须解决的问题。

OhioLINK 从 1998 年开始着手启动电子期刊中心（electronic journal center，EJC）的建设。自 1998 年建设伊始，EJC 仅能提供 2 个出版商约 1300 种电子期刊和不到 100 万篇的期刊论文，发展到 2008 年已经能够提供 106 个出版商的 8294 种期刊约合 1200 多万篇期刊论文的庞大规模，EJC 的建设成效是显著的。它不仅为联盟内成员提供了丰富的电子期刊资源，还节省了可观的购买成本。

EJC 成立于 1998 年。成立 EJC 是由于 OhioLINK 在建设过程中面临的巨大压力和挑战。20 世纪 90 年代，随着电子信息技术的不断发展，电子资源呈现出指数化增长的趋势。电子资源以其获取和存储的便利性使得各图书馆都产生出对电子资源收藏的强烈需求。1995 年，OhioLINK 下设的文献传递任务小组发布了关于联盟内期刊订购、检索、利用问题的白皮书，主要涉及两方面问题：首要问题是可能存在的法律问题，联盟内各个图书馆期刊论文复制数量的迅速膨胀，可能会违反版权法和其他法律法规；其次是电子文献价格的不断上涨，导致图书馆的订购费用迅速增加，以至于单个图书馆已经不可能负担这笔费用。这两个问题与联盟建设之初就设立的“以最低费用提供最大可检信息”的原则完全不符。针对上述问题，文献传递任务小组提出了建议性的解决方案，即在保证联盟各成员馆所订购印刷型期刊费用与往年持平或者略有增加的条件下，由联盟出面同出版商进行谈判，取得 Elsevier 和 Academic 两个出版商全部电子期刊在 OhioLINK 联盟内的使用权，这对出版商和图书馆是双赢的事情，是完全有可能实现的。谈判的过程十分顺利，OhioLINK 在 1996 年首先同 Academic 达成了协议，买断了其 175 种电子期刊的使用权，次年，又同 Elsevier 签署了一个三年的订购使用协议，买断了其 1150 种电子期刊，以此为基础，EJC 于 1998 年正式成立。EJC 的服务器装入了包括 1995 ~ 1997 年 Academic 和 Elsevier 发行的所有过刊，并同引文数据库、OhioLINK 中心书目数据库和各成员图书馆书目数据库相互链接，通过 Orion Scientific Systems 系统软件接口提供检索与信息获取服务。在随后的几年中，EJC 的服务不断完善，服务质量和服务方式也在不断改进，到 2001 年 9 月，EJC 数据库内的期刊种类已经突破 3 千种，包含超过 2 百万篇期刊论文全文提供用户使用，相关的电子期刊出版商按照签订的协议规定每周将新增加的期刊论文及时添加到 EJC 数据库中。经过十余年的发展，现如今的 EJC 已经发展成为全美最大的地方性电子期刊馆藏（表 9-2）。

表 9-2　OhioLINK 1994 ~ 2008 年下载电子期刊论文数量与增长率统计

项目＼年份	1994	2004		2005		2006		2007		2008	
		数量	增长率	数量	增长率	数量	增长率	数量	增长率	数量	增长率
下载的电子期刊论文	206 000	11 242 000	3829%	12 900 000	6162%	15 703 000	7523%	18 339 200	8803%	21 535 381	10 354%

EJC 建立之初就十分注意成本效益的统计和分析，这样做是出于三方面考虑：首先是为了掌握读者对 EJC 提供服务的使用情况，以便 EJC 能够及时调整工作方式，提升服务能力；其次是为了向俄亥俄州的图书馆管理机构和联盟的出资方证明，EJC 资金使用的适当性和对其投资的必要性；再次是向联盟用户宣传 EJC 的优越性，鼓励和引导信息用户使用 EJC 提供的各类服务。据统计，一般美国高校图书馆期刊费用年均上涨率为 8%，而 OhioLINK 显著地降低了信息成本的增长率，平均降低约 3%。

EJC 在筹建一周年时针对 Academic 和 Elsevier 两个出版商提供的电子文献的使用情况进行了一次专门的统计分析。这次统计的结果显示：联盟用户所下载的联盟内没有收藏的印刷型期刊论文的数量为 12 万余篇，其中有 86 910 篇超过了 5 次利用的规则，如果不违反公正使用原则，则必须订购包括副本在内的 4176 种期刊。如果通过文献传递的方式获取这 12 万余篇文献，费用将超过 100 万美元。如果按 Academic 和 Elsevier 两个出版商的期刊价格平均为 1500 美元计算，全部购买这些文献则需要花费约 620 余万美元之多。

2000 年 4 月，在 EJC 成立两周年时，联盟又对 EJC 进行了一次全面的统计分析。此时的 EJC 已经可提 2500 余种电子期刊。统计结果表明：1998 年 4 月至 1999 年 3 月，联盟内的读者共下载文章 28 余万篇，所下载文章涉及的期刊品种中，联盟内没有收藏印刷型期刊的数量超过 77%。联盟成员馆平均每馆拥有印刷型期刊 588 种（包括复本），而平均每馆读者下载文章涉及的期刊为 2079 种（包括复本）。另外，在 2500 余种期刊中，有 184 种期刊的论文下载量超过 500 篇，有 104 种期刊的论文下载量低于 10 篇。有 40% 的期刊下载文章数量占总下载量的 80%。这些统计结果为优化馆藏质量提供了重要依据。

OhioLINK 的中枢骨干是中央书目库，成员馆通过各自的本地系统与中央书目库保持紧密连接。中央书目库具备馆际互借和联合目录的双重功能，其书目资料来源于各成员图书馆的本地书目系统，并具备实时更新的功能。用户在本地系统上查阅资料的同时，若是发现所在图书馆无该书目资料的数据，只要选择中央书目系统，就能查到 OhioLINK 中央书目数据库所有拥有该项书目资料的图书馆名单列表，以及该项资料的流通借阅状态。中央书目数据库同时允许4500 个用户并发登录，并提供在线馆际互借服务。用户从中央数据库中查到资料后，只要输入所属机构名称、身份号码、填写好提取地点，就连接到了馆际互借子系统。系统在检查到此项要求合法之后会发出电子邮件确认，并向出借图书馆发出借阅要求。出借图书馆接到请求后，按协议规定必须在 24 小时之内准备好读者请求的文献资料，文件快递系统按协议要求也要在接下来的 24 小时内将文献资料送至用户手中。

OhioLINK 在数字化资源建设方面成绩显著，最有代表性的是建立“数字媒体中心（digital media center，DMC）”和“电子学位论文和专题中心（electronic theses and dissertations，ETD）”来支持联盟的教学与科研活动。

1999 年，OhioLINK 成立了数字媒体中心，2002 年开始向联盟用户提供数字化教育录像，随后每年都有约 30 万份电子数据被用户下载。2000 年开始 DMC 开始提供电子图书服务，2008 年达 55320 种电子图书。DMC 拥有三千多件数字教育电影和文档，上千份的外语学习录像、电子图像以及来自世界范围博物馆的艺术作品图像、录音、历史文档、卫星图像等，还有丰富的教师教学课件。OhioLINK 每年约有 36 万件多媒体资料被下载，自 1999 年 DMC 建立以来，共有超过 330 万件次的多媒体资料被下载。

OhioLINK 的电子学位论文与专题中心整合存储了联盟内 18 个高水平会员大学的19 100 篇论文，并提供利用，极大地满足了全州各个大学所出版的硕士、博士学位论文的需要，仅 2008 年，ETD 中心的电子学位论文被下载 150 万次。

国内区域文献联盟成功的案例有江苏高校数字图书馆，其在全省建立了统一的数字化管理平台，即“汇文图书馆自动化管理系统”。该系统是国内自主开发的图书馆自动化管理软件，集采访、编目、流通、公共检索几大模块于一体，是江苏省高校图书馆工作人员日常工作接触频率最高，用途最多的软件工具。“汇文图书馆自动化管理系统”版本从 1.0 版本，发展到现在的 4.5 版本，每个版本的升级，伴随着新的功能模块的增加和完善。2.0 版本新增了委托借阅、虚拟分馆等功能，3.0 版本新增了统计等功能，3.5 版本新增了读者互动等功能，4.0 版本新增了个性化推荐等功能，4.5 版本新增了移动平台扩展功能等。目前，汇文图书馆自动化管理系统在全国范围内拥有约 500 家高校和公共图书馆用户。只有共享统一的技术平台，才能把联盟成员的资源最有效地整合起来。

JALIS 于 20 世纪 90 年代中期率先在全江苏省范围内推出通用借书证服务，其目的是将分散在全江苏省范围内的各个高校图书馆的文献信息资源整合成统一的共享平台。全省通用借书证的实施，具有以下两方面作用：一是加强了江苏省范围内各个高校图书馆之间的资源共享和信息交流，使 JALIS 的各个成员图书馆形成一个密不可分的整体；二是减少了文献采购过程中的重复建设，各个图书馆可以集中有限的经费采购其他联盟内图书馆没有的而本图书馆又必须采购的文献资源，可以帮助众多高校图书馆走出购书经费不足的现实困境。江苏省通用借书证的使用规则明文规定，凡 JALIS 成员高校的在校教师和研究生，只要持有江苏省通用借书证，就可以在全省范围内的任何一所 JALIS 成员单位的图书馆内查阅并获取所需的文献资源。骆红梅（2011）指出通用借书证的启用摒弃了以往“单馆建设，各自保障”的传统图书馆建设模式，极大地促进了江苏省范围内各类图书馆之间“合作共享，联合保障”的新局面的形成。

“区域流通管理系统”作为 JALIS 建设的标志性成果，江苏省读者只要申请一张“Lib-PassPort 通用借书证”就可以利用该系统在全省任何一个高校图书馆里查询并借阅他们所需要的文献，还可以利用“区域流通管理系统”的服务平台，查询个人在各个图书馆当前的借阅情况、借阅历史、违章处理等信息，为各校师生获取文献提供了极大的便利。2005 年，江苏省使用通用借书证的读者借阅量达到 18 472 册次，2006 年全年使用通用借书证的读者借阅量达到 21 181 册次，2007 年全年使用通用借书证的读者借阅量达到23 772 册次。在通用借书证项目二期建设过程中，通用借书证的借阅量累计达到 63 425 册次，如果按照 30 元每册来计算，相当于节省了 1 902 750 元的购书经费。截至 2011 年，JALIS 累计发放通用借书证四万余个，覆盖了全省近 140 个单位，借还服务量已突破 20 万册次，是目前国内服务面最广的跨校纸本图书借阅服务系统。

江苏省的高校通用借书证系统正是基于“合作共建、联合保障”的理念，在全江苏省范围内建立文献信息化共享平台。从目前的使用情况看，由于江苏省各地高校信息资源分布的不均衡，JALIS 各成员单位图书馆在信息资源共享体系中的贡献也不尽相同；交通便利程度不一和图书馆所在地理位置差别等因素也直接造成了文献共享时表现出明显的区域性特征。因此，在江苏省高校通用借书证模式的基础上，省会南京的一些高校推出了“联合体”形式的区域内信息资源共享新模式。

通过对江苏省高校通用借书证使用情况的统计分析，我们可以看出 JALIS 各成员单位馆藏在地区内资源共建共享方面表现出以下两类特点：

一是 JALIS 各成员图书馆的文献借出量差别明显。江苏省通用借书证系统实施的初衷，是在全省范围内建立一种文献资源的共建共享新模式，力图将全江苏省范围内有限文献资源有机地整合起来，形成一个能够覆盖全省的文献资源服务网络体系，目的是满足全省范围内各类不同用户的各种文献要求。但是从通用借书证实施的统计结果看，很多成员单位图书馆的文献借出量却低得惊人。有数据表明，有 88 个成员单位在 2004 ~ 2009 年，文献借出量为 0，这些单位绝大部分为馆藏相对薄弱的专业性院校和职业院校，馆藏资源的不足和专业性太强是影响这些成员图书馆文献借出量的首要原因。另一个普遍存在的因素就是文献资源的重复建设，在文献资源共建共享体系形成前，JALIS 各成员单位的图书馆为尽量满足本单位人员对文献资源的需求，采取全面出击的方式进行文献批量采购，这样重复建设不仅造成文献采购经费的大量浪费，同时还导致图书馆馆藏资源的大量雷同。尽管 JALIS 文献资源共享平台已经建成使用多年，但是由于 JALIS 成立初期没有对各个成员单位图书馆进行文献资源建设的协调规划与合理分工，文献重复建设的现象到现在还依然存在。

二是 JALIS 文献共建共享体现出鲜明的区域性特征。JALIS 成员图书馆文献资源的共建共享在实际操作的过程中存在着明显的区域性特征。例如，排名最靠前的南京大学图书馆有 98. 52 % 的借出量为南京地区的 60 所 JALIS 成员单位图书馆读者所借入；徐州师范大学（现为江苏师范大学）有96.4 %的借出量为徐州地区的5 所JALIS 成员单位的读者所借入；苏州大学图书馆有78.56 %的借出量为苏州地区11 所成员单位图书馆的读者所借入；扬州大学也有66.38%的文献借出量为扬州地区的5 所成员单位图书馆读者所借入。这些数据都体现出，一个地区内的高校密度越大，该区域文献资源的共建共享性就越明显，同时体现出文献资源共建共享体系对于一个区域范围内的作用是非常重要的。

“特色资源库”也是JALIS 建设的标志性成果。目前JALIS 已经建成了17 个具有江苏特色、行业特色和高等教育特色的专题文献特色资源库，如南通大学图书馆承建的张謇研究特色数据库，徐州师范大学图书馆承建的汉画像石、砖数字资源库，南京中医药大学图书馆承建的中医药古籍文献数据库，苏州大学承建的历代人物图像数据库，南京农业大学承建的特种经济动植物多媒体数据库，等等。此外还有学位论文数据库、学科导航数据库、教学参考书数据库、高职特色教材教参文献信息数据库、中医药古籍文献数据库、车辆工程特色文献数据库、海洋专业数据库、中外药品质量标准数据库、煤炭行业矿业工程数据库、食品科学与工程专题数据库等，其中多数项目已经开始提供服务。自建特色库的承建和参建高校图书馆达到30 多个，充分发挥了各个高校已有的教学资源优势，在全省范围内形成了特色资源共享、优势资源互补的良好局面，成为江苏省高校图书馆联盟发展的一大特色。

JALIS 建设总目标是坚持共建、共知和共享，着力提高全省高校文献资源的保障率和服务覆盖面，努力把JALIS 建设成为一个拥有丰富文献信息资源、先进技术手段和便捷服务体系的高等教育数字图书馆系统，为江苏省高校的教学科研营造国内一流的图书文献信息网络环境。特色资源整合平台建设目标是整合JALIS 特色学科资源、技术资源和人力资源，全力打造一个具有江苏特色的，数字化程度高、信息集成性强、远程服务便捷、保障力度大、学科覆盖面广的JALIS 特色资源整合平台。

特色资源库建设整合原则是梳理建库理念、整合已有成果、采用最新技术、加快平台应用、打造江苏品牌、吸纳最佳智慧、满足最高需求、达到最佳效果。组织架构分为：项目领导小组，由JALIS 主任、副主任，秘书长，特色数据库建设馆馆长等组成，统筹JALIS 建设规划，组织协调特色资源整合平台建设中相关政策、协议、方案等决策问题；项目技术小组，由JALIS 管理中心技术专家、顾问，以及各特色数据库承建单位的技术开发人员组成，对整合平台选型、技术路线、数据规划等进行科学论证；项目建设小组，由承建单位数字化项目建设部、技术部及参建成员等组成，对特色数据库资源、整合平台软件、服务技术等进行调研、软件测试、数据收割、有效发布、系统维护、通报建设进展、组织专家论证、技术交流、业务培训等相关活动。

通过JALIS 特色资源整合平台的建设，来统一展现江苏高校特色数字资源建设的成果，方便读者查找特色数据库、获取特色数字资源，提高并扩大江苏省自建特色数字资源的使用率与受益面。

通过OAI、METS 收割将江苏省各高校自建的特色资源库的元数据（包括尽可能多的全文），构建“云存储”理念的中心库，建设JALIS 特色资源中心仓储库。

制订全省高校特色数字资源共建共享制度，整合中心与各参建高校的权利与义务，确保特色数字资源的整合与对全省读者的开放服务，加快并促进江苏省特色数字资源的建设。

特色资源库项目技术路线是：尊重现有特色数据库建设单位的创建成果与知识产权保护；尊重现有数据库软件开发商产品质量、功能提升与升级推广；尊重现代“SaaS”技术服务理念和 CALIS 专题数据库建设成果；尊重 JALIS 特色资源建设原则与各子项目协调发展关系。具体技术实现是以 OAI、METS 收割技术实现对全省高校特色数字资源元数据、全文的收割、整合；以整合门户方式，提供统一检索、分类导航、RSS 订阅、BBS 等多种方式满足读者各种需求，并进行有效互动；以 JALIS 馆际协议、读者认证、统一计费等来保证数字资源的合法获取并保护各特色数字资源建设高校的权益。

特色资源库项目运行与服务模式采用“中心与本地模式”，未来实现与 CALIS 特色库建设接轨。中心负责全省高校特色数据库元数据（包括全文）的收割与整合，为全省高校读者提供特色数据库的综合使用服务，引导读者利用特色数据库，提高特色数据库的使用率。本地系统要向中心提供 OAI、METS 数据，并根据 JALIS 的要求向全省开放自建特色数据库，扩大自建特色资源的受益面，为全省高校的读者服务。本地平台提供三项功能：向中心提供或接受 OAI、METS 数据收割；基于 OpenURL 方式全文显示，以利于中心平台链接调度；基于 SaaS 理念的数据加工或特色数据库托管服务。最终实现在软件上形成 JALIS 特色资源整合平台；在资源管理上可以统一收割全省特色数据库的元数据与全文（部分）120 万条记录；在机制上服务全省所有高校，60% 以上公共图书馆及科研院所图书馆；并且制订全省高校特色资源整合协议，规范中心馆与各馆特色资源建设中的权利与义务；规范特色资源建设的内容（元数据、全文）、数量要求；规范读者利用、认证、结算等统一管理办法。

9.3　现代区域性图书馆联盟模式构建

通过上述比较研究分析，我们可以清楚地发现与世界一流的区域性图书馆联盟相比，我国当前区域性图书馆联盟的发展势头虽然迅猛，但是依然存在很多不尽如人意的地方。为此，我们应该深入学习借鉴国外成功的区域性图书馆联盟建设发展经验，将我国的区域性图书馆联盟事业引领到正确、快速的发展轨迹上来。

JALIS 在江苏省的镇江市、扬州市、连云港市、徐州市、苏州市、常州市、盐城市、无锡市、南通市、淮安市、南京江宁大学城、南京仙林大学城、南京城东高新区等 13 个区域建立了教学联合体文献共享服务体系。区域性教学联合体的建设和发展带来了教育优质资源的共建共享，实行联合建设、资源共享、达到共赢。部分教学联合体实现高校馆际互借，网上预约、通借通还、送书到馆、电子资源共享等服务。曹志梅（2008）立足于江苏省图书馆联盟的现实情况，总结了区域性图书馆联盟的几种建设模式，即“综合交叉”模式、“矩阵耦合”模式、“区域—区域”模式、“分类—区域”模式、“中心图书馆”模式，并就目前江苏省区域性图书馆联盟建设的实际状况，对全省范围内信息用户的信息需求、高校性质、高校间地理位置、图书馆联盟共建共享理念等多方面因素进行系统分析，提出中心城市模式、教学联合体模式、大学城模式、高职高专模式、跨系统模式，展示了 JALIS 各具区域特色的资源共建共享服务模式和多样化的发展格局。

所谓“中心城市”模式，就是以地区中心城市为代表的高校图书馆工作委员会，领衔建设中心城市高校信息资源共建共享体系的一种模式。目前江苏省的苏州市和无锡市的教学区域联合体建设就是采用这种模式，其特点具体表现为以下两方面。

(1) 中心城市模式多在经济发达的城市采用，这些城市对于图书馆的经费投入很多，图书馆的资源采购基本不存在经济压力。这些中心城市的具有一定的实力与规模直接进行数字资源的采购及高校间全方位的文献信息互助服务，在保障特色馆藏与学科建设需求的前提下，还面向本地区高新产业、科研机构以及社会政府提供高层次、高质量的信息服务。

(2) 中心城市模式以该地区高校图工委主任馆为核心，领导并推动该地区信息资源共建共享体系的建设，其他各个成员馆对于主任馆的认同度高、合作性强，这样才能使得区域内图书馆间的资源共建共享绩效显著，同城效应凸显。

教学联合体模式主要存在于高等教育资源相对贫乏的地区和城市，该模式是采用高校的教学资源与高校的图书馆文献资源有机结合的方式实现资源共享的。目前江苏省的徐州市、淮安市、盐城市等苏北城市主要采用这种模式，其特点表现为以下两方面。

(1) 教学联合体模式主要依托该地区一两所办学水平较高的院校，打破高校间信息资源归属地的界限，充分整合各成员单位的各类信息资源为所有成员单位所共享，共享的资源既包括文献信息资源，也包括教育教学资源。

(2) 这些地区各高校的文献资源与教学资源都非常有限，在文献资源建设与文献服务方面面临许多制约，且各成员单位在地理空间上相距较远，充分依托网络信息化技术实现文献虚拟传递是教学联合体模式的必由之路。

大学城模式主要是在高等教育相对发达、高层次学校相对集中的地区组成的高校图书馆联合体，目前南京江宁大学城是运作得较为成功的大学城联合体模式，其主要特点表现为以下两方面。

(1) 各成员图书馆的地理位置相对集中，成员机构办学层次和办学水平存在较大差异，有较大的信息需求市场，且服务成本较低。

(2) 各成员图书馆的馆藏特色鲜明，有很好的资源互补性，可以有针对性地为该地区不同层次的教师、学生提供不同学科的文献信息服务，这也是大学城模式的最大特点。

高职高专模式主要是在培养高素质职业技能应用型人才的高职院校相对集中地区组成的教学联合体模式，如常州科教城，其主要特点表现为以下两方面。

(1) 高职高专模式的成员馆在办学层次与办学水平上都具有相近性，以高职院校为主，并且地理位置相对集中。该模式可以打破了传统办学理念，整合各校资源，实现了高职院校间教育资源的有机整合和优化配置，实现各校间的优势互补，并对联合体之外的一些企业研发人员开展服务。

(2) 高职高专模式注重在办学体制、办学理念的层面以及高校的管理层面上融合和创新，联合体内的院校同时实现软件资源和硬件资源的共建共享。其中，软件资源方面包括课程建设、师资力量、管理体制方面的共建共享；硬件方面包括教育设备、信息资源、服务设施与职业培训资源的共建和共享。

所谓跨系统模式是指各个存在于不同系统间的文献信息资源的共建共享，是以公共图书馆和高校图书馆为主体，按照“统筹协调、相互支持、形成合力、促进发展”的建设原则，通过对各类文献信息资源进行加工与整合，实现文献信息资源在整个区域范围内的共建共享。目前，比较成功的跨系统模式是江苏镇江地区高校图书馆与公共图书馆的资源共建共享模式。其主要特点表现为以下两方面。

（1）跨系统模式实现了资源共建共享体制上的创新，图书馆间的合作全面突破了行业与体制的限制。将分布于不同行业与系统的图书馆资源进行充分整合，面向该地区范围内的共建共享，为高校图书馆面向全社会开放提供了新的平台。

（2）跨系统模式也从服务对象和服务范围上打破了区域与行业的限制，充分整合各系统内的信息资源，通过覆盖在全区域的信息资源网络，满足区域内高校师生信息需求的同时，满足广大普通用户的需求。

构建符合区域发展特色的图书馆联盟是一项复杂的系统工程，要受到管理体制、思想观念、经济条件、技术水平、资源基础等诸多因素的影响。因此，必须从整体上对联盟的发展模式进行构思和把握，统一思想认识是联盟构建的基础，合作的思想是实现联盟资源共建共享的首要条件。现代区域性图书馆联盟建立在成员间相互合作、相互理解、共同协商、共谋发展的基础上，通过高效的管理体制、统一的技术平台、稳定的资金保障、丰富的馆藏建设、合理的文献传递系统的共同努力，才能发挥出联盟的最佳效益。

9.3.1 高效的政府管理体制

图书馆联盟的管理体制大体可分为两种：民间模式和政府模式。所谓民间模式是指：图书馆联盟的成立是因为各成员图书馆的共同目标而驱动的，联盟的运行和管理依靠各成员馆间的共同协商。因此，这种模式完全是一种民间自发组织起来的联盟，如：美国华盛顿研究图书馆联盟、西班牙马德里社区的大学图书馆联盟、印度管理学院图书馆联盟、中国台湾各个地区高校图书馆联盟等。所谓政府模式是指：图书馆联盟的发起是依靠政府部门的政策驱动，经费得到政府部门的大力支持，并由政府部门参与管理。OhioLINK 和 JALIS 都是采用高效的、自上而下的政府管理模式。该类联盟是由政府相关部门主导，并且依据所在地区信息用户对于图书馆服务的信息需求发起的，联盟的具体工作是由政府制定的相关政策驱动，政府部门对此给予强有力的财政和政策支持。政府授权某一机构并设专人负责联盟的运行管理，各成员馆在互惠互利的基础上实现资源共享。在这种模式下，联盟的发起、管理、运营都由政府进行宏观上的调控。如 OhioLINK 是由俄亥俄州政府拨款筹建，联盟采用的是理事会负责制，俄亥俄州政府每年给予联盟固定的经费支持，OhioLINK 的运营中心设在兰特大学图书馆，联盟雇有专业人员处理各项事务。OhioLINK 可以为 89 所机构的 730 000 名学生、教师和工作人员提供信息服务，并提供 4790 万种图书和资料，17 000 种期刊的上万篇电子文献，100 多个电子研究数据库，55 000册电子图书，俄亥俄州学生的 19 100 篇论文以及数以千计的图像、录像和录音资料。

正因为政府管理模式保障了区域性图书馆联盟的发展可以得到政府的政策支持，政府稳定的资金投入可以保障图书馆联盟的可持续发展。因此，我国现代区域性图书馆联盟的构建模式应该是以政府管理模式为主导的。

9.3.2 统一的技术支持平台

如前所述，OhioLINK 从建设伊始起，各个成员图书馆就统一选择创新界面公司 INNOPAC 图书馆自动化管理系统作为应用软件，在硬件上统一采用数字设备公司 500 系列主机产品；类似的是 JALIS 一期（1997 ~ 2001 年）建设的标志性成果则是全省建立了统一的数字化管理平台，即“汇文图书馆自动化管理系统”。通过统一的技术平台，OhioLINK 将全俄亥俄州大学系统的 14 家公立大学、24 家地区大学和分校、23 家社区学院、51 所私立学院和研究性大学图书馆以及俄亥俄州图书馆连成一体；JALIS 在江苏省内的所有用户也通过汇文图书馆自动化管理系统紧密地联系在一起。通过对比我们发现，只有共享统一的技术平台，才能把联盟成员图书馆的资源最有效地整合起来，发挥出最大的效益。因此，我国现代区域性图书馆联盟的构建模式应该是基于统一的技术平台。

9.3.3 稳定且多元化的资金保障

稳固的资金来源是图书馆联盟生存和发展的经济基础。图书馆联盟的启动和正常运行都需要一定的资金作保证，其联盟资金主要来源于以下几个方面：政府拨款、会员单位交纳的会费、一些资助和捐赠等，这些资金主要用于电子信息资源配置和维护费以及联盟的日常工作费用，等等。一般来说，联盟资金的投入与联盟运作效果成正比。当然，最主要的资金来源还是政府的拨款，DLF、OhioLINK 和 Calis 都是这样的。如何保证联盟资金的连续性和稳定性已经成为图书馆联盟建设可持续发展的首要问题。

选择科学联盟运行机制是一个联盟建设发展的关键，一般来说，联盟运行机制决定了该联盟的结构以及成员馆之间协作和交流的程度。运行机制可以分为利益平衡与制约机制、行政干预机制和纵横向并重的合作协调机制。如何选择科学联盟运行机制？首先，建立彼此信任、相互尊重、鼓励合作的联盟文化。联盟成员的组织文化越接近，思维和行为的一致性也就越高，能够减少成员之间的矛盾，保证相互之间的信任。其次，群体协商是联盟成员共同决策或解决分歧的优选方式。它可综合各方信息、了解各自观点，对于合作类型的机构成员共同决策至关重要。再次，设计良好的沟通平台可以降低联盟内部协调成本。苏海潮（2004）认为现有的数字图书馆分布式共享系统等技术保障体系，已经为图书馆联盟提供了天然的技术平台。

合理的资源分配体系和多元化的资金来源是美国以 OhioLINK 为代表的区域性图书馆联盟能够取得广泛成功的关键因素。美国区域性图书馆联盟的经费渠道广泛，不仅有政府的行政性拨款，还有各种基金会的经费支持，不仅有高校对于图书馆日常运行经费的投入，还有私人的经费捐赠。

充足的资金来源在客观上为美国区域性图书馆联盟的发展提供了得天独厚的条件，也为美国区域性图书馆联盟的成功奠定了坚实的基础。OhioLink 作为俄亥俄州的图书馆文献资源共享联盟，州政府每年都会统一拨款，这些款项不仅用于建立和维护全州图书馆统一的自动化系统平台，还用于购买数据库出版商提供的电子资源和数据库服务，这些数据库资源仅每年购买的使用费就高达 1000 万美元。由此可见，资金是图书馆联盟发展的首要保障，如果没有充足的资金保障，高效运转的图书馆联盟只能是一个无法实现的梦想。OhioLINK 作为美国俄亥俄州政府提供经费支持的地区性图书馆联盟，州政府统一为联盟成员图书馆购买数据库和图书馆自动化管理系统。除各级政府给予的经费支持外，还有各种各样的图书馆联盟基金来保障图书馆联盟发展的经费需求。同时，政府也采取优惠政策来保证图书馆联盟的发展。

近些年来，虽然我国加大了对各级图书馆的经费投入，但是由于我国图书馆事业的发展基础薄弱且经费投入渠道单一，仅仅依靠政府的行政性拨款依然不能从根本上改变我国图书馆联盟运行经费紧缺的现状。同时由于我国图书馆联盟建设发展主要是由政府出资，在教育系统、科研系统、地方政府 3 个不同行政管理系统内垂直建设，各行政系统之间缺乏成熟有效的合作协调机制，这就造成各联盟成员之间的技术标准难以统一，自动化系统难以兼容，资源建设重复叠加等现实情况。这些都直接制约着我国图书馆联盟事业的快速发展。

从对 OhioLINK 和 JALIS 的资金来源模式比对研究我们可以发现，单纯依靠政府投资固然可以使区域性图书馆联盟得到一份相对稳定的经费投入，但是要想使联盟有更大作为，多元化的资金投入必不可少。我国现代的区域性图书馆联盟应该通过更好的运作，更好满足广大读者和社会的需求，以吸引更多民间基金的投资，获得更多元化的资金保障。

9.3.4 丰富的馆藏建设

馆藏资源是图书馆提供服务的资本，OhioLINK 和 JALIS 能够成为各自国家区域性图书馆联盟的翘楚，其多元化的馆藏资源建设功不可没。OhioLINK 很早就开始重视电子资源的建设，并以此作为纸质资源的重要补充。OhioLINK 从 1998 年就开始着手启动电子期刊中心的建设，短短十年时间，其电子期刊中心就已经能够提供 106 个出版商的 8294 种期刊超过 1200 万篇期刊论文。OhioLINK 的数字媒体中心和电子学位论文与专题中心也成为其他区域性图书馆联盟争相学习的对象。数字媒体中心自 1999 年建立以来，共有超过 330 万件次的多媒体资料被下载。仅 2008 年，电子学位论文与专题中心的电子学位论文就被下载 150 万次，这些数据足以见得 OhioLINK 多元化馆藏资源建设成效的显著。JALIS 三期（2007 ~ 2011 年度）建设的标志性成果是由三十多个成员图书馆承建的特色资源数据库系统。该系统充分发挥了各个高校已有的教学资源优势，在全江苏省范围内形成了特色资源共享、优势资源互补的良好局面，这些充满江苏特色、行业特色和高等教育特色的专题文献特色资源库，极大地丰富了 JALIS 的馆藏体系，成为江苏省高校图书馆联盟发展的一大特色。

9.3.5 合理的文献传递系统

文献传递与馆际互借是图书馆联盟成员间资源共享的主要表现形式。OhioLINK 的馆际互借和文献传递系统既包含了传统馆藏纸质文献的物流传递方式，也包括了提供珍贵原始资料影印件或复印件的文献传递方式，实现了资源共享与服务共享的整合。读者可以通过 OhioLINK 统一的技术平台和中央书目数据库，在线互借八十多个联盟馆的图书和各类文献资源。OhioLink 拥有成熟的文献传递系统以便读者获取和归还文献，联盟读者甚至还可以申请“非原馆返还服务”，即可以将所借图书就近归还给离自己最近的一个联盟成员图书馆为联盟内图书馆读者带来了前所未有的便利。

JALIS 的文献传递系统主要是为联盟成员读者提供本馆缺藏的图书、期刊、论文等文献资料，是各高校为校内读者利用外馆收藏资源的一种有效途径。JALIS 先后在联盟内馆藏资源较为丰富的南京大学图书馆（JALIS 管理中心）、东南大学图书馆（工学文献中心）、中国矿业大学图书馆（苏北地区文献中心）和南京师范大学图书馆（教育学文献中心）部署了服务站点，以保障全省文献传递的服务资源。JALIS 的文献传递系统拥有“整体建设、联合保障、服务先导”的先进建设理念。统一的技术平台、资源的统一协调都使得 JALIS 的文献传递系统高效的运作。

鉴于读者信息需求不断增长和各图书馆资源采购经费的相对短缺已经成为当前图书馆发展的一个主要矛盾，在区域性图书馆联盟成员间建设高效的文献传递系统已经变得尤为重要。依托该系统，各个成员图书馆可以利用有限的经费，采购其他图书馆缺藏且自己紧缺的资源，通过高效的文献传递系统实现资源的有效配置和合理流动。

9.4 区域性图书馆联盟发展策略

通过对 OhioLINK 和 JALIS 两个区域性图书馆联盟的比较研究，笔者在探索构建现代区域性图书馆联盟发展模式的同时，提出区域性图书馆联盟事业的发展策略。

9.4.1 以政府管理模式为主体，其他模式为补充

图书馆事业归根到底是以政府为主导的公益性事业，图书馆联盟构建的最佳方式还是政府管理模式。在政府管理模式下，一方面图书馆联盟事业发展可以得到政府的政策支持；另一方面，政府稳定的资金投入可以保障图书馆联盟的可持续发展。

但是，随着时代的发展，出现了两个或者多个图书馆为了实现共同的目标，如联合购买数据库，而自发形成的图书馆联盟。这种为实现某一具体的业务或战略目标，在一定时期内遵循共同协议及标准的战略性伙伴关系的同盟为策略联盟。它是以政府管理模式为主导的区域性图书馆联盟的有益补充。作为企业管理理论的一个重要概念，策略联盟是指两家或两家以上企业为了共同的目标，通过交换彼此的关键资源，在一定时期内携手合作以创造竞争优势的一种经营行为及合作方式。将策略联盟的理论运用到图书馆领域，就产生了图书馆策略联盟的概念。图书馆策略联盟是指两家或两家以上图书馆，为了实现某一具体的业务或战略目标，如电子信息资源共享、文献传递等而组织起来的，在一定时期内遵循共同协议及标准的战略性伙伴关系或松散的关系网络。从这个意义上说，图书馆策略联盟是一种业务联盟，是图书馆为了改进某项具体的业务，增加用户价值而做出的选择。图书馆策略联盟在国内是一个相对较新的理念，实践经验不足将是建设联盟时遇到的主要问

题。但是，外国以及我国台湾地区已经在这方面进行了许多成功的探索，OhioLINK 就是一个成功的策略联盟。有学者分析 OhioLINK 的成功经验后认为，良好的合作精神、融洽的成员间关系、对联盟成员图书馆核心目标的回应是该联盟取得成功的重要原因。

9.4.2　引入企业化经营理念

进入 21 世纪以来，随着信息技术的飞速发展，用户信息需求的不断变化，传统的区域性图书馆联盟面临着前所未有的严峻挑战。为了更好地应对这些挑战，图书馆联盟必须积极应对，全方位地适应新环境对联盟提出的新要求。作为保证联盟正常运行的基础，首先应当发生变化的是联盟的组织结构以及运作机制，在新的环境下，图书馆联盟应该积极吸收管理领域先进理念，借鉴企业管理和社会管理方面的成功经验，使得联盟的运作更加高效和协调。例如，有的学者借鉴企业管理的发展模式，建议在图书馆联盟中建立新型的组织结构，包括扁平化的组织结构、动态学习型组织结构、虚拟组织结构、网络组织结构、动态联盟组织结构等。同时，强调在图书馆联盟中推广柔性管理，提高图书馆联盟适应外部环境变化对各种信息用户的信息需求做出反应的能力。也有学者对图书馆联盟的运行模式提出意见，认为建立公司制的图书馆联盟和图书馆策略联盟是图书馆联盟发展的新趋势，能够帮助图书馆更好地适应新的环境。

所谓公司制联盟，是图书馆联盟对企业管理及商业运作成功经验的借鉴。通过建立公司性质的图书馆联盟，可以提高联盟主体对成员的影响力，联盟的管理更加正式，成员间的关系更加紧密，对联盟事务的参与程度提高。不少学者认为组建公司制的联盟可以帮助图书馆应对新环境下的各种挑战，甚至有国外学者认为，组建公司制联盟是图书馆新的核心竞争力所在。需要注意的是，公司制的图书馆联盟是借鉴商业管理领域的成功经验，组建的组织结构上更加严密的合作体，但绝不等同于商业公司。事实上，即使以公司的形式注册，图书馆联盟也并不以盈利为目的，而是追求向用户提供更加便利的图书馆服务，这一点应与经营图书馆或者信息产品的商业公司严格区分。目前，公司制联盟运作最为成功的当属成立于 1967 年的 OCLC 中心。由于法律制度和区域性图书馆联盟的发展阶段的不同，在我国目前建立公司制图书馆联盟的条件并不成熟。但是，其他国家在组建公司制联盟中的许多经验仍然值得我们借鉴。首先，图书馆联盟在管理运行方面应当积极借鉴企业管理上的先进经验，让联盟的管理更加成熟。其次，重视用户价值的实现，图书馆联盟作为一种公益组织，根本的使命在于向社会各界提供高质量的信息服务。因此，在联盟发展的过程中，应当把用户的信息需求和价值实现放在第一位。认真研究用户的信息行为，主动提供服务，把满足用户的信息需求作为联盟的最终目标。另外，在建立联盟时，不仅要考虑团体的利益，也要重视个体的利益，既达到整体利益的最大化，也不能牺牲个体成员的个别利益。最后，各成员馆在共享服务系统中要有明确的职责划分，并通过签订具有约束力的协议来保证各成员馆在联盟的工作中职责明确，从而有所依据地开展工作。

9.4.3　多联盟相互融合

随着美国区域性图书馆联盟发展的逐渐完善，出现了很多以不同目的组建起来的区域性图书馆联盟。一个图书馆可以出于不同的目的，既成为一个图书馆联盟的成员，也可以同时是另一个图书馆联盟的成员。单个图书馆在不同的联盟中扮演着不同的角色，分享着不同的利益。这就使得美国的图书馆可以根据自身发展的需要，有选择性地同时存在于各种因不同目的而组建起来的区域性图书馆联盟之间，并在其间扮演者不同的角色。这就要求图书馆间要有相对统一的技术标准。美国的图书馆联盟起步较早，经历了“自动化”和“网络化”两个发展阶段。在自动化发展阶段，各成员馆之间按照联盟内统一的标准，建立了自己的自动化系统。并在此基础上组成局域网。在互联网阶段，美国图书馆联盟又有了长足的发展，并逐渐由区域性联盟向全国性和国际化联盟方向发展。由此可见，美国图书馆联盟的发展有着坚实的技术基础和统一的建设标准，并逐渐形成相互合作、相互交融之势。

我国的区域性图书馆联盟虽然由政府实施宏观管理，拥有较为严密的组织形式，但是联盟的成立还是最终建立在各成员图书馆自觉自愿的基础上，参与的各个成员图书馆地位平等，参与的程度由成员图书馆自主决定。因此，各种类型的图书馆联盟相互交融共同发展，既与国际图书馆联盟发展趋势相接轨也符合中国图书馆事业发展的实际情况。我国的图书馆联盟起步较晚。一方面，后发优势使得我国图书馆联盟建设得以参考国外图书馆联盟建设发展中出现的经验和教训，并可以利用最先进的网络与计算机技术，建设模式直接与国际前沿接轨；另一方面，由于我国图书馆联盟的建设发展缺乏基础性累积，没有像美国图书馆联盟那样坚实的发展阶段，仍然普遍存在自动化程度低、技术标准不统一、操作系统兼容性差等实际问题。因此，参照 CALIS 所提出的技术标准和业务规范，建立全国统一的图书馆联盟基础平台建设标准是当务之急。在此基础上，各个分散的图书馆联盟才可以实现工作分工与融合，并最终形成各类图书馆联盟相互交融、共同发展的大趋势。

美国图书馆联盟在长期的发展过程中，充分整合了成员馆的各类馆藏资源以供联盟成员分享。通过联盟成员间的分工协作，不仅共同建设了大量专业数据库，而且很早就通过联合采购的方式向数据库提供商和其他相关出版机构购买电子资源，积累有足够的信息资源可供分享，真正做到联盟成员馆之间的优势互补。

我国图书馆联盟自建立以来，得益于图书馆界的重视和国家大量的资金投入，在资源建设方面取得了不菲的成绩，但是在选择文献资源时，依然有许多不恰当的考虑：一是一味贪多，各图书馆均以拥有资源数量多少作为图书馆发展水平的象征，一味追求馆藏数量的大而全，忽视了文献资源采购的必要性和馆藏的特色化；二是单纯追求获得较低的资源一次性购买价格，却往往忽视了电子文献出版商所提供资源的版本功能和配套服务，这就可能出现数据库的初始购买价格较低，但是使用成本和维护成本较高的问题；三是不注重对资源后期使用效率的评估，买进后就万事大吉；四是联盟图书馆间存在分工协作力度不够、数据库重复建设严重、联盟成员间资源整合程度不高等情况，这些都是值得我们关注并加以改进的。

9.4.4 超级联盟将成为发展趋势

在当代的数字环境下，传统的区域性图书馆联盟已经逐步过渡到数字图书馆联盟。数字图书馆联盟不同于一般意义上的图书馆联盟，数字图书馆联盟是为适应数字化社会的发展要求、数字环境下图书馆生存的需要、数字图书馆规模化而产生和发展起来的，是对传统的、基于纸质文献资源共建共享而组建起来的图书馆联盟的继承和发展，是数字环境下各成员图书馆间为共建、共知、共享信息资源，开发联机合作编目系统、联机公共检索（OPAC）系统、馆际互借与文献传递系统、网络导航系统、特色文献数据库系统等图书馆应用系统组成的，受共同认可的协议和合同制约的图书馆联合体。实体资源共享已经与虚拟的电子资源共享合为一体，特别是电子资源集团采购和用 Web 方式进行的馆际互借和文献传递成为现代大学图书馆联盟活动的主流。现代信息技术的发展使得传统的借阅特许、馆际互借服务、复印优惠和传递服务等合作项目有了全新的内容，许多大学图书馆联盟通过因特网络，用 Z39.50 协议将他们的目录或信息资源链接在一起并安装了统一的支持性获取软件。有些联盟采取更进一步的措施，使原本不兼容的系统或者即使兼容但不能反映全部馆藏信息和借阅状态的系统协调在一起，实现了联盟内各成员馆馆藏信息的无缝链接。

与此同时，网络和计算机技术打破了传统图书馆联盟成员馆之间的地域壁垒，也打破了各个不同类型的图书馆联盟间的地域壁垒。使得联盟与联盟之间再组织成为一个更大的超级图书馆联合体成为可能，我们称之为超级联盟（super-consortia）。超级联盟由若干个联盟共同组织起来，往往超出了地域和系统的界限。它成立时往往带有明确目的，如联合购买大型、昂贵的电子产品或网络资源等。超级图书馆联盟在美国已经存在，但目前还仅限于购买性质的联盟，即超级联盟的组建目的就是利用规模优势与数据商进行谈判，获得价格优势。但可以肯定的是，超级图书馆联盟是区域性图书馆联盟发展到一定阶段时寻求新的发展空间的一种积极尝试，是区域性图书馆联盟最终的发展趋势。

中外图书馆联盟建设发展的种种实践充分证明，图书馆联盟的生命力是否强盛，关键在于能否更好地服务于社会。而高度的社会责任感，不辞辛苦的敬业精神，共建共享、共谋发展的大局意识永远是区域性图书馆联盟植根于社会、服务于人民群众的基础所在。以 OhioLINK 为代表的美国区域性图书馆联盟在建设发展的过程中，不仅服务于联盟成员图书馆的读者，更能够服务于俄亥俄州几乎所有利用联盟图书馆的读者，其服务模式是全面和系统的。

联盟成员图书馆充足的馆藏信息资源是实现联盟成员间资源共建共享的基础，而各个成员图书馆坚持不懈地进行文献资源建设又是区域性图书馆联盟保持生机与活力的必要条件。在资源建设的过程中，各图书馆的馆藏资源建设要突出地方特色，注重多样性，建立和完善包括所有馆藏的书目数据库和专题数据库，自建特色数据库，实现稀有信息资源、特色信息资源的广泛利用。同时，我们应借助自动化、网络化等高科技手段在建设中统筹兼顾，合理规划，避免低效投入、重复投入，不断创新工作理念，走出一条具有区域特色的图书馆联盟发展的新路子。

图书馆作为服务型机构，为广大读者提供最优质、最便捷的服务是图书馆联盟最高的价值取向，区域图书馆联盟发展的生命力也正在于此。如 OhioLINK 提供的“48 小时文献传递承诺”，即出借图书馆接到文献传递请求后，按协议规定必须在 24 小时之内准备好读者请求的文献资料，文件快递系统按协议要求也要在接下来的 24 小时内将文献资料送至用户手中。这就要求各图书馆在日常工作中，一定要强化专业人员的专业化培训，加强业务管理。

知识创新是社会进步和图书馆事业发展的灵魂。图书馆联盟本身就是广大图书馆人在工作中积极探索，在服务体制机制上不断创新的结果。OhioLINK 创新地整合了联盟成员馆的电子资源，在 20 世纪末建立了全世界最大的电子期刊馆藏 EJC，这一创新之举不仅仅集中了联盟成员图书馆的电子资源、发挥了联盟的规模优势，更是为联盟的电子资源采购节省了大量的经费。因此，图书馆联盟要发展得更快更好，就需要图书馆人在工作实践中不断创新，让创新成为图书馆人的工作常态，成为图书馆人的自觉行动。

随着国家在区域性图书馆联盟建设发展上的大力投入，区域性图书馆联盟在我国成长迅速，并已经成为我国图书馆联盟建设发展的主要模式。虽然成绩喜人但是还是存在一些令人担忧的问题。应当说，图书馆联盟是图书馆事业的发展趋势，而同区域的各类图书馆组建成区域性图书馆联盟更是大势所趋。美国的区域性图书馆联盟发展成熟，可供我们学习和借鉴的方面很多，中国的区域性图书馆联盟建设虽然起步较晚，但是发展势头迅猛、后发优势明显。对中美两国区域性图书馆联盟的比较研究可以让我们吸收美国图书馆联盟建设发展过程中取得的经验，避免遇到的挫折和教训，能够极大地促进中国区域性图书馆联盟建设的大繁荣、大发展。为此，牢固树立“始终坚持把最大限度地满足联盟内各种读者的各类信息需求作为一切工作的出发点”的建设理念，应该成为我国区域性图书馆联盟建设发展的出发点和落脚点。把读者利益作为联盟建设发展的首要利益，联盟的各项工作都紧密围绕让读者最为满意这一最终目的开展。在此基础上，不论联盟成员图书馆规模大小、经费多少，在联盟内一律平等，享有同等权利、履行共同义务，各成员图书馆都把联盟利益放在自己利益之上。彻底改变我国传统图书馆联盟“过多地考虑各图书馆自身利益而不是联盟整体利益与读者利益”的弊端。

对中美区域性图书馆联盟比较研究的内容还远不止文中提到的上述这些，但通过对双方的比较研究可以从整体上为我国区域性图书馆联盟的建设发展提供新的思路和建议，并抓住我国区域性图书馆联盟发展的重点和难点来有的放矢地进行建设，务求实效，力求对我国区域性图书馆联盟的发展起到有力的推动。

第 10 章　数字资源个性化服务理论

面对用户个性化、多元化的信息需求，图书馆的信息服务面临严峻的挑战。图书馆的服务宗旨是“用户为中心”，核心的服务理念就是：一切以人为本。图书馆开展个性化、多元化服务，才能满足用户的个性化需求。本章通过研究图书馆数字资源个性化服务的理论基础，提升个性化服务的理论高度，从而有助于有效地开展个性化服务。

10.1　个性化服务的内涵

1999 年，美国图书馆学会（ALA）的信息技术协会（LITA）对图书馆技术的发展所作的预测中，定制与个性化服务、人文因素均被列为图书馆研究的大趋势。美国图书馆学会的网站上采用摩根（Morgan Eric Lease）的定义，认为图书馆个性化服务是一种用户驱动的、可定制的信息服务，它允许用户创建一个便捷的网页，将可从图书馆获得的信息资源列表。通常习惯于让用户能够选择自身感兴趣的特定数据库，而不必去搜索图书馆冗长的数据库列表。同时，图书馆个性化服务包括建立网站获取用户阅读偏好的个人模型并向用户通报符合其需求的信息资料。

迄今为止，国内学术界对个性化信息服务还没有达成一个统一的认识，不同的学者对个性化信息服务给出了不同的描述。罗琳（2000）在“个性化服务与数字图书馆的发展”一文中提出“数字图书馆的个性化服务”，并对“个性化服务”所需的技术支持、用户研究、个人信息的获取、如何深入开展、隐私问题以及版权问题做了阐述。史田华（2002）认为，个性化信息服务是基于信息用户使用行为、习惯、偏好和特点，来向用户提供满足其各种个性化需求的一种服务。韩志萍（2002）提出，个性化信息服务既是一种个性化服务，又是一种信息服务，个性化信息服务首先能够满足用户的个体信息需求的一种服务，其次应该是一种培养个性、引导需求的服务，帮助个体培养个性，发现个性，促进社会多元化发展。于迎、仲超生（2003）认为，个性化信息服务就是根据用户的知识结构、信息需求、行为方式和心理倾向等，有的放矢地为具体用户创造符合个性需求的信息服务环境，为其提供定向化的预定信息与服务，并帮助用户建立个人信息系统。

周青（2004）在《试论图书馆个性化服务与未来展望》一文中认为：个性化的服务也叫定制服务，是根据每个读者（用户）的需求而特别定制的服务，有 3 个方面的含义：①时空服务的个性化。在读者（用户）指定的时间和指定的地点得到服务。②服务的方式的个性化。根据读者（用户）的个人爱好或特点的要求来开展服务。③服务内容的个性化。所提供的服务不再是千篇一律，而是各取所需。易冬梅（2004）指出，个性化信息服务首先应该是能够满足用户的个体信息需求的一种服务，即根据用户提出的明确要求提供信息服务；或通过对用户个性、使用习惯的分析而主动地向用户提供其可能需要的信息服务。其次，个性化信息服务应该是一种培养个性，引导需求的服务，这样可以帮助个体培养个性，发现个性，引导需求，促进社会的多元化发展。张会田（2004）认为个性化网络信息集成服务是基于现代网络信息环境的一种集参考咨询、电子文献传递、信息定制、网上定题服务等多种服务功能于一体的，针对用户个别化信息需求的综合性网上信息服务。

中山大学曹树金等（2005）认为，图书馆个性化服务是指图书馆在数字信息环境下，主要利用网络和信息技术，获取并分析各个用户的信息使用习惯、偏好、背景和要求，从而为用户提供充分满足其个体信息需要的一种集成性信息服务。冯琼（2005）提出，个性化服务是指信息系统具有自动搜索功能，可通过概括和分析网络服务器端记载的用户的Web日志，自动实现用户的个性化配置，为用户提供感兴趣的站点、网页及超链接，包含个性化信息和个性化服务两方面的含义。何永珍（2007）认为：个性化信息服务就是根据用户的知识结构、信息需求、行为方式和心理倾向等有的放矢地为具体用户创造符合个性需求的信息服务环境，为其提供定向化的预定信息与服务，并帮助用户建立个人信息系。潘启灵（2007）把图书馆的个性化服务模式理解为“以读者为中心”的服务模式。根据读者提出的明确要求，或通过读者的现有习惯分析其兴趣爱好，预测读者潜在的需求，进而主动向读者提供其可能需要的信息和服务。

刘冬梅（2009）认为：个性化信息服务是指能够满足用户的个人信息需求的服务，即图书馆利用数字技术与用户交互过程中，收集用户的兴趣、信息需求等信息，主动向用户提供有针对性的集成信息内容或系统功能。卢小林（2011）指出图书馆个性化服务是指图书馆在数字信息环境中，主要利用网络和信息技术，获取并分析各用户的信息使用习惯、偏好、背景和要求，从而为用户提供充分满足其个体信息需要的一种集成性信息服务。这里面包含多层意思：首先，只有具备大量的数字信息；其次，服务的送达主要是利用网络进行的；最后，信息服务怎么才能够个性化，要分析每一个用户的信息使用习惯、信息偏好、背景和要求。

尽管对个性化服务的描述各有不同，但其根本目的就是“使用户满意”，能根据用户提出的要求，或基于用户的学科、偏好等个人特征，通过用户定制、系统推荐和推送功能，主动向用户提供其可能需要的数字资源和服务。它是一个动态发展的概念，随个性化、信息化、数字化、网络化的发展而发展。我们可以归纳出个性化服务具有以下几个方面的特点：①以用户个体需要为导向，以对用户个体知识结构的了解为基础；②个性化服务是一种更充分满足用户需求的多样性和集成性的服务；③个性化服务以网络化、自动化、数字化服务为主，以网下、人工、非数字信息服务为辅；④个性化服务既有主动服务，又有被动服务。

10.2 数字资源个性化服务的理论基础

10.2.1 信息本体结构理论

从信息本体的角度理解，信息是事物存在状态和运动方式的表述，是事物一种或多种属性的反映。每一条具体的信息本身就是对某一事物的某一侧面、某一层次或某一发展阶段属性的描述，而关于事物概念化、理论性的信息则是对某一事物或某几种事物众多属性或属性之间的相互联系进行概括以后在本质上的综合反映。由于各种事物有其特殊的质的规定性，同一事物所处时空环境上的不同，或者同一事物处于不同的发展阶段，事物的属性必然存在很大的差异。因此，被反映的信息内容本身就是以一种个性化的形式展现在人类面前的。在事物所处的不同存在状态、不同运动方式以及人们处于不同的认识阶段而反映的该事物属性的信息也将呈现出个性化的特征。从组成信息内容本身的结构来考察，由于受信者利用信息的目的或角度不同，自身文化素质、知识背景、心理特征存在差异，在接受同一条信息的过程中，用户最终所获得的效用层信息是不一样的，人们获取信息的过程是一个在探寻其语义信息、语用信息的基础上进一步挖掘出自己的效用信息的过程。信息的语法层面、语义层面以及信息发送者的语用层面一般是相对固定并带有共性的东西；受信者在接受信息时面对语法信息和语义信息并结合自己的目的获取其中有价值的或有效用的信息，这种信息一般是相对动态的并带有个性化的特征。前苏联学者布里柳恩曾说过，信息、情报对任何观察者都具有同一数值的绝对性，另一方面，信息、情报的人类价值对于不同的观察者，按其对信息、情报的领悟能力和以后的利用能力，则又具有不同数值的相对性。同样的信息源，个体信息能力不同，所获得有效信息的数量质量以及以后的利用效能将会存在较大的差异。所以，从信息内容的结构来理解，信息中有效信息比例的大小同用户获取与接受有价值信息的个性化的能力和水平直接相关。

10.2.2　数字资源的受信价值理论

信息的价值系指信息对用户的有用性和有益性。信息的价值决定了信息服务的价值，任何信息服务的开展都要以充分实现信息价值为前提。因此，信息服务的过程实质上是一个服务人员与用户之间信息价值观的磨合过程，也是信息资源的价值和用户的需求价值的形成和实现的过程。随着信息服务的逐步展开，信息资源的显在价值和潜在价值与用户信息行为之间构成有机的联系，这种联系决定了信息服务的广度与深度。按照我国信息经济学家乌家培的观点，信息可划分为三种类型：一是自在信息。这是发送方输出的客观存在的信息，理论上并不以它是否被接受者接受为转移。二是积存信息。这是接受方已经拥有的系统化、结构化了的先验信息，是辨别、理解信息的信息，能够起到对自在信息的判断、鉴别、选择和解释等作用，是受信者的一种信息能力和综合素质。三是自为信息。这是受信方依据自己特定的目的和实际能力所得到的有效信息。由于每一个受信者都具有特殊的知识结构、信息价值评价体系和信息接收方式方法与能力，而且不同用户之间其积存信息的数量与品质以及对自在信息的认识、理解与掌握程度也会存在很大差别，人们根据特定目的的融合、孵化而形成的自为信息必然表现出强烈的个性化特征。因此，图书馆有效的信息服务一定要针对具体用户个人需要解决的问题、已经构建而成的积存信息与智力平台以及所处的客观环境和用户心理状态等特征来实施。只有这样，信息服务才真正符合用户信息需求与利用的内在规律，才能提高自在信息、积存信息与自为信息三者的匹配、耦合程度。过去图书馆的工作重点主要是放在对“绝对信息”的收集和提供，放在对语法信息和语义信息乃至发信者的语用信息等静态信息资源的加工整合上，而对于收集与提供这些信息将通过谁发挥作用、发挥多大作用、如何发挥它们的作用以及用户接受和利用了信息中多少真正有用的“相对信息”则关注较少。为此，现代信息服务要逐步把关注的焦点聚合到与特定用户的个性化需要相匹配的信息效用层面上来，即一方面与用户提出的乃至当时还处在潜在状态的个性化信息需要的内容相匹配，另一方面使提供信息产品和信息服务的形式能够与用户获取和利用信息的方式相匹配。

10.2.3 个性化的哲学基础

在更高的层面上，个性化实质上是一个哲学问题。辩证唯物主义认为，世界上的一切事物均是普遍性和特殊性的有机统一，既有共性的一面，也有个性的一面，而且这种“共性”与“个性”是相对的。一事物区别于他事物的根据则是由该事物本身所具有的特殊矛盾即本质决定的。任何一个事物的“个性”都存在“表面个性”与“本质个性”。一般来说，“本质个性”是事物的内在特征，对其他类型的事物而言是个性的东西，对同类事物而言则是一般的或共性的东西，而且相对稳定、比较隐秘，只有借助于理性思维才能认识和把握；“表面个性”是事物的外在特征，是局部的、不断变化的，尤其是对一个事物的运动过程而言，“表面个性”在其过程展开的任何一个阶段都在改变着，它比较直观，可以为人的感官直接感知。信息本身必然要反映事物的“共性”与“个性”“本质个性”与“表面个性”，无论是用户的信息需要还是图书馆的信息服务，同样包含这两个层面的关系。由此，我们不妨从这两方面进一步研究信息服务的个性化问题；一方面，图书馆开展信息服务要尽力体现事物本质上的个性，即提供的信息产品和信息服务要与用户对信息主题、知识单元、概念原理等反映内在规律性特征的需要相一致、相匹配；另一方面，信息服务也要兼顾到由本质所决定的事物现象和外在形式上的个性，即图书馆提供的信息产品和信息服务要与用户对题名、著者、时间、地点等反映外在特征的需求相一致、相匹配。当然，这里的信息服务的“个性化”也是相对的，即这种“个性化”是有条件的、暂时的。随着信息服务的开展，用户已经形成的信息需要的逐步满足，新接受到的“相对信息”与原有的积存信息相融合形成新的知识结构，同时指导用户的知识创造、决策管理等社会实践活动，而且随着这一社会实践活动的逐渐社会化和被人们的认同，图书馆提供的“个性化”信息产品与信息服务成果将在更大的用户群体或范围中得到认可并被人们所共享，原先层面上开展的信息服务将由“个性化”转化为“共性化”，为大多数人所利用，产生更大的社会效益。而另一方面，随着用户的社会实践活动向纵深推进，又会在更高层次和更深含义的基础上产生新的“个性化需求”与“个性化行为”，也就是我们通常所说的“前沿性的需求”与“前沿性的行为”，图书馆提供的个性化信息产品和信息服务也必须做相应的充实和调整。所以，图书馆开展的个性化信息服务是一个需要不断研究、深化和发展的辩证过程。

10.2.4 人本主义理念

人本主义理念作为管理学的一个重要理念，其主要观点是：人是企业的主体，人是企业有效管理的关键，人性最完美的发展是现代管理的核心。人是管理的起点，也是管理的终点，是管理的根本目的。目前，图书馆正处于由传统图书馆向复合图书馆或数字图书馆转变的过渡时期，网络信息技术已渗透到图书馆各个部门和业务环节，图书馆的科学精神体现得淋漓尽致，但对图书馆从人文角度的思考却很薄弱。面对现代信息技术的发展以及由此而引起的图书馆内外环境的巨变，将人本理念引入图书馆，贯彻以人为本的理念，探索网络环境下图书馆的服务模式，对于提升图书馆的整体水平，充分发掘图书馆的服务潜力具有极其重要的作用。郑晓东（2006）认为，以人为本的理念是图书馆人文精神的体现，对于平衡图书馆科学精神和人文精神非常重要，个性化服务是实现以人为本理念的重要措施。

在图书馆的服务工作中，“用户需要什么，我就提供什么”是人本理念最突出的体现。现代图书馆本着一切从用户需求出发，以方便用户、满足用户需求为目的，采用藏、借、阅的一体化管理模式，开通了网上查询、网上预约、邮件催还等服务项目，同时，充分利用各种信息资源，为用户设计个性化信息服务模块，定期推送他们所需的信息资源，但要充分满足用户的信息需求，重要的是图书馆提供满足特定用户和用户特定主题信息需求的个性化信息服务。

个性化服务是基于信息用户的信息使用行为、习惯、偏好和特点而向用户提供满足其个性化需求的一种服务，通常具有三方面的特点：①时空服务的个性化，图书馆在用户指定的时间和指定的地点为其提供服务；②服务方式的个性化，图书馆根据用户的个人爱好或特点来展开服务；③服务内容的个性化，图书馆所提供的服务不再是千篇一律，而是各取所需。现代图书馆正经历着工作流程、服务模式、服务理念的不断转变，而在这一切转变中，以人为本的理念是指导思想。如何适应图书馆内外环境的发展，完成图书馆工作的转型，满足不同信息用户对多元化信息的多样化需求正是图书馆实现人本理念的必然要求，而图书馆的个性化服务是图书馆实现人本理念的集中表现。

图书馆个性化服务为读者提供个性需要的服务，本身就是“以读者为中心”思想的体现，但是并非都能很好地把握住读者为中心的原则。要真正做好个性化服务，就必须将读者为中心的原则作为出发点和归宿，并真正贯彻到服务系统的各个方面对读者的需求；主动地进行分析，作出定制服务，或将服务化整为零，让读者自由选择匹配。具有针对性、灵活性、智能性地进行个性化服务，使得这一服务产生最优化的效果，提高读者（用户）满意率。还要加强服务反馈工作，就如同商品售后服务一样，个性化服务反馈问题也是至关重要，这不仅仅反映读者（用户）的满意度，更是对今后如何进一步开展个性化信息服务工作的一个重要依据。这其中包括读者（用户）信息访问频次，反馈信息等内容，通过统计和分析，评价服务效果，总结和分析服务中存在的问题，才能进一步提高图书馆个性化服务的质量。

10.2.5　用户行为分析理论

对于用户信息行为，唐林（2006）提出国内的定义大多是针对传统信息用户的，主要有：①信息行为主要是指人类运用自己的智慧，以信息为劳动对象而展开的各种信息活动，即人类的信息查询、采集、处理、生产、使用、传播等一系列过程。②信息行为是在动机支配下，用户为了达到某一特定的目标的行动过程。③用户信息行为是在认知思维支配下对外部条件做出的反映，是建立在信息需求和思想动机基础上，历经信息查寻、选择、搜集各过程，并为用户吸收、纳入用户思想库的连续、动态、逐步深入的过程，如明确信息需求实质、选择适当的信息系统、制定正确的检索策略等。吴伯成（2009）认为网络用户信息行为是指用户在信息需求和思想动机的支配下，利用网络信息服务系统软件及不同的服务模式，进行网络信息检索、选择、交流、发布的活动，主要表现为用户信息检索行为和用户信息交流行为。

1. 用户信息检索行为

一般来说网络用户的信息检索行为主要包括：被动的注意、被动的检索、主动的检索和持续的检索。被动的注意包括网络浏览新闻类网站获取信息，以及通过网络电视收看新闻类等信息；被动检索是指人们在查找其他信息的时候获得相关的信息；主动检索是对信息有意识的寻求，这是人们最为主要的检索行为；持续的检索是用户的检索框架。如果遇到不太满意的检索结果，他们很少会调整检索词和检索策略来获得更好的检索结果，他们要么选择费力挑选或者将不是很准确的检索结果作为自己的检索结果或者选择放弃去利用传统的信息检索途径去获得信息。熟练的用户则不同，对于同种检索工具，他们更愿意构建布尔检索式。利用高级检索功能、二次检索，不断变换检索词反复测试多种检索策略以查找所需要的信息；对于不同的检索工具，他们可以利用网络检索工具之间的差别调整自己的检索策略；他们检索内容也会比新用户丰富得多，他们除了可以获得更多的免费的高质量的全文，还可以检索到自己想要的电影、音乐、图片等多媒体信息。

2. 用户信息交流行为

网络的出现和飞速发展催生了网络信息交流模式的产生。一时间网络信息交流模式引起了人们的广泛关注：一些研究人员从正式交流和非正式交流角度出发将正式交流过程总结为单向主动交流、单向被动交流、多向主动交流以及多向被动交流四种模式。网络信息交流系统集信息的发布、组织、传递和服务为一体，大大简化了信息的交流过程，使信息的生产者和接受者在虚拟的网络系统中直接沟通，进行双向互动式的信息交流。人们可以通过 BBS、E-mail 等方式，实现异地一对一、一对多、多对一、多对多地同时进行信息交流。网络用户可以把自己的研究成果通过网络专题论坛发表，也可以订阅专题论坛组的文章。受易用性的影响，用户一般先是选择最容易使用的交流工具，然后才是比较困难的交流工具。由于网络信息交流中信息发布的随意性，造成交流的信息质量无法控制，低水平含有众多的错误信息，甚至信息污染、信息垃圾充斥着用户交流整个过程中，信息交流过程用户需要认真选择和鉴别。

3. 用户信息行为价值

用户信息行为价值即用户价值，一是用户对于虚拟参考咨询服务的价值，二是网络化信息服务为用户提供的价值。这两种价值是相互统一的。用户价值大，则网络化信息服务提供的信息服务价值就大，换言之，信息服务价值大，则获得的用户价值也就大。其构成包括①用户信息价值。用户价值是用户为网络化信息服务提供的基本信息的价值，包括在建立用户档案时由用户无偿提供的那部分信息；馆员与用户进行双向沟通过程中，由用户以各种方式（抱怨、建议、要求）向网络化信息服务提供的各类信息；用户在利用网络化信息服务信息过程中的行为轨迹，这类信息是分析用户心理和需求的重要参考依据。②用户知识价值。网络化信息服务通过对用户知识的获取、分享、创新和应用，可以用特定的方式和系统将图书馆的其他服务与用户知识联系起来，以创建和提高用户的能力乃至可持续的竞争优势。③用户口碑价值。用户口碑价值是用户由于向他人宣传本图书馆的信息资源而使图书馆利用率增长时所创造的价值。用户口碑价值的大小与用户自身的影响力相关，用户影响力越大，在信息传达过程中可信性越强，信息收受者学习和采取行动的倾向性就越强。④用户注意力价值。互联网时代产生了众多的网站，而网站引来足够注意力的指标主要有两个：一是点击率，二是用户停留的时间。可以通过获得用户足够的注意力来扩大网站的影响，网站访问的人数一旦达到临界点，不仅可以获得大量的广告收入，而且可以通过建立数据库凝聚大量的个性化用户信息。

10.3 数字资源个性化服务的关键技术研究

10.3.1 支撑技术

薛崧（2002）提出目前基于 Web 的个性化信息服务是比较常见的方式。这种方式所需要的支撑技术已经基本成熟，如：Web 数据库技术，完成用户登录、身份认证、数据存储等；数据推送技术，实现主动服务；网页动态生成技术（ASP、ISAPI、CGI），根据用户数据动态生成网页；过程跟踪技术（如 cookie 等），起到跟踪、监控作用；网络安全与数据加密技术，提供安全严密的身份认证管理，保障数据在网络环境下的安全传输。

董其军（2002）基于 CORBA（common object request broker architecture，CORBA）的多层模式，由于提供了广泛的互操作性，公共对象服务设施对复杂的分布式应用逻辑提供了强有力的支持，使建立在 CORBA 上的 Web 应用系统能真正实现由信息提供者向服务提供者的转变，使将来的图书馆 Web 应用与分布式对象技术结合得更紧密，使整个因特网环境成为一个大的分布式对象环境，从而提供更灵活、更可靠、更复杂和更具有可扩展性的网络个性化信息服务。

庄鹏等（2004）指出作为一种全新的软件开发模式，是在分布式系统和协作系统中能持续自主地发挥作用的计算实体，它可包含更低层次的 Agent；针对图书馆个性化信息服务要求，提出用代理模式建立起来的个性化信息服务系统模型，并对模型进行了功能性描述。

10.3.2 数据挖掘技术

邹涛（1999）所介绍的 IDGS 系统是为了在 www 上自动进行中英文技术资料的搜集而

设计开发的，IDGS 能够根据用户提交的挖掘目标样本，在 www 上自动查找用户所需的信息。

王实（2001）对 web 访问信息挖掘中的群体自适应领域和个性化进行了研究，通过用户的路径访问特性以及访问站点和页面的访问时长和频度等特性进行个性化推荐，但是这种推荐不涉及站点的内容。

陆觉民（2006）改进了数据挖掘技术，在 Apriori 关联规则挖掘算法的基础上，提出利用 HASH 表技术及减少生成候选集的数量对经典 Apriori 算法进行改进，从而提高图书馆数据资源的利用率，加强图书馆个性化服务。

李歌维（2007）把 Web 日志挖掘数据预处理技术应用到数字图书馆个性化服务中，综合考虑了除信息定制技术以外的两种个性化服务技术：协同过滤技术（collaborative filtering，CF）和数据挖掘技术（data mining，DM）。对挖掘服务器日志文件的分析和研究，可以对网站的组织结构及其性能进行改进，增加个性化服务，发现潜在的读者群体。

10. 3. 3　门户技术

许延浪（2001）提出构建专门的信息服务平台作为图书馆个性化网络化信息服务的基础，并指出国内技术领域的垂直门户网站系统：STIP（science & technology information portal)，就是类似的一例，它充分利用“推动”技术项目，实现了真正的个性化动态频道推送服务。

陈幼华（2003）描述了一个优良的门户技术（portal）通常具有以下特性：①用户友好：易于设定和个性化，尽可能不需要培训；②有组织的：以易于查找的方式将内容分类；③自服务：用户可以不依赖管理者管理和发布内容；④可扩展性：支持新的种类、数据格式和访问方式；⑤安全性：对授权用户的识别和保护功能；⑥兼容性：能访问不同来源的、结构及非结构的各种数据；⑦综合性：用标准的界而和协议来综合现有的及将出现的应用程序。

10. 3. 4　服务内容实现技术

1. 信息互动技术

邵畅（2006）指出图书馆必须在现有的 Mylibrary 系统的基础上，引进基于 Web2. 0 的技术，开发适合图书馆用户特点的图书馆的 Blog、RSS 和维基（wiki）的信息互动平台，这样才能更好地激发图书馆人与读者的思想火花，挖掘员工和读者的隐性知识和创新才能，给图书馆带来新的发展契机。

张长安（2007）认为威客模式是一种个性化定制信息服务理念的体现，信息需求方悬赏任务的确不受任何其他因素的影响，完全表达了主体的智力产品需求与知识困惑，范围可以涉猎天文地理，古今中外。图书馆可以借鉴威客模式，改善图书馆信息服务质量。威客模式是一个全民参与、草根性质的过程，web2. 0 的精神在此得到了完美的诠释：无缝的用户体验；呈现社区图书馆；允许读者参与；透明化网络接口设计等，而这些都可以通过威客模式得到体现。

卢培文等（2009）通过介绍北美图书馆使用 Widget 宣传图书馆活动，便捷利用图书馆资源，搭建用户共享资源和社会交往平台以及在线参考咨询服务，提出图书馆应以“服务”为工作核心，大力开发和使用 Widget，以经济、高效地满足用户个性化信息服务的需求。Widget 以其灵活、简单、便捷等特点，彰显了网络环境下信息服务的个性化。

孙宇（2010）提出在图书馆中应引入微博客（Micro-blogging）信息交流服务方式，可向用户提供个性化服务，增加图书馆用户体验。在微博客中每个人都可以发起话题，建立自己的信息发布平台，并具有丰富多样的跨平台发布途径，满足用户随时随地地消息发布需求，这样就为用户构建了一个个性化移动交流平台。

2. 信息主动推送技术

Balbanaovci（1997）所介绍的系统是一个主动推送网页的系统，它每天根据用户兴趣提供一些相关网页，用户对这些页面做出评价，系统根据这些评价信息更新用户兴趣库，从而改善推送性能。

刘景宇（2007）提出，RSS 强大的信息发布、推送和聚合功能以及更好的时效性、可操作性、互动性和个性化等特点使得它可以在图书馆个性化信息服务中发挥重要作用。利用 RSS 实现资源共享，扩大图书馆个性化信息服务的信息来源，丰富个性化信息服务的内容；利用 RSS 进行资源整合，实现图书馆个性化信息的“一站式检索”；利用 RSS 进行图书馆个性化信息主动推送，提高个性化信息服务的主动性和时效性；利用 RSS 进行图书馆个性化信息定制服务，提高个性化信息服务的针对性和准确性；利用 RSS 进行个性化信息的本地存储和管理，建立用户个性化信息库；利用 RSS 营造图书馆个性化信息服务的信息交流空间，促进个性化信息服务的交流和发展。

3. 信息浏览、检索、导航技术

Joahcmis（1997）所介绍的 webwatcher 是一个非常著名的导航器，它要求用户输入自己的兴趣，依此帮助用户在网上导航，同时该系统通过对用户选择的“链路”或站点跟踪学习，改善导航的质量。

Chen（1998）所介绍的 WebMate 系统是一个帮助用户浏览和检索 www 的 Agent，它实现的功能有：通过基于 VMS 的聚类方法来发现与用户兴趣相关的文章，通过用户选择与术语意义相近的词语来消除术语的歧义性问题。

汪晓岩（1999）介绍了一个面向 Internet 的个性化智能信息检索系统，该系统由两层 Agent 结构组成，第一层是用户 Agent，第二层是信息 Agent。每个用户一个 Agent，表示用户的个性化模式，它负责实现与信息 Agent 的交互、相关反馈学习、用户兴趣建模和信息过滤。信息 Agent 相当于中介搜索引擎，负责处理与 www 上的各种商业化信息检索系统的交互。

张永军（2006）认为：个性化信息检索，是指在一定的环境下，依据用户对个性信息的需求，智能地提供给用户检索策略、界面、工具的帮助，是一种可由用户自己选择定制，由系统智能分析后提供有相近用户模型特点的检索。其设计离不开人工智能技术的支持，供每个数据库链接，显然是无法满足读者的需求的；可以通过建立定制化网页、个性化信息咨询创新、信息代理、垂直门户和建立网络信息资源导航库有效地提供个性化信息检索服务，以提升图书馆数字资源的利用率。

刘崇学（2006）认为：智能搜索引擎具有独特的信息检索优势，可以实现自然语言检索、并行检索、分布式检索和移动代理。智能搜索引擎在数字化图书馆个性化服务中具有重要的作用，但也必须加强知识决策服务，有效利用问题库技术，发展集成元搜索功能，提高对元数据、元知识的判断与认识水平，研究多用途、多检索点的搜索引擎模式，全面强化知识语义分析能力。

10.4　数字图书馆的个性化服务

数字图书馆的发展离不开用户的支持，而要获得较高的用户满意度，就必须开展个性化服务，并以此为基础，逐步形成自身的特色。

10.4.1　个性化服务所需的技术支持

1）中文输入技术

目前，图书扫描技术已能将扫入的文字信息作为一个个字节存贮成文本信息，从而较好地解决了中文输入的问题。

2）电子图书技术

电子图书技术能满足人们的需求，用户只需用一些标签或某些关键字词，就可以分割某篇全文，也可以将不同文章重组成另一本图书。但要注意，这种知识分割会产生一些负作用，影响知识产权保护。

3）人工智能技术

人工智能技术主要是使用复杂的决策树和推理反馈机制，帮助用户确定所需信息，其中智能代理技术尤为突出。它通过跟踪人们在网络空间的活动，了解人们的兴趣和爱好，主动收集任何可能引起用户兴趣的信息，并提供给用户。此外，它还可通过比较用户的观点、爱好及兴趣等，去搜索那些具有类似兴趣的人们的活动信息，扩大信息搜索面。在数字图书馆中，人工智能技术主要用于确定用户输入检索词的有效性，并通过这些检索词将各种相关资源联系在一起，使用户可以在相关资源中直接检索。

4）新一代的搜索引擎

由于传统的搜索引擎在覆盖面、查准率、更新速度等方面存在局限性，Disney 公司推出了 Go，它可以同时在多个搜索引擎中检索，从而提高了查全率和检索精度。

10.4.2 个性化服务中的用户研究

谁将成为数字图书馆的现实用户，谁又是潜在用户，这些都是必须了解的。为此，我们应从以下几方面来开展用户研究。

（1）用户的经济支付能力。它可能会限制用户使用网络的次数，并且会使用户提高对网络信息服务质量的要求。据中国互联网络信息中心（CNNIC）最新发布的《中国互联网络发展状况统计报告》显示，用户每月愿意支付的上网费用在 100 元以下的占 57%，100～200元的占 30%。这表明目前我国大部分用户的经济支付能力还不强，但他们都可能成为网络用户。

（2）用户的认知能力，由用户的年龄、经验、职业等共同构成的。由于用户的认知能力不同，对网络服务的要求不同，对系统的使用能力也不同。

（3）用户的个人满意度。用户使用数字图书馆，总希望通过最小的努力，得到最大的满足。目前，影响用户满意度的因素主要有两个：一是网络速度。《中国互联网络发展状况统计报告》显示，用户选择网络服务商的最主要因素是联线速度，约占用户数的 43%；用户认为当前互联网最不令人满意的地方是速度太慢，约占用户数的 53%。这说明网络速度的重要性，需要在数字图书馆的基础建设中充分予以考虑。二是信息服务的质量。这主要取决于网络数据库的建设，既要求搜索引擎易用，又要求上网数据的索引文摘库设计较好。为了提高用户的个人满意度，需要数字图书馆的网络库设计者正确理解用户的行为，设计更好的在线支持系统。

10.4.3 个人信息的获取

要开展针对性很强的个性化服务，最基础的工作就是获取用户个人信息。目前，个人信息获取的主要来源有以下一些。

（1）用户日常行为日志，即用户在本网站上进行检索查阅的跟踪记录。通过这些记录，可以了解到用户所需的检索内容及兴趣，有针对性地为用户提供咨询服务，帮助用户扩大检索面，提高查准率。同时，通过跟踪服务，可了解用户在一段时间内的检索内容，找出其相似性，从而及时更新数据库内容，满足用户的检索需求。

（2）外部数据库提供的个人信息，主要包括有关个人信用等数据库提供的信息及联合图书馆中其他数据库提供的日志信息等。

（3）用户在网站登录注册时所填写的个人有关信息，如学历、爱好、地址等。

10.4.4 深入开展个性化服务

当用户的个人档案建立起来后，可按传统图书馆的方法，将用户分类，并针对不同类别的用户提供个性化的服务。例如，为专家提供服务，可以帮助他们调整检索策略，获得满意检索效果；而对于新手，则要细心指导，让他们获得所需信息。在为用户提供个性化服务的过程中，还必须使他们感觉到正在“自己”的图书馆中查找资料，用户使用的数字图书馆，要有点像私人数据库。此外，数字图书馆还必须为用户提供一个空间，以便让那些具有相似兴趣爱好的人们能分享各自的信息，从而使更多的信息得到聚集，丰富网上信息资源。

10.4.5 个性化服务中应注意的问题

1）隐私问题

为了更好地开展个性化服务，用户的个人信息是不可缺少的，这就涉及用户的隐私问题。不能因为隐私问题的存在，就限制使用用户个人信息。数字图书馆的个性化服务应该使用户相信其个人信息不会被滥用，而是用于有效满足用户的需求。同时，要鼓励用户积极提供个人信息，形成良性循环。

2）版权问题

由于数字图书馆为用户提供了信息下载服务，因而产生了版权问题。关于网上知识产权保护问题的讨论已经很多，相信不久会有正式的法律法规出台。目前，可采用以下两种方式加以缓解：一是网上只提供部分下载功能，如 UMI 提供的硕士、博士论文只能从网上下载其摘要或部分文章内容。二是利用先进的信息技术加以控制，如模仿软件推销商，允许用户通过专门软件下载图文，但过了某一时限或超过限定的使用次数，则下载的文本就无法阅读。

10.5 国内外数字图书馆个性化服务实践项目

10.5.1 国外数字图书馆个性化服务典型案例

国外个性化信息服务的发展源于 1991 年美国启动的数字图书馆计划，其后英国、日本、法国等发达国家也相继投入巨资开展数字图书馆研究。当个性化定制服务开始在 Yahoo 等商业门户网站中得到积极的推广和运用时，美国图书馆界也已意识到了个性化定制服务的重要性，并开始着手图书馆网站个性化服务的研发工作，并取得了初步的研究成果。他们从个性化系统开发、服务效果、道德问题等方面都有深入的探讨，目前已进入实际应用阶段，典型的图书馆个性化信息服务系统有 MyLibrary。欧美由于信息技术、网络技术的发展与普及在世界居首位，其大学图书馆在个性化信息服务中起了“模范带头”作用，康奈尔大学图书馆的 MyLibrary 系统、北卡罗来纳州立大学图书馆的 MyLibrary、英国混合图书馆项目的 HedalinePEI 等就是图书馆个性化信息服务的先锋。

1）康奈尔大学图书馆的 MyLibrary

康奈尔大学图书馆开发的 MyLibrary@ Cornell，系统包括 MyLinks，MyUpdates，

MyContents，MyCatalog，MyDocu-mentDelivery 5 个部分。MyLinks 用于收集、组织和维护网络上的电子资源。MyUpdates 类似于新书通报，用户只要预先指定好范围，就能定期地收到馆内新到的相关书籍、期刊、电子资源的通知。MyContents 的功能和 MyLinks 类似。但是它提供给用户的是期刊的目录，而且可以通过邮件等其他方式接收，现在已具有全文链接功能。MyCatalog 用于定制本馆的目录，并且能保存用户的检索结果。MyDocumentDelivery 即电子文献传递服务，能获得本馆馆藏中的 PDF 格式的文章副本、图书章节和其他一些资料，通常是需要付费的。该系统只面向本校人员，非校内用户无法使用。

2）北卡罗来纳州立大学图书馆的 MyLibrary 主页

北卡罗来纳州立大学图书馆开发的系统为 MyLibrary@ NCState。进入系统有下面几个板块。①“我的图书馆员”板块，根据用户注册时选择的学科，安排最适合他的学科馆员。②“图书馆链接”板块，显示的是有关该图书馆信息的一些链接。③“大学链接”板块，功能和 MyLibrary@ Auburn 中的“大学链接”类似。④“快速搜索”板块，功能和 MyLibrary@ Auburn 类似。⑤“参考书架”板块，和 MyLibrary@ Auburn 的“参考书架”功能类似。⑥“索引和文摘”板块，和 MyLibrary@ Auburn 中的“索引和数据库”功能类似。⑦“电子期刊”板块，和 MyLibrary@ Auburn 中的“电子期刊”功能类似。该系统只对本校师生、员工以及图书馆工作人员开放，其他用户无权申请账号使用。

3）罗彻斯特大学图书馆的 Course Resources

罗彻斯特大学（University of Rochester）图书馆开发的 Course Resources 系统和传统的个性化服务系统不太一样。该系统是 2001 年年底开始筹建的，2002 年春季进行测试，同年秋季投入使用。该系统也是基于 MyLibrary 的理念建设的，主要针对学校本科生所开课程提供动态的管理页面，满足了大部分学生的信息需求。系统具有以下特点：①把图书馆里的所有资源（包括图书、期刊、论文库、论文索引、网址、多媒体等）全部用元数据进行标引，整合馆藏资源。如果某本图书或期刊既有电子版又有印刷版，那么，在这个书（刊）名下有很清楚的查阅指引。②系统不是以传统的方式按学科分类链接，而是以教授的课程提纲作为链接点，这样可以使学生在完成课程作业时，很容易查到相关的参考资料，因此受到了绝大多数学生的欢迎。③在每门课程的网页上提供课程代码、开课学期、系部名称、教授姓名、Email 地址，以及教授的课程主页。学生可以通过发邮件或是与各系主页的链接与教师进行交流。④网页上有专业图书馆员的姓名、照片、E-mail 及电话号码，此外还有在线咨询图书馆员以及网上聊天的链接，为学生们向学科馆员提问提供了方便。

在罗彻斯特大学图书馆的主页上点击 Course Resources and Reserves 链接，进入该系统。页面上有该大学 4 个分校的教师、系、课程代号的选择，任意选择一个系（比如 history），课程代号（108），教师“任意”，点击确定后，下一个页面显示了上段中的显示内容，还有推荐的网络资源、网站、文章、期刊、图书等。

4）英国混合图书馆项目的 Headline PIE

复合图书馆是介于传统图书馆和数字图书馆之间的、二者的混合体，它用一系列技术，在电子资源与印刷资源并存的环境下，开发整合的系统和服务。英国电子图书馆（eLib）计划的 5 个复合图书馆项目开始于 1998 年，并且都于 2000 年完成。

Headline 是 Hybrid Electronic Access and Delivery in the Networked Environment 的简称，PIE 是 Personal Information Environment 的简称。Headline 是英国混合图书馆项目之一，是伦敦经济学院、伦敦商学院和哈福德郡大学在 1998 年合作开发的，目标是在现实的学术环境中设计和实施一个复合图书馆工作模型，为在不同的工作环境下持续获取各种物理形态的图书馆资源创建工作模式，用统一的 Web 界面对大量的图书馆馆藏资料提供检索途径，项目的重点是支持经济和商业研究，但该系统同样适用于其他学科领域。

Headline PIE 基于 web 个性化系统，印刷型和电子型的信息服务资源和服务被集成在同一界面，为用户提供一站式服务。模型以用户为中心，重点支持用户群学习，系统为用户提供简单而实用的支持环境，而且完全拥有反馈机制，允许用户配置文件超时，根据用户的专业、学习兴趣和访问权限，对用户分组。它可以提供给用户一个带有与用户的学科领域或专业相关的信息资源的页面，用户可以定制自己的 PEI 页面，还可以与同一领域的研究者或同一课程的学生共享这些页面。

10.5.2 国内数字图书馆个性化服务实践方式

我国的个性化信息服务研究始于 1999 年年底科技部支持的“中国数字图书馆示范系统”项目，它提到了数字图书馆的个性化服务问题，2000 年初社会科学基金资助的“基于 Web 的数字图书馆定制服务系统”项目开始研究开发实用的图书馆个性化定制系统。同期，国内还有一些商业化的网络定制系统出现，如 1999 年末首次推出个人定制服务的搜索客公司。目前国内图书馆个性化信息服务所主要采取的几种形式。

1）通过 MyLibrary 系统开展个性化信息服务

目前国内少数几个大学图书馆开发了自己的 MyLibrary 个性化信息服务系统，并助于这个系统开展个性化信息服务。MyLibrary 系统在满足用户个性信息需求方面已体现出了相当的优越性，但是，由于各种原因，比如网络技术、安全速度等等方面的问题，目前在国内图书馆还未得到普遍应用，尚处于探索阶段。

A. 浙江大学图书馆“我的图书馆”系统

浙江大学图书馆个性化信息服务系统“我的图书馆”采用浏览器/服务（browser/server）模式，用户首先需要注册成功，然后登录系统，设置账号和密码，根据自己的知识结构、信息需求对馆藏数字资源和其他网络资源进行选择、定制。用户完成设置后，即可动态建立定制页面、显示定制内容。其主要功能为：书签功能、定制图书馆数字资源、最新信息通告、与搜索引擎衔接、更多图书馆的链接、定制 web 页面样式、用户密码经加密保存等。

B. 中国人民大学数字图书馆个性化信息服务系统

“中国人民大学数字图书馆个性化信息服务系统”是一个集资源推荐、咨询服务和信息检索为一体的服务平台，是人民大学数字图书馆知识服务系统的重要组成部分。系统分为 3 个子系统：“数字资源统一检索”“个性化推荐系统”和“在线咨询系统”。

C. 中国科学院国家科学数字图书馆的“我的数字图书馆”

“我的数字图书馆”是中国科学院国家科学数字图书馆基于美国北卡罗来纳州立大学 MyLibrary@ NCState 系统开发的个性化服务系统。该系统所提供的资源分别按照类型和学科进行了细分，其中类型包括我的参考书架、我的数据库、我的电子文档和电子期刊三部分，而学科则分为 25 个大类。用户可以根据需要逐步缩小浏览范围，最终找到所需资源进行定制。该系统还设有“参考咨询服务”、集成网上的信息资源、提供快捷的学科搜索引擎，方便用户信息查询。

2）通过 ILAS 系统开展个性化信息服务

ILASII 系统提供的个性化信息服务遵循当前国外较成功的数字图书馆个性化信息服务模板“MyLibrary”的设计思想，在 ILASII 的 www 检索界面设“我的图书馆”栏目，用户经读者证号或注册名、密码的确认后，可登录进入“我的图书馆”个性化服务界面，且用户只需一次登录便可享受所有的个性化服务。其用户模型是通过用户账号注册来建立的，通过它来了解用户的一些基本信息及兴趣特征。系统在“我的图书馆”中，为用户提供了多方面的个性化信息服务，如馆藏书目信息检索、期刊篇目、参考咨询、联合目录、馆际互借、购书推荐，以及权限查询、借阅查询、借阅史查询、财经查询、资料更新和修改密码等读者信息查询，另外，还有感兴趣图书推荐、新书通报等。

ILASII 系统在全国目前有近千家用户，也就是说，目前全国有近千家图书馆的个性化服务是通过 ILASII 系统的“我的图书馆”来实现的，如黑龙江省的绝大多数图书馆、武汉大学图书馆、华南农业大学图书馆、深圳图书馆等。

3）通过汇文图书馆管理系统开展个性化信息服务

汇文图书馆管理系统在全国也拥有大量用户，其新近版本中，在 OPAC 中嵌套“我的图书馆”个性化信息服务功能。用户通过账号、口令等身份认证后，即可进入其“我的图书馆”个性化信息服务页面。它为用户提供的服务项目为：读者信息、书刊信息、违章缴款、预约委托、到书情况、书刊遗失、读者挂失、账目清单、荐购历史、读者定制等，另外，用户在“读者定制”中可对以下内容进行选择定制：已超期图书提醒、预约到书提醒、委托到书提醒、关注的新书类别以及用户可选择具体提前多少天通知用户即将到期的图书等，以后每当用户登录进入“我的图书馆”页面内，系统就会显示提醒用户所定制的信息内容。总体来讲，汇文的“我的图书馆”个性化信息服务功能上还比较单一，主要是基于其自动化系统的信息查询和提示。

4）通过学科博客开展个性化信息服务

学科馆员是面向图书馆的用户信息需求，以图书馆为中心，以信息为中心，以用户为中心。图书馆 2.0 的环境下，学科馆员则应充当用户的整体信息环境的战略顾问，将学术出版、信息组织、知识发现、开放获取、知识产权、知识管理（如机构仓储）等纳入自己的服务范畴，为用户提供个性化、全方位的呵护，善于知识的营销设计和推广，对资源与服务的综合利用策划、协调与创新管理。

贺利婧（2008）认为博客网站是网络知识信息的聚集和交流场所，通过网络传递实时信息，倡导思想的交流和信息共享，这与图书馆的共建共享精神是一致的。博客的零技术障碍、零成本、零编辑、零形式的特点，使得很多图书馆应用博客开展个性化服务。目前，国内外学科馆员已经开展了通过学科博客的个性化学科服务。国内三所具有代表性的高校学科博客基本介绍如下：

A. 清华大学学科博客（http：//blog. sina. com. cn/newsisnewsblog）

清华大学图书馆学科馆员于 2007 年 10 月专门为清华大学新闻传播学院师生制作的博客，旨在宣传介绍图书馆相关的学科资源和学科服务，希望图书馆成为广大师生学习、科研的好帮手。博客有实用软件、学者观点 、学科资源、书目导读 、新书简介、每周新书、最新消息等栏目。

B. 上海交通大学学科博客（http：//www. lib. sjtu. edu. cn/view. do？ id=1590）

上海交通大学图书馆学科博客，是学科服务中的重要组成部分。自 2008 年 10 月起创建了 14 个学科博客，以学科馆员为核心，体现学科特色，做学科深入研究，并使用文献计量学分析方法做一些有益的学科统计、分析工作。除此之外博客中也将包含一些学科常用资源的介绍和链接，多角度、深层次揭示图书馆资源，构建学科馆员和相关学科科研人员的沟通交流平台，为现行学科馆员制度下的学科馆员服务开拓新的服务模式和理念，为学科馆员的深层次服务和科研实践提供一个舞台。学科博客主旨：“关心您所关注的学科热点，提供您所需要的学科服务”。

C. 上海师范大学学科博客（http：//www. lib. shnu. edu. cn/html/xxfw/xkbk/）

以学科馆员为核心，多角度、深层次揭示学科相关资源，构建学科馆员和学科用户的沟通交流平台，学科博客地址如下：教育学院学科博客（http：//202. 121. 63. 18：8001/blog/1/）和金融学院学科博客（http：//202. 121. 63. 18：8001/blog/2/），其开博时间分别为 2007 年 11 月和 2005 年 6 月 20 日。博客主要栏目有：学科介绍 、学术动态、重要人物、会议通知、核心刊物 、精品课程 、相关网站、本馆资源、教学课件等。

第 11 章　数字图书馆信息服务模式

1996 年在北京召开的第62 届国际图联（International Federation of Library Associations and Institutions，IFLA）大会拉开了我国数字图书馆研究的序幕，迄今已有十余个年头，数字图书馆的研究与建设取得了很大的成就。众所周知，数字图书馆与生俱来就是为用户提供信息服务的，信息服务是数字图书馆研究与建设永恒的核心和主题。

信息服务模式以图像、文字或数学模型为基本工具对信息服务系统的结构和功能进行抽象概括。数字图书馆信息服务模式描述的是数字图书馆信息服务活动中用户、服务人员、数字资源、服务内容、服务方式、服务手段、服务平台等要素及其相互关系，是数字图书馆信息服务系统开展信息服务活动的工作模式。具体来讲，数字图书馆信息服务模式是运用现代化计算机网络与通信技术手段建立的高度社会化、开放化、分布式的数字图书馆信息服务系统以最大限度地满足用户解决现实问题的信息需求为宗旨、以信息用户为导向、以信息服务人员为纽带、以信息服务内容与产品为基础、以信息服务方式与策略为保障、以信息服务工具设施为平台，开展信息服务活动，达到信息资源数字化、信息传递网络化、信息利用共享化、信息提供智能化、集成化、知识化以及信息服务个性化和自主化的服务工作模式。

11.1　数字图书馆信息服务模式研究概述

我国许多学者都曾研究过信息服务模式。陈建龙（2003）以信息服务的基本要素分析为基础，探讨了旨在描述信息服务各要素间基本关系的基本模式、信息服务在实践中某个或某几个要素的作用发生变化而导致的生成模式以及由网络技术引发的网络信息服务模式。他认为信息服务的基本要素包括用户、服务人员、服务内容和服务策略。张志美等（2003）从服务对象、服务内容、服务手段、服务方式等方面探讨了数字图书馆信息服务模式的特征，包括服务对象社会化、服务内容数字化、服务手段网络化、服务方式多样化、服务资源共享化和服务流程一体化。郭海明等（2008）依据数字图书馆的发展过程认为数字图书馆的信息服务模式可以分为“馆员中心”“资源中心”“产品中心”和“用户中心”4 种。将数字图书馆信息服务模式分为一般模式和具体模式，其中一般模式包括分散式服务模式、集中式服务模式、分布式服务模式和集成式信息服务模式，具体模式包括基于数字信息资源的产品中心服务模式、基于信息集成的用户中心服务模式和基于用户信息活动的自助服务模式。王知津等（2005）针对可持续发展的数字图书馆的信息服务在服务方式、服务内容、服务手段、服务系统等方面的要求，提出了集成化、个性化、多元化、协作化、创新型的数字图书馆信息服务模式。

从以上描述可以看到，有的学者是依据数字图书馆服务系统间的关系和数字资源的分布来研究信息服务模式的，如郭海明的分散式、集中式、分布式和集成式信息服务模式；有的学者是依据数字图书馆信息服务中的服务要素来研究信息服务模式的，如陈建龙的基本模式、生成模式和网络模式；有的学者主要探讨信息服务模式的特征；有的学者抓住主要的信息服务要素对数字图书馆的信息服务模式进行研究，如郭海明的“馆员中心”、“资源中心”、“产品中心”和“用户中心”信息服务模式；有的学者是基于数字图书馆提供的功能来研究信息服务模式的，王知津认为不同的信息服务功能依赖于不同的服务模式，同时，一种服务模式也可以实现多种服务功能。

11.2 数字图书馆信息服务模式的发展历程

11.2.1 早期数字图书馆的信息服务模式

早期的数字图书馆，它所提供的服务可以看成是传统图书馆信息服务的数字化和网络化。由于数字信息处理技术的快速发展，传统文献信息实现了到数字信息的转变，这时候数字图书馆的主要工作就是将文献资源数字化，图书馆向用户提供的就只是数字化了的文献信息。目前，许多图书馆的数字化馆藏系统基本属于这种服务。

图 11-1 描述了早期数字图书馆的信息服务模式。

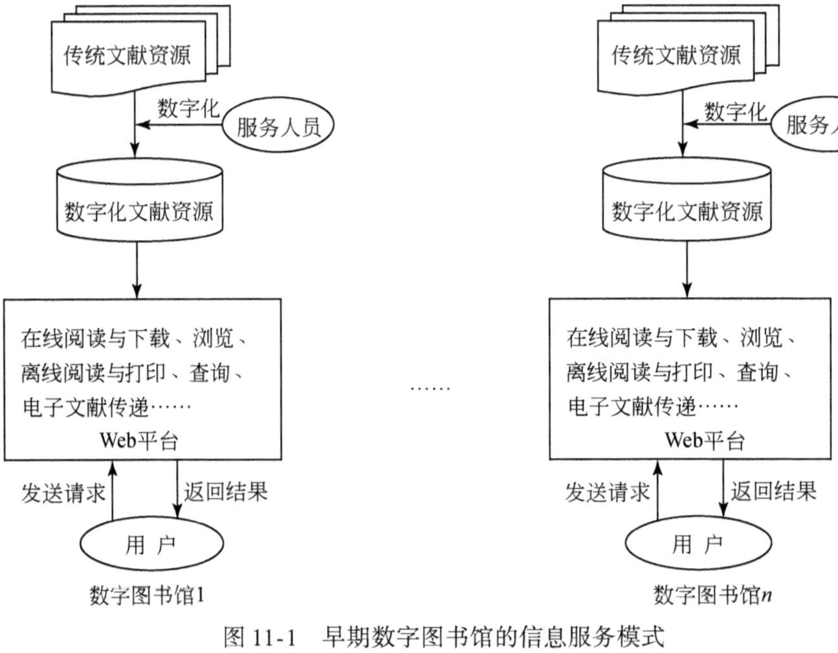

图 11-1 早期数字图书馆的信息服务模式

参考图 11-1，分析出早期数字图书馆的信息服务模式具有以下特点。

1）数字信息资源单一、独立

这时期数字图书馆的数字资源主要来源于传统纸质文献的数字化转换，因此来源单一。由于各数字图书馆服务系统是分散独立的，彼此间并没有建立通信桥梁，因此数字资源并不能传递共享，这无疑降低了信息服务的效率和质量。

2）传统的服务内容

这时期数字图书馆的服务内容从本质上讲与传统图书馆的服务内容是一致的，只不过由于数字化和网络化，表现形式发生了改变。服务内容包括在线阅读与下载、电子文献传递、离线阅读与打印、浏览、查询等。服务种类较多，但由于资源庞大，用户真正要的信息却并不需要那么多，在一大堆信息里查找用户自己真正想要的东西，这耗费了用户过多的时间和精力，同时也增加了用户的智力负担。这时期数字图书馆的服务人员只注重文献信息的数字化转换而缺少对资源的进一步加工和挖掘，不能满足用户更深层次的信息需求。

3）被动的服务方式

在数字图书馆发展的初期，由于受 Web 技术和服务观念的限制，它提供的服务是一种被动的服务。被动服务的特点是：不考虑用户的个别需求，这导致用户的需求得不到充分地反映和有效地满足；具体实现形式一般是采用无交互的 Web 网站模式，是一种单向信息传递模式；数字资源以网页、数据库形式出现在网络上，用户自己取用。在这种服务方式中，用户处于被动地位，而系统处于主动地位，信息从资源到用户单向流动。

4）单一的服务手段

数字图书馆的运行以计算机技术、网络技术、多媒体技术以及其他的信息技术为支撑，这些信息技术影响着信息服务的手段。早期数字图书馆阶段，用户要利用图书馆的资源为自己的学习和科研服务，只能自己到相应的网站上去查找。用户通过网络登录数字图书馆的网站，提交查询后，服务器就会根据用户的要求帮助用户查找相关信息，最后将查询结果展现在用户面前。

5）分散独立的服务系统

数字图书馆在发展的初期，由于计算机技术和网络技术的限制，各图书馆的服务系统是相对独立的，图书馆之间没办法建立通信机制和手段，资源、产品和服务也不能传递共享。

11.2.2　现阶段数字图书馆的服务模式

随着信息网络的快速发展，分布式、异构化、多样化的数字信息资源日益增多，为了有效利用这些资源，同时也为了满足用户更深层次的信息需求，基于集成信息服务的数字图书馆诞生了，我国的 CALIS 就属于这个范畴。

图 11-2 描述了基于集成信息服务的数字图书馆的信息服务模式。

基于集成信息服务的数字图书馆的信息服务模式的特点可以概括为以下几点。

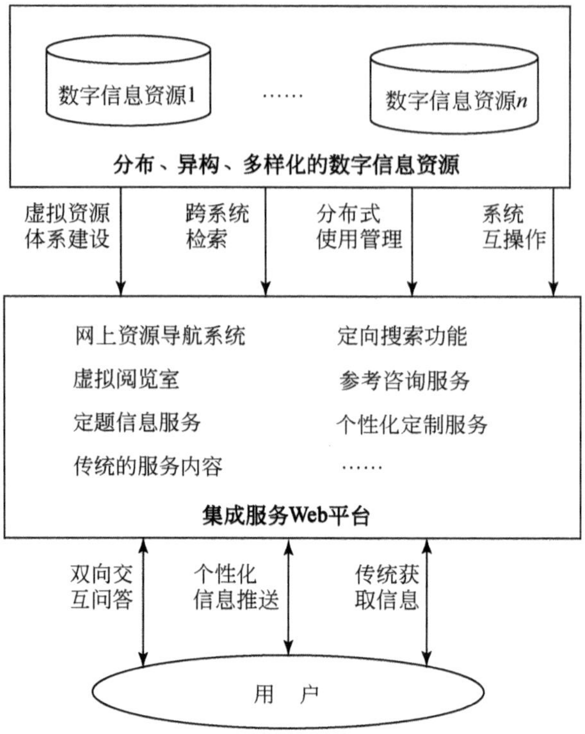

图 11-2　基于集成信息服务的数字图书馆的信息服务模式

1）分布式、异构化、多样化的数字信息资源

信息网络的飞速发展、计算机技术和网络技术的不断进步使得数字图书馆的资源不再局限于自身采集收藏的文献，还包括那些利用网络所获得的、本不属于图书馆自身拥有的信息资源，即各类型数据库、多媒体信息、网页以及与其他信息资源的链接，等等。这些信息资源大多分布在不同的物理地点，组织的结构也不尽相同，类型也是多种多样。

2）服务内容深入多样化

随着信息需求的不断升级，用户对数字图书馆的信息服务内容提出了更高的要求。除了传统的服务内容，还增添了许多深层次的服务内容。由于互联网上的信息分散、无序，因此，在系统地开发数字化、网络化信息资源的同时，必须对分散、无序的信息进行科学的评估、合理的整序、有效的重组和深层次的加工，向用户提供有序化、知识化、集成化的信息资源。数字图书馆建立网上资源导航系统，以满足用户的专题信息需求；提供定向搜索功能，从而为用户集中推荐属性相同或功能相近的资源网站；建立虚拟阅览室，针对不同用户群的信息需要，围绕一定的专业课题、专题人物、专题文献、社会生活领域等搜集相关文献信息，并提供全文在线阅读。

3）主动的服务方式

在数字图书馆的业务运行中，服务人员逐步认识到被动的服务方式已经不能很好地满足用户的信息需求，因此需要对服务方式进行改进和完善。同时，数字图书馆服务人员和用户的服务观念也都发生了转变，服务人员认识到了信息服务过程中用户的重要性，用户也发现了在查找所需资料时，数字图书馆的被动服务方式占用了自己较多的学习及科研时间。因此数字图书馆的服务方式逐渐由被动变为主动。

主动服务的特点是：考虑用户的个别需求；具体实现形式一般是通过交互式 Web 网站形式，分为双向交互问答模式和个性化信息推送模式。在双向交互问答模式中，数字图书馆服务人员可以和用户进行交流，了解用户具体的信息需求，从而为用户提供需要的资源。在个性化信息推送模式中，用户可以根据自己的信息需求定制数字图书馆的资源，因此用户是处于主动地位的，而数字图书馆则处于被动地位。

4）人性化、个性化的服务手段

由于交互式 Web 网站的出现以及其他网络技术的发展，数字图书馆的信息服务手段也越来越丰富了。除了利用传统的服务手段服务用户外，数字图书馆还提供了一些人性化、个性化的服务手段：交互式智能化参考咨询服务，可以提供多层次的咨询服务接口，对用户的网络信息检索过程进行现场智能化引导，针对用户的信息需求进行智能化推送服务，还可以设立交互式咨询台，直接解答用户输入的疑难问题；利用网络推送技术实现用户的定题信息服务，主要采用电子邮件推送、网页推送、专用信息发送与接收软件推送等 Internet 信息推送技术向用户定期提供事先选定的专题信息；个性化定制服务，采用个性化定制技术满足用户特定信息需求的服务机制，将从根本上提升数字图书馆的服务能力和对用户的贡献力度。个性化定制技术可以按照用户的要求量身定做特殊的用户界面，为用户提供含有自己风格、自己资源集合和链接的个性化网页。

5）集成的服务系统

信息网络的飞速发展导致了分布式、多样化与异构化数字信息资源的逐步出现，分布式的网络信息环境催生了分布式的服务系统，各数字图书馆具有自己的检索系统和知识仓库、数据仓库，这给人们获取信息带来了困难。但是，信息技术的发展以及服务观念的更新，使得人们在数字图书馆的建设中，可以按照统一的标准建设信息资源与服务系统，通过标准统一的协议建立各自之间的联结，集中提供信息产品与服务。这些技术和协议支持分布式信息系统间无缝交换和共享信息资源和服务，因此构造出了一个逻辑的集成信息服务系统。在一个集成信息服务系统中，信息技术、信息资源、服务内容、服务人员、服务机构等都需进行融合集成，实现整体功能的优化，使用户得到动态的并在时间和空间上一致的面向主题的全方位、多层次、多元化的信息服务。

11.3　国外数字图书馆的信息服务模式

国外发达国家的数字图书馆研究和建设一直以来对我国数字图书馆的研究和建设具有

指导意义，国外数字图书馆的信息服务模式也经历了基于数字化资源的数字图书馆信息服务模式、基于集成信息服务的数字图书馆信息服务模式、基于用户活动的数字图书馆信息服务模式这样的发展历程，除此以外，由于服务理念和服务环境的不同，国外发达国家的数字图书馆也表现出了具有自己特色的服务模式。

11.3.1 信息服务内容兼顾多元文化

图书馆多元文化服务内容是多元文化服务理念的产物。多元文化服务理念的主要内容包括：自由主义理想（liberal ideology）——维护每个人的兴趣和价值观念；民主、宽容与理解（democratic，tolerance and understanding）——与各种少数族群文化和谐共存；融合与交流（integration and communication）——图书馆是一个文化交汇的场所；平等（libraries for all）——提供平等的无歧视服务，不分种族、肤色、国籍、性别等；社区焦点（the focal point of the community）——及时、快速地服务社区民众，反映社区的多样性文化。随着对图书馆多元文化服务理念的深入理解，国外许多图书馆，特别是发达国家的公共图书馆，实践了一系列行之有效的、系统的多元文化服务，综合起来主要有以下 3 个方面。

1）发展多元文化馆藏（multi-cultural collections）

“为了反映社区民众的文化差异，满足由于语言及阅读水平限制的民众的特殊需求”，“支持和维持土著语言的发展，推动文化、传统与宗教之间更好的理解，加速城市的文化多样性”，几乎所有图书馆都积极发展囊括各种载体的多元文化馆藏。如英国英格兰东南部埃塞克斯郡滨海绍森德图书馆（Southend on Sea Borough Library）所收藏的图书、报纸、期刊的语种涉及了 12 种，有阿尔巴尼亚语、法语、汉语、德语、荷兰语、意大利语、波兰语、西班牙语、俄文、印地语（Hindi）、乌尔都语（Urdu）和古吉拉特语（Gujarati）。儿童读物方面，该馆购置了大量的少数语种与英语对照的双语资料。美国明尼苏达州亨尼平县图书馆（Hennepin County Library）下设 41 个分馆，收藏有 500 万册图书及各种 CD、DVD，涵盖了世界上 40 种语言。同时，为了保证图书馆多元文化馆藏的可持续发展，部分图书馆还制定了多元文化馆藏发展计划，从文种结构、选择标准、经费使用等方面，对多元文化馆藏发展进行了详细界定。

2）开设多语言咨询服务（multi-lingual reference services）

多语言咨询服务是图书馆开展的深层次的、延伸型的（outreach）咨询服务，其特征是以少数族群语言提供服务。具体形式有：网站呈现的语言多样化；图书馆标志系统语言多元化；书目检索系统支持多样性文字；馆员以多样性语言提供咨询服务等。像美国科罗拉多州博尔德公共图书馆（Boulder Public Library）制作有西班牙文的网页，并支持西班牙文检索。美国加利福尼亚州圣塔克拉拉县立图书馆（Santa Clara County Library）有中文网页，支持汉语拼音检索，并提供其他语种的咨询服务。美国明尼苏达州亨尼平县图书馆（Hennepin County Library）主要的服务语言除了英语之外，还有西班牙语、苗语（Hmoob）

和索马里语（Soomaali），并且有专用的网页提供图书馆用户指南、友情链接（如新闻、政府、卫生健康、社区服务、艺术娱乐、人口研究等网站）等。而新西兰怀塔科瑞图书馆（Waitakere Library）为了更好地服务于土著民族毛利人（Maoris），设有毛利文与英文对照网页，还提供毛利文的书目检索，配有专职的毛利人咨询馆员等。

3）加强各种社区性活动（community programs）

社区性活动是指图书馆走进社区以吸引少数族群参加图书馆举办的各种活动，包括读书俱乐部、故事会、技能培训、文化艺术展览、讨论小组、语言翻译等。如美国加利福尼亚州阿拉米达县图书馆（Alameda County Library）不定时举行一些学前儿童的双语故事会，内容有听故事、听歌及简单的手指游戏，时间一般在 30 分钟左右。加拿大安大略省马卡姆公共图书馆（Markham Public Library）举办印地语阅读会、西班牙语会话、多元文化博览会、亚洲遗产故事等。同时，大部分图书馆还举办 ESOL（english for speakers of other languages）和 ESL（english as a second language）课程，并提供相关的多语言生活信息如新闻链接、求职信息、教育信息、健康信息等。可以说，社区性活动是所有图书馆多元文化服务中最具有灵活性、最有说服力、最有活力、最为复杂的高层次服务，是未来图书馆多元文化服务的重点。

11.3.2 以人为本、主动的服务方式

国外发达国家的图书馆特别强调图书馆的服务功能，一切技术都是为服务而存在的。在以人为本的服务理念指导下，产生了一切以服务为目的、以人为本、主动的服务方式。

美国图书馆服务从 19 世纪初期就变被动为主动，并不断创新。1810 年美国就出现了由政府财政开支建立的小型儿童图书馆、镇立图书馆等，并免费为儿童和居民服务。美国图书馆的服务是一贯性的，他们始终认为服务是图书馆的永恒主题，不可动摇，不可改变。在数字化、网络化的今天，服务仍是第一位的、基本的、主要的目标。美国纽约公共图书馆是世界城市中最大的公共图书馆之一，藏书 2000 万册。该馆的宗旨就是“扩展图书馆馆藏的可访问性”“使馆藏由全球用户免费、民主地访问”。美国克里夫兰市公共图书馆全部开架借阅，进入图书馆没有任何手续，自由出入，从来没有人询问、检查，任何人都可在阅览室自由阅读。参考阅览室在美国的公共图书馆中居于极其重要的地位，读者可在这里免费上网，查询人员招聘、交通、娱乐、金融、商业等信息，也可上网购物，阅览室里都是免费上网。儿童阅览室有图书馆工作人员和义工辅导他们，儿童在这里看书、上网、做游戏，父母可在旁陪伴。美国公共图书馆的周到服务受到读者的普遍赞扬。

11.3.3 信息服务手段个性多样化

国外图书馆的信息服务手段种类繁多，各有特色，可以从以下几点看出。

（1）在美国，很多图书馆为了满足特定群体的需要纷纷着手建设移动版门户网站——

手机图书馆。用户登录手机图书馆，可以随时随地利用图书馆馆藏和服务，包括搜索目录和主题指南、查询展览信息和开馆时间、存取电子期刊论文等。例如，走在世界图书馆界技术应用前端的 OCLC（Online Computer Library Center，Inc.，联机计算机图书馆中心）现已开通了 World Cat Mobile 服务，使用户通过手机就可以从关键字、作者和题名等角度检索图书馆的馆藏资源，还能使用户通过当地邮编和地名等查找离该用户较近的图书馆，并通过手机定位系统找到去往某一图书馆的最便捷的路线。通过手机图书馆，用户能够以电子邮件或手机短信方式提交参考咨询问题。

（2）博客是图书馆实现主动个性化服务的有效方式，已经成为美国图书馆与用户进行即时交流的枢纽，并为图书馆与用户进行沟通提供了重要的信息平台。图书馆博客自 20 世纪 90 年代开始出现以来，许多图书馆先后开始建立博客，而美国图书馆博客发展至今已经到了相当成熟的阶段，许多图书馆往往开设几个到几十个博客，系统而全面地提供指导咨询和信息资源服务。绝大多数的博客以提供信息资源、图书馆新闻消息服务为主，另外也有专门解答读者咨询问题的博客、技术交流博客、多媒体视频博客等。博客作为美国图书馆信息服务的有效工具在近几年来得到了空前的发展，使图书馆以用户为中心的个性化服务理念得以实现。

（3）澳洲实时参考咨询系统在实现澳大利亚网络信息资源共享方面是一个得力的工具。它是一个由澳大利亚、新西兰和新加坡图书馆工作人员提供的虚拟参考服务系统。以即时、在线沟通的方式便利地为用户提供高质量的信息，有一百多个馆员轮流值班。在同一工作时间有 3 名工作人员提供服务，馆员可以直接向用户发送与交谈相关的内容和网页的链接等。

（4）澳大利亚图书馆通过与网上书店、出版社等商业机构合作，使图书馆的网上免费服务和付费商业服务相结合，方便用户。比如，Libraries Australian 就为用户提供对包括书店在内的其他资源提供者的资源检索端口，实现了数据库检索途径的多元化。用户可以检索“亚马逊网上书店”的数据库资源，并通过其直接与书商联系，进行网上订购。

11.3.4 开放、社会化、人性化的服务系统

美国高校图书馆在社会服务方面发展相对比较成熟。在美国，公立大学的图书馆都向公众开放，不需要出示任何证件，美国高校图书馆被读者称为大学里的公共图书馆。哈佛大学是私立学校，原则上只有本校师生和拥有哈佛校园 ID 卡的校外研究人员才能进入图书馆，但某些分馆建筑仍向公众开放，在哈佛图书馆借书一概不限数量，借期不等，可续借。美国高校图书馆社会化服务主要有以下几个特点：①社会服务对象正朝细化方向发展。一般把校外人员分为校友和游客，对校友提供终身学习服务，提供一个在线的多方面知识的学习平台，有电子期刊查阅、书目参考、书刊借阅等，游客可以免费访问图书馆主页里的一些内容，例如一些公开课资料，还可以访问开放的数据库。②注重与社会机构的合作。美国高校不同程度地与社会机构合作，都以服务社会为目的，例如提供少年儿童服务项目、国际信息服务项目等。③提供校外学习支持服务。美国高校图书馆依托自身资源，对中小学师生和终身学习者提供学习资源，帮助教师制订教学计划和选择合适教具

等，学习者可以交付一定的费用从图书馆提供的多样化的课程中选择自己想要学习的课程。

日本是世界上图书馆事业比较发达的国家，向社会开放的大学图书馆，几乎都制定对外开放的规章制度，服务先进而周到，为全民的终身教育做出了巨大贡献，也促进了大学周围社会的知识创新。日本大学图书馆社会化服务主要有以下特点：①实施相应的对外开放政策。日本在 1953 年的《大学图书馆改善纲要》中提及到“各大学图书馆在有余力的情况下要对外开放”；在 1961 年发表的《公立大学图书馆改善纲要》中，提到“希望有余力的公立大学图书馆进行开放”；1995 年，国立大学图书馆协议会成立了国立大学图书馆公开事业实施委员会，全面推进大学图书馆向社会开放。2004 年以后，随着国立大学的改革，总务省对国立大学图书馆发出了“不限制身份和目的，可以利用大学图书馆图书资料”的要求，日本政府还颁布了《终身学习振兴法》来推动全民终身学习的浪潮。②对外开放普及率高。根据日本文部省 2005 年《学术情报基础实态调查结果报告》的有关大学图书馆对校外用户开放状况调查资料了解到，日本的国立和公立学校 100% 对外开放，即使是私立大学图书馆也达到了 97% 以上。③社会化服务深入人心。高校图书馆凭借其丰富的文献资源、完善的规章制度、优质的服务，吸引了校外用户来充分利用图书馆，这些用户不仅有高校内的师生，还有普通市民和少年儿童等，任何人不要办理任何手续就可以参阅图书资料，外借是免费的，这样每年高校图书馆信息社会化服务的人数大幅度增加。④节假日开馆服务。据日本文部科学省有关大学图书馆节假日提供开馆服务状况的调查统计，在所调查的国立学校中，有 90% 以上的公立学校在节假日都提供对外开放服务，这样方便了社会人员能够在空闲时间充分利用大学图书馆进行自身素质提高。

在英国，公民可以到大学图书馆去阅览，大学的图书馆里大约有 5% 是市民。剑桥大学图书馆采用全部开架的服务方式，无论是大学总馆、大学专业图书馆还是学科系（研究中心、所）和学院图书馆，对校（系、院）外读者都是完全开放的。校外读者不必提供任何证件就可以与校内读者享有除外借图书以外的同等权利，包括免费上网等。

国外发达国家的数字图书馆也开发了一些个性化服务系统。My Gateway 是 1998 年秋由美国华盛顿大学推出的一个面向大学教授、研究生和科研人员的 My Library 系统。从图书馆 INNOPAC 系统中下载的资源，被保存在 SQL 数据库中，利用 ASP 技术动态映射在用户页面上。系统的功能特点包括以下几个方面：一是支持用户随时随地调用的网络资源组织形式；二是用户可以通过链接浏览更新的资源；三是整合了用户数据库，利用 Cookie 自动追踪、记录用户信息；四是允许用户定制资源分类。美国康奈尔大学图书馆的 My Library 系统在 1999 年投入使用，采用 JAVA 技术动态创建 HTML，并选择了 Oracle 数据库技术。在发展和完善后，目前由个性化链接、个性化更新、个性化内容、个性化目录和个性化文献传递五个部分组成，是当前最为成熟的主流个性化信息服务系统，为后续研究和建设奠定了良好的基础。它满足了用户在信息检索和使用方面的需求，并且部分实现了主动式推送服务。为了进一步完善和改进系统功能，康奈尔大学图书馆计划推出个性化公告板和由学科馆员及院系代表提供的集体定制的信息服务。美国罗彻斯特大学 2001 年至 2002 年秋季开发建设了 Course Resources，启用了由主任和学科馆员组成的具有专业特色的工作团队，满足在校本科生学习的需求。在 My Library 系统的基础上进行创新，引入元数据标引，整合了图书馆资源的印刷版和电子版的查阅标引，以教授的课程提纲为出发点进行资源链接分类，更提供了丰富的与教授、院系和学科馆员沟通的渠道，充分体现了教学的职能。德州农工大学的 My Portal 基于 My Library 的设计思想，但在具体建设中提出了一些具有自身特色的系统功能，如依据用户提交的信息，自动完成借阅和咨询表格，远程获取和我的信息能力测试等增值服务。

第 12 章　数字图书馆管理体制与发展模式的相关问题研究

12.1　数字馆藏建设的五个问题

数据库/电子资源购买仍是目前图书馆数字馆藏建设最主要的内容，如果把 1996 年清华大学图书馆首次引进在线数据库 OCLCFirstSearch 作为国内图书馆数字馆藏建设的开端，那么发展至今已历经了 18 个年头。作为国内图书馆数字馆藏建设的主流方式，到 2009 年，CALIS 共组织了 107 个（554 次）集团采购，并从 2010 年开始，以高校图书馆数字资源采购联盟（Digital Resource Acquisition Alliance of Chinese Academic Libraries，DRAA）继续进行集团采购。

对于单个图书馆，据高波（2001）对全国 103 个图书馆的调查统计，1999 年各馆用于购买电子出版物的经费平均占文献总经费的 9%，钱鹏（2009）提出这个数据到 2007 年升至 31.5%。随着信息资源数字化的进程加快，此数据将在未来数年继续加速上升，超过 40% 乃至更高。无论是作为经费比例的相对值还是购买电子资源总经费绝对值，这样的增长使得研究者从不同角度关注数字馆藏建设，肖希明从数字馆藏发展政策、选择标准、馆藏质量、绩效指标等方面进行了研究。

然而，虽然各图书馆数字馆藏建设经费在逐年攀升，但这些年来，参与集团采购作为各图书馆实施数字馆藏建设最主要途径的模式并没有发生根本变化。这种模式简单地说就是“CALIS 团购数据库+读者/学科需求+足够的经费=数字馆藏建设”，即各图书馆数字馆藏建设的实施是在经费许可的情况下，从 CALIS 团购的数据库中选取符合其服务读者学科需求的资源。这种模式在数字馆藏建设之初，在数字馆藏“原始积累”阶段或许可以接受，但随着数字馆藏建设规模的扩大，这种模式所体现的无体系、无规划、数字馆藏资源粗颗粒特性以及缺少评价与反馈的弊端日渐显现，或者说这种单一的模式至少存在以下 3 个方面的缺陷，从而使得数字馆藏建设缺乏最基本的出发点。

（1）没有从图书馆信息资源体系建设（馆藏发展政策）出发，从而缺乏系统性。

（2）在“读者/学科需求”后加“?”，是因为笔者认为，这种模式是否真正符合读者的需求或学科建设的需求值得讨论。以电子期刊为例，无论学科建设还是读者需求，往往面向具体期刊，如核心期刊（布拉德福定律），但在实际操作中，电子期刊订购往往是“大宗交易”（big deal）的方式，购买某出版社所有期刊，这种模式并没有从学科的核心期刊出发，也没有读者所关注与其研究相关的某种期刊（读者不会在意出版社）出发。

（3）虽然集团采购的效益有目共睹，但长期的、单一的集团采购模式，资源同质化问题自不用说，也使得各图书馆在选择数字资源方面产生依赖性，局限在组团的那些资源内，自塞耳目，没有真正从了解电子资源的出版情况出发。

基于此，笔者拟总结数字资源建设相关的馆藏发展政策、数字馆藏类型与结构、数字资源书目信息、数字资源采访管理、传统馆藏建设理论与方法的再利用与数字馆藏建设理论与方法的构建等目前亟待解决的问题，以期与同行探讨。

12.1.1 馆藏发展政策

肖希明（2007）分析国外图书馆藏书发展政策面临的问题与走向，并认为数字时代仍需要藏书发展政策。对于馆藏发展政策（collection development policy，CDP），在国内，以《文献资源发展政策研究》一书的出版为标志，此方面的研究和实践得到系统性的总结，戴龙基（2007）在此书的前言中提到“文献资源发展政策”是从英文 collection development policy 演变而来。那么问题在于，我们所需是“藏书发展政策”、“文献资源发展政策”、还是“馆藏发展政策”。

图书馆馆藏建设经历了“藏书建设”向“文献资源建设”的拓变，并处于向“信息资源建设”发展的过程，这并非是简单的概念或术语变迁，而是决定了图书馆馆藏发展的“政策（policy）”和取向。对于 CDP 的理解，笔者以为“馆藏发展政策”比另外两种更为合适。无论是“藏书”还是“文献资源”依然停留在一般认为的“实体馆藏”的范畴，这样理解的结果将导致即便讨论馆藏建设，所谓的数字馆藏依然停留在本地化数字馆藏建设，或扩大为数字资源长期保存问题（本地或远程）等，与之前的馆藏发展区别仅在于载体的不同，即纸质载体（其他如缩微平片等）向数字载体的转化。但在当下，服务与文献传递已经纳入馆藏评价的范畴、存取与拥有并重、实体馆藏与虚拟馆藏共存、长期保存的重心逐渐向国家级或联盟转移；同时，事实上图书馆购买电子资源很多只有使用权，停订即不可再访问，这些资源不可能排除在图书馆馆藏建设的范畴之外。所以，唯有“馆藏发展政策”才能相对全面地表达现今图书馆馆藏建设的现状。

数字馆藏建设又应处于何种地位呢？脱胎于传统文献的馆藏发展政策往往将数字馆藏发展政策作为整体一个“必要的补充”，如《文献资源发展政策研究》一书以纸质文献馆藏建设为主，其中亦包含“电子文献发展政策”相关内容；肖希明（2006）提出信息资源建设的理论体系中，对于数字馆藏建设，尚未形成如文献资源建设的包含基本理论、选择与采集、组织、管理与评价等一整套体系，更不用说馆藏结构、复选、剔除等方法在数字馆藏的应用。然而出版行业已经逐渐实现 p-first—p+e—e+p—e-first 甚至 e-only；图书馆馆藏在事实上也逐渐形成纸质实体馆藏、数字实体馆藏和虚拟馆藏三者共存，且后两者的比例日渐扩大的态势。现今的馆藏发展政策内涵与数字馆藏建设的现状极不相称。因此，我们认为，在制订图书馆馆藏发展政策时，着眼点也应改变，包含数字实体馆藏和虚拟馆藏的数字馆藏将与体现为纸质实体馆藏的“藏书”和“文献资源”实现“易位”，成为图书馆馆藏发展政策新的着眼点，为构建数字化、网络化的图书馆提供行动方针上的支撑。

12.1.2 数字馆藏类型与结构

图书馆“藏书建设”由“书刊采访”等概念发展而来，“建设”一词意味着对于馆藏不仅仅是采访，而需要包括馆藏体系构建和维护（评价、剔除、复选等）；随着文献类型突破以书刊为主的格局，形成了包括视听资料、缩微资料、特种文献、灰色文献等多载体多类型的馆藏类型所构建的馆藏体系，沈继武（1991）提出“以系统地规划、选择、收集、组织管理文献资源，建立具有特定功能的藏书体系的全过程”的文献资源建设概念得以形成；继而，随着信息技术的发展，图书馆馆藏建设的对象包括了电子出版物、网络信息等，信息资源建设概念得以形成。

传统图书馆的信息资源体系通常由文献的学科结构、等级结构、时间结构、文种结构和文献类型结构 5 个层面构成，是经过图书馆长期收集、整序、贮存、管理的有序的知识信息系统。在这个系统中，不同学科范围、不同类型载体、不同语言文种、不同水平程度的文献组成了一个有机的整体，分别满足用户不同的信息需求，发挥着各自特定的系统功能。数字馆藏的出现，新的信息资源体系出现了多维度的现象，不同数字馆藏之间，数字馆藏与传统馆藏之间在类型、内容、属性、需求等错综复杂。如中文电子图书与中文纸质图书、外文电子图书与外文纸质图书、中文电子期刊与中文纸质期刊、外文电子期刊与外文纸质期刊、集成全文数据库包含的期刊与出版社的电子期刊、传统作为灰色文献的技术报告或学位论文与以全文数据库出现的电子学位论文和技术报告等、有对应的传统文献类型的数字馆藏与无对应类型的原始数字资源馆藏、传统的索引类期刊发展形成的二次文献数据库及其不断完善的功能体系等，不一而足。

数字馆藏建设根据本单位的性质、任务和用户的需要，确定本单位数字信息资源建设的原则、资源开发或收集的范围、重点和采集标准，提出本单位信息资源构成的基本模式。在此基础上，制定数字信息资源建设计划，同时协调好数字信息资源与其他类型的信息资源的关系，安排各类信息资源的数量、比例、层次级别，形成有内在联系和特定功能的信息资源结构，建立有重点、有特色的专门化的信息资源体系。

数字馆藏建设实施，需梳理不同资源类型及其在数字馆藏结构中的地位，从而得以合理分配经费，有序建设。这里需对数字资源内容进行详细研究与分析，如统称为全文数据库的数字馆藏，其特性包括：①没有永久使用权因而不是传统意义的实体馆藏；②包括与几乎所有传统文献资源类性对应的内容，如期刊论文、学位论文、会议论文、标准文献等，一些经济统计类数据库还收录年鉴，从而对应于纸质年鉴；③不同全文数据库之间以及全文数据库与出版社电子期刊之间的重复性。

12. 1. 3　数字资源书目信息

此处笔者使用“书目信息”（booklist）并非指已形成馆藏一部分的电子资源如电子期刊刊名或电子图书题名等内容，而是指类似在版书目、社科新书目、可供书目数据库等，图书馆在数字馆藏建设过程中所能全面了解数字资源出版状况的信息。“全国出版物发行信息网”亦用“书目信息”指代，此语词对于数字馆藏建设是否恰当，仍需探讨。

图书馆为读者提供全面和完整的信息资源，为实现此目的，书目信息至关重要，纸质文献资源建设方面，学界已有相关研究，近年来，全国图工委文献资源建设工作组以及作为图书供应商的武汉三新书业均在“可供书目”方面投入相当大的努力。这种书目信息的价值还在于在信息资源评价中“清单查证法”的应用，即利用该方法进行评估时，将现有馆藏信息资源与特定的文献信息资源书目或列表进行比对，以估算出文献信息的覆盖情况和质量情况，因此图书馆可以经常对比标准的书目，不论是综合性的还是专业性的，作为衡量其拥有的文献信息资源质量的可靠方法，书单上较高的覆盖率也在某种程度上反映了图书馆馆藏的满足率。

然而，对于数字资源，由于图书馆对集团订购的依赖，不只图书馆自我屏蔽，还人为地对读者利用学术资源造成屏障。更有甚者，在类似“清单查证法”的研究型大学数字资源配置水平测度时，有研究者将 CALIS 引进数据库列表作为应配置数据库，为分母，作为研究对象的图书馆购买的数据库作为实际配置数据库，为分子，从而将两种相比确定为该大学数字资源配置率。

事实上，数字资源的出版远大于 CALIS 组团的数字资源，如 IEL 全文数据库中，除了 CALIS 集团采购所包含的标准文献、期刊与会议论文之外，尚有标准草案（draft standard)，对读者研究标准的形成过程具有相当的价值；ACS 电子期刊在 CALIS 团购的期刊集之外，另有数种影响因子相当高的重要期刊。还有其他对某些特定学科或研究者有价值但由于多种原因并不具备团购条件的数字资源等。对这些资源的遗漏体现了目前数字馆藏建设的弊端：①以数据库（出版社或学会）为单位的粗颗粒度特性；②依赖团购提供的信息，懒于搜寻更全面的数字资源书目信息。

搜寻和获取数字资源书目信息的途径包括：dialog 系统的数据库列表；Gale 的电子出版物指南；采访馆员的工具类资源或交流社区等，甚至可以根据图书馆所在母体的专业配置等状况，在全球范围内搜寻其他相关机构的数字馆藏状况并汇总。数字资源的“书目控制”是完善数字馆藏建设的重要条件。

12.1.4 数字资源采访管理

“工欲善其事，必先利其器”，图书馆馆藏建设中，纸质资源的采访管理业务工具已日趋完善，主流的图书管理系统中，包含从书目信息组织、查重、预订、验收、统计、利用分析等一整套与文献信息资源建设理论和实践相一致的工作流管理，然而对于大多数图书馆的数字资源采访，目前尚未实现“利其器”，在中国大陆，除了清华大学图书馆与武汉大学图书馆成为 Verde（Exlibris）的用户，尚未见其他利用电子资源管理工具（electronic resources management system，ERMS）对数字资源采访进行管理的报道。

数字资源采访管理，应能做到帮助图书馆实现以下功能：①为日渐庞大的各类型数字馆藏的整个生命周期（包括评价、选择、采访、续订、取消以及合同与许可协议等）提供统一和有效的管理；②为各类型数字馆藏所具有的各种复杂的、关系多变的模式提供了一个较全面的解决方案，并能辅助图书馆在资源建设中作出明确的决策；③为采访馆员提供本馆数字馆藏组成情况及其当前状态的详细信息，包括馆藏信息、费用统计、利用统计等；④还能告诉馆员哪些是市场上可以采购到的数字资源，即我们在上文所提及的数字资源书目信息。

目前国内对 ERMS 的研究不温不火，以“电子资源管理”为关键词查询，自 2005 年

12 月发表第一篇相关论文，至 2010 年总共为 21 篇，大多为对国外 ERMS 发展状况的介绍。我们认为这与目前数字馆藏发展的势头及其在图书馆经费中所占的比例并不相符。另外，有部分图书馆，如北京大学图书馆有自行开发 ERMS 的方案，最终是否实施不得而知。以目前图书馆集成管理系统（integrated library system，ILS）的发展历程看，商业产品将最终成为 ERMS 的主流，图书馆应积极与正积极开发并推广 ERMS 的传统 ILS 厂商或数字资源供应商合作，推动 ERMS 发展，并引入数字馆藏建设的实践，为数字馆藏建设管理提供完善的技术支撑。

12.1.5　数字馆藏建设理论的发展

在长期的从藏书建设到文献资源建设实践过程中，从事文献资源建设的图书馆馆员与学界的研究者们总结出具有一定规模的传统资源建设理论体系。在当前，我们面临数字馆藏建设时，需考虑如何继承并重构新的理论体系。当然，继承不是对原有理论牵强地复制，重构不是对原有理论单纯的摈弃，我们需要回顾和梳理传统资源建设的相关理论，合理改造并利用，同时也需引进全新要素进行充实。

当前涉及数字馆藏的信息资源建设理论更多着力于宏观层面的信息资源共建共享，微观层面除了对拥有与存取的讨论，并没有形成相应的方法论，即操作层面如何指导构建一个图书馆完善与合理数字馆藏体系。而这些一方面是目前数字馆藏建设所必须解决的问题，同时也是我们可以从传统文献资源建设过程中所积累的理论中汲取营养的部分，如藏书发展稳态理论、藏书结构理论、藏书复选理论、三线典藏理论等。这些理论皆可以在新的信息资源环境下，在充分分析“藏书”内涵的变迁后，再度利用，从而实现通过系统化馆藏建设，使馆藏有计划按比例发展、克服馆藏盲目增长、提高整体馆藏质量。

新的理论体系还涉及，当文献资源建设发展为信息资源建设，文献分布规律、文献增长规律与文献老化规律等理论的改造；在文献资源建设过程中，人们运用布拉德福规律和引文分析法测定核心书刊、核心作者、核心出版社等，从而指导文献的选择；利用文献增长和老化规律预测文献量与质的变化，了解出版和市场信息等，这些理论与方法在数字馆藏建设中如何运用。当前在对数字资源评价过程中已有初步研究，包平（2006）根据数字资源订购是整库订购而不是针对单种期刊，利用数字资源所含期刊列表，以及每种期刊的影响因子，计算该数字资源平均影响因子值，从而实施数字资源评价。

此外，一些新的要素如长尾理论等也可以引入，意大利经济学家 Vilfredo Pareto 在 1906 年提出帕累托法则，早在 20 世纪 70 年代就被引入馆藏建设研究与实践。帕累托法则在纸质文献或实体馆藏（含数字馆藏）建设中发挥了重要作用，在扩大至包含虚拟馆藏的信息资源建设，以及基于网络链接（知识链接）技术的信息资源使多元化阅读得以可能，仍具重要指导意义。如何构建满足读者具备“长尾”特性的多重需求的馆藏体系，研究帕累托法则与长尾理论如何在信息资源建设过程中“和谐共处”，极具实践意义。

尽管服务已逐渐成为当前图书馆的主旋律，但对于图书馆来说，信息资源是其赖以提供服务的物质基础，馆藏依然是评价图书馆的根本。信息资源建设是图书馆最基本、最重要的业务活动，同时也是图书馆学研究中颇受关注、历久弥新的研究领域。特别是数字馆藏的出现，使得馆藏发展的理论与实践经历了巨大的变化，如何探寻与坚持馆藏建设的理论核心，并在此基础上发展，我们认为目前才刚刚开始。

12.2 数字图书馆信息资源长期保存

随着数字技术和互联网的飞速发展、数字信息的激增和数字化环境的形成，我国文献信息服务正全面进入数字化时代，各图书馆已经采购和生产了大量数字资源。而与之相适应的保存数字资源的技术和能力却远远落后，这已成为阻碍数字图书馆进一步健康发展的重大问题，亟待研究解决。

数字图书馆的优越性使越来越多的图书馆热衷于建立数字图书馆，人们的视觉焦点都聚集于采购和制作数字信息，但图书馆采购的数字资源，多以购买当年使用权的方式引进，一旦合同终止，多数数字资源将不再可以获得，而且对数字信息的长期保存问题重视不够，这将给数字图书馆的生存与发展埋下深深的隐患。与传统图书馆馆藏不同，数字图书馆根植于计算机技术及其对数字信息的加工、传播与利用功能，决定了数字资源具有存在形式的多样性、存储信息的动态性、存取介质的复杂性等诸多有别于传统信息的特点。这些特点都使我们不得不寻求一种与之相适应的数字资源长期保存工作战略。

12.2.1 数字图书馆信息资源长期保存中存在的问题

1. 海量信息资源的问题

随着现代信息技术的发展，数字资源以前所未有的增长速度和规模被源源不断地生产出来。美国加州大学伯克利分校经过系统调查分析，全球每年生产的信息量平均每人250MB，这些信息绝大多数以多媒体形态存在，其中印刷载体的信息量只占总量的0.003%。因此，数字图书馆所涉及的数据类型除了文本外，更多的是多媒体信息。由于多媒体信息占据着大量的存贮空间，必然使数字图书馆面临的数据是海量的，如此大的数据量是迄今为止任何系统都没有遇到过的。因此，如何有效地保存和管理这些海量数据，使得系统的成本不至于过高而且系统响应较快，是数字图书馆系统设计的核心任务之一。

2. 载体安全问题

在数字图书馆里，文献信息全以数字 0 和 1 的方式存在，附在各种类型的物理媒体上，这些数字信息的寿命完全依赖于其物理载体的寿命。目前常用的存贮媒体有 3.5 英寸软盘、磁光磁带、硬盘、CDROM、WORM 及服务器。由于载体不同其使用寿命也各不相同，有的只有十几年、二十几年，最耐用的 CD-ROM 使用寿命也仅 100 年，但价格非常昂贵，即使是全部使用寿命可达 100 年的 CD-ROM，但与上千年的纸质文献相比，可谓短暂。传统的资源载体可以通过观察其物理表象特征判断其保存与使用状态。而数字资源的载体则需借助相应的设备才能检查其储存与使用情况。与传统载体相比，数字资源载体体积小、容量大，但载体容易变质、损坏，易遭受毁灭性损失，且对存储环境的要求越来越高。在大容量高密度存储媒体不断推出的情况下，存储媒体的不稳定性在增大，有效寿命在下降。因此载体问题是数字资源长期保存需要直接面对的问题之一。

3. 技术过时的问题

技术进化导致数字资源赖以生存的环境诸如硬件环境、软件环境、网络环境等发生了重大变化，如果数字资源本身未能及时随着环境的变化而进化，则数字资源很有可能在新的环境中失去有效性。

传统文献的文本、声音、图像及视频都依附在印刷媒体或模拟媒体上；而数字信息的存贮和利用则受硬件、软件与服务系统构成的技术系统和数字环境的制约，对于数字文献来说，保存文献与保存文献中的信息并不完全相同，文献可能被保存，而保存信息的格式也许不能读出，软件更新和技术过时是主要原因之一。数字信息的阅读与理解需要设备和软件，而设备、软件的迅速更新，必然会使数字信息的长期保存遭受技术过时的影响。而记录信息的方法、存贮格式及使用技术不断更新，也会使数字信息的长期存取与传统文献的保存相比更加困难。在技术与市场的推动下，记录与存储数字资源的设备与软件大约每 2～3 年就完成一个更新周期。

相比载体寿命问题，更为迫切的问题是数字资源的读出、检索等技术问题。数字资源对系统软硬件平台的依赖性，使得数字资源的读出、还原技术过时问题，成为困扰数字图书馆发展的又一大障碍。

4. 安全问题

人为因素（如误操作）、保存环境变化、停电，以及不可抗力因素（如雷电、火灾、水灾、战争等）都可能对数字资源造成无法挽回的损失。技术更新、系统升级、格式转换、信息迁移等会给信息读取、信息失真带来不稳定的因素。计算机网络本身固有的特性，如计算机病毒、黑客入侵、网络隐患、系统泄密等都使数字资源面临着前所未有的安全问题。数字资源一旦受到病毒侵蚀和黑客破坏将可能在瞬间化为乌有。

5. 公共标准的问题

标准是缓解技术更新与数字信息读出矛盾的一剂良方，但存在一些问题：一是某些标准，特别是行业标准严重滞后；二是完全按照标准操作，目前还有难度。制定标准应当广泛地征求相关技术人员与管理人员的意见，但现在有些行业标准的制订，仅仅是少数人在撰写，有些甚至是闭门造车，使指导与规范大家行为的标准严重滞后于国际发展水平。三是现实工作中存在标准兼容与选择的问题，如甲软件与乙软件都是符合标准的，但甲与乙又各有特点，这个特点就不在标准范围之内了，这是一个棘手的问题，我们应当以哪个软件为主。如果以甲软件为主，则乙软件形成的非标准数据，或另类标准特色信息就要向甲软件形成的平台上迁移。因此，作为被保存的数字信息应当采用最稳定的技术与通用的标准归档，与相关行业标准及国际标准相互兼容，这也是我们首先应考虑解决的问题。

公共标准的缺乏是数字信息难以长期保存的根源之一。这些年来，国外对数字信息长期保存的研究已经成为焦点，而我国数字图书馆的焦点一直集中在数字图书馆建筑、信息组织与检索系统、信息展示与形象化、知识产权管理上，却忽视了对数字信息保存的研究，这使得我国数字信息保存一直处于试验阶段，并且缺乏相关的可被广泛接受的标准。这样就增加了数字信息在新旧平台间转换的难度，同时也使数字信息长期保存的费用随之增高。

12.2.2 数字图书馆信息资源长期保存的基本要素

针对数字图书馆信息资源长期保存中存在的问题，我们应当加强有利于信息资源长期保存的基础设施建设，就是要从国家政策、资金支持等宏观和存贮媒体、技术手段和法律等微观角度建立一个有利于数字图书馆长期保存数字信息资源的完善的保障体系。

1）制定数字资源保存的国家政策

保存政策是有效实施数字资源长期保存的有效保证，这些政策涉及技术、组织、人文、法律、权益管理等多个方面，还包括国际国内合作、商业运作、相关培训、质量管理和审计策略等。这方面可资借鉴的有美国的 NDIIPP 计划，联合国教科文组织（UNESCO）颁布的《保存数字遗产宪章》等。

在数字资源长期保存中，从整体上进行宏观规划、组织和控制，是数字资源长期保存的基础与保障。数字化信息资源是国家信息资源体系中一个重要的内容，也是构建网络化社会和知识社会的基础设施，因此必须把数字资源保存作为国家战略的基本策略加以全面规划和研究。把数字资源保存政策上升到国家层面，有利于各种资源的合理配置，从宏观上保证数字资源保存计划的有效实施。

建立数字资源样本呈缴国家集中保存制度，是实现数字资源长期存取的关键。在传统图书馆中，文献的拥有权和保存权是统一的，加上传统介质的稳定性，可确保馆藏的长期保存。而数字资源的制作者与发行商出于保护版权的需要，往往采取加密等多种保护措施发行数字产品，数字图书馆往往无法永久保存。因此。建立国家数字资源保存基地，以法律形式规定数字资源制作出版机构必须免费呈缴数字资源产品样本，以确保数字资源在国家控制下的长期保存，这是确保国家文化遗产长期存取的必要措施，也是监督、检查出版者数字作品的规范性需要。

2）制定一个可持续的资金支持体系

数字资源的保存需要大量的资金投入，如果没有一个可持续的资金支持体系，数字资源的保存将不可能得到有效实施。一般来说，数字资源保存的成本可分为不变成本和可变成本两个部分，前者包括人力资源、软硬件支持、保存所需环境的创建、维护及日常管理等，后者主要包括因技术过时所需的数字迁移或数字仿真的费用。前者的费用较易计算，而后者则有很多不确定性。由于国内图书馆金来源渠道单一（主要是政府），因此在规划数字资源保存计划时，要充分地考虑到可持续发展的问题，寻求多方的支持。

3）制定科学合理的保存策略

保存策略主要是针对具体的保存方案进行的，它是各种宏观政策的细化或具体化，也是实施阶段中主要的一步。数字资源保存既是一个管理问题，又是一个技术问题，重点是保存技术方案的选择和管理模式的选择。从管理来说，目前国外的经验是由专业机构承担专门领域或专门格式的数字资源保存项目，如国际上主要出版商出版的电子期刊大多委托荷兰国家图书馆数字存档系统（e-Depot）进行长期保存，英国的人文艺术数据中心负责社会科学和人文科学的数字资源保存，大英图书馆声音文件资料部负责声音文件的保存。从技术上来说，现有的数字迁移、数字仿真、环境封装和技术保存都有其特定的要求和条件，不同的数字资源有不同的技术保存要求。这些因素都要充分地估计到，否则就会浪费资源，更危险的结果是数字资源的永久丢失。

12.2.3　数字资源长期保存的具体策略

1. 对数字信息的鉴定和选择

由于数字信息类型的多样、成分的复杂，因而对海量的数字信息全部进行保存既无必要也不可能。所以，应该对需要保存的数字信息进行鉴定和选择。数字资源长期保存的目的是为了使用，保存的着眼点在于应用，而学科导航和统一检索是数字资源利用的有效方式，因此通过学科导航和统一检索具体实现数字资源的长期保存、利用是非常重要的。

国外可以借鉴的方法是，将利用率极低的数字信息用磁带存储，查询率高的数字信息在分布式网络中，需要在线存储在多个位置上；在线使用中发现信息逐渐老化的数字信息可以近线存储。近线存储时，信息对象可存放在光盘或磁带上，装载在边接光盘上。近线存储的检索率比脱机存储快，可与在线存储相比。

2. 对存储媒体的选择和维护

制订细致的切实可行的数字资源长期保存、保护与管理的策略和计划，对载体、校验、保护、管理、备份、频次、恢复等做出明确的规定。

从存储技术来看，光盘的 DVD 系列的存储设备较有前途，它将现有光盘存储设备的能力提高了一个数量级。而高密度只读存储光盘（HD-ROM，由于其存储能力是 CD-ROM 的 180 倍，而价格只是 CD-ROM 的一半，也是很好的选择。从大容量和高的角度看，更大容量的硬盘以及由其组成的磁盘阵列发展也异常迅速，它将目前存储介质的存储速提高了一个数量级。相对于硬盘或磁盘阵列，光盘的存储速度较慢，但容量很大且价格便宜。如果套用缓存的概念，将光盘与磁盘阵列结合起来，让高速的磁盘阵列作为光盘库的大容量缓存，可以满足海量的数字图书馆的存储要求，展现了数字信息存储媒体的发展前景。

定期检测，一般磁性载体每 2 年检测 1 次，光盘每满 4 年检测 1 次，抽样率以不少于 10% 为宜。检测包括外观检查和逻辑检测。外观检查是确认载体表面是否清洁、是否有霉斑、是否损坏或变形等。逻辑检测是采用专用或自行编制的检测软件，对载体上的信息进行测试，查看数据有无丢失，如果发现问题应及时采取恢复措施。

定期备份，未雨绸缪加强安全措施防范恶意攻击等安全事故的同时，也要建立完善的数字资源备份、灾难恢复体系和机制，以应对可能出现的人为因素或者非人为因素造成的数据毁损。对于存储在磁性载体上的数字信息，应每4年进行转存一次，且原载体继续保留的时间不少于4年。对于存储在光盘上的数字信息，应每隔10年转录一次。

3. 数字信息长期保存的技术策略

数字信息的长期保存需要以技术发展作为保障。针对数字信息保存的特殊性，首先需要采取相应措施确保存取安全。

（1）身份识别技术，在数字信息的安全中属于技术措施的第一道大门，主要目的是提供访问控制和不可抵赖的作用。按其层次不同可以根据用户持有的证件、用户密码、用户特有的生物特征三种因素进行认证。身份识别技术主要用于正确识别通信用户或终端的个人身份。最常用的方法是给每个合法用户一个“通行字”，代表该用户的身份。当用户要求进入系统访问时，首先输入自己的通行字，计算机会将这个通行字与存储在系统内有关该用户的资料进行比较验证。

（2）授权技术，这主要为特许用户提供合适的访问权限，并监控用户的活动，使其不越权使用。建立对数字资源操作者的身份识别与访问权限的控制，防止非法侵入；设置操作日志，自动记录实施操作的人员、时间、内容等。

（3）加密技术，加密是信息安全应用中最早开展的有效手段之一，利用技术手段把重要的数据变为乱码（加密）传送，到达目的地后再用相同或不同的手段还原（解密）。数据通过加密可以保证在存取与传送的过程中不被非法查看、篡改、窃取等。

（4）防写技术，将数字信息文件设置为“只读状态”，在这种情况下，用户只能从信息系统中读取信息，而不能对其做任何修改，可以有效地防止用户更改数字信息内容，从而达到保护其真实性的目的。另外，数字信息的存储，如果采用一次写入光盘，由于是使用不可逆记录介质制成的，可以有效地防止用户更改数字系统内容，从而保持数字信息的真实性和可靠性。

（5）系统还原卡技术，通过使用系统还原卡后，尽管用户可以随意对系统中的数字信息进行增、删、改，但一旦系统重新启动，数据又会恢复到原来的状态，用户的操作不会留下任何痕迹，从而保护了系统中数字信息的原始性。

数字信息的长期保存涉及一些技术问题，硬件、软件的技术淘汰使数字信息的长期读出充满了未知数。近年来，克服技术淘汰的措施不断地提出，但都存在着争论。总体上说，这类方法主要有：数字迁移、数字仿真和技术保存等。

（1）数字迁移：迁移是根据软件、硬件的发展将数字资源迁移到不同的软件或硬件环境下，从而保证数字资源可以在发展的环境中被识别、使用和检索。根据迁移条件的不同，迁移可以分为硬件迁移、软件迁移、载体迁移、格式迁移、版本迁移和访问点迁移。

（2）数字仿真：指保存数字资源本身的全貌（包括内容和外观两个部分），但不保存数字资源存取的环境（包括软件环境和硬件环境），用户需要在新环境下实现对原始数字资源的访问。所以数字仿真也可称为环境改变法，其重点是构建一个采用新软硬件技术访问原格式数字资源的环境，实现这个功能的软件称为仿真工具。虽然这种方法很具有吸引力，但鉴于仿真工具开发的复杂性和维护其运行的困难性，在目前的实际应用中较少采用。

（3）技术保存：指将数字资源以及阅读数字资源所需的操作系统和浏览软件一起保存，用户始终在这个环境下实现对数字资源的存取操作。这种方法比较适合于一些小规模的专业数字资源的短中期保存，但对于大规模数字资源的长期保存而言则不具有可行性。

（4）环境封装：是在对数字资源进行包装过程中，将该数字资源所需的运行环境（包括硬件和软件）等一起打包，从而实现在其他环境下运行该程序包。封装由于刷新元数据存在困难，而且其使用的软件在使用时也无法保证能够获得，这种策略还停留在讨论阶段。

这些技术都有其特定的要求和条件，不同的数字资源有不同的技术保存要求。策略的制定绝不仅仅是一个选择哪种技术的简单问题，而是需要分析数字信息资源保存所处的完整的上下文环境，识别影响保存技术策略的各种关键因素，根据既定目标，选择合适的保存技术，形成一个可行的、安全的混合保存技术策略，最终完成数字信息长期保存的使命。

4. 制定严格的法律法规

数字资源长期保存不仅要考虑版权法，而且还要考虑相应软件版权保护问题。目前数字资源所有者主要通过许可方式授权合法用户使用数字资源。如果我们希望长期保存这些数字资源，就应当在协议中增加“永久保存”条款。进行数字资源的长期保存，如果未获得版权所有者的许可，也没有法律“合理使用”“法定许可”等条款的支持，就很容易触犯知识产权法。如何能有效地解决这些问题，还有待于进一步研究。

数字资源传播的重要媒介是计算机网络，而网络是一种新生事物，它的很多行为无法可依，无章可循，因而导致了网络上计算机犯罪有机可乘。面对日益严重的网络犯罪，必须建立与网络安全相关的法律法规，使非法者慑于法律，不敢轻举妄动，这对确保网络安全可靠地运行将起到十分有效的作用。制定严格的法律法规，可以保护在网上保存的流动数据，使之不被他人偷看、窃取或修改，从而保证数字信息的真实性、完整性和可用性。

5. 数字信息长期保存的标准规范

在数字资源长期保存中，标准化试图以某一为公共接受的标准来进行数字资源的存储、描述、组织与检索。国际上已经有了一些数字信息资源长期保存规范，例如开放档案信息系统参考模型（OAIS），OAIS 是由美国国家航空和航天局与美国太空数据系统委员会（CCSDS）联合制定的标准，规定了数字资源长期保存的术语、概念和参考框架，确定了一个存档系统的基本功能，提出了一个管理数字对象和信息包的信息模型。该模型受到了对长期数字信息保护有兴趣的不同机构团体的欢迎，在一致性方面起了很重要的作用，并逐渐成了众多存储项目遵循的标准，被广泛地用于开发保存工具和存储系统。

采用这些标准，有利于图书馆间的数据交换，促进图书馆系统的互操作并支持我国与国际图书馆网络的互操作，这些无疑对开展数字信息资源长期保存活动起到了很好的规范和引导作用。

数字图书馆信息资源的长期保存是一项十分艰巨和复杂的工作。其研究牵涉面广，不仅涉及机构、技术、方法、设备等方面的问题，又与各国的经济、文化、法律等社会环境息息相关。数字资源长期保存在我国还处在一个起步阶段，在发展过程中所面临的许多问题有待进一步研究。数字资源的长期保存已成为全国科技文献保障的有机内容和紧迫任务，必须联合全国、动用国家机制力量来使数字资源的长期保存在诸多动态不确定因素影响下仍能持续有效存在。

同时，数字资源长期保存需要法律授权、分工负责、可靠投入、安全备份、管理和服务的公共约束以及保存机构失效时的救济措施和迁移机制。为了避免各个机构各自为政、过度重复保存、无法实现可约束可信赖的状况，国家必须有力引导，协调全国各主要科研教育机构，责任共担，系统分工，实施可信赖管理，开展公共服务，实现可持续运行。

12.3 非营利性数字图书馆信息披露机制研究

信息披露制度是组织为保障投资者利益、接受社会公众的监督而依照法律规定必须将其自身的背景信息、财务变化、运营状况等信息和资料向管理部门报告，并向社会公开或公告，以便使投资者充分了解情况的制度。按照资金来源与服务宗旨，数字图书馆可分为非营利性数字图书馆（如 CALIS、NSTL、CASHL、JALIS、CADAL 等）与营利性数字图书馆（如超星数字图书馆）。非营利性数字图书馆以国家财政投入为主要经费来源，吸收社会各方面的资源，向社会提供公共产品，需要接受从上（国家和政府）到下（公众与用户）的监督，建立规范、透明、公开的信息披露机制有利于非营利性数字图书馆建设的和谐发展，也是人民群众知情权、参与权和监督权的切实保证。如果没有信息的公开，由全体公民提供的有效制约就是有限的；如果没有良好的信息，民主进程中的可争论性就会大打折扣。对我国主要的非营利性数字图书馆的信息披露进行调查研究，发现我国非营利性数字图书馆的信息披露在背景信息方面内容比较充分、翔实，而对于财务信息、运行绩效、人力资源等信息披露较少。数字图书馆信息提供与企业的信息提供不同，它不拥有商业秘密，与政府的信息提供相比，又不涉及国家安全机密，再加上数字图书馆以公益为旗帜，吸收社会各方面的资源等性质，这就决定了数字图书馆完全可以比政府和企业更充分、更透明地披露信息。这也是数字图书馆提高公信力的重要表现，可以增进社会公众对数字图书馆建设的信任。

12.3.1 非营利性数字图书馆信息披露特性

1. 充分性披露

非营利性数字图书馆信息充分披露不仅仅是对信息数量的要求，也包括对信息质量的要求。信息充分披露要求非营利性数字图书馆应尽可能披露全面的信息，信息应真实、准确地反映非营利性数字图书馆的实际状况，不能遗漏或隐匿本质性的或利害攸关的信息，要确保信息使用者不至于由于缺乏相关信息而做出背离其本意的决策。然而充分披露需要把握“度”的问题，充分披露不等于全面披露。充分披露并不意味着非营利性数字图书馆知悉的所有信息全部予以披露，也不意味着信息披露可以满足每一个信息使用者的需要。

过多、过于详细的信息可能会困扰决策者的决策，引发决策“噪音”。因此提倡理性披露和有限度地扩展披露。

2. 区分性披露

数字图书馆信息披露应实行区分性原则，信息披露按披露者意愿可分为自愿性信息披露和强制性信息披露。自愿性信息披露是指非营利性数字图书馆基于组织形象、公众利益关系、服务宗旨等动机主动披露的信息，如管理者对组织长期战略及竞争优势的评价、组织实际运作数据、前瞻性预测信息、治理效果等。在自愿性信息披露过程中，决策者出于对预期目标的考虑，会选择性地披露信息，以有利于组织的发展。然而由于组织资源的有限性以及管理者机会主义的行为倾向，当信息披露的成本大于收益时，组织的自愿性披露主动性不够，这时只能采取强制性披露方式来代替自愿性披露方式。强制性信息披露指由相关法律、法规和章程所明确规定的组织必须披露信息的一种信息披露制度。强制性信息披露毫无疑问是必要的，关键在于如何把握强制性信息披露的度，使之既能满足信息公开的透明度的要求又不会过多侵害运营主体的法定权利。

3. 可靠性披露

非营利性数字图书馆信息披露应当具有可靠性，表明披露信息没有重大偏向和差错。就其可靠性来讲，涵盖实质性、审慎性、可比性、相关性、真实性、完整性等。例如在财务信息披露上，信息披露的真实性表现以下几个方面：①实质重于形式，信息必须按照事项的实质和经济事实（而不仅仅是法律形式）进行会计处理和列报；②中立性，中立即不带有偏向，如果财务报表通过选择和列报信息去影响决策和判断，以求达到预定的效果和结果，这种财务报表就不中立；③审慎性，在有不确定因素的情况下做出所要求的估计时，必须在披露过程中加入一定程度的谨慎，以便不虚计资产、收入和费用；④完整性，财务报表的信息应在重要性和成本允许的范围内做到完整；⑤真实性，真实地反映财务状态与项目的运行过程；⑥相关性，相关财务信息和信息的相关性能够帮助使用者做出正确决策，在提供信息与使用者需求之间，必须存在一种相关逻辑关系；⑦重要性，这取决于根据出现省略或发生误报的特定情况需作判断而导致差错的性质或大小，它为信息披露提供一个分界线或取舍点；⑧可比性，信息披露的内容与形式具有横向可比性和纵向可比性（图 12-1）。

12.3.2　非营利性数字图书馆信息披露内容

许多非营利性组织和服务行业的信息披露都存在一些问题：信息披露的随意性、信息披露的非主动性、信息披露的滞后性和不连续性、信息披露的虚假性、信息披露复杂而模糊、信息披露不充分等。非营利性数字图书馆信息披露应当充分、主动、持续、规范并涵盖以下内容。

1）背景信息

背景信息主要包括非营利性数字图书馆的简介、目标与使命、业务范围、项目与子项

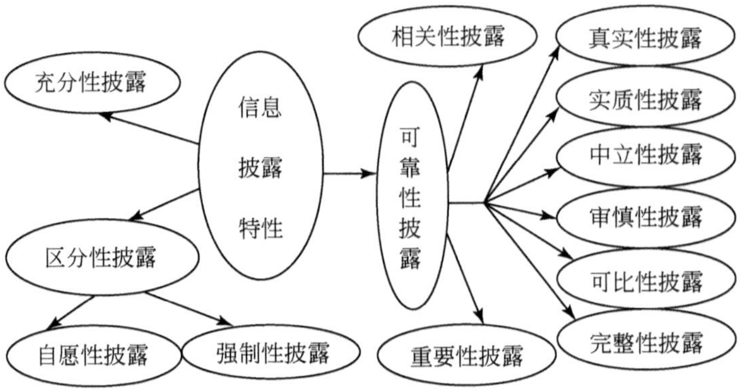

图 12-1 非营利性数字图书馆信息披露特性

目建设状况、主管单位、组织章程及其修改情况、机构设置及其增减情况、相关管理制度及其变动情况、会务情况等。这些信息的披露有助于公众对数字图书馆的基本概况进行初步了解。目前，国内非营利性数字图书馆背景信息披露比较充分、全面、翔实。

2）财务报告和相关信息

随着非营利性数字图书馆建设从理论到实践不断深入发展，社会效益及影响力不断扩大，国家对非营利性数字图书馆投入也不断增加。例如，CALIS 旨在把国家投资、现代图书馆理念、先进的技术手段、高校丰富的文献资源和人力资源整合起来。从 1998 年开始已经历了“九五”、“十五”两期建设，各投资 6200 万元和 8000 万元。从 2010 年 4 月起，CALIS 开始了“211 工程”第三期建设，计划投资 2.1 亿元。CALIS 建设规模之大，参建单位之多，我国乃至世界图书馆界都前所未有。非营利性数字图书馆财政的公共性与服务的非营利性决定了其财务披露的必要性。相关的财务信息披露主要包括会计准则要求提供的会计“三张表”（即资产负债表、利润表、现金流量表），资产、负债和净资产及其变动的信息，资源分配和资财投向等方面的信息。同时，也应提供关于资产分配和使用的信息，提供财政变动的信息，提供项目预算信息以及评价组织业绩的信息等。这些信息的披露有助于理解财务报表，反映数字图书馆使用资金的整体情况。

3）业务活动信息

业务活动信息主要包括非营利性数字图书馆项目申请和批准时间、项目（子项目）的实施时间、项目（子项目）当事人、项目（子项目）实施效果等。这些信息的披露能够使利益相关者对数字图书馆的业务活动有更深入的了解。

4）绩效信息

绩效信息主要包括支出中用于非营利性数字图书馆自身建设的费用与用于公益项目费用的比例、在成本最小化的基础上所提供公益服务的数量和质量是否让受益者满意、组织的持续生存能力如何等内容，具体包括实施项目的状态报告、进展报告以及中期评估报告等信息，这些信息反映公共信息资源是否被用于组织的公益宗旨。

5）管理人员信息

管理人员信息体现多层级的特点，非营利性数字图书馆管理人员信息包括相关主管领导、项目负责人、工作人员与参与人员相关信息以及相应的人力资源管理制度。

总的说来，非营利性数字图书馆信息披露在内容方面包括两方面的内容：一是公开组织的使命、价值观、机构功能、组织任务、决策程序、人员构成、管理制度及组织的其他相关信息；二是公开公益财产的募集、管理、使用情况以及产生的效益和效果。同时也应体现渠道的多样性，非营利性数字图书馆应该通过监管部门、中介机构、媒体等多种途径公开信息；利用现代信息技术实现高效率低成本地传递信息。

12.3.3　建立非营利性数字图书馆信息披露机制

非营利性数字图书馆信息披露制度的建设需要借助于多方面措施，主要包括：信息披露主体责任的完善、信息披露质量的外部控制、信息披露的内部监管、信息披露的干预机制等多个部分，具体包括建立财务披露制度，加强媒介与舆论披露，坚持第三方披露、加强自律及管理、建立干预机制等内容，见表 12-1。

表 12-1　非营利性数字图书馆信息披露机制

<table>
<tr><td rowspan="4">内部监管</td><td rowspan="2">建立财务披露制度</td><td>预算报告（现金流量预算表、重大财务事项变动预算表、成本费用预算表、年度主要财务指标预报表、年度预算调整主要指标表、预算说明书）</td></tr>
<tr><td>财务报告（资产负债表、财务业绩表［净成本表］、现金流量表、会计报表说明）</td></tr>
<tr><td rowspan="2">加强自律及管理</td><td>财政透明度（制度透明度、会计透明度、指标与预测透明度）</td></tr>
<tr><td>提高自身管理水平、加强职业道德建设</td></tr>
<tr><td rowspan="4">外部控制</td><td>第三方披露</td><td>第三方独立的评估机构</td></tr>
<tr><td rowspan="2">干预机制</td><td>解决方案："披露—分析—发布—惩罚"（DADS）法</td></tr>
<tr><td>相关法律与规范：《会计法》《公益事业捐赠法》《社会团体登记管理条例》《民办非企业单位登记管理暂行条例》《基金会管理条例》《民间非营利组织会计制度》《社会团体年度检查暂行办法》《民办非企业单位年度检查办法》《基金会年度检查办法》《基金会信息公布办法》</td></tr>
<tr><td>媒介、舆论监督</td><td>重大事件报道，设置监督窗口与相关电话、邮箱</td></tr>
</table>

1）建立财务披露制度

财务披露制度的核心是预算报告与财务报告的披露。

（1）在西方国家，公众已经把预算作为了解和监督政府与非营利性组织的主要信息来源。预算具有前瞻性和计划性，通过预算报告，公众可以了解非营利性数字图书馆在当年度的收支计划、行为意图与重点项目。非营利性数字图书馆预算报告涵盖预算报表和预算说明书两部分。其中，预算报表包括现金流量预算表、重大财务事项变动预算表、成本费用预算表、年度主要财务指标预报表、年度预算调整主要指标表；预算说明书包括上年度财务预算工作情况总结、本年度预算工作组织情况、本年度预算编制基础、可能影响预算指标的事项说明、预算执行的保障和监督措施、预算准备金以及预算基线等。

（2）如果说非营利性数字图书馆预算报告信息披露具有“事先性”和“规划性”，财务报告信息披露则具有“事后性”和“成果性”。财务报告是全面反映非营利性数字图书馆财务状况和披露财务信息的主要载体。非营利性数字图书馆财务报告包括会计报表及其说明书。会计报表包括财务状况表（资产负债表）、财务业绩表（净成本表）、现金流量表。会计报表的重要性是不容置疑的，但会计报表说明书同样重要。会计报表说明书指单位对会计报表及其财务计划指标执行情况进行分析总结所形成的书面报告，主要包括会计方法说明、报表分析说明和财务情况说明书，能针对性地指出管理中存在的问题，从主客观两个方面分析其原因及影响程度，以及对存在问题采取的措施和取得的效果。

（3）对非营利性数字图书馆财务信息披露研究的另一脉络是财政透明度问题，Craig（1998）认为信息披露的透明度包括制度透明度、会计透明度、指标与预测透明度。制度透明度包括公开组织的结构和功能，对组织财政行为进行全面制度界定，公开预算过程，披露绩效评价和财务审计结果。会计透明度包括明细报表、部门之间的资金来往。指标与预测透明度指不仅仅公布与财政平衡相关的若干指标，还应公布一些对财政分析性指标的测算，包括结构性和循环性的财政平衡、财政的可持续性。

2）第三方披露

对于强制性信息披露，可借助于外部力量来监督，典型的例子是利用独立的评估机构进行监督。作为第三方独立的评估机构通过搜集有关数字图书馆的资料，按相应的评估标准，对数字图书馆进行评估。在信息披露制度比较成熟的美国，有一些特别的非政府、非营利组织如国家慈善信息局（National Charities Information Bureau，NCIB）制定出一套非营利组织运作的评估机制，用以检验所有非营利组织，定期公布结果，让社会大众尤其是资财提供者了解各非营利组织的资金运作能力，这些国外成熟的经验值得借鉴。

3）干预机制

目前我国已制定了一些相关法律规范文件，相关法律与规范有《会计法》《公益事业捐赠法》《民办非企业单位登记管理暂行条例》《社会团体登记管理条例》《民办非企业单位年度检查办法》《基金会年度检查办法》《基金会信息公布办法》《基金会管理条例》《民间非营利组织会计制度》《社会团体年度检查暂行办法》。这些法律规范涉及信息披露的基本对象、基本程序、基本内容等多个方面的问题。美国学者里贾纳·E. 赫茨琳杰（2004）对非营利组织的信息披露提出了“披露（disclosure）—分析（analysis）—发布（dissemination）—惩罚（sanction）”（DADS）法的解决方案。非营利性数字图书馆信息披露的干预管理可以借鉴美国的非营利组织的成熟管理方法。美国的非营利组织需按照财务与政府会计准则委员会的规定，根据会计原则标准，向捐赠人和纳税人提供各种报表，如国内税务署（InternalRevenue Services，IRS）制定的990表或990FZ表；同时，美国非营利组织建立了服务评价、报酬分配等多种评价指标体系，并要求一年至少应该发布一次“管理讨论和分析”（management discussion and analysis，MD&A）报告。

4）加强媒介与舆论监督

社会公信力如何，受关注度及舆论对其评价是影响非营利性数字图书馆发展的一个关键因素。作为非营利性非营利组织，其社会服务项目运作得好与坏、能否得到社会各界的承认、能否持续吸引社会资源的投入等最后都集中反映在其社会公信力上，党的十七大报告指出：“完善制约和监督机制，保证人民赋予的权力始终用来为人民谋利益。”为此，政府应当创造社会与新闻舆论对非营利性数字图书馆的监督环境。目前，社会监督不足主要是因为传统思想和计划经济的影响，我国公民权利意识和监督意识薄弱，另一方面，公众缺乏参与监督的渠道和法律保证，因此需要进一步加大大众传播媒介对非营利性数字图书馆的舆论监督力度，将主动公开的信息通过公报、网站、新闻发布会以及报刊、广播、电视等便于公众知晓的方式公开，也可以通过信息公告栏、电子信息屏等设施公开信息；编制非营利性数字图书馆信息公开指南和信息公开目录，并及时更新；加强重大事件的报道力度，设置监督窗口与相关联系方法，鼓励媒体与舆论发挥监督功能，反映多方声音，形成监督合力。

12.3.4 自律及管理

作为一种公益事业和非营利组织，我国非营利性数字图书馆自身也亟须完善内部评估制度、加强透明度、提高自身管理水平，积极寻找国内及国际资源协助，不断学习国际先进经验，建立良好的社会公信力，结合中国的具体实情开展更具社会效益的社会服务项目，同时还应加强管理人员自身的职业道德建设。

非营利性数字图书馆的性质和目标决定了信息披露的必要性，信息披露是保证数字图书馆健康发展的必要机制。规范、透明、公开的非营利性数字图书馆信息披露机制，不仅有助于让公众了解非营利性数字图书馆运行绩效，改变公众的心理预期，而且有助于增进公民对非营利性数字图书馆的理解与信任，促进非营利性数字图书馆的持续健康发展。

12.4 馆藏学术信息资源整合

当今世界，经济增长方式已经由工业经济转向知识经济，知识经济是人类知识（特别是科学技术方面的知识）积累到一定程度的历史结晶，是当代信息技术发展到一定阶段的时代产物。管理大师彼得·F. 德鲁克（2008）指出：“知识的生产率将日益成为一个国家、一个行业、一家公司竞争的决定因素。”

图书馆作为国家文化事业的重要组成部分，必然地承担了挖掘知识、生产知识、提供知识服务这一艰巨的任务。作为传统的文献信息资源服务单位，图书馆拥有具有巨大的信息资源优势，如何创新服务方式和传播手段，积极运用音像、电子、网络等现代科技手段开发利用馆藏资源，开办公益性电子阅览室，加强数字图书馆建设，尽快形成联通数字图书馆的网络系统，实现图书资源数字化、服务手段网络化，向广大读者提供更为广泛、更为先进、更为方便的服务，努力实现社会效益最大化，是图书馆在数字图书馆时代面临的挑战和机遇。

在图书馆的众多服务中，学术信息服务是深层次的信息服务，是包含了知识含量和技术含量的高层次服务，其服务的核心和基础就是学术信息资源的整合。图书馆不仅包含了大量的纸质文献资源，而且购买或自行研发了各种数字信息资源，将这些馆藏信息资源以知识元有机地组织起来，并提供一站式检索，以简捷、灵活的服务使科研用户的学术需求得到最大化的满足。这种一站式检索，不仅仅是新的信息资源整合的方式，从某种意义上说，更是 Web2. 0 基础上扩展数字图书馆功能，实现 Library2. 0 的关键。

12. 4. 1　馆藏学术信息资源整合存在的问题

1. 馆藏信息资源爆炸性增长

在当前信息爆炸的时代，图书馆拥有的传统纸质信息资源和数字信息资源都在高速增长。根据中国出版科学研究所 2011 年 7 月 1 日正式对外发布的《2009～2010 中国出版业发展报告》（中国出版蓝皮书），截至 2009 年我国出版图书 70 亿册，报纸 437 亿份，期刊 31 亿册。这些纸质资源的出版频率和出版量在逐年翻倍增加，意味着适合图书馆馆藏的纸质文献信息资源也在逐年增长。另外除了这些出版发行的纸质文献信息资源，各图书馆又拥有各种类型的数字资源，而且数字资源的数量也在每年以指数级增加，这些信息资源的爆炸性增长势必造成用户面对海量信息无所适从，因此对馆藏信息资源进行整合势在必行。

2. 纸质资源与电子资源之间的鸿沟

通常图书馆的纸质资源都是通过书目数据库（OPAC）来反映的，而数字资源则是通过不同的数据库提供平台进行检索，从而割裂了纸质资源和数字资源的联系。对于用户来说，尤其是科研工作者，进行某学术主题研究时需要熟悉相关的大量文献，如查找纸质书目、期刊，又同时查找相关电子资源，易造成信息过于繁冗，既费时又费力。而两者的集成可以解决这一问题，即通过统一的检索系统实现数据库中电子资源和 OPAC 中纸质资源的跨库检索；也可以借助 OPENURL 等协议，通过链接服务系统，实现纸质资源和电子资源的双向链接。纸质资源和电子资源的集成，不仅强调了传统纸质资源依然是信息服务的重要组成部分和用户所需信息的重要媒介，而且将两种资源融合的更加有序化，更深层次地解决了“信息过载”和“信息孤岛”两大难题，有助于消除纸质资源与电子资源间的鸿沟。

3. 不同数字资源间的鸿沟

目前各图书馆的数字资源主要存在如下几种形式：

（1）购买的数字信息资源，主要指由数据库出版商或服务商生产发行的各种类型的商业数据库。

（2）自行开发的特色数据库，是指针对特定的专业领域，对其知识内容及其关系进行分析加工，把专业领域所需要的各种信息与服务整合到一个知识体系中，使用户直接通过数据库的检索系统就可以查询到这个学科的相关信息。

（3）网络信息资源导航，即以科学准确的分类体系为框架，利用搜索引擎搜集网址信息，对相关站点加以访问、分析、筛选和简要描述，围绕某学术主题，深入揭示网络内容与特色。这些数字资源均基于不同特征的异构数据库，其内容交叉，管理和组织结构也各有不同，因而对数字资源共享造成了很大不便。

由于这些数字资源检索方法不同，就需要用户必须熟悉不同厂商、不同风格的数字资源检索方式，这也给用户的有效获取造成了很大困难。因此，对于数字信息资源进行基于主题信息的整合，就是为了以用户为中心，以主动服务为导向，以学科专业为依托，以个性化服务为目标，通过对某一研究领域内各种学术资源进行聚类，探寻其相关知识元以及知识元间的内在联系，从而消除不同数字资源间的鸿沟。

12.4.2 馆藏学术信息资源整合的研究概述

1. 理论研究概述

自从知识服务概念提出以来，与此相关的领域成为研究的热点，如知识组织、知识管理、知识经济等。随着信息技术的进步，知识服务已不再是一种理念，而是发展成为由现代信息技术支撑，通过一站式检索，实现基于知识元的学术信息资源服务系统。这一系统的关键就在于知识组织和挖掘，以及相关的学术信息资源的整合。在这一方面，国外学者的研究更偏重于技术性，主要集中在挖掘知识元及其相互关联性，及由其对异构学术信息资源进行整合。在知识元及其关联性的挖掘上，Jesper（2005）主要探讨了有关叙词表、元数据、受控词表、地名辞典和术语等知识的组织问题；自行开发基于英语的词汇语义网，详细描述词汇的上下位、同义、反义和部分关系；利用引文计量方法，通过同引分析、引文上下文分析、共词分析等研究，实现了叙词表的半自动化构建等。而在异构学术信息资源整合的技术上，Haas 等（1999）提出了通过数据库中转系统作为转换搜索引擎，从而实现异构数据库检索服务，并通过转换引擎以获得去重后的资源；Michael 等（2005）利用数据空间来实现分布式数字资源共享，并通过深层挖掘数据信息包含的知识以及相互关系，实现资源的整合和智能服务。

国内学者 2000 年以来也对数字资源整合进行了理论以及实践的探讨，这些研究在理念、技术方案、标准等方面都取得了一定成果。崔瑞琴（2007）从数字信息资源整合的概念出发，探讨数字信息资源整合的特点，并通过讨论书目系统的信息整合形式和学科主题内容的信息整合形式，提出在数字信息资源整合中应注意的问题。郑建明（2007）以实例为原型，对数字文献资源的整合与服务相关问题从资源、技术、服务 3 个层次的整合内容入手进行探讨。同时，在研究中注意到知识管理与资源整合相关性（如知识组织、信息描述、语义表达等），如董振东（1998）以汉语和英语的词语所代表的概念为描述、以揭示概念与概念之间以及概念所具有的属性之间的关系为基本内容的常识知识。而哈尔滨工业大学（2010）则完成了《哈工大信息检索研究室同义词词林扩展版》，并用该同义词知识库计算了词语的相似度。国内外的这些研究对馆藏学术资源整合具有非常重要的意义，这些研究从信息资源整合角度出发，利用引文分析、叙词表及主题词表构建等方法，通过一种或多种语言将学科知识系统完整的表达出来。揭示了知识元以及知识元的潜在关系，强调了更有序化的知识组织，为知识服务做出了理论方法的探索实践。

2. 实践研究概述

在实践上，目前国外的一些研究机构和商业数据服务商已推出了基于知识服务的资源整合平台。如Google推出了基于学术资源整合的搜索服务，即Google Scholar。通过这项服务使用者可以快速获取任何科学研究领域内的重要论文，包括学术著作出版商、专业性社团、预印本、各大学及其他学术组织的经同行评论的文章、论文、图书、摘要和文章。这些文章根据与使用者搜寻主题的相关度进行排列，并将其文章引用情况列出，同时建立与作者所属图书馆建立联属关系，直接获取可以下载的电子版链接，从而实现一站式检索。但是谷歌学术搜索服务也存在着一些缺点，由于其主要服务仍旧是文献检索，是通过对收录数据库题名、摘要、关键词、引文等免费部分的梳理返回结果，所以用户需要下载相关文献资源时，仍需依赖其所属图书馆拥有资源的开放或购买状况，如未开放或购买该资源，就需用户自行查找，因此导致检索不够便捷。同时谷歌学术无法根据学科对检索结果进行二次查找，因此用户也无法通过学科领域对检索结果进行精确检索。

除了Google Scholar，NEC研究院在自动引文索引的基础上，通过引文链接的文献检索方式创建了学术论文数字图书馆CiteSeer。CiteSeer通过Web搜索引擎抓取计算机领域内的PostScript和PDF两种格式的学术论文，并通过引文识别符、向量空间等来描述引文，如抽取标题、作者、出版年等引文标志。在此基础上建立引证文献与被引文献间的链接关系，并能通过图表等方式显示某一主题文献的时间分布。由于CiteSeer的非营利性质，以及其基于网络文献的即时性优势，使其在计算机领域中很好地促进了学术文献的传播和反馈。但是由于许多文献无法在线获得以及CiteSeer的非营利性质，其学术评价功能还有待改进，同时对于引文的识别也存在相关问题，如作者同名识别、引文识别等。

而德国特里尔大学的Michael Ley通过XML存储元数据的方式开发了DBLP（digital bibliography & library project），对计算机领域论文进行了系统的分类，如按作者、按会议、按期刊等，同时也对其中不准确的部分进行了有效的消歧，如作者识别等。DBLP本身不提供论文下载，但是相当一部分论文是有链接指向ACM和IEEE的。通过DBLP的组织，将计算机领域重要的期刊、会议、作者、论文、图书等资源做了统一整合。

与国外的实践相比，国内一些图书馆及研究机构也在馆藏学术信息资源整合上做出了许多具有建设性的尝试，如清华大学图书馆针对由于电子资源增长过快带来的“信息孤岛”现象，引进新的电子资源整合系统，建立了“清华大学学术信息资源门户”。该系统将电子资源的导航与检索、馆藏书刊目录查询、馆际互借和文献传递、虚拟参考咨询、参考文献引用以及网络搜索引擎等扩展服务有机地整合在一起。而北京大学图书馆在建设数字图书馆的过程中也将整合传统和非传统资源作为重要内容，包括图书馆信息资源，如书目、全文书、全文刊、文摘索引、学位论文，并将对部分重点学科进行网络资源的组织、整理和链接。香港城市大学图书馆更是建立了图书馆目录 2.0，该目录融合了一站式检索、跨语言检索、相关检索、协同推荐等功能，同时对检索结果进行资源可获取性、主题相关信息（如主题、书刊名、作者、出版信息等）的分类整理。用户在使用时也可对资源进行协同标注，并以此对其他用户的标注进行扩展检索。而本文提出的馆藏学术信息资源整合的模型，正是受到香港城市大学目录 2.0 的启发，在此基础上融合知识服务而形成的。

12.4.3　基于知识服务的馆藏学术资源整合模型

本书提出的资源整合模型是以现有图书馆馆藏学术资源为基础，将各种数字资源以及纸质、多媒体等信息资源有机结合为一个整体，为用户提供一站式的检索服务。为实现这种服务，就必须从异构资源的获取、数据清洗入手，通过自然语言处理、元数据仓储技术、自动分类聚类等智能信息处理技术实现知识重新整合，结合用户行为分析，通过可视化技术将用户所需知识元及知识元间关联呈现给用户。该研究模型主要由馆藏学术资源采集模块、知识元挖掘与检索、用户行为分析与用户知识挖掘、知识元可视化及服务四部分构成。

基于知识服务的学术资源整合模型如图 12-2 所示。

1）馆藏学术资源采集模块

该模块用于消除冗余信息，并在相关资源间建立联系，为用户检索提供更为便捷的接入。以学术研究为目的，从中国期刊全文数据库（CNKI）、万方期刊数据库、维普中文科技期刊库、ISI Web of Knowledge，Springer，EBSCO 等馆藏数据库自动获取含有标题、摘要、关键词、作者信息以及引文的网页，并从中提取出题名、汉英对照关键词、摘要、作者、学科主题等相关信息和引文，进而形成关键词词表与机构名、姓名等命名实体表和摘要语料库与引文数据库。同时结合馆藏书目系统，获取馆藏纸质资源以及其他馆藏资源的数字信息，如书名、出版信息、学科主题、中图分类号、提要文摘等。对采集来的信息，以统一标准进行存储，对同类型资源进行简单去重，并建立文档索引。

数据采集时，要对相关词汇和命名实体进行形式上的去重（如将关键词去除标点后进行排重），并归纳关键词和命名实体中不规范的方面，制定相关规则，对数据进行统一的清洗。将抽取后的数据建立多维和多层面数据表，如作者、机构、关键词、学科、中图分类等。

2）知识元挖掘与检索

知识元挖掘与检索模块是在数据初步清洗去重的基础上进行的，以基于知识元为组织的服务为目标，进行知识元挖掘与检索，通过实现与某一主题相关资源的重组、有序化。这一模块是馆藏学术信息资源整合模型的核心，其后的知识服务都需要依赖于这一模块的构建，主要包括机构及作者识别、关键词规范化及文档相似性计算、引文分析等。

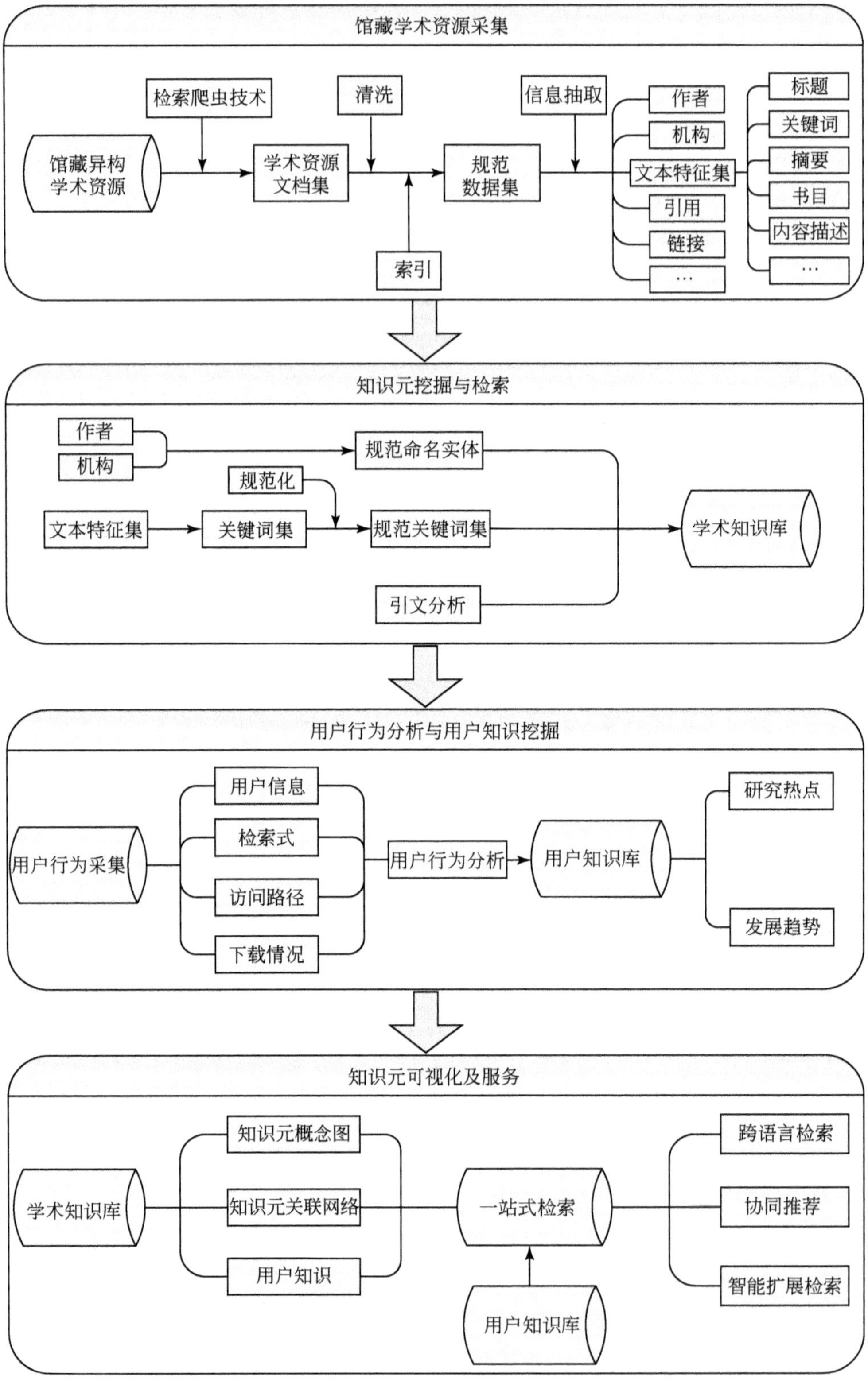

图 12-2　基于知识服务的学术资源整合模型图

A. 机构及作者识别

在学术信息飞速增长的情况下，以作者为中心来展示学术文献已成为面向学科领域的智能检索服务需要。但由于传统数据库记录的局限性，一般只有简单的作者姓名、所属机构、邮编等信息。就作者而言，同一作者发表的论文，往往会产生一些署名歧义（如不同的作者单位、英文姓名缩写）；对于作者所属机构的名称，则缺乏统一的规范以及机构层级关系问题，使得同一作者往往对应多个单位。以上这些问题给用户检索带来了很大的不便，学术研究人员希望能够获取某个领域国内以及国际研究学者的准确信息，因此需要对于机构进行识别。

首先提取机构的名称，机构所在地区、邮政编码、通信地址等关键信息。其次对机构名称进行初步分类（如教育机构、医疗机构、科研院所等），并根据机构类别进行机构类型识别。根据机构分类，建立对应的机构参照表，如教育机构主要参照表为全国普通高校名单、医疗机构规范模式为“地区+医院名”等。通过机构识别，为相应机构信息获取规范机构名，以便作者识别之用。再次进行作者识别，主要通过作者合著以及引用关系，建立合著关系网以及引用关系网，通过社会网络分析法进行识别（社会网络分析法自引入图书馆情报学界以来，在信息检索、信息行为等研究领域取得了一定研究成果）。通过社会网络分析法，我们可以识别不同机构中的同一作者，并对其研究经历以及主要研究方向进行自动识别。

B. 关键词规范化及文档相似性计算

关键词检索自 20 世纪 80 年代以来在信息检索领域占有重要地位，由于关键词属于未经规范的自然语言，而自然语言具有一定的歧义性和模糊性，同义、层级以及相关语义关系没有统一的参照，因而通过关键词检索，会给检索的查全率和查准率带来一定困难，成为检索障碍。仲云云等（2008）提出的模型使用后控制词表来优化关键词检索。以前期采集的相关数据资源关键词为基础，通过参照《中国分类主图词表》《中图法》《汉语主题词表》《社会科学检索词表》等现有分类主题词表以及目前已经研发的汉语知识库，对其进行合并与规范。通过对关键词的规范，获取相关领域叙词表，并进一步对文献题名、摘要、提要文摘进行切分，获取其文本特征，并计算文本特征相似度。在此基础上，更可以推广到计算作者、机构间的相似度，并可以此作为拓展检索服务进行推荐。

C. 引文分析

通过引文分析，学者可以对某个研究主题进行追溯，在这个过程中可以发现一些原来没有关注的研究内容，扩宽研究范围。除此之外，引文分析还可以用来作为学科评价、期刊评价、人才评估等标准，虽然单纯利用引文分析进行定量分析具有一定局限，但这种分析可以作为以上评价的重要参考，并且通过定量的分析，发现学术研究的热点以及发展趋势。通过引文分析，可以获取引用数量、引文关系网络（如合著关系网络、引用关系网络）、引文链等重要信息。对引文数量的分析，可以用来作为某一学科核心期刊、核心作者、研究机构的重要依据；对于引文关系网络的分析，可以获取作者间的合著关系、引用关系，以确立作者的研究领域；对于引文链的分析，可以用来发现学科发展以及学术趋势情况。

上述模型对采集来的引用文献数据进行数据清洗，通过引文标题、著者、出版信息等确定引文版本，纠正错误引用并入正确规范记录，并与引用文献建立索引关系。对于异构数据库之间的引用链接，进行补充链接，建立引用索引。通过分析共引、同被引等关系获取潜在知识关联，从而获取相关文献的潜层知识关联关系。

3）用户行为分析与用户知识挖掘

用户行为分析与用户知识挖掘模块是基于用户检索过程中的资源利用情况，对其进行聚类、分类、时序分析、关联规则挖掘、链接分析等处理，分析学术资源的具体使用情况和用户兴趣，发现知识元的潜在关联。余慧佳等（2007）提出的模型是采用用户日志分析，即从用户检索日志中获取 IP 地址、访问时间、访问路径、检索式、检索结果等原始数据，在此基础上进行数据清洗，筛选出有效数据，整理出用户行为数据流，参照关键词规范表，对检索项进行匹配，通过行为分析，找出潜在相关文献以及相关知识元，以拓展用户检索。

4）知识元可视化及服务

知识元可视化及服务模块是指运用可视化技术，将原来分散于不同载体的信息围绕知识主题连接起来，发掘知识元间的潜在关联，实现知识的可视化，并将其具体联系到馆藏相关资源上，并以此提供基于知识元的服务。这种基于知识元的可视化是多方位的，可以针对用户检索需求，对检索词以及用户行为的分析，将用户需求与关键词相关知识进行关联，并对用户检索结果进行作者、机构、引文等多方面的分析；也可对用户满意文献进行作者合著、共引分析，结合用户检索词与作者知识库中研究方向进行相似度计算，从而找出该领域内核心作者推荐给用户；更可通过对用户检索结果进行关键词共引分析，结合关键词知识库中同义、上下层级概念关系，实现检索的职能扩展。

在可视化的基础上，提供一站式检索服务，这种检索可以通过相关知识元实现资源分布分析、资源可用情况分析、智能扩展检索、跨语言检索、协同推荐等功能，从而将馆藏学术信息资源围绕用户个性化需求全方位、多层次地呈现出来，而检索结果更是以知识网络的形式呈现出来。

面对知识经济以及迅猛发展的信息技术，作为传统信息枢纽的图书馆必然要对其服务模式、服务内容、服务方法做出改进，以适应知识社会需要。可是知识服务的质量受到众多客观因素的影响，如海量信息的冗余、数据壁垒、知识的隐性特征、用户的认知能力、从事知识服务人员的专业化背景限制等。因此，基于知识服务的馆藏学术信息资源的整合，正是在这样的背景下产生的，它是一个动态的知识有序化组织，并提供更易于用户理解的知识呈现方式，而且在这个体系中，不仅有图书馆服务人员的参与，用户、领域专家以及相关知识信息参与机构及个人都将被考虑在内。更重要的是馆藏学术信息资源的整合，对研究领域内学术资源的分布情况进行了更合理规划，并将传统信息资源与数字信息资源联系起来，实现了非数字资源的数字化知识覆盖；也使得馆藏学术信息资源覆盖面更为广泛，呈现了以知识元为中心的馆藏学术信息资源脉络。

当前，图书馆正处于由传统向数字图书馆转型的阶段，加深对馆藏学术资源的整合，将有利于未来数字图书馆的发展，便于从信息服务转型成知识服务，以展现图书馆在知识经济社会中的特殊作用。

第 13 章　云计算环境下数字图书馆建设

13.1　云计算概述

云计算是 parallel computing（并行计算）、distributed computing（分布式计算）和 grid computing（网格计算）的发展和相互融合的结果，是虚拟化（virtualization）、效用计算（utility computing）、IaaS（基础设施即服务）、PaaS（平台即服务）、SaaS（软件即服务）等概念的混合演进并跃升，或者说是这些计算机科学概念的商业实现。云计算通过虚拟化等技术把成本不高的计算机群体整合成一个计算系统，这个系统具有强大的计算能力、海量的存储能力，这个系统以租用方式把它强大的计算能力以服务的模式（IaaS、PaaS、SaaS 等服务）租借给它的用户。

在 Anthony T. Velte 著的 *Cloud Computing*：*A Practical Approach* 一书中如此描述云计算："云计算这个名称是 Internet 的隐喻。通常，在网络图形中把 Internet 表示为云。"

李开复认为：整个互联网就是一朵云、网民们需要在"云"中方便地链接任何设备，访问任何信息……所谓"云计算"，就是要以公开的标准和服务为基础，以互联网为中心，提供安全、快速、便捷的数据存储和网络计算服务，让互联网这片"云"成为每一个网民的数据中心和计算中心。

之所以称为"云"，因为它在某些方面具有现实中云的特征：云一般都较大；云的规模可以动态伸缩，它的边界是模糊的；云在空中飘忽不定，你无法也无需确定它的具体位置，但它确实存在于某处。

之所以称为"云"，因为云计算的鼻祖之一亚马逊公司将曾经大家称作为网格计算的东西，取了一个新名称"弹性计算云"（EC2），并取得了商业上的成功。

图 13-1 是典型的云计算平台结构。用户端只需要简单的终端设备就可以通过 Internet 访问到"云"中超大规模的计算和存储资源。服务层将云中的各种资源管理起来并组织成相应的服务（比如存储、软件即服务、平台及服务等）提供给用户。虚拟资源层是将经过虚拟化的资源进行整合管理，然后提供给服务层以供分配。

13.1.1　云计算分类

根据云计算的部署方式和服务对象范围可以将云分为三类：公共云、混合云和私有云。

(1) 当云为公众提供以计算、存储等服务时称为"公共云"，公有云由提供商运行，为最终用户提供各种各样的 IT 资源。最终用户通过共享的 IT 资源实现自己的目的，并且

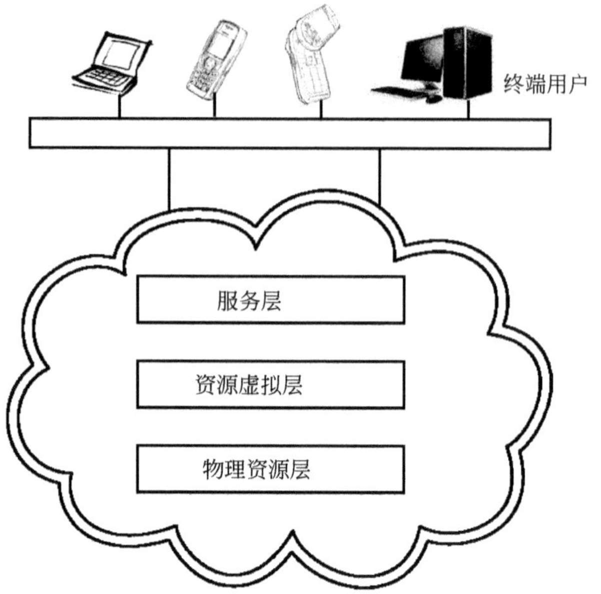

图 13-1　云计算的平台结构

只需要为其使用的资源付费，通过这种比较经济的方式获取自己所需的 IT 资源，如 Google App Engine、Amazon EC2、S3 以及 IBM Developer Cloud 等。

(2) 部署在防火墙内，为某个特定组织提供相应服务的“私有云”，比如企业内部的管理信息系统（MIS）云服务等。

(3) 混合云是把“公共云”和“私有云”结合到一起的方式，用户可以通过一种可控制的方式部分拥有、部分与他人共享，如运行在荷兰的 iTricity 的云计算中心。

针对云计算的服务层次和服务类型的分类，将云分为三个层次：基础构架即服务层（infrstructure as a service，IaaS）、平台即服务层（platform as a service，PaaS）、软件即服务层（software as a service，SaaS）。

(1) 基础设施服务层（infrastructure as a service，IaaS）：是云计算狭义定义所覆盖的范围，就是把 IT 基础设施像水、电一样以服务的形式提供给用户，以服务形式提供基于服务器和存储等硬件资源的可高度扩展和按需变化的 IT 能力。用户通过 IaaS 可以远程访问自己需要的计算，储存等资源而不需要考虑基础 IT 软硬件的维护，升级等所要付出的费用。

(2) 平台即服务（platform as a service，PaaS）：通常也称“云计算操作系统”。它提供给终端用户基于互联网的应用开发环境，将操作系统及相关的服务通过 Interact 发送给用户，用户不需要下载或安装即可使用，不再需要购买软硬件只需要利用云计算所提供的 PaaS 即可建立和部署自己的应用程序。

(3) 软件即服务（software as a service，SaaS）：用户通过标准的 Web 浏览器来使用 Internet 上的软件，服务供应商负责维护和管理软硬件设施，以免费或按需租用方式向最终用户提供服务。

13.1.2　云计算的特点

1. 按需服务

云计算是把信息技术作为服务（IT as a service）提供的一种方式。这种服务的概念都是从消费方（用户）角度出发、而不是从服务提供方出发来考虑问题，因此其基本特点是要求按需服务，即用户可以根据需求即时得到服务。从这个角度讲，云计算就像我们公共服务中的自来水、电和煤气一样，集中供应并按需服务和计费。对用户来说这种按需服务的方式可以降低他们使用服务的进入和退出门槛，从而降低服务绑定的可能性和投资风险。

2. 超大规模

很多云中心都具有相当大的规模，由成千上万的服务器支撑。Google 云计算已经拥有超过 100 万台的服务器，Amazon、IBM、微软、Yahoo 等的“云”均拥有几十万台服务器。企业私有云一般也拥有成百上千台服务器。总而言之，“云”可以给用户前所未有的计算能力。

3. 资源池

云计算可以提供一个资源池，其中的所有 IT 资源都可以变成“池”的方式管理，分享给不同的用户使用，人们可以在不同时间、不同地点使用池中资源，云计算资源池提供了一种实用的节能方式。

4. 通用性

云计算不针对特定的应用，在“云”的支撑下可以构造出千变万化的应用，同一个“云”可以同时支撑不同的应用运行。云中的资源通过虚拟化等技术可以实现一定程度的互相替换，可以使资源利用率较传统系统得到大幅度提高。

5. 具有强大的虚拟能力

在云计算基础设施中，各种计算资源被连在一起形成统一的资源池，动态地部署、分配给不同的应用和服务，满足它们不同时刻的需求。云计算支持用户在任意位置、使用各种终端获取应用服务。应用在“云 ”中某处运行，但实际上用户无需了解，也不用担心应用运行的具体位置。

6. 高度可扩展性

对互联网应用来说，其用户数量和资源需求量的变化都非常大，很难事先有个准确的系统容量估算。而对于传统应用来说，不同时间段中用户使用应用的模式也有很大的差异。云计算平台可以满足应用负载和需求变化的要求。云计算平台的资源池对单个用户的需求是比较大的，考虑到会有大量不同用户共用一个资源池，他们之间的资源使用模式一般存在一定的互补性，所以对于某个用户的需求而言，云计算具有很高的扩展性，其资源几乎是无限的。

7. 潜在的危险性

云计算提供商提供的服务包括云计算服务和云存储服务。“但是云计算企业或机构不过只是可以提供商业信用而已。云计算中的数据对于数据所有者以外的其他用户云计算用户是保密的，但是对于提供云计算的商业机构而言确实毫无秘密可言。”云提供商能否严格遵循隐私协议？

云计算以虚拟机技术作为云计算平台的基本组成部分，虚拟的服务器存在着很大的安全问题。云计算中一台服务器存在着好几台虚拟的服务器，虚拟服务器之间有互相攻击的可能性，这对虚拟服务器构成很大的安全威胁。另外管理与维护超大规模云计算平台的硬件和软件不容易，云计算平台的硬件和软件故障问题可能会对其提供的服务产生影响使得数据的安全性受到威胁。

在云计算体系下，所有用户的数据都位于共享环境之中。加密能够起一定作用，但是仍然不够。服务商是否将一些数据与另一些隔离开？加密服务是否由专家设计并测试的？加密系统会不会出现问题？所有这些都会导致数据安全问题。还有来自外部的恶意攻击也构成了对数据安全的威胁。所有这些都是云计算潜在的危险，云计算具有潜在的危险性。

13. 1. 3　云计算的特征优势

1. 客户端需求低

云计算对客户端设备要求最低，使用最方便。你只需要一台 PC 机、笔记本电脑，或者手机等网络通信设备，选一个你喜欢的浏览器，通过 Internet 就可以随时连接到“云”中，在浏览器中键入 URL ，尽情享受云计算带给你的乐趣。你可以获取所需要的信息、可以直接编辑存储在“云”的另一端的文档，而不用担心软件升级问题，软件或文档染上病毒等问题。因为在“云”的另一端，有专业的 IT 人员为你做这原本你需要做的一切。

2. 低成本、绿色节能

云计算能将资源集中起来，提供者无需为繁杂的细节烦恼，只须专注于自己的业务，有利于创新和降低成本，而最终用户没有硬件购置成本，没有需要管理的软件许可证或升级，不需要雇佣新员工或咨询人员，不需要租赁设施。张为民等（2009）提出在海量数据处理等场景中，云计算以 PC 集群分布式处理方式替代小型机加盘阵的集中处理方式，有效降低了成本。

3. 提高资源利用和管理效率

云计算采用虚拟化技术使得跨系统的物理资源统一调配。当你在华尔街的办公室里上

Google 寻找周边的实惠用餐场所，你只是发出这个请求，可是在庞大的 Google 计算机群里，你并不知道是哪几台计算机为你服务，管理员只需要通过一个界面就可以对虚拟化环境中的各个计算机进行监控，发布一个命令就可以迅速操作所有的机器，而不需要在每个计算机上单独进行操作。在云计算资源池中，以虚拟机方式部署应用，应用的上线、资源变更和物理设备切换等过程变得简单高效。

4. 云计算可以为用户使用网络提供无限多的服务

为存储和管理数据提供了几乎无限多的空间，也为我们完成各类应用提供了几乎无限强大的计算能力。我们如今会经常看到大家带着笔记本电脑外出，在火车上、在飞机场用笔记本电脑处理事务或者进行娱乐，云计算用户可以根本不需要到处得随身带着相对笨重的笔记本，只需要一个简单的终端设备如手机等，无论何时何地都可以使用我们需要的任何信息，可以随意看想要看的电影、小说，玩大型游戏，可以在任意时间地点使用自己的个人数字图书馆……不用担心自己的设备内存不足，磁盘容量不够大，不用担心新买的手机上没有原来存放在旧手机的几百个联系人的联系方式，不用担心出门在外所有数据都在办公室的电脑里，因为我们的数据都存放在“云”里，存取便利。没有云计算提供的海量存储空间和超强的计算能力，我们的个人 PC 电脑或手机不可能做到这些、不可能享受到这些便捷，我们的个人终端设备的存储能力和计算能力是有限的，而云计算为用户使用网络提供的服务是无限的。

13.1.4　云计算的关键技术

1. 云计算技术框架

云计算的出现，改变了信息服务的提供方式，“云”中的资源是可以无限扩展的，“云”并不是一个单独的服务，而是一个服务集合。图 13-2 是云计算中比较有共性的云计算技术框架，通过基础构架即服务、平台即服务、软件即服务三种形式，云计算以前所未有的规模为使用者提供 IT 服务能力。

2. 虚拟化技术

虚拟化技术是一种调配计算机资源的方法，将应用系统的不同层面——硬件、软件、数据、网络、存储等一一隔开来，从而打破数据中心、服务器、存储、网络和应用物理设备之间的划分，实现架构动态化，并达到集中管理和动态使用物理资源及虚拟资源，使单个计算机看起来像多个计算机或完全不同的计算机，大大提高了资源利用率并降低了 IT 成本。现在，整个 IT 环境已逐步向云计算时代跨越。

Haibo Chen（2006）提出云计算中的核心技术就是虚拟化，可以说是虚拟化为我们带来了“云”，同时也是云计算区别于传统计算模式的重要特点。云计算环境下所有虚拟化解决方案都是集服务器、存储系统、网络设备、软件及服务于一体的系统整合方案。在这种云环境下的整体虚拟化战略中，可以利用虚拟化技术提供的多种机制，在无需重要的硬

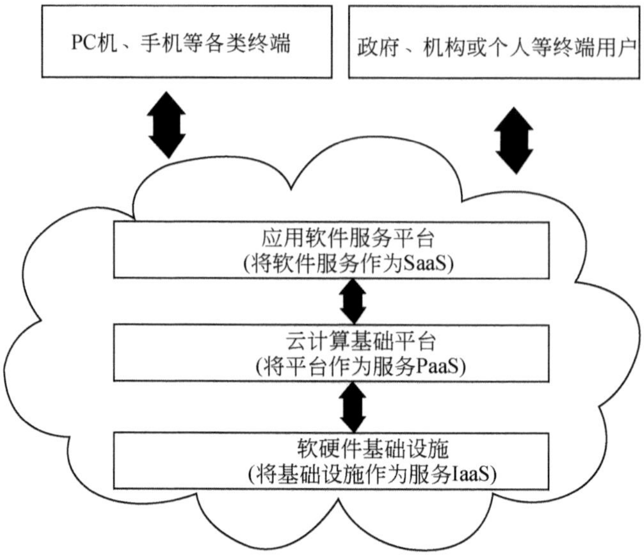

图 13-2　云计算的技术框架

件和物理资源扩展的前提下，通过不同的方案快速模拟不同的环境和试验，达到预先构造 IT 系统、应用程序、提高安全性及实现管理环境的目的，进而提高更大的灵活性，并迅速确定潜在的冲突。同时可以利用服务器虚拟化技术将大量分散的，聚合的、数量较小的物理服务器上，甚至使一台单一的大型网络虚拟机取代数以百计较小服务器并使其长时间内在高利用率下运行，从而更好地管理 IT 成本，最大化能源效率及提高资源利用率。

虚拟化的系统管理及监控服务还能通过一个共同的接入点发现、监控和管理包括系统和软件在内的所有的虚拟和物理资源并提供完全的跨企业服务管理，减少支持多种类型服务器所需管理工具的数量。

虚拟化技术是实现云计算的基础，云计算是虚拟化技术实现的结果，云计算提供给人们的各种服务事实上就是虚拟化服务。云计算通过虚拟化技术，将由庞大的信息资源组成的 IT 信息资源池提供给用户，从而通过网络实现信息资源的跨系统动态调度，实现 IT 信息资源、数据以及应用以服务方式提供个用户。目前典型的实现（基本成为事实标准）有 Citrix Xen、VMware ESX Server 和 Microsoft Hype-V 等。

换句话说，我们正在经历一场发生在 IT 内外的迈向云计算时代的巨大变革，而推动这场变革的正是由不断发展的虚拟化技术所带来的从组件走向层级然后走向资源池的过程。云计算是虚拟化的最高境界，虚拟化是云计算的底层结构。

3. 海量分布式存储技术

为了保证高可靠性和经济性，云计算采用海量分布式存储的方式来存储数据，采用冗余存储的方式来保证存储数据的可靠性，以高可靠软件来弥补硬件的不可靠，从而提供廉价可靠的海量分布式存储和计算系统。为了满足 Google 迅速增长的数据处理需求，Google 设计并实现文件系统 GFS（google file system）。据称，Google 已经部署了许多 GFS 集群，有的集群拥有超过 1000 个存储节点，超过 300T 的硬盘空间，被不同机器上的数百个客户端连续不断地频繁访问着。运用海量分布式存储技术的云计算的数据存储系统主要有 Google 的 GFS 以及 Hadoop 开发团队开发的开源系统 HDFS（hadoop distributed file system）。

大部分 IT 厂商及互联网服务商务包括雅虎、Intel、Facebook 的“云”计划采用的都是 HDFS 的数据存储技术。

4. 并行编程模式

为了高效率地利用云计算的资源，使用户能更轻松地享受云计算带来的服务，云计算采用 Google 公司发明的 MapReduce 的编程模式，将任务自动分成多个子任务，通过 Map 和 Reduce 两步实现任务在大规模计算节点中的调度与分配。后来的开源化也沿袭了 Google 发明的这种基于 GFS 和 MapReduce 的分布并行编程模式，只不过 Hadoop 把它叫做 HDFS 和 MapReduce。

5. 数据管理技术

云计算系统对大数据集进行处理、分析，向用户提供便捷廉价的高效服务。因此，数据管理技术必须首先能够高效地管理大数据集，其次如何在规模巨大的数据中找到特定的数据也是云计算数据管理技术所必须解决的问题。云计算系统的管理往往采用列存储的数据管理模式，保证海量数据的存储和分析性能。云计算的数据管理技术最著名的是 Google 的 BigTable 数据管理技术，同时 Hadoop 开发团队开发了类似 BigTable 的开源数据管理模块 HBase。

6. 云计算平台管理技术

云计算资源规模庞大，一个系统的服务器数量可能会高达 10 万台并跨越几个坐落于不同物理地点的数据中心，同时还运行成百上千种应用。云计算系统管理技术是云计算的“神经网络”，通过这些技术能够使大量的服务器协同工作，进行便捷的业务部署和开通，快速发现和恢复系统故障。

Google 内部把云计算平台的管理技术称为 Borg。Borg 是美国科幻片《星际迷航》中外星人中的巨无霸，无敌于天下。Google 一定是认为其云计算平台管理技术非常强大，所以称之为 Borg。

云计算模式带来一系列的安全问题，包括用户隐私的保护、用户数据的备份、云计算基础设施的防护等。

7. 云计算安全技术

1）网站安全技术

采用完善、成熟的网络构架，严格的安全设计，对网络和关键应用采取了多级容灾、冗余方案，定期对网站进行安全加固，确保网站尽可能安全可靠，涉及用户机密的数据安全采用不可逆加密等法密文存储，确保原始数据安全。

2）数据隔离技术

云计算的核心技术是虚拟化，PaaS 和 SaaS 应用为了实现可扩展、可用性、管理以及运行效率等方面的“经济性”，基本采用多租户模式，不同用户的数据可能存放在共享的物理存储器上。云计算系统一般采取两种方式存放用户的数据：共享存放设备和独立存储设备。理论上共享存储设备可通过存储自身的安全措施比如存储影射等功能以确保数据的隔离性。独立存储设备从物理层面隔离保护了用户重要信息，有效地保护用户的数据。

3）网络隔离技术

网络隔离提供数据传输的安全性，这种技术在网络银行、电子支付等金融领域已经应用得比较广泛。基础架构云可通过多种网络技术保证网络的安全性与隔离性。如 VLAN 技术主要用于数据中心内部，用于隔离不同的应用和客户程序，确保一个客户无法获取其他用户的网络数据，但是网络管理员还是可以看到所有的网络数据。因此这种方法只有隔离性，不能保证私密性。VPN 技术又称虚拟专用网络，是将多台分布的计算机用一个私有的经过加密的网络连接起来，形成一个用户私有的网络，这种技术能比较有效地保护用户数据的传输安全性，即使是云计算后台的网络管理也无法窃取数据。HTTPS/SSL 技术是一种常见的传输安全技术，主要用在浏览器和服务器之间的通信上，比较适合点对点的安全保障。

4）终端恶意软件检测技术

针对传统杀毒软件的局限性，专家们提出了终端恶意软件检测模型。①云端检测，将反病毒功能包装成网络服务，由终端或者单一的服务器移植到网络云上，实现云端检测。②N-VERSION 保护技术，恶意软件的检测应该有多种多样的检测引擎并行执行，所以引入了 N-VERSION 思想。由各种各样的检测引擎来提供分析结果，可以有效扩大检测范围，防御极度复杂并不断进化的恶意软件。

5）云平台上的数字身份认证技术

云服务设施使用户可以方便地在互联网上分布式的存取私人信息，应用云服务设施一般都会要求各个用户提供一个数字身份，数字身份往往包括敏感的私人信息，如姓名、电话号码等，那么可能会被窃取，所以针对云计算开发数字身份管理（IdM）系统是至关重要的。

13.2 云计算环境下的数字图书馆

云计算是目前最为热门的计算机技术及网络技术，云计算技术在图书情报界越来越受到关注，并已经为各个领域提供便利的服务。新兴的云计算共享基础架构模式，以虚拟技术为核心，以 IaaS、PaaS、SaaS 为服务模式提供各种数字化服务。数字图书馆从互联网时代、Web 时代、网格时代、Web 2.0 时代逐步地进入到云计算时代。数字化图书馆应用云计算技术将对图书馆的建设和发展产生巨大而深远的影响，将会给图书馆带来又一次变革和飞跃！

13.2.1　云计算应用于数字图书馆的实例

2009 年 9 月 11 日，为开源的图书馆自动化系统 Koha 提供技术支持的 LibLime 公司宣布，发布新的基于订购的托管服务 Koha Express，Koha 使用的是全 Web 界面的开源软件，顺理成章地进入云时代。Koha Express 运行的 Koha 正式版（目前为 3.0.2）是一个全功能的集成图书馆系统（ILS），它通过软件即服务方式在 LibLime 云计算平台上分发，包含软件安装服务以及托管服务。

“十一五”期间，CALIS 采用云计算在全国构建分布式的数字图书馆云服务平台。CALIS 管理中心采用云计算技术来构建新一代中国高等教育数字图书馆，旨在为全国近 2000 个高校成员馆提供标准化、低成本、自适应、可扩展的高校数字图书馆云服务平台，为高校师生提供全方位的文献服务、咨询服务、电子商务和个性化服务。从 2008 年起，CALIS 陆续推出了支持 SaaS 的新一代馆际互借与文献传递系统共享版（即 SaaS 版）、支持分布式“云”服务的 CALIS 数字图书馆云平台（CALIS easy cloud platform）以及其他一系列云应用系统。CALIS 第一个云服务分中心试点在 2009 年 3 月首先在 CALIS 天津分中心上线，为天津高校馆提供 CALIS 馆际互借与文献传递系统 SaaS 服务。在 2010 年中，CALIS 其他云服务系统（如 CCC SaaS、e 读 SaaS 服务等）也陆续上线提供服务，2010 年 9 月 20 日，CALIS 国家云服务中心的主站点（新版）正式开通服务（www.calis.edu.cn）。除了天津分中心之外，还有多家 CALIS 省级云服务中心（包括重庆、山东、云南、新疆、吉林等）也相继建立。

CALIS 数字图书馆云服务平台，采用了云计算、Web2.0、SOA、社会网络、语义网等技术进行开发。整个平台由 4 个主要部分组成：①CALIS 数字图书馆中心云服务平台：用于构建 CALIS 国家云服务中心；②CALIS 数字图书馆共享域云服务平台：用于构建 CALIS 省级云服务中心；③CALIS 数字图书馆本地服务平台：部署在图书馆，用于构建图书馆混合云；④CALIS 云联邦服务平台：用于将不同的图书馆本地服务、CALIS 云服务以及第三方服务集成起来。

13.2.2　数字图书馆云资源建设

1. 现阶段数字图书馆资源建设中存在的一些问题

1）基础设施建设、维护费用高但利用率不高

目前 IT 基础设施随着信息化建设的推进与日俱增，例如，电源环境需要购置 UPS 系统，一般要双机冗余甚至多机冗余，恒温恒湿环境同样也需要双机或多机冗余的精密空调系统；网络环境需要防火墙、入侵检测、交换机等设备，还需要购买大量的服务器和存储设备甚至是小型机，这些设备每笔都是数万、数十万甚至数百万。而统计资料显示，这些

基础设施的平均利用率不到50%，每年还需要庞大的费用进行维护服务器、存储等设备，同时，由于设备本身的性能和信息技术的迅速发展，设备使用寿命实际上非常短。也就是说，即使仅仅为维持原来的服务，在较短的周期内也都需要投入大量的资金购买新的设备。

2）数字资源增长，硬件设施越来越成为瓶颈

图书馆作为信息资源中心，长期保存大量数据资源。近几年来数字资源急剧增长，按照现状，硬件的增长速度将会越来越跟不上数字资源的增长速度。数字资源的海量增加对各个图书馆的数据管理、备份、存储能力造成了非常大的负担。

3）信息资源存储技术问题

这是数字图书馆面临的一个很大的问题。数字图书馆的多语言检索、人机交互技术、不同数据标准之间的数据交换，数字图书馆需要的软件、工具、技术等有待进一步发展和完善。对数字图书馆的信息资源海量增加对数字图书馆数据管理备份、存储设备能力提出越来越高的要求。

4）重复建设概率高

馆与馆之间信息资源相互独立，重复建设现象严重，高校间的学科、专业重叠交叉较大，造成高校数字化资源建设的不断重复和浪费。数字信息资源的购买或数字资源镜像的设立也同样存在着大量的重复建设现象。

5）资源共享度不高

数字图书馆打破了原有的图书馆服务的时空限制，但为确保服务器的可靠运行及服务器内数据资源的安全性，图书馆对服务器的接入终端数量及最大服务响应等都进行了相关的限制，形成了服务器访问限制瓶颈的问题。另外图书馆的资源共享往往局限于一些对口的、接口相同的数据资源上，因此出现馆际数据不能相通，资源无法实现共享。

6）资源管理不到位，资源维护欠缺

数字化资源随着新技术、多媒体的应用，数据结构日益复杂、类型日益丰富，数据量飞速增长，然而资源管理系统对资源的有效组织和管理存在很多不足。数字化资源还必须不断进行维护，需要推陈出新、与时俱进。

2. 云计算技术给数字图书馆资源建设带来种种优势

云计算环境下，能够解决数字图书馆资源建设中的上述问题。

1）有效解决了目前图书馆基础设施建设、维护费用高的问题

云计算改变了信息服务的提供方式，“云”中的资源可以无限扩展的，“云”不是一个单独的服务，而是一个服务集合，通过基础构架即服务、平台即服务、软件即服务三种

形式，云计算以前所未有的规模为使用者提供 IT 服务能力。

云计算对用户端的设备要求最低，使用起来也最方便。例如，数字图书馆可以按需购买相应的云计算，购买基础设施即服务，从平台起搭建资源库，在虚拟主机和虚拟存储上进行建设；购买平台即服务，搭建一个 web2.0 的门户网站，在封装好的平台上开发；购买云计算服务商提供的图书馆专用软件，软件即服务。像水、电一样付费，而不必把大量的资金投入到基础设施建设中。其实软件即服务对数字图书馆已经不是什么新鲜事物，现在很多数据商都提供了类似于总库平台一类的网络数据库，供图书馆购买了许可后使用，如 CNKI、超星等。其实广义上这就是一种软件即服务。

云计算具有超大规模。很多云中心都具有相当大的规模，由成千上万的服务器支撑。Google 云计算已经拥有超过 100 万台的服务器，Amazon、IBM、微软、Yahoo 等的“云”均拥有几十万台服务器。“云”可以给用户前所未有的计算能力。

云计算运用虚拟化技术，云计算环境下所有虚拟化解决方案都是集服务器、存储系统、网络设备、软件及服务于一体的系统整合方案。在这种云环境下的整体虚拟化战略中，可以利用虚拟化技术提供的多种机制，在无需重要的硬件和物理资源扩展的前提下，通过不同的方案快速模拟不同的环境和试验，达到预先构造 IT 系统、应用程序、提高安全性及实现管理环境的目的，进而提高灵活性，并迅速确定潜在的冲突。同时可以利用服务器虚拟化技术将大量分散的，聚合的、数量较小的物理服务器上，甚至使一台单一的大型网络虚拟机取代成百上千的较小服务器并使其长时间内在高利用率下运行，从而更好地管理 IT 成本，最大化能源效率及提高资源利用率。

虚拟化的系统管理及监控服务还能通过一个共同的接入点发现、监控和管理包括系统和软件在内的所有的虚拟和物理资源并提供完全的跨企业服务管理，减少支持多种类型服务器所需管理工具的数量。

因此，云计算具有低成本、绿色节能的优势，用户不需要负担日益增加的数据中心管理的高昂成本，没有需要管理的软件许可证或升级，不需要购买或租赁设施等。在海量数据处理等场景中，云计算以 PC 集群分布式处理方式替代小型机加盘阵的集中处理方式，大大降低了成本。

云计算有效解决了目前图书馆基础设施建设、维护费用高的问题，云计算不仅可以取代目前数字图书馆数据中心的现有功能，而且它的低成本优势，超大规模、高扩展能力是现有数字图书馆数据中心所无法比的。

2）能有效提高数字图书馆基础设施利用率，扩大数字资源共享度，避免资源重复建设

云计算具有资源池特点可以提供一个资源池，其中的所有 IT 资源都可以变成“池”的方式管理，分享给不同的用户使用，人们可以在不同时间、不同地点使用池中资源，云计算资源池提供了一种实用的节能方式。在云计算环境下，数字图书馆的信息资源存储在“云”的成千上万台服务器中，数字图书馆的信息资源可以在全球存取，云用户可以随时随地获得数字图书馆的信息资源，图书馆的信息资源得到较高程度的共享，云用户的信息需求得到较高程度的满足。

云计算具有强大的虚拟能力，各种计算资源被连在一起形成统一的资源池，动态地部署、分配给不同的应用和服务，满足它们不同时刻的需求。云计算支持用户在任意位置、使用各种终端获取应用服务。

在云计算环境下，传统的信息技术基础设施建设和交付使用模式发生了改变，云计算为资源共享带来了变革。馆际间的数字化信息资源不再是各自独立，而是可以共享的。云计算提供对终端设备的跨平台、多样化支持，只要网络通畅，云用户就能随时访问、自由选择、按需使用付费，为资源共享带来了天然优势。张润（2010）提出云计算可以无限整合国内外高校优质数字化资源，形成一个超大规模的学科、专业、课程数字化资源库。有效地解决了数字化资源建设分布不均，甚至重复建设问题。

3）能有效解决图书馆信息资源存储技术问题和提高数字化信息资源管理和应用水平

云计算采用海量分布式存储的方式来存储数据，采用冗余存储的方式来保证存储数据的可靠性，以高可靠软件来弥补硬件的不可靠，从而提供廉价可靠的海量分布式存储和计算系统。云计算采用数据管理技术，对海量的数据存储、读取后进行大量的分析、处理，向用户提供高效的服务。云计算资源规模庞大，云计算系统管理技术是云计算的“神经网络”，通过这些技术能够使大量的服务器协同工作，提高海量增加的数字图书馆的信息资源的管理备份、存储等能力。

云计算中心运用海量分布式存储技术、虚拟化技术等对数据进行计算和存储，运用云计算数据管理技术、资源管理技术以及平台管理技术对数据进行管理，使得数字图书馆的信息资源建设和服务得以高效运行，使得数字图书馆的数字化资源的管理和应用水平不断提高。

3. 知识库、特色数据库以及个人数字图书馆建设

1）知识库建设

知识库（knowledge base）是知识工程中结构化、易操作、易利用、全面有组织的知识集群，是针对某一（或某些）领域问题求解的需要，采用若干的知识表示方式在计算机存储器中存储、组织、管理和使用的互相联系的知识片集合。这些知识片包括与领域相关的理论知识、事实数据，由专家经验得到的启发式知识，如某领域内有关的定义、定理和运算法则以及常识性知识等。

知识库是数字图书馆的重要组成部分，知识库的内容广泛且富有创造性，它通常收集了各种经验、用于支持决策的知识以及各种技术方案，数字图书馆知识库中的知识构成以满足读者学习和交流为主要目的，以有效实现知识创新为前提，通常由一些常识性问题（如借阅规则，馆藏布局、文献资料的查阅方法和查阅途径指导，资料查阅地点指引等）、专业性的问题（如图书馆人通过自己的智力劳动，把隐性知识挖掘成的显性知识、具有代表性的检索思路、途径，具体的检索过程等）以及各种学术信息（如学术和学位论文，工作报告，工作总结报告、实验数据及实验结果、软件产品及相关资料以及各种观点、思想、经验、诀窍等）等知识组成。

知识库的构建原则有精确性、可靠性、及时性、高效性、便捷性等。知识库中的数据要精确，不断及时地更新知识库的内容，删除滞后的，已经过时的数据，才能让读者从库中得到的信息是精确的、及时的、可靠的。知识库必须被很好地组织，才能让读者易于进入查询使知识库成为学习的工具。根据“最小努力原则”，读者在库中难以找到他们需要的东西，他们将会通过其他途径去寻找，这就会降低知识库的效率。

云环境下的知识库建设同样具备着成本低等优势，可以轻松做到数据的精确性、可靠性、及时性，使用的高效性、便捷性等。知识企业不需要购买昂贵的硬件设备，只需要支付一定的使用费用就可以获取计算和服务资源，成本很低。云计算采用分布式技术的存储方式存储知识数据，保证了多种硬件和软件冗余机制存储数据的可靠性。知识企业可以在云环境模式下运行知识管理系统，在公共云中收集、整理共享的知识；或者在内部构建私有云，运行知识管理系统，不断更新、存储知识数据，进一步保证数据的精确性、可靠性。知识的更新速度对硬软件的可扩展性提出较高要求，而云计算具有高度可扩展性特点，云计算通过动态的扩展虚拟化的层次为知识应用提供无限的空间和计算能力。

2）特色数据库建设

特色数据库是指充分反映本单位在同行中具有文献和数据资源特色的信息总汇，是图书馆在充分利用自己的馆藏特色基础上建立起来的一种具有本馆特色的可供共享的文献信息资源库。

特色馆藏的主要特征是指一个图书馆馆藏资源所表现出的“我有人无，人有我全”的优势馆藏。

数字图书馆特色信息资源建设的原则是针对性、特色性、实用性、可持续性等。特色信息资源的建设不是盲目进行资源的建设，“资源特色”是特色建设的根本。图书馆对馆内任何资源的收集、加工、整理、组织、整合是建立在用户的使用基础上的，特色资源的建设也不例外。特色资源的建设不是一蹴而就的，而是一个持续发展的过程。

特色数据库的建设有利于图书馆文献资源布局逐步趋于合理，实现全国、全地区、全系统图书馆之间真正意义上的资源共享。有助于扩大图书馆的影响力，提升图书馆的竞争能力。

在传统的数字图书馆模式下做到信息资源“我有人无”并不难，但做到“人有我全”并不容易，而云计算具有资源池、强大虚拟能力及高度扩展等特点，采用海量分布式存储技术、并行编程模式、数据管理技术等先进技术，做到特色资源“人有我全”是轻而易举的事。最重要的是云环境下，可以真正实现图书馆的特色资源全国、全地区、全系统图书馆之间的资源共享，充分发挥其作用。

3）个人数字图书馆建设

所谓个人数字图书馆，就是指个人为了读书治学，在自己的计算机上采用免费或基本免费的全文数据库软件，将有关的网上信息和自创的数字化信息资源进行采集、存储，使之成为有组织的信息集合。个人数字图书馆是数字图书馆的一种类型，是最贴近用户个性化需求的数字图书馆。

传统的个人数字图书馆的构建需要硬件设施和软件，传统个人数字图书馆是基于个人电脑构建的，因而，个人电脑是构建个人数字图书馆的物质基础。个人电脑的硬盘、内存以及中央处理器（CPU）的配置要尽可能优化。个人数字图书馆还需要可用于管理全文数据库的软件。在云计算环境下，个人数字图书馆对硬件设施没有要求，可以不用担心自己的电脑的硬盘、内存以及中央处理器（CPU）的配置。用户所处理的数据不是存储在本地而是存在“云”中，用户所需要的应用程序并不是运行在用户的手机、个人电脑等终端设备上而是运行在“云”中，“云”由成千上万的服务器支撑，具有相当大的规模。由成千上万的服务器支撑的大规模的“云”具有强大的虚拟能力，在云计算基础设施中，各种计算资源被连在一起形成统一的资源池，动态地部署、分配给不同的应用和服务，满足它们不同时刻的需求。云计算支持用户在任意位置、使用各种终端获取应用服务。强大规模的“云”给用户前所未有的超级的运算能力、存储能力。这种超级运算能力、存储能力是在传统的计算环境下的单台计算机无法比拟、望尘莫及的。这对具有个人特色的个性化数字图书馆的数据及其计算处理提供了强力保证，更有利于深层次的数据挖掘和建设。

4. 云计算环境下，数字图书馆资源建设存在的问题

近几年云计算技术得到相关人士的高度重视并且迅猛地发展起来，但尽管云计算给数字图书馆的资源建设带来了种种优势，解决了目前数字图书馆资源建设中的种种问题，云计算作为一种新技术依旧存在着种种问题：

1）云计算尚未确立统一标准

目前云计算厂商各自为战，尚未在业界形成一个统一的标准。而云计算的大力发展不能各厂商各自为战，因为“云”的搭建是一项复杂的工程，建设好云平台和云服务在商业运行中更需要一个完整清晰的标准，如今无论是云平台和云服务的国际标准都没有形成，这就给云计算产业的发展带来了瓶颈。各个企业为了自己的云业务发展纷纷推出各自的平台和服务标准，使得众多云平台和云服务用户的利益和长期发展得不到保证，极大阻碍着云计算硬件通用性和替代性以及软件的适合性和继承性的发展。这显然给云计算环境下数字图书馆的发展、数字图书馆资源建设带来极大的影响。

2）用户分散问题

在云计算环境中，用户不仅是传统的数字图书馆中本馆的读者，加入云模式的用户都可以共享各个图书馆的信息资源，海量的信息资源存储在“云”中，云模式中的用户可以在任何时间、任何地点便捷地获得云中信息或服务，在“云”里有成千上万台计算机为其提供服务。也就是说云环境的数字图书馆用户庞大而分散，这就大大增加了资源建设和管理的难度。

3）资源分散问题

同样云计算环境中，海量数据也是庞大而分散，在资源通过分散存储达到最优化配置的同时，同样由于资源的分散，造成了对资源本身的管理难度的增加。在传统的数字图书

馆中，由于资源相对集中，对其管理也相对简易。而云计算环境中大量分散的信息资源，难以保障资源的可靠性、难以对其进行有效管理。大量分散的、不确定的资源会使网络运行非常慢，甚至系统完全崩溃。

4） 信息资源共享中的版权问题

在云计算环境中，各个图书馆之间通过有关的协议可以共享彼此的信息资源，那么"云"中的用户可以共享各个图书馆中的信息资源。各个图书馆运用"云"方便了用户、提高了信息资源的共享，但同时也带来了版权纠纷问题。

5） 安全问题

数字图书馆的云供应商能不能很好保护网络？云供应商会不会因各种原因破产倒闭？云供应商会不会因由传票强迫而交出你的数据？云服务商有没有足够的能力、足够技术力量保证你的数据安全？……而安全问题则是云环境下数字图书馆建设的重要问题，本书将在后面章节进行详细探讨。

13. 2. 3　云环境下数字图书馆海量资源存储模型

云存储涉及利用云服务提供商而不是本地系统存储数据，与其他云服务一样通过 Internet 链路访问存储在云上的数据。与传统的数据存储相比较，云存储具有许多优点。在云上存储数据，人们不必购置存储设备然后得弄清楚这个存储设备是什么型号，什么接口和传输协议，存储系统中有多少块磁盘，分别是什么型号、多大容量，储设备和服务器之间采用什么样的连接线缆，还要对存储设备进行定期地状态监控、维护、软硬件更新和升级等等，人们就可以从任何具有 Internet 访问的位置获取所存储的数据，不必非使用相同的计算机访问数据，也不必外出时携带物理存储设备。就如同云状的广域网和互联网一样，云存储对使用者来讲，不是指某一个具体的设备，而是指一个由许许多多个存储设备和服务器所构成的集合体。使用者使用云存储，并不是使用某一个存储设备，而是使用整个云存储系统带来的一种数据访问服务。所以严格来讲，云存储不是存储，而是一种服务。云存储的核心是应用软件与存储设备相结合，通过应用软件来实现存储设备向存储服务的转变。

1） 两种主流的海量分布式数据存储技术 GFS 和 HDFS

云计算采用海量分布式存储的方式来存储数据，为了满足 Google 迅速增长的数据处理需求，Google 设计并实现的文件系统 GFS（google file system）以及 Hadoop 开发团队开发的开源系统 HDFS（hadoop distributed file system）是两种主流的海量分布式数据存储技术。

2）Google 的基于 GFS 和 MapReduce 的分布并行编程模式

为了高效率地利用云计算的资源，使用户能更轻松地享受云计算带来的服务，Google 公司发明了基于 GFS 的 MapReduce 的编程模式，MapReduce 主要由 3 个模块组成。MapReduce 的系统架构图如图 13-3 所示。

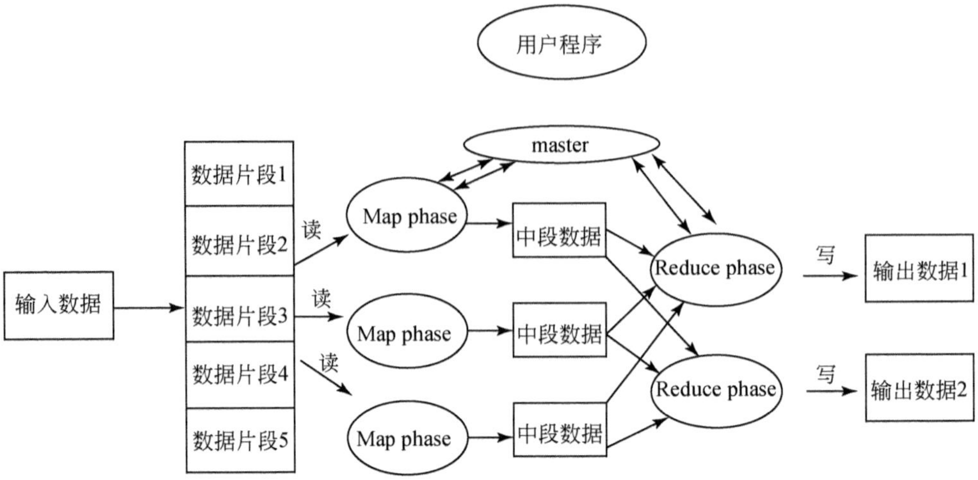

图 13-3　MapReduce 的系统架构

图 13-3 展示了 MapReduce 实现的全部流程的操作，用户程序首先将 MapReduce 库的输入数据分成数个数据片段，然后用户程序在机群中创建大量的程序副本，其中一个程序副本是一个特殊的程序——master，master 负责任务分配，分配成数个 Map 任务和数个 Reduce，被分配了 map 任务的工作程序读取相关的输入数据片段，生成并输出中段数据，并缓存在内存中。缓存中的数据通过分区函数分成数个区域然后写入到本地磁盘上，在本地磁盘上的存储位置将被回传给 master，由 master 负责把这些存储位置再传送给 Reduce 工作程序。Reduce 工作程序接收到 master 程序发来的数据存储任务后，在主机的磁盘上读取这些缓存数据。当所有的 Map 和 Reduce 任务都完成之后，MapReduce 输出存放在数个输出文件中。

3）Hadoop 的基于 HDFS 和 MapReduce 的分布并行编程模式

后来的开源化也沿袭了 Google 发明了这种基于 GFS 和 MapReduce 的分布并行编程模式，只不过 Hadoop 把它叫做 HDFS 和 MapReduce。

MapReduce 是依赖于 HDFS 实现的，通常 MapReduce 会将目标计算的数据分为很多小块，HDFS 会将每个块复制若干份以确保系统的可靠性，同时它按照一定的规则将数据块放置在集群中的不同机器上，以便 MapReduce 在数据宿主机器上进行最便捷的计算。

Hadoop 的分布式文件系统（HDFS）及分布式数据库（HBase）用来将数据存储或部署到各个计算节点上，采用 MapReduce 技术实现云计算的分布式、并行计算和存储，实现处理大规模数据的能力。

4）基于云计算的数字图书馆海量数据存储模型

图 13-4 是基于云计算的数字图书馆海量数据存储模型。最基层是存储层，存储层是云存储最基础的部分。存储设备可以是 DAS、NAS、SAN 等存储设备。

目前数字图书馆信息的存储模式主要有 DAS、NAS、SAN 等模式。

DAS 是英语 direct attached storage 的缩写，即直接连接存储，是指将存储设备通过接

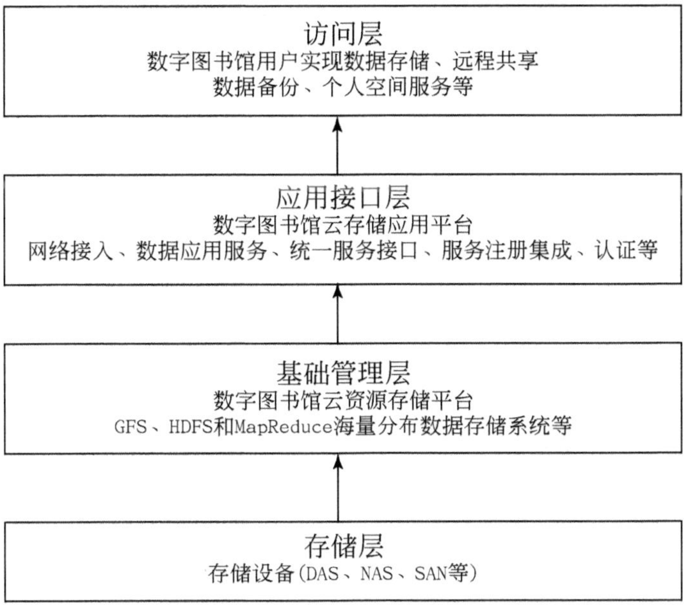

图 13-4　基于云计算的数字图书馆海量数据存储模型

口或光纤通道直接连接到一台计算机上。

NAS 是英语 network attached storage 的缩写，即网络直连存储。

SAN 是英语 storage area network 的缩写，是独立于局域网（LAN）专门用于数据存储和共享的网络。可以理解为一个以数据存储为中心，通过高传输速率的光纤通道，采用可扩展的拓扑结构连接多台服务器与多台存储设备的专用网络。

基础管理层是数字图书馆云存储的最核心的部分，可以通过 GFS 和 MapReduce 的并行编程模式或者 HDFS 和 MapReduce 并行编程模式等技术，实现云计算的分布式、并行计算和存储，实现处理大规模数据的能力，实现云存储中多个存储设备之间的协同工作，使多个存储设备可以对外提供同一种服务，并提供更大更强更好的数据访问性能。

应用接口层是数字图书馆云存储的应用平台，是云存储最灵活多变的部分，不同的云存储运营单位对应相应的应用服务接口，提供不同的应用服务。比如，广域网或互联网的网络接入、数据应用服务、统一服务接口、服务注册集成以及认证等。

访问层，任何一个数字图书馆授权用户都可以通过应用接口来登录云存储系统，享受云存储服务。实现数据存储、远程共享、数据备份、个人空间服务等。

13.2.4　云环境下数字图书馆的服务模型

云计算的出现，改变了信息服务的提供方式，“云”中的资源在使用者看来是可以无限扩展的，然而实际上“云”并不是一个单独的服务，而是一个服务集合，基础构架即服务、平台即服务、软件即服务三种形式，云计算以前所未有的规模为使用者提供 IT 服务能力。

IaaS 即以服务的形式计算机的基础设施，代表了一种作为标准化服务在网上提供基本存储好计算能力的手段，最典型的例子是 Amazon（亚马逊）的简单存储服务（simple storage service，S3），它实现了基础构架云层（IaaS）的存储云的功能以及弹性云计算（elastic compute cloud，EC2），EC2 实现了基础构架云层（IaaS）的计算云功能。亚马逊通过提出弹性云，把计算、存储和应用作为服务提供。PaaS 是一种无需下载或安装，既可以通过互联网发送操作系统和相关服务的模式，云计算应用开发平台也可以作为一种 PaaS 提供。PaaS 成功的例子有 Google App Engine。在 PaaS 之上的是可以提供给终端用户的应用程序，这一层被称为 SaaS，SaaS 是一种通过互联网提供软件的模式，软件商将应用软件统一部署在自己的服务器上，用户可以根据自己的需求，通过互联网向供应商订购所需的软件服务。

数字图书馆的云服务模型包含硬件及应用托管；提供计算服务和存储服务以及资源整合等基本服务和链接整合，统一检索；数字资源调度服务；用户行为分析、资源访问统计及分析、评价挖掘等高级服务。用户不管资源在哪，是哪个数据库，希望以最快、最直接的方式得到他所希望的文献格式。

以基础构架即服务、平台即服务为基础的数字图书馆云服务的平台构建包括：①数字图书馆基础设施服务平台；②数字图书馆软件服务平台；③数字图书馆本地服务平台（包括本地应用基础平台和本地应用系统）；④应用、程序以及信息等整合数字图书馆的服务平台。数字图书馆的开放架构方便将不同的图书馆本地服务、区域数字图书馆公共服务、行业公共服务以及第三方公共服务集成起来。图 13-5 是数字图书馆比较有共性的云服务模型图。

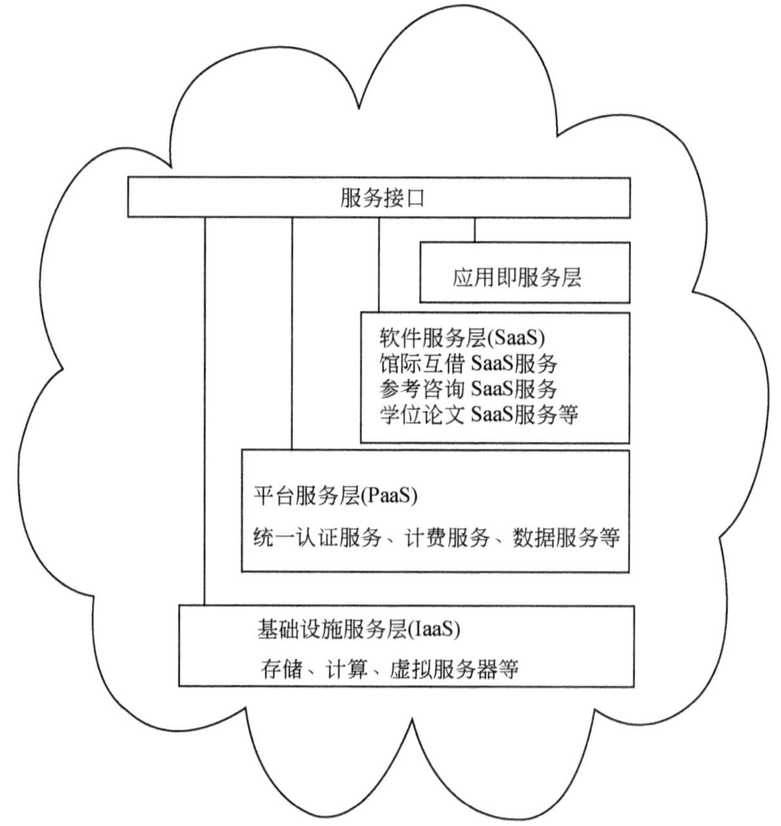

图 13-5　数字图书馆云服务模型图

我们可以搭建一个如图 13-6 的数字图书馆云服务平台，包括①基础设施服务以及基础平台服务：我们可以搭建自己的云服务中心，并且也部分购买云服务供应商的基础设施服务平台 IaaS 服务。②公共服务平台（PaaS）：一系列的软件组成该服务平台，CALIS 云公共服务平台提供数据服务、认证以及收费等服务。第三方云公共服务平台提供信息资源订购、存储以及下载等服务。③SaaS 最终应用服务：包括数字图书馆服务平台和本地服务平台，该服务平台向云服务应用的数字图书馆提供各种软件应用服务如参考咨询服务、馆际互借服务、特色库服务以及学位论文服务等。

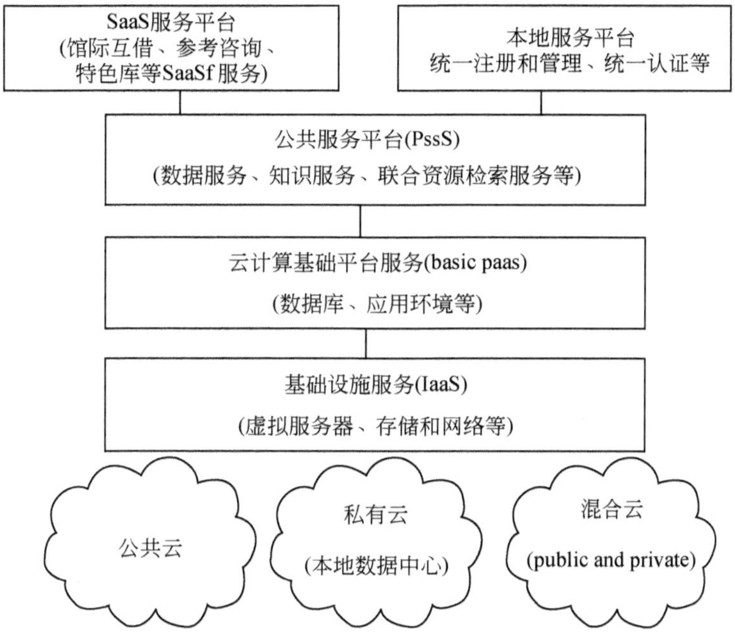

图 13-6　数字图书馆云服务平台

13.3　云计算环境下数字图书馆信息资源的安全问题

云计算用户最关心的是自己数据的安全性，数据的安全性包括数据私密性、完整性和可用性等，具体表现为：①对数据进行访问时需要权限控制，用户应该能够控制谁能访问自己的数据，每次对数据进行访问需要进行用户认证与授权，并对用户情况进行审计，以便在未来有据可查。②用户在数据存储上的私密性，用户不在场的情况下，存储在云上的数据不能被其他人（包括服务提供商）查看或更改。③用户数据在运行时的私密性。用户数据在运行时（加载到运行时系统内存）不能让其他人查看或更改。④用户数据在网络上传输的私密性，包括在云计算中心内部网络以及互联网上的传输安全性，不可被他人查看或修改。⑤数据的完整性，在任何时候，用户存储的数据都保持不变，不会随着时间的变化而发生损坏。⑥数据的持久性，即使发生各种冲突事件和灾难，用户也可以随时获得自己的数据。

安全性是将服务迁移到云计算所面临的最大问题，借助云计算，数据可以通过互联网进行存储和交付，数据的拥有者不能控制、不知道数据的存储位置，该数据甚至可能与竞争对手的应用和数据保存在相同的资源上。此外，在多用户环境中，云服务供应商很难提供与单独客户环境相同的资源隔离等级和相关保障。

弗雷斯特研究公司（Forrester Research）分析师 Chenxi Wang 在一份报告《你的云有多安全?》中表示："云计算取消了数据与基础架构的连接，让低层级运作细节变得更加模糊，例如数据保存在哪和如何复制的。虽然传统 IT 外包很少采用多租户模式，但这种模式在云计算服务中几乎占据主导地位。这些差异引发了一系列安全性和隐私问题，这不仅会影响你的风险管理策略，而且还让企业不得不重新评估法规遵从、审核和电子发现等法律相关问题。"

Wang（2009）援引波音公司首席安全架构师 Steve Whitlock 的原话："与其他很多人一样，我们也看到了迁移到'云'中的巨大潜力和好处。但同时我们也看到了风险、安全和互操作性问题。云计算行业还有很长的路要走。"由于缺乏可见性和控制，确保云中应用和数据安全性很难，所以用户必须谨慎评估厂商的安全和隐私性策略。

云计算环境下的数字图书馆信息安全也同样面临着许多问题。

13.3.1 云计算环境下数字图书馆信息资源面临的安全问题

1. 云供应商问题

（1）云供应商宣布破产倒闭，服务器被没收，停止运转或者云服务商改做其他生意，那么数字图书馆就面临着无法访问自己系统的风险。

（2）云供应商没能正确处理某部分基础设施的安全问题，尤其没能正确维护物理访问控制，导致图书馆的系统被破坏或者是控制图书馆数据的云服务商在保护数据方面做得不够，做得并不像她之前承诺的服务水平条款那么好。

（3）有传票强迫云供应商交出数据，如果传票针对的是图书馆，那么毫无疑问，不管在 IT 上采取什么措施，也不管数据在云中还是在内部的基础设施中，只要有法律上的要求，你都得把数据交给法庭。如果传票针对的是云供应商，本来不应该把图书馆牵涉进去，然而没法确保涉及尖端技术的传票真的能做到范围恰当，有时甚至无法确定是否真的发出了传票。

（4）云供应商没能很好保护网络，没有严格的保密措施，没能使用严格的安全措施、没有做足工作来保障数据安全，等等。因此，在把数据存储到云服务商的云上之前，要对它们进行加密。

2. 对数据不知情、不可控制问题

数据安全性问题是数字图书馆将数字资源转移到"云"的一个最大的挑战。云计算的超大规模性、高度高扩展性以及强大的虚拟能力足以保证数字图书馆数字资源的存储和备份。但是，由于云是虚拟的，在现在运行的系统中，用户本身不清楚数据存储的具体位置，更不知道数据有多少副本，以及云提供商是否遵循当地的隐私协议，使得数据的泄密

成为问题。对于数字图书馆来说，数据的泄密就将会导致知识产权等方面的一系列纠纷问题，而如果是业务数据的泄密的话，将会带来更严重的问题。

3. 云计算平台导致的数据安全问题

Gartner 公司发布的一份报告《云计算安全风险评估》（*Assessing the Security Risks of Cloud Computing*）中提出："云计算平台服务提供商权力过大，致使云计算平台中的用户数据可能会被非法访问与泄露。"

云计算以虚拟机技术作为云计算平台的基本组成部分，虚拟机技术带来非常明显的优势，服务器运行在虚拟的服务器上面而不再依赖于物理设备。那么在进行物理迁移和更改的时候服务器提供的服务不受影响。但是虚拟的服务器存在着很大的安全问题。云计算中一台服务器存在着好几台虚拟的服务器，虚拟服务器之间有互相攻击的可能性，这对虚拟服务器构成很大的安全威胁。另外管理与维护超大规模云计算平台的硬件和软件不容易，云计算平台的硬件和软件故障问题可能会对其提供的服务产生影响使得数据的安全性受到威胁。

云计算环境下，用户想要确保他们的服务在云计算平台中正确地运行，想要存储在云上的数据不能被其他人（包括服务提供商）查看或更改、数据在运行时（加载到运行时系统内存）不能让其他人查看或更改、数据在网络上传输（包括在云计算中心内部网络以及互联网上的传输）时不可被他人查看或修改，确保数据的隐私性和安全性。云计算平台中存在着多个用户，少部分用户对平台的不安全操作会影响到云计算平台本身，造成云计算平台对其他用户无法提供正常的服务。在云计算体系下，所有用户的数据都位于共享环境之中。加密能够起一定作用，但是仍然不够。服务商是否将一些数据与另一些隔离开？加密服务是否由专家设计并测试的？加密系统会不会出现问题？所有这些都会导致数据安全问题。

还有来自外部的恶意攻击也构成了对数据安全的威胁，2005 年著名的在线付费提供商 PayMaxx 泄露了多于 250 000 个用户的信息，就是因为其系统的安全漏洞受到了来自外部的恶意攻击。

4. 特权用户的接入

对数据进行访问时需要有权限控制，用户应该能够控制谁能访问自己的数据，每次对数据进行访问需要进行用户认证与授权，并对用户情况进行审计。随着云计算的使用客户及业务流程和运用向越来越多的终端用户开放，安全威胁不仅来自外部互联网，也来自内部的安全隐患。云提供商有责任对数据进行管理和维护，超级用户的存在简化了数据管理功能因此威胁到用户的隐私。超级权限在给用户带来方便的同时也给用户带来了威胁。

5. 数据的持久性问题

云计算提供商一旦破产或是被大公司收购，图书馆的数据会不会受到影响？是否能拿回自己的数据，以及拿回的数据是否能够被导入到替代的应用程序中？一旦发生灾难，图书馆的数据和服务将会面临什么样的情况？任何没有经过备份的数据和应用程序都将出现问题！云服务提供商是否有能力恢复数据？以及需要多长时间？这些也都是云环境下数字图书馆的数据安全隐患。

6. 知识产权保护问题

数字图书馆的知识产权问题在云环境下不仅依旧存在而且还有了新变化。在云计算环境中，各个图书馆之间通过有关的协议可以共享彼此的信息资源，“云”中的用户可以共享各个图书馆中的信息资源。各个图书馆运用“云”方便了用户、提高了信息资源的共享，但同时知识产权纠纷问题也就越来越突出。数字图书馆使用云计算服务，将自己的数据交给云托管，本来用户完全拥有被托管数据的知识产权。但云计算环境下，这些数据可能会以数据整合、数据挖掘、知识服务的名义被合法化而引发知识产权纠纷问题。

13. 3. 2　云计算环境下的数字图书信息安全机制

针对以上问题，本节提出以下云计算环境下的数字图书馆信息安全机制。

1）云计算模式与传统模式相结合机制

云计算的先进技术给我们带来种种优势，为我们提供了超大规模的计算和存储服务、便利的软件服务以及平台服务，但同时因为它作为一种新技术，还不够成熟，有待进一步完善，因为它本身的一些特点以及技术上的缺陷可能会导致数据的泄露，对图书馆的信息资源安全构成严重的威胁。或者可能会因供应商的问题导致云服务中断，导致数据的泄露甚至在瞬间灰飞烟灭。因此我们运用先进技术的同时不应丢弃传统的数字图书馆模式，采用云计算模式与传统模式相结合的灵活机制，对图书馆馆藏的各种数据资源进行及时、全面的备份并长期、可靠地保存以防万一，保证万无一失。一旦云计算发生问题，服务中断、数据泄露甚至是全部丢失也还有传统的服务，还有备份的数据。另外图书馆也可以搭建自己的私有云，私有云相对来说会更安全。私有云与公共云相结合使用，享用云计算带来的巨大优势和便利服务同时避免可能发生的意外。

2）图书馆资源的用户认证与授权机制

用户认证与授权管理旨在授权合法用户进入系统的访问数据，同时保护这些资产免受非授权的访问。随着云计算的使用客户及业务流程和运用向越来越多的终端用户开放，安全威胁不仅来自外部互联网，也来自内部的安全隐患。通过集中化的身份和访问控制，可以保证信息安全，降低安全风险。用户认证与授权措施具有以下能力。

(1) 身份管理。有效地管理用户身份和访问资源的权限，具体包括：用户生命周期管理，包括用户注册和自管理和自动化的用户 ID 部署服务。用户身份控制，包括访问权限控制、单点登录和审计。用户身份认证在云计算环境下对于数据安全起到至关重要的作用，通过了认证的授权用户方可以访问“云”中的相应的信息资源，云环境下的数字图书馆可采用单点登录的统一身份认证方式，被授权的图书馆用户进行过一次身份认证，就可以访问其他被授权的信息资源。

对用户身份的认证、对资源访问的控制，能有效地保证数据的安全。

（2）访问授权。访问授权在用户生命周期内提供及时的访问，从而加强安全和保护 IT 资源，用户生命周期可能跨越多种环境和安全域。通过集中的身份、访问、认证和审查服务，检测、管理并降低身份识别和访问的风险。云环境下的数字图书馆可以根据用户信息需求，将用户划分为若干个层次，并严格控制用户访问资源的权限。有用户权限的合法用户才可以进行操作，登录到云环境下的数字图书馆，进行浏览、检索、下载、创建、更新及整合。目前较为成熟的权限管理与控制技术是特权管理基础设施 PMI（privilege managemnent infrastructure），它是基于属性证书（AC）的授权管理平台，能够在用户请求服务时进行安全的权限验证。图书馆可以通过 PMI 进行授权管理，普通用户登录“云”后根据其权限进行数据浏览、检索、下载；图书馆数据维护工作的用户登录系统后，则能够按照该管理人员根据其权限进行数据维护工作。

访问授权管理一般提供以下功能：为多个服务和用户提供集中的访问控制，确保安全策略的执行时一致的。根据 IT 要求和业务目标，提供基于策略的安全基础构架自动化。访问和身份管理在一个基础设施环境下集成的能力。在信任的 Web 服务应用系统间建立共享认证和属性信息的身份联邦。

（3）管理分布式环境下的用户，包括能为用户配置一个或多个角色。

（4）主动强制安全策略，实现基于角色和规则的自动化管理。

（5）可模拟策略变更，便于掌握新的安全策略可能对用户产生的影响。

（6）安全高效地连接组织内部目前及今后可能引入的应用软件、操作系统和资源。

3）数据隔离机制

基础构架云的一个核心技术是虚拟化，这意味着不同用户的数据可能存放在共享的物理存储器上。云计算系统对于客户数据的存放一般采取两种方式：提供统一共享的存放设备或者提供单独的存储设备。理论上共享存储设备存放数据时，可以通过存储自身的安全措施比如存储影射等功能以确保数据的隔离性。共享存储设备的优点是可以节约存储空间。单独的数据存储设备从物理层面隔离保护了用户重要信息。其优点是有效地保护用户的数据，但缺点是存储无法有效利用，但用户规模扩大时，无法实现对分布的独立的存储进行有效管理，从而使整个云的成本和可用性大打折扣。数字图书馆不管是选择哪一种存储设备都要确保数据的有效隔离，以保证数据的安全。

4）数据加密机制

数据加密的目的是防止他人拿到数据的原始文件后进行数据的窃取。在云计算环境中，数据的隔离机制如果可以防止其他用户对数据的访问，那么数据加密的主要用途是防止“内鬼”，即避免服务提供者对数据进行窃取。即便隔离机制不能有效防止其他用户对数据的访问，数据加密机制也能有效保护数据的安全。数据加密在云计算中的具体形式为：数据在用户侧使用用户密钥进行加密，然后上传至云计算环境中，之后使用时进行实时解密，避免将解密的数据存放在任何物理介质上。数据加密有很多成熟的算法，如对称加密、公钥加密等。

在云计算环境中，与数据加密配合使用的方式还有数据切分，也就是把数据在客户端打散，经过加密后分散在几个不同的云服务器上，这样任何一个服务提供商都无法获取到到完整的数据。

5）数据保护机制

比如把一份数据存放在多个地点，这样即便一份数据出现问题，图书馆也可以从其他位置获取数据。采用快照、备份和容灾等重要保护手段保护重要数据，即便受到黑客、病毒等逻辑层面的攻击或者地震、火灾等物理层面的灾害也都可以有效恢复数据。图书馆还可以选择多个云计算服务提供商，选择不同地点的数据中心提供服务，这样即便一个服务停止了，甚至服务提供商破产倒闭了，图书馆也可以保留自己的数据，继续运行自己的业务。

6）非技术手段

技术不是万能的，特别是对于安全这个领域。我们无法判断一个云计算在技术上是否真正做到安全可靠，也无法保证我们自己的技术能确保数据的安全可靠。因此，我们可以采用一些传统的非技术手段可以被用来约束云服务提供商，以改善服务质量，确保服务的安全性。

A. 第三方认证

第三方认证是提升信任关系的一种有效手段，即采用一个中立机构对信任双方进行约束。这个机构需要具备很好的公信力，不易轻易被任何一方左右，而且在安全领域具备丰富的经验和技术能力。改机构的主要职责对云计算服务提供商的服务进行安全认真，采用标准化的技术手段和非技术手段对服务进行检测，找出其安全漏洞，对其安全级别进行评价。

B. 企业信誉

企业信誉对于任何一个竞争领域的企业来讲都是至关重要的。一般越大的企业对于自身的信誉越看重，不会因为利益去盗取客户的数据，会对其员工更加严格的要求。那么图书馆就应该选择有实力、有信誉的云服务提供商提供云服务。

C. 合同约束

信誉毕竟是一个抽象的概念，没有强制的约束力。对于商业运营来说，应该从合同的角度对安全性对双方进行约束。目前已经有很多云计算服务提供商推出自己的云计算服务水平协议，这些协议从服务质量、技术支持和知识产权等方面对服务进行了规范，对双方的权利和义务进行了明确。图书馆作为云计算用户，要认真斟酌协议判断其是否合理，争取通过协商使协议合理，以保护自身权益，确保数据安全问题的有效解决。合同应该详细地列出灾难准备程序、数据丢失和泄露的具体解决方案；图书馆要十分谨慎地认真仔细检查安全等级以及合同条款。

7）政策法规制定与完善机制

云计算环境下，信息安全和隐私保护问题是云计算面临的首要问题。其次是标准问题。云计算需要借助标准化才能规模化和集约化。目前云计算厂商各自为战，尚未在业界形成一个统一的标准。因为“云”的搭建是一项复杂的工程，建设好云平台和云服务在商业运行中更需要一个完整清晰的标准，世界已有五十多个组织宣布加入云计算标准的制订行列，但各个组织对云计算的标准化方向各异，相互牵制，还未取得实质性进展，无论是云平台和云服务的国际标准都没有形成，这就给云计算产业的发展带来了瓶颈。再次，就是法律法规问题。各国对数据保护和信息跨界流动的法律法规不尽一致，会直接导致云计算的应用效果大打折扣。

我国目前的信息化立法，尤其是信息安全立法，相对国外已成普及之势的网络立法情况而言，仍旧处于起步阶段。对于刚刚兴起的云计算技术中的信息安全问题几乎还是一片空白。我国政府和法律界必须认识到制定与完善相关的政策法规的紧迫性，积极推进这一方面的工作，使得法律保障方面，有统一技术标准规范，确保异构、虚拟、共享可信强健，确保用户信息安全、服务安全。云服务提供商和用户各自负起应负的法律责任，建立互信关系，确保用户利益。只有制定云计算环境下相关的政策法规和不断地进行完善，云计算环境下的数字图书馆才能保障其信息资源的安全可靠，才会得到长足发展。

目前，数字图书馆的云计算应用处于初步阶段甚至还是探索阶段，随着云计算技术的进一步发展、随着图书情报界对云计算技术的广泛应用，我国数字图书馆的发展将进入一个崭新的阶段。随着云计算技术的日益成熟以及相关政策法规的逐步健全，云计算将得以更大的发挥其优势作用，云计算的发展将上另一个高峰，云计算环境下的数字图书馆也将得到更加有力的发展。

第 14 章　数字图书馆发展的最新进展

14.1　泛在知识环境下数字图书馆的信息服务模式

现在越来越多的学者在讨论泛在知识环境，认为它是在不久的未来人类将迎来的一种全新的知识环境。在这种知识环境下，用户信息活动在信息服务中将处在最重要的位置，数字图书馆作为提供信息服务的核心机构，信息服务模式也将发生变化。

14.1.1　泛在知识环境

“泛在知识环境”（ubiquitous knowledge environment）概念源于 2003 年 1 月美国国家科学基金会 NSF 公布的一篇报告：《网络基础设施变革科学与工程》（*Revolutionizing Science and Engineering Through Cyberinfrastructure*）。报告总结得出，美国国家科学基金会要建立一个大范围、机构互连、国际合作的“高级网络基础设施计划”（advanced cyberinfrastructure program，ACP），以便于创造、部署并应用网络基础设施来极大地便利科学和工程研究以及相关的教育。Cyberinfrastructure 可以解释为一种全面的数字化信息基础设施，是通过计算、存储和通信方面的最大便利，使人、数据、信息、工具、设备等资源能够更为彻底地发挥作用而构建的一种普遍的、综合性的知识环境。同年 6 月，美国国家科学基金会主办了“后数字图书馆的未来”研讨会，会上首次明确提出了“泛在知识环境”的概念。会上发表的著名研究报告《知识在信息中迷失》（*Lost in Information*）将数字图书馆的未来描述为构建“泛在知识环境”。曾建勋（2009）指出“泛在知识环境”是指由网络设施、硬件、软件、信息资源、人等有机组成的新一代科技知识基础结构，是未来知识型社会的一种综合的全面的数字化信息基础设施，是通过计算、存储和通信方面的最大便利，使人、数据、信息、工具、设备等资源能够更为完全彻底地发挥作用而构建的一种普遍的、综合性的知识环境。金胜勇（2005）提到了“泛在知识环境”的概念，国内也有学者将其译为“无所不在的知识环境”。

谢珍（2010）指出泛在知识环境包含三方面的特征。

（1）知识泛在化。知识泛在化是指泛在知识环境中知识的无所不在，以满足人们对知识的普遍存取、应用和创造的需求。

（2）泛在知识的系统化。泛在知识的系统化意在实现知识的有序组织和智能服务，以有效避免知识在信息社会中的迷失。

（3）知识服务体系的协同化。知识服务体系的协同化是指将泛在理念、资源和技术进行充分整合，构建协同化的知识基础设施，共同致力于泛在知识环境的实现。

因此，泛在知识环境不是简单的信息导航，也不是数字信息的堆积提供，而是一个智能的泛在知识网络，它将能最大限度地满足用户的信息需求，有效推动知识的生产、传递、保存，实现知识最大限度的公平共享。

14.1.2　泛在知识环境下的数字图书馆

2003 年 6 月，在美国国家科学基金会主办的“后数字图书馆的未来”研讨会上，有学者指出泛在知识环境下的数字图书馆构建的是一个多语言、多媒体、移动的、语义的数字图书馆知识网，用来检索人类知识，服务范围从信息服务转向知识服务，以前所未有的规模和速度来推动知识进步。数字图书馆围绕用户信息活动来组织、集成、嵌入数字信息资源和信息服务，用以支持用户灵活地获取信息和知识。

黄幼菲（2011）提出在泛在知识环境下，数字图书馆的发展目标和方向可以概括为以下几个方面。

（1）超越时空、无所不在。泛在知识环境下的数字图书馆要使用户能够不受实体图书馆所提供服务的限制，实现人类信息资源共享的最高目标 5A（任何用户在任何时候、任何地点均可以获得任何图书馆拥有的任何信息资源）。要实现这一目标，可以采用建立移动图书馆、建立 24 小时自助图书馆系统等信息服务方法。

（2）广泛应用新技术、新概念。在泛在知识环境下，智能数字图书馆需要完备的泛在网络作为强有力的技术支撑，这将包括互联网、物联网、语义网、云计算、网格技术、流媒体技术、射频身份识别（RFID）、蓝牙、P2P、SOA、WiFi、WiBro、IPv6、Web2.0、Web3.0、Mashup 等。这些基础设施、网络环境、技术方案和架构将把数字图书馆带入一个全新的时代。

（3）创建高度协同的图书馆联盟和信息服务合作机制。数字图书馆要为用户提供无所不在的知识服务，实现信息服务的动态调整，就必须创建高度协同的图书馆联盟和信息服务合作机制。颜务林（2010）提出理想的框架“应该是一个纵横交错网络，它应包括地区性协同联盟（数字图书馆）、行业性协同联盟、联盟与联盟的协同、单馆入盟协同服务（online computer library center，OCLC）、嵌入社会（社会协同）、嵌入用户、嵌入其他平台（技术协同）”。

（4）重新认识和发挥其物理图书馆的作用。随着文献出版量和文献采购量的猛增，即使采取了建新馆、扩大使用面积等措施，越来越多的图书馆还是面临着空间不足的压力。在图书馆的空间设计上，最常见而又最具讽刺意味的败笔之一，就是让读者在拥挤不堪的环境里阅读。因此，泛在知识环境下的数字图书馆在维护好传统空间、场所和服务的同时，要不断地想象、塑造、创建更多用于智力创作、启发灵感、弘扬文化、促进交流的空间和场所，以实现图书馆学习交流、知识加工、文化传承这三大中心职能。

（5）馆藏关注的焦点从购买资源转向知识管理。泛在知识环境下的数字图书馆实质上是一种支持知识传播、应用与创造的工具。为适应时代的发展和用户对知识的渴求，馆藏关注的重点必须从购买资源转向知识管理。信息社会里，知识管理在各领域发挥着越来越重要的作用。祝磊等（2011）提出为把图书馆建设成为真正的“知识喷泉”，图书馆必须引入知识管理理念，在运营中融入各种竞争、共享及创新机制，提高图书馆的核心竞争力，成为知识经济时代的信息中心和网络中转站。

14.1.3　泛在知识环境下的数字图书馆信息服务与云计算

云计算（cloud computing）是网格计算、分布式计算、并行计算、效用计算、网络存储、虚拟化、负载均衡等传统计算机技术和网络技术发展融合的产物。从理念上讲，“云计算”是一种新的利用计算机和互联网的方式，其本质是把计算资源（包括计算机硬件资源、软件资源、数据资料等）都托付于互联网上，用户只需通过任何一种形式的终端（如PC机、笔记本电脑、手机等）接入互联网就可以获取各种服务，而无需部署自己的服务器和数据中心，无需在终端上安装软件和存储数据来实现相关目标。

云计算应用最广泛、最有前景的两个服务是SaaS（软件即服务）和云存储，它们也是泛在知识环境下数字图书馆信息服务中最具典型性、最具诱惑力的技术支持。

图书馆“云”为用户提供了一个安全的具有超强存储能力和计算能力的泛在服务平台，使用户有更大的自由来选择和控制自己的学习，真正做到“按需而用、即需即用、快速聚合”，也为用户的信息共享和交互协调提供了便利，用户不管身处何处，只要接入“云”端，即可利用云计算提供的统一虚拟平台继续自己的工作，也可在多种设备上共享自己的数据。

图书馆“云”也让服务人员能够专注于自己的业务，摆脱IT的束缚，发挥IT的最大效益，降低IT应用的难度和复杂性，从而降低管理成本，减少风险，并进行更大范围的协作，为用户提供更好的服务。

14.1.4　泛在知识环境下数字图书馆的信息服务模式

对于泛在知识环境下数字图书馆的信息服务模式研究还处于探索阶段，可能的服务模式如图14-1所示。

泛在知识环境下数字图书馆的信息服务模式，与以往的信息服务模式相比，呈现出新的特点。

（1）数字信息资源呈现分布式、异构化和多样化。

（2）服务内容支持知识创新。人类的信息需求越来越高，呈专业化和个性化趋势。数字图书馆的可持续发展要求信息服务的内容创新，要求提供知识化、专业化、能解决用户问题的个性化与深层次的信息服务。泛在知识环境下的数字图书馆向用户提供的将是能够创造价值的知识产品，这就是知识服务。知识服务把服务的重心从传统的信息资源转移到用户的身上，时时处处体现着为用户着想的“人本思想”，把人性化融入服务之中，在满足用户对知识需求的同时，还满足了用户在享受服务过程中的心理需求。知识服务的根本目的就是帮助用户解决问题，支持用户实现知识应用和知识创新。数字图书馆的知识服务将会促进知识信息的传播、利用及再生产，使用户掌握知识，成为作用于社会经济发展的生产力，这是数字图书馆信息服务的价值体现。

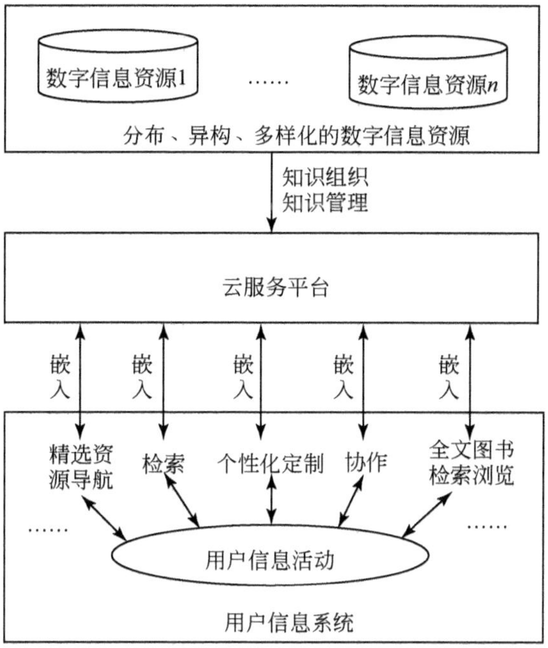

图 14-1　泛在知识环境下数字图书馆的信息服务模式

（3）以用户信息活动为中心的服务方式。泛在知识环境下，数字图书馆的一切工作将围绕用户的信息活动，所有的信息服务将从用户信息活动出发，全程跟踪用户信息活动，基于用户的信息需求并以用户信息需求的满足与解决问题为目标，围绕用户信息活动组织数字信息资源和信息服务，从而更有效地支持用户利用信息。

（4）服务手段多元化。泛在知识环境下，数字图书馆将真正从用户需求及其行为变化的角度出发，将图书馆实体和虚拟的服务嵌入到用户科研与学习过程之中，为用户提供到身边、到桌面、随时随地地服务。信息技术的发展和进步使得我们有了新的能让数字图书馆更好为用户服务的手段。

a. 移动图书馆服务。依托比较成熟的移动通信网络、互联网以及多媒体技术，使人们能够不受时间、地点和空间的限制，通过使用手机、笔记本电脑等移动设备来方便灵活地获取图书馆的资源与服务，是无线通信网络环境下对数字图书馆服务功能的进一步延伸。移动图书馆服务主要体现为基于手机短信平台的文本信息服务和基于 WAP（Wireless Application Protocol）的手机门户网站服务。手机在图书馆信息服务中的应用日趋多样化，包括各类短信提醒或订制服务、手机版目录检索系统、图书馆参观指引视频、参考咨询服务等。

b. 用户环境嵌入式服务。现在，“用户必须上我的网站才能使用我的资源和接受我的服务”的方式割裂了用户利用信息的过程，增加了用户发现利用资源的负担，限制了图书馆资源与服务的利用。从以用户为本和更好地发挥图书馆资源与服务效用的角度出发，应在建设好图书馆自身网站的同时，积极将资源与服务直接推送到用户本地、本领域、本群体信息系统中，支持用户将图书馆资源和服务与自身信息环境有机连接，使图书馆服务成为用户自身信息环境和信息过程的有机组成部分。

用户环境嵌入式服务是以用户为中心，以有机融入用户物理空间或虚拟空间、为用户构建一个适合其个性化信息需求的信息环境为目标，强调将信息资源和服务直接“到桌面、进现场”，有机融入用户工作过程，随时随地可被利用，而不是游离于用户之外的服务。它既可以是基于 Web2.0 的嵌入式馆员服务，通过馆员将服务嵌入到用户虚拟空间，也可以是基于用户桌面的嵌入式服务，通过桌面工具软件充分调动和集成各种资源、系统和服务，根据用户不同信息需求，将图书馆服务置于用户信息环境之中。将图书馆服务有机嵌入用户信息环境，体现了泛在化服务的基本特征。

c. 全球网络图书馆服务。泛在知识环境下，以联盟协作、技术资源融合、开放获取为特点的全球网络图书馆的建设与发展，成为推进数字图书馆泛在化服务的重要部分，而搜索引擎是重要的技术支撑。搜索引擎以其使用简单方便、信息覆盖面广、开放性获取等优点成为网民掌握信息、获取知识的十分重要的网络工具。因此，数字图书馆积极吸收搜索引擎的服务功能对于确立泛在知识环境下新的信息组织与服务，创造和发展图书馆泛在化的服务模式和能力具有里程碑意义。通过图书馆与信息企业联合，形成新的结合体，构建基于搜索引擎的免费、公平、开放的全球网络图书馆，是一种面向全社会的泛在化服务手段。最具代表性的案例是 Google 数字图书馆计划、欧洲数字图书馆计划以及开放内容联盟。

2004 年 12 月 14 日，全球最大的搜索引擎 Google 公司宣布，与美国五大著名图书馆合作，计划在 10 年内生产 1500 万册电子版图书，供用户网上免费检索、阅读，意欲打造全球最大的网络图书馆。Google 的这项宏伟计划建立了一种数字图书馆运营的新模式。2005 年 4 月 27 日，由法国国家图书馆牵头，欧洲 19 所国家图书馆的负责人在巴黎签字，并发表联合共建欧洲数字图书馆声明，以对抗 Google 公司的数字化计划。从此，数字图书馆建设走进了模式新、规模大、免费服务、世界竞争的新局面。欧洲数字图书馆的研究和实践从设施到内容，从基础到服务，从信息产品的创建和改进到信息对象的共享和分发，从信息检索和过滤到数字化保存，均体现了面向用户和用户群体的现代数字图书馆相关的议题。这些研究反映了当前欧美数字图书馆技术研究的前沿，在一定程度上反映了数字图书馆信息服务泛在化的发展趋势。Google 数字图书馆计划的开展刺激了 Yahoo、Microsoft 等许多 IT 商业集团。为了抗衡 Google 数字图书馆计划，打破其数字资源服务的垄断地位，由 Yahoo、Microsoft、Adobe、惠普实验室、波士顿图书馆联盟、加州大学、哥伦比亚大学、欧洲档案馆等 42 个机构，以建立一个内容开放获取的全球数字档案馆为己任，通过捐助服务、设施、工具、资金等成立了“开放内容联盟”（Open Content Alliance，OCA）。它的目的是通过建立一个多语种的数字化文本和多媒体内容的永久性档案，来提供丰富的世界文化全景的广泛公共检索，以便让人们更方便地访问在线图书、音频和视频内容，同时解决出版商担心的版权问题。OCA 创建了一个用于对图书、照片、视频进行数字化和存储的通用框架的支持，并且正在研究如何使其数字图书馆计划不会受到出版商的起诉。通过创建一个日益增长的数字资源档案，OCA 将为其捐助者和全球互联网用户提供内容丰富的泛在图书馆信息服务。

（5）服务系统智能化集成化。泛在知识环境下的数字图书馆的服务系统，除了具有在 2.2 节提到的集成性的特点外，还具有智能化的特点。随着语义技术的越来越强大，未来的智能服务系统将能通过人的行为自主学习判断人的意图，并通过自我调整来适应和满足人的需求，它甚至能够通过度量人的一些生物信号，如面部表情、声调、手势等，来推断人的情感状态，并且还能产生和表达出计算机的情感。

14.2　泛在网络环境下的移动图书馆研究

进入 21 世纪，移动通信技术和互联网的快速发展无疑是信息产业界最大的两个变化。与此同时，现代信息环境也更加趋向网络化、数字化、智能化。随着经济的发展以及社会信息化水平的日益提高，人、物能够跨越时空的限制，随时随地直接沟通成为人类追求的目标，因此，泛在网络的概念应运而生，一种能实现任何人、任何物在任何时间、任何地点、任何空间都能通信的泛在网络——U 网络的构建已成为大势所趋。U 是英文“Ubiquitous”的首个字母，含义是“普遍存在，无所不在”。ITU-T（国际电信联盟远程通信标准化组织）对泛在网的定义是，“泛在联网”（ubiquitous networking）是个人、设备在预订服务的情况下以对服务被接入的地点、时间和方式的最少技术限制接入到服务和通信的能力。泛在网的基本目标之一是满足人和物等无缝通信的挑战。基于此环境，图书馆应用新技术，采用新手段，重构以用户为中心的信息服务模式是适应时代发展的必然选择，其中移动通信凭借便捷灵活的方式，以及与互联网在图书馆数字产业价值链上的融合，已成为当前最具活力的图书馆创新信息服务模式。

14.2.1　图书馆移动信息服务的内涵

关于“图书馆移动信息服务”的概念，目前尚未有明确统一的定义，而对于“移动图书信息服务”较为公认的说法是胡振华在 2004 年提出的移动图书信息服务或移动图书馆：其是依托目前比较成熟的无线移动网络、国际互联网以及多媒体技术，使人们不受时间、地点和空间的限制，通过使用各种移动设备（如手机、PDA、E-Book、笔记本电脑等）来方便灵活地进行图书信息的查询、浏览与获取的一种新兴的图书馆信息服务，是数字图书馆电子信息服务的延伸与补充。此外，黄群庆（2004）对“移动图书馆服务”的描述是：“移动图书馆服务是指移动用户通过移动终端设备（如手机、PDA）等，以无线接入方式接受图书馆提供的服务。2009 年英国剑桥大学与开放大学联合发布的项目报告《移动图书馆：移动信息使用》指出，图书馆正在使用各种方法以手机和其他小屏幕设备的方式传递它们的服务，这样用户就可以随时随地享受到它们提供的服务。这些方式可以是发送短信来进行图书的查询与续借，或是通过任何移动设备来阅读电子书和电子杂志，这些服务被郑成铭（2011）认为“移动图书馆服务”。

然对于“图书馆移动信息服务”的名称和定义没有统一的标准，但是通过对不同描述的综合研究可以总结出其内涵：首先，图书馆移动信息服务需要借助移动通信技术和移动终端设备来实现的；其次，图书馆移动信息服务是非实体化的，馆员在给用户提供信息服务时不用直接面对面，通过网络实现沟通与服务即可；再次，图书馆移动信息服务是移动的、交互性的，它打破时空的限制，随时随地、自由地实现与用户的信息交流和沟通；最后，图书馆移动信息服务是主动性的，以“用户为中心”的，图书馆正在从“We go to the library”转变为“The library comes to us”。

14.2.2 图书馆移动信息服务的应用现状

在国外，移动信息服务在图书馆的应用比较广泛，早在1993年11月，美国南阿拉巴马大学图书馆就开展了“无屋顶图书馆计划”（the Libriary without a Roof Project），使用PDA通过移动通信网检索图书馆资源。日本和欧洲利用先进的通信技术，图书馆移动信息服务的开展水平也处于领先地位，如芬兰赫尔辛基大学图书馆在2001年10月首次启动手机移动服务，芬兰软件公司Portahry为此项服务提供技术支持，为图书馆提供解决方案Liblet。日本富山大学图书馆和东京大学图书馆的手机I—Mode定制服务。

国内，虽然越来越多的图书馆正在搭建移动数字图书馆服务平台，但是图书馆移动信息服务的开展还仍然处于起步阶段。鄢小燕（2010）提出国内图书馆移动信息服务的实践始于2003年12月，北京理工大学图书馆正式推出手机短信通知系统，提供的服务仅仅包括图书短信提醒、图书预约、短信息续借、图书催还等基本功能。2005年5月，上海图书馆开通了全国首家“手机图书馆”，供个性化服务，拉开了国内移动数字图书馆服务较快发展的序幕。2010年9月，北京大学图书馆对“移动图书馆”进行测试，据悉这是全球首个实现了基于各类手持终端设备对各类数据库资源进行统一检索和全文阅读的真正意义上的移动图书馆。

14.2.3 图书馆移动信息服务

近几年，国内图书馆借助无线通信网络、互联网以及多媒体技术，纷纷开展了形式多样的移动信息服务，力图将其融入更多读者用户的日常学习和生活当中。

1）图书馆移动信息服务模式

A. 基于SMS的基本信息服务

SMS（short message service）短信通知服务是指通过手机、飞信等短信发送指令的方式进行服务。短信使用方便，费用低廉、易于推广，扩大了信息交流的范围和方式，且其回复形式多样，易于保存，是图书馆传统服务项目在泛在移动环境下发展延伸的基本体现，它是目前应用最普遍也是主要的图书馆移动信息服务模式。服务内容大多是一些基本的初期的信息服务，主要包括：图书续借、预约、催还、荐购、新书通报、读者个人借阅历史查询、挂失、开馆信息通报，以及公共信息发布等。用户可以随时随地查询、收取图书馆发送的各种短信提醒服务信息。

B. 基于WAP、3G的延伸信息服务

WAP（wireless application protoco）无线应用协议是使移动通信设备接入互联网的开放的国际标准。通过WAP技术，可以将Internet的大量信息及各种各样的业务引入到移动终端中，不受时间地点的限制，读者的移动设备上有WAP终端，就能检索到数字图书馆的资料。

3G（3rd generation）指第三代移动通信技术。3G 能够提供更大的系统容量和更高的数据传输速率以支持无线因特网接入和无线多媒体业务，集手机、相机、PDA、便携式电脑于一体。可将互联网上的所有资源，如通信资源、软件资源、知识资源等实现互联互通，使互联网成为一个全球化的信息资源库和处理平台，为用户提供一种实时在线的数据服务环境。使个人终端能够在全球范围内的任何时间、地点，与任何人用任意方式高质量地实现信息的移动通信与传输。WAP 和 3G 技术的发展，为图书馆移动信息服务拓宽了新视野，为个性化服务的深化提供了新途径。除了提供传统短信息服务之外，利用 WAP 和 3G 技术还能提供图像、音乐、视频流等各种媒体信息以及参考咨询、移动阅读、移动位置等多种移动信息服务。

a. 流媒体与多媒体服务

流媒体与多媒体服务的最大特点是能够实时播放音频、视频和多媒体内容，并且播放的流媒体文件不需要在客户端保存。3G 技术为流媒体数据的传输提供了速度保障，因此图书馆完全可以利用馆藏中大量的音频、视频、图像资源，为用户提供音频点播、宽带视频点播、流媒体数字资源等各项相关业务。

b. 可视化参考咨询服务

可视化参考咨询缩短了短信参考咨询中，无法实现实时互动通信给读者带来的距离感，是数字参考咨询发展的必然趋势。用户通过视频博客、互动视频社区等多种功能使咨询员与用户“面对面”交流，用户能看到、听到咨询员的操作，更快更清晰地为用户解答疑难，通过画面突破了语言表达的障碍，真正实现信息的即时传递。

c. 移动阅读和下载服务

2009 年 4 月公布的“第六次全国国民阅读调查”显示，中国大约每四个成年人中就有一个使用互联网、手机等各类数字媒介进行阅读。当越来越多的人喜欢掏出 PSP 抓住时间地点的每一个缝隙“移动阅读”，边走边读的现象将更为常见。高速的网络环境使用户能够接收容量较大的文献资源，通过书目检索查询，随时随地、在线、实时地利用图书馆数字资源，开展移动阅读和下载，从而丰富图书馆移动信息服务的形式，提高图书馆资源的使用效率，具有推广大众阅读、文化导向的功能。

d. 移动位置服务

移动位置服务，即移动定位服务，是指能随着使用者所在位置不同而适当地提供与位置相关的信息服务。图书馆的移动位置服务，就是在电子地图的支持下，根据移动用户所处的地理位置，临近图书馆为用户提供与位置相关的各类信息服务。国家图书馆目前就推出一项以手机为载体的新服务——“掌上国图”。其中，提供了一项有点游戏味道的“国图漫游”服务，通过馆内地图和一个行走的绿色小人，指导读者到达国图内任一公共区域。另外，用户还可以进行馆藏资源检索、域名查询以及生活信息咨询等。清华大学图书馆使用 OPAC 可以显示馆藏地的平面图，再结合移动定位技术就可以确定每一本书的具体架位，并可以在手机上显示图形化路线图，帮助不熟悉排架方法的读者快速准确索取文献。此外，还可进行公共安全定位服务，当图书馆发生火灾、断电等突发状况时，用户可以利用手机等终端设备发出的指令，有序地逃避危险。

e. 移动付费服务

在我们日常生活中，与网络运营商、银行、移动通信商等部门合作，通过账号捆绑利用互联网、手机等各种方式完成各项付费业务的活动已经很常见。同样，图书馆也可以与移动运营商和金融部门合作，提供移动付费服务，让用户通过手机进行支付在图书馆中发生费用，如罚款、赔书、上机费、查新费、复印费等，为用户大大节省了时间。

2) 图书馆移动信息服务的数字内容

A. 公共信息管理

公共信息管理包括图书馆的概况、动态新闻信息、讲座、新书通报、图书排行榜、新书推荐，并提供图书评论和分享等公共信息，读者只需要登录移动图书馆网站就可以进行查询。

B. 图书数据管理

这一内容是针对于读者的需求的，也是图书馆的基本服务。读者通过图书馆移动终端可以随时随地进行图书的续借和预约，实现馆藏文献的检索，查询个人借阅信息，并在数据库中进行在线阅读或全文下载从而获取所需信息。

C. 读者个性化服务管理

信息的无限化，让读者搜寻所需信息花费大量的时间，同样，对于手机图书馆移动信息服务，在考虑时间成本的基础上，还要考虑上网流量产生的花费，针对不同读者的个性化需求，读者可以根据自己的需求通过手机终端来定制自己感兴趣的信息和服务，手机图书馆推出了读者定题服务、RSS 服务、新书推荐、馆际互通、各学科知识导航、参考咨询、委托到书提醒、预约到书提醒和借阅到期前提醒。

3) 移动图书馆信息服务的对象

A. 高校图书馆

读者通过手机终端进入移动图书馆网页，需要用户名和密码，而用户名一般都是读者在该校的学号和工号，所以目前高校图书馆面向的用户一般都是该校的老师、学生、科研人员和工作人员；同时由于手机客户端的限制，像南京大学移动图书馆分 iphone 客户端和 Android 客户端，符合以上两种中一种客户端才能实现新书通报、关注评论和提供关注图书评论互动等各主要功能，支持快速扫描条码查询、续借功能，包括通过短信和邮件分享给好友。这也从一定程度上又限制了一定的用户。

B. 公共图书馆

公共图书馆移动图书馆信息服务的对象为市民，包括持该图书馆借阅证的市民和未办证的市民，只要一台可以上网的手机就可以即时在网上图书馆注册，从而获得移动图书馆的各项信息服务。

14.2.4 图书馆移动信息服务存在的问题和面临的挑战

1) 开展移动服务的图书馆数量较少，模式较为单一

目前，国内图书馆移动信息服务还没有大力开展，仅少数图书馆有所涉及，还未形成

主流。移动信息服务还是以简单的短信服务和 WAP 站点为主、客户端功能服务为辅，模式较为单一，国外已经实践的 i-Mode 等服务模式还未在国内实现。要实现高层次的、形式多样的图书馆移动信息服务，与世界先进国家接轨，我们还需要进一步加大各方面投入。

2）数字资源尚未有效整合，标准有待统一

数字资源的有效整合是图书馆开展移动信息服务的前提，只有经过重新组织和加工的数字资源才能用于移动服务平台。这就需要与多个数字图书馆系统进行对接和集成，建立良好的数字信息资源序化与整合系统。数字资源数量不足，系统和格式不统一，支撑系统和访问模式没有标准化，移动终端所用操作系统类型繁杂，屏幕尺寸规格各异等问题，严重制约了图书馆更好地开展移动信息咨询服务。

3）版权问题制约移动信息服务的全面开展

由于版权问题，目前一些移动信息服务如“移动阅读和下载”等形式还不能很好地实现。图书馆数字资源和本馆的特色资源，尤其是 3G 技术下，更多流媒体的传播，如何在符合知识产权保护、著作权权利保障等条件下实现图书资源的传播使用，在现有运行的图书馆移动信息服务系统中均存在一定程度的问题，需要进一步研究探讨。

4）费用问题是阻碍图书馆移动信息服务发展的又一瓶颈

当用户用手机等移动终端通过移动图书馆的 WAP 网站下载资源或进行流媒体点播时，运营商按流量向用户计费，使用户需要交纳不菲的上网费和通信费。上网费用过高，会导致读者放弃使用这些服务。同时，图书馆仅仅提供服务，而服务的所得却被网络运营商获得，如不能平衡两者的收益势必影响移动数字图书馆的发展。

泛在网络环境下，图书馆移动信息服务为满足用户在任何时间任何地点都可以利用图书馆资源，享受图书馆服务的需求提供实现的可能和途径，虽然目前还存在着很多难点，面临很多挑战，但是随着技术的发展和标准的统一，图书馆移动信息服务将以丰富的内容、多样的形式、便捷的使用成为未来图书馆服务方式拓展和深化的主要趋势。

14.3 国外手机图书馆发展研究

互联网的普及、通信技术和计算机科学技术的飞速发展，造就了信息时代的数字图书馆。随着无线互联网的发展，以手机为移动终端代表的一种崭新的数字图书馆服务方式——手机图书馆，开始兴起并得到快速发展。手机图书馆是通过在图书馆内部部署移动代理服务器（mas），将图书馆服务延伸到手机客户端，增加与读者互动的又一新途径，是图书馆扩大外延服务的又一次新的尝试。国外手机图书馆的建设主要在手机图书馆参考咨询服务、手机图书馆流通服务、移动语音导览、移动馆藏等方面取得了较大进展，值得我国手机图书馆参考借鉴。

2009 年 7 月 30 日，Alliance Library System，Learning Times 及 Info quest 联合举办网络会

议“手持图书馆员联机会议”（handheld librarian online conference），又称“移动图书馆员 2009：关于移动图书馆服务的联机会议”（the handheld librarian 2009 - an online conference about mobile library services）。在引述移动设备使用的一系列数据之后，从图书馆资源与服务角度，大量介绍相关的移动应用。俄勒冈州立大学（OSU）图书馆的 Griggs 等在 *Code4lib Journal* 2009 年第 8 期发表的 *library/mobile*：*Tips on Designing and Developing Mobile Web Sites* 一文中分享了他们创建手机网站的经验，详细介绍了 OSU 馆手机网站的 3 个阶段：①2009 年 4 月发布，包括开放时间、联系我们、FAQ、馆藏分布；②2009 年 9 月增加目录检索、计算机状态；③未来将包括主题指南、课程页面、可加到日历的图书馆活动、基于位置的集成 GPS 与社会媒体的数字馆藏应用。

14.3.1 国外手机图书馆的发展

国外图书馆手机服务的应用可以追溯到 2000 年左右，日本和欧洲在移动通信技术方面是比较先进的，日本富山大学图书馆于 2000 年 9 月开发出 i-Mode 手机的书目查询（OPAC）系统，东京大学图书馆也于 2001 年 5 月开通 i-Mode 手机书目查询（OPAC）系统，芬兰赫尔辛基技术大学图书馆 2001 年秋季开始使用手机短信息服务，韩国西江大学 2001 年 7 月推出用手机可以查阅图书馆资料的移动图书馆。迄今为止，芬兰、日本、英国、美国、韩国、新加坡等国都有一些图书馆在试验提供手机信息服务，它们的实现方式也主要是短信息和无线上网两种。芬兰赫尔辛基技术大学图书馆使用芬兰 Portalify 公司开发的 Liblet TM 系统，以短信服务为主，兼顾 WAP 及其他接入技术，提供的手机服务有续借、到期提醒、预约到书通知、列出读者借阅清单等，读者免费使用，只需向运营商支付基本通信费。芬兰国会图书馆也开通了手机短信息服务，服务项目有续借、到期提醒、预约到书通知、检索失败的信息、咨询、读者反馈、每周阅读提示等，读者也是免费使用。日本东京大学图书馆为 i-Mode 手机用户提供在线书目查询、催还、预约、续借、即时通知等服务。美国南阿拉巴马大学图书馆的“无屋顶图书馆计划”使用 PDA 通过移动通信网检索图书馆资源，读者可以通过无线方式连接上图书馆的在线目录（OPAC）查询馆藏资料。在英国的 Millennium Drives Mountain View Public Library，开通了 wireless enabled mobile library，允许读者通过自己的电脑和手机来查询图书馆中的相关信息。日本、韩国等也相继开发图书馆手机服务的技术软件，并在这一领域取得了很大的成就。剑桥大学的调查发现：学生喜欢接收来自学校的短信，只要不是特别频繁。很多学校使用 JISC 开发的 JANET Txt 短信系统。该系统可以很轻松地集成到图书馆管理系统中。文本短信提醒给图书馆忙碌的移动用户快速了解图书馆的信息。

14.3.2 国外手机图书馆的服务内容

从当前的应用情况分析，国外手机图书馆的服务内容包括以下 5 个方面。

1）短信参考咨询服务

短信参考咨询是指允许用户以短信的形式发送咨询问题并以同样的方式接收回复的服

务。如比较成功的是 AQA。如果用户的问题可以用简洁的语言回答，那么可以考虑使用短信参考咨询，如一些关于服务信息的咨询等。如果大部分用户的咨询都可以用 160 字以内的文字回复，那么这一服务就会非常有价值。美国 Orange 郡公立图书馆允许用户用手机发送文本来咨询服务，也可以利用某一特殊关键词以达到立即获得结果的目的。比如通过邮编查找最近的公共分馆。American 大学图书馆、Kansas 州立图书馆、Wakeforest 大学 Z. Smith Reynolds 图书馆利用以工作的为中心的 AOL 即时消息系统给图书馆员发短信来参考咨询。东南 Louisiana 大学 Sims Memorial 图书馆利用 altarama 信息系统短信服务提供参考咨询。据该校图书馆员讲，该系统很容易应用，每年的成本仅在 1100 美元左右。

2）移动图书馆流通服务

Sirsidynix 开发了一款手持流通工具 pocketcirc，让用户在 PDA 设备上就可以访问 unicorn 图书馆管理系统。这种无线解决方案可以让员工在社区或校园活动等非办公区域内帮助书库中的顾客查看资料，还可以在图书馆周围边走边升级书目信息。

3）移动语音导览

移动语音导览服务通过让用户将导览下载到自己的 MP3 播放器或手机中帮助图书馆的参观者或者新用户尽快熟悉图书馆的布局、结构功能与服务。杜克大学图书馆导览包括 10 部分内容，用户可以下载到 MP3 播放器中。Simmons 学院图书馆将其 beatlely 图书馆和信息共享空间的语音导览为学生、教职工预装到了 iPod 中。Southern California 提供的 Doheny Memorial Library 语音导览包括 8 部分内容，让远程移动用户通过 itunes 的大学校园生活频道了解其大致的结构。亚利桑那州图书馆也能在 iTunes U 的图书馆频道下载 Hayden 图书馆的相关导览内容。哥伦比亚大学的 C. V. Starr East Asian 图书馆提供了包括英语、汉语、韩语、日语及藏语等多种语言的语音播客。

4）通过手机完成图书馆为用户提供其馆藏资源、服务和建筑的另一种导览方式

这一功能的实现方法是通过让用户用手机拨免费号码来获取图书馆的语音导览。用户可以自由选择自己想要了解的那部分内容，自行把握节奏，且可以对图书馆的服务进行评论与反馈意见。Dartmouth 学院的 Baker Berry 图书馆、Folger Shakespeare 图书馆和博物馆，以及国会图书馆都采用了这种互动式服务。Museum 411 也采用了类似的服务。

5）移动馆藏

Thomas Ford Memorial 图书馆和 St. Joseph County Public 图书馆将语音图书给事先下载到可以借给用户的 iPod nano 当中。图书馆下载到用户自己的 iPod 设备当中的语音图书只有为期 3 周的借期。大学的 Crouch Fine Arts 图书馆将所有本学期的音乐课程的听音作业都预装到 iPod 当中，并按照教授和课程号来组织排序。学生最多可以将这些 iPod 借出 12 个小时。Virginia 大学图书馆建了一个有 2100 本电子图书的电子文本中心，21 个月里下载量达 850 万人次。

14.3.3 国外手机图书馆与图书馆传统信息服务的融合

作为一种新型的手机图书馆，下面将通过若干具有代表性的手机图书馆建设实践，来展示这种新型的服务形式是如何与图书馆的传统服务有效融合，从而实现其创新价值的。夏南强（2009）通过电子邮件和Internet访问，调查了国内外图书馆开展手机图书馆信息服务情况，充分体现了手机图书馆与图书馆传播信息服务的有机融合：①指南服务；②通知提醒服务；③认证服务；④信息查询服务；⑤移动阅读服务；⑥信息咨询服务；⑦馆内工作应用服务。

1）国外移动图书馆应用实例介绍和分析

以美国、加拿大为代表的西方发达国家，其图书馆非常重视借助智能手机为用户服务，创建移动图书馆。比如，加拿大最大的远程教育机构 Athabasca 大学，约有学生32 000人，全部接受远程教育，为这些学生选择合适而高效的技术来辅助学习显得尤为重要。移动友好图书馆及其相关应用恰好能继承与发扬 Athabasca 大学在最大化学生的方便性与获取性的教育设计时的所一贯秉承创新传统。移动通信工具在年轻人中的普及为年轻人利用学习资源提供了一种新的方式。Athabasca 大学的 M-library 项目最早在 2005 年的 IADIS mlearn 大会中提出。M-library 网站提供大量数字资源和图书馆服务，包括数字阅览室、电子课程预约、数字参考咨询，数字论文与项目阅览室、帮助中心、搜索引擎、期刊数据库、airpac（手机图书馆目录检索系统），以及通过 www 提供的图书馆服务。该项目对于保证移动图书馆网站的内容能够适合小屏幕阅读做了大量工作，也就是格式可以随着访问网站的设备而调整。M-library 系统能够自动识别用户的设备，并给其提供适合该用户阅读的网站版本（移动版或 PC 版）。此外，用户也可以通过手机访问由 Innovative Interfaces 开发的专为无线移动设备设计的自动图书馆系统图书馆目录 airpac。用户可以用移动设备检索馆藏目录、核实图书到期时间、请求文献，以及浏览自己的借阅历史。

在美国，很多图书馆为满足特定群体的需要，纷纷着手建设移动版门户网站。移动版图书馆网站提供了部分图书馆服务与馆藏信息，用户可以利用这一界面，通过掌上终端设备，搜索目录和主题指南、查询展览信息和开馆时间存取电子期刊论文等。美国波尔州立大学（BallState University）图书馆已创建了移动版网站，该网站能为图书馆用户提供目录搜索、期刊全文搜索、图书馆导引视频及其他馆藏与服务信息（如馆际互借），用户还能通过移动参考网站，查询天气、新闻、体育、金融等综合信息。美国里士满大学（University of Richmond）图书馆的移动网站可以提供图书目录搜索，查询到图书馆的笔记本及个人电脑占用的实况信息，并能以电子邮件、即时通信工具或短信方式提交参考咨询问题。俄亥俄州图书馆的用户则可以通过 OPLINMobile 移动网络，从俄亥俄州 250 家分支图书馆中搜索出距离该用户当前位置最近的公共图书馆。弗吉尼亚大学图书馆也建立了移动网站，读者一方面可以查询到读者阅览指南和开馆时间等图书馆的基础信息，另一方面图书馆的最新消息和展览通报也可从这一网站上获取。波士顿大学图书馆医学分馆所拥有的全部主题目录都能用移动通信设备查询，该馆还建立了具备搜索功能的电子图书、电子期刊和馆藏书目数据库。纽约大学的移动门户提供了通过资源题名、关键字和资源格式 3 种途径查找电子资源的搜索引擎，该图书馆的其他相关资料也能从其移动门户网站查找到。无论是普通计算机还是移动设备，Athabasca 大学的图书馆网站都能以最佳格式将其内容以最佳格式显示出来，该网站是用 php 语言编写，可以通过服务器端脚本识别不同的浏览器。通过分析 HTTP_ USER_ AGENT，服务器可以确定是 windows CE 还是 palm OS 等相应操作系统。然后系统会选择合适的 stylesheet 与显示模式。然后数字信息就会为适应不同的浏览器而重新编排格式。

2）国外图书馆界的尝试

无线通信协议（简称 WAP）是在数字移动电话、因特网或计算机之间进行通信的开放式全球标准。此种方式需要读者的手机具备上网功能，具有浏览器软件，能够访问 WAP 网站。因此读者在使用这种模式的时候，需要付出一定的数据通信费用。在此基础上读者可以随时方便地浏览每种数字资源的信息，挑选自己需要的资源下载阅读。新加坡义安理工学院图书馆的手机 WAP 服务。只要用户具有一部支持 WAP 的手机，就可以享受手机 WAP 服务。英国汉普郡图书馆建起一个 WAP 网站，为 WAP 手机用户提供该郡 54 家图书馆的详细地址、联系方式、开放时间等信息。

日本移动公司通过移动电话使用 Internet 服务，其采用分组交换叠加技术，保证用户实时在线，使用简化的 HTML 编辑网站，让传统 Web 网站容易转变为 i-Mode 网站。日本富士山大学图书馆以及东京大学图书馆利用 i-Mode 技术分别开发了各自的书目查询系统。从技术层面而言，国内运营商完全可以开发类似的平台、网站，诸如起点、九一等中文小说网站也都研发出完全拥有自主知识产权的移动阅读平台，从服务模式和内容上看，和移动数字图书馆的原理是相通的。

此外，国际 W3C 组织（制定网络服务标准的非营利组织）还制定了一系列针对手机图书馆的建议标准，特别是在 2008 年底提出的“Mobile Web Best Practices”（移动 Web 最佳实践）草案。该草案在原有标准基础上倡导一套新的修订标准，依循该标准创建 Web 内容，能极大提高手机移动设备浏览 Web 站点的便利性。根据草案建议，在设计 3G 手机图书馆服务 Web 网站时，开发人员需要注意以下几个方面问题：①手机图书馆系统的 Web 服务应该具备简约的界面风格、明细的组织结构、合理的导航方式。Web 页面大小要与手机屏幕分辨率接近（如 QVGA 240×320），字体适中。②图书馆技术开发人员在开发网络通信和 Web 设计中应严格使用 W3C 标准的网络协议和语法，谨慎使用 Cookie、CSS、HTTPS、Ajax 等，以确保各种类型手机终端都能获取网页内容并正确显示。避免使用 PC 平台上微软公司自有的非 W3C 标准的 HTML 语法或代码命令。③手机图书馆系统 Web 服务器端代码要能够检测出来访用户使用的是 PC，还是使用的手机终端。如果检测出是手机设备，则提供正常的 Web 内容；若是 PC 访问，则将用户的访问请求转定向至原来的数字图书馆 Web 系统。此功能可以通过 HTTP 协议中 Agent 字段的判断实现。

3）国外学者对手机图书馆的应用研究

手机图书馆服务作为图书馆在泛在环境下拓展自身服务范围、提升服务能力的重要途径之一，不断受到国外学者的重视，包括 Sally Wilson、Graham McCarthy、R. Bruce Jensen 等学者在内，均通过实验或案例调研的方式，开展手机图书馆服务的影响与应用研究。

A. 关注手机用户的移动服务需求

关注手机用户的移动服务需求是提升手机图书馆服务的必要前提。Sally Wilson，Graham McCarthy 等（2010）通过对 Ryerson 大学图书馆的用户调查，结果发现，该校当前拥有智能手机的学生数占到全部学校生数的 20%，预计在未来的 3 年内，这一比例将增加到 80%。针对这一发展情况，图书馆应该充分挖掘和提升基于智能手机的移动服务。Jensen（2007）通过对不同用户使用若干种手机（包括功能相当简单的手机和智能手机）进行移动阅读的调研，指出由于手机具有高效和使用方便的特点。因此，虽然目前并没有太多的美国用户利用手机阅读资料，但是，这种情形将很快发生改变，图书馆应该抓住这样的机会，将自身收藏和整理的各类课件资料通过用户较为熟悉和使用方便的手机进行提供。

B. 不断探索手机服务与图书馆移动服务的融合

为了调研手机对图书馆信息服务的影响及探索手机在图书馆服务中的应用，Joel Cummings 等（2010）设计了一份用于调查手机用户是否会通过手机访问图书馆 OPAC 的问卷。研究结果表明，58.4% 的受调查者表示会通过手机访问图书馆的 OPAC。由此可见手机图书馆的发展潜力。资源建设是移动图书馆服务的基础。为了研究图书馆的馆藏资源建设是否受到移动用户的直接影响，Glenn Davidson 等（2009）对新西兰 6 家提供移动图书馆服务的图书馆馆藏采集标准与选择策略开展调研。研究结果表明，在移动图书馆馆藏建设方面，并没有放之四海而皆准的选择标准；移动图书馆的馆藏建设者在一定程度上需要考虑不同类型移动用户的需求以实现其相互之间的平衡。当然，馆藏资源采集与建设标准需要考虑多方面的因素而不仅仅只有用户需求。

C. 注重实际效果并有效总结经验

Laurie 等（2010）对当前世界范围内有关移动应用、移动技术、移动技术在图书馆的应用特别是手机访问图书馆 OPAC 等研究进行系统的评述。深入剖析当前图书馆通过软件开发商提供和图书馆自行开发的移动信息服务，并从图书馆领导者和创新者的角度，指出将图书馆现有的资源与服务借助手机平台进行有效整合集成的重要性，同时就这一发展方向提供有操作的若干建议。Miquel Codina Vila 等（2010）指出，提供基于手机的信息服务有利于以各种不同的方式扩大用户对图书馆的应用，也有利于馆员与图书馆用户之间通过手机建立更为密切的交流。因此，图书馆要敢为人先，不断尝试借助各种有利于推动移动服务的软件和工具提升自身的服务水平和被用户认可的程度。Buhle Mbambo-Thata（2010）以南非大学图书馆为例，分析该馆开始提供手机图书馆服务 6 个月的效果。他认为，手机图书馆服务不应该成为被生拉硬拽到图书馆业务中的一种服务方式，图书馆建设者应该有清晰冷静的思考和客观准确的判断，监测和评价这一服务方式对图书馆带来的影响。在此基础上，再有的放矢地开展手机图书馆服务。Lissermann（2010）提出诸如 iPhone 等智能手机功能的加强使得远程学习者可以不受时空限制浏览和使用各种电子课件。但是，当前绝大多数具备移动视频浏览功能的手机并不能有效支持用户方便地浏览语义相关的海量电子课件资源。为此，Roman、Max Source 等学者开发一款专门用于浏览电子课件资料的软件。其使用试验结果表明，该软件有利于提升用户对电子课件资源的利用效率。

国外学者 2009 ~ 2010 年有关手机图书馆的研究成果表明，开展手机图书馆服务是图书馆在 U 时代无可回避的一种信息服务方式。因此，图书馆需要考虑的问题不在于，图书馆要不要开展手机图书馆服务，而在于图书馆应该如何利用手机图书馆开展更为随时随地的信息服务。

14.4　基于非技术途径的元数据互操作研究

在数字图书馆建设的过程中，出现了不少分布式的、基于多种编码体系的、基于不同元数据规范的数字资源应用系统，这对给用户提供统一的信息资源服务造成了一定的困难；为了屏蔽数字资源的结构化的差异，给用户提供全面、准确而又便捷的信息检索服务，需要实现数字资源系统之间的互操作，进而达到数字资源的共建共享与统一服务。从互操作实现的层面来看，可以从用户发送检索请求的层面来实现，也可以通过 OAI 协议等建立通用的资源库来解决；然而，对于大量尚未数字化的资源来说，实现互操作最基本的途径应该是元数据层面。元数据互操作涉及制度以及元数据规范等方面，元数据规范的标准化是实现全球信息资源共享的基础和保障。

14.4.1　元数据

元数据（metadata）即关于数据的数据，具有描述、揭示、管理、控制、认证、保存、互操作等功能。人们在信息资源开发、利用、管理、保存等不同阶段与不同层次，创建了不同功能与作用的元数据，可以从不同的角度对这些功能、作用各异的元数据进行分类。而不同类型的元数据对于互操作的影响是不同的，在图书情报领域通常把元数据分为描述性元数据、结构元数据、管理元数据、保存元数据等。

1）描述性元数据

用于描述信息资源的外部与内容特征，以便对信息资源进行有效的检索，定位或书目控制，如 MARC、DC、METS 等。

2）结构元数据

用于确定元数据的语法结构或者信息单元之间的逻辑联系，比如 HTML、XML 等置标语言。

3）管理元数据

用于对信息资源实施管理，描述信息资源管理过程中所涉及的管理信息以及由管理信息进一步揭示的管理政策与管理机制，比如与信息资源的评估、选择、使用权限、加工等有关联的信息与相关机制。

4） 保存元数据

以保存资源对象为开发目的，特别注重资源对象长期保存有关的属性。

其中与互操作关系最密切的元数据是直接描述资源对象固有属性的描述性元数据。开发及应用描述元数据时，遵循标准化、规范化、开放性的原则，可以增进信息系统的互操作性与开放性，通过共享元数据，进而共享元数据所描述的信息资源。

14.4.2 非技术途径元数据互操作方案

目前已提出过的元数据互操作途径大概有下列几种：①开发一种能够满足各方面需要的统一的标准元数据格式；②建立元数据格式间的映射机制；③采用统一的语法和结构实现元数据格式的开放描述，例如基于 XML/RDF、METS 的描述；④基于协议的元数据开放搜寻技术，如 OAI、Z39.50 协议；⑤基于由内核和功能传播层组成的复合数字对象技术；⑥基于网格技术、本体技术实现互操作。

其中前三种方法是和元数据本身直接相关的，后三种方法涉及信息系统中元数据以外的相关层次，且部分技术尚未成熟。由于本文探讨的是与元数据直接相关的、基于非技术途径的元数据互操作解决方案，所以本文仅对前三种方法予以讨论。

第一种方式在各种信息资源和应用环境之间存在复杂差异的现实环境下不可能真正适应变化多样的应用；第二种方法虽然能充分利用现有的多种元数据格式，但面对日益增加的元数据格式和丰富多样的元素语义，实现成本很高且转换准确性难以保证；第三种方法只是从结构和编码方式上保证各种元数据格式有统一的表达方式，而不能真正实现面向用户的一致性服务。

罗昊（2003）认为将传统书目工作中的书目规范、书目控制概念引入数字资源元数据方案并加以适当拓展，从制度以及元数据规范等非技术层面进行控制，为元数据互操作提供便利。具体可以从以下三方面实现。

1） 制定具有普适意义的“元数据规范”以规范元数据的开发工作

国际标准化组织制定的《数据元素的规范化和标准化》（ISO11179 标准）对元数据的元素定义提出了规范和控制，为元数据的开放式定义提供了基础。而国际图联在《国际标准书目著录》（ISBDs）的研发工程中，为更好地适应复杂的应用需求，采用了先研制总则再研制分则，逐步建立起完整、规范的开发体系的办法。而我国“数字图书馆标准规范建设”项目（CDLS）项目也提出了以《基本数字对象描述元数据规范》中的元素为核心集、向各个具体应用领域扩展从而形成各专门领域的元数据标准的元数据规范。

2） 建立元数据共建共享的重要机制——元数据开放登记机制（Open Registry）

开放登记就是建立一个公开的网站，提供各种元数据格式的权威定义和用法等信息，其他用户可以申请注册新的元数据格式、增加或修改元素的定义、注册新的规范词表及编码方案等，逐渐使元数据格式更加规范和成熟，并且提供元数据格式、元素、修饰词的检索机制。各使用单位可根据本地需要增减、组合元素和修饰词，调整元素的定义和用法，从而制定出本地的元数据应用方案。这样不仅避免了从头开发元数据方案的重复劳动，同时由于大家的应用方案都基于相同的元数据规范，因此非常有利于元数据的互操作。目前已经建立的、著名的开放登记机制有 DC Registry、DESIRE Metadata Registry 和 Schemas Registry 等。

3）鼓励元数据复用（metadata reuse）

当进行一个新系统的元数据设计时，关键不是重新创建元数据标准，而是怎样从现有的元数据标准中发现和选择合适的元素形成自己的应用规范（Application Profile），即元数据复用——通过不同方法复用一个或若干元数据格式的部分元素或修饰词，形成一个元数据应用规范，以便描述复杂对象、扩展元数据格式适用范围、兼容不同元数据、促进元数据的互操作。

14.4.3　元数据规范

1）何为规范

规范，即对于某一工程作业或者行为进行定性的信息规定。之所以被称为规范，主要是因为无法精准定量的形成标准。良好的元数据规范是成功建设数字资源的重要前提，其应包括：格式定义、语义定义、开放标记规范、内容编码体系、扩展规则、与现有主要元数据规范的转换关系和转换模板、元数据登记管理机制等。

关于标准规范制定的环境，国内外、不同标准组织之间存在一定的差别。ISO 等传统标准组织一般遵循相同的标准制定流程，各个阶段有严格的时间期限，标准制订周期相对比较长，更新速度比较慢，进程管理比较严格。自由结合标准组织（如 OASIS、DCMI）标准规范制订流程相对比较宽松，更新速度比较快。而我国标准规范的制定具有明显的“政府主导”特色，一般由标准主管部门或行政主管部门提出，企业参与较少，标准化协会或其他相关学术团体一般隶属于政府机构。沈玉兰（2010）认为在政府职能和企业地位已经发生重大变化的今天，我国需要借鉴国外标准组织的先进经验，形成标准规范的开放建设机制，通过合作避免重复建设。

2）为何规范

在对数字资源研究的过程中，我们不能只重点研究技术、资源数字化以及服务模式上，而更应该关注与数字资源建设有密切关系的标准规范问题。如果标准规范不统一，数字资源将很难实现共建共享。标准化问题是数字资源建设的关键问题之一，而元数据规范又是标准化问题的核心。陈虹涛（2005）认为无论是国际还是国内，元数据并没有统一的标准属性，没有规范的著录格式，形式非常灵活，范围很广，因而在标准化方面存在着很多问题。

第一，各数字图书馆及其他信息提供单位遵循不同的元数据标准，依据不同的标准对相同类型的资料进行元数据提取和著录，如 DC、MARC 等。不同的领域也有不同的元数据标准，如档案领域的 EAD、地理空间信息的 DGM 等。

第二，某些元数据规范中同一元素的著录内容上存在着较大差异，在有些元素之间存在着语义交叉与涵盖的情况。这样的情形不仅会引起互操作的困难，也会引起本身元数据著录前后的不一致性，影响元数据描述的质量。

第三，不同的使用者在著录阶段对元素的修饰词的理解还有些出入，对于修饰词的取值范围也有所不同。

另外，各个元数据所采用的编码语言也不尽相同。如 EAD 等使用 SGML，DC 使用 HTML 或者 XML。

而要在元数据的层面解决这些问题，需要在元数据规范的制定阶段就充分考虑到其互操作性。

3）如何规范

国内元数据的研究与应用应避免从头开始设计自己专用元数据格式的做法，而是遵循标准、开放和可扩展的原则，充分引进并利用一些成熟规范的编码体系，并将其中的元素有机地加以组合，从而形成适应具体需求与中文资源特点的应用规范，提高互操作性。所谓元数据的互操作性，是指在由不同的组织制定与管理且技术规范不尽相同的元数据环境下，要向用户提供一个统一的数据检索界面，确保系统对用户的一致性服务。从互操作性的角度考虑，制定元数据规范时有如下原则。

第一，互操作性原则：元数据方案的立足点常常就是解决互操作问题，许多原则实际上都是从一个侧面或从一定程度上解决互操作问题，所以“互操作性”原则可以说是元数据方案设计和实现中需要遵循的最重要的原则之一。

第二，遵循标准原则：通过符合元数据标准或协议而达到“互操作”是效率最高、最易实施的互操作，因此遵循现有标准对于实现互操作至关重要。

第三，简单性原则：要求元数据方案尽可能采用精简的基本集，以降低成本，加快实现进度，并有利于互操作的实现。

第四，复用性原则：通过尽可能复用标准方案、复用元素或复用修饰词及扩展方式，以及建立映射、转换机制等方式来达成互操作性。

第五，易转换性原则：在具体应用上，互操作性表现为易转换性，即在所携信息损失最小的前提下，可方便地转换为其他系统常用的元数据。这要求在设计元数据标准时要非常慎重地考虑元数据标准定义的元素的语义定义和元数据结构两个重要的方面，其中与目前较为通行的、被广泛支持的元数据标准的语义定义一致更为重要。

另外可以建立独立于特定编码语法的元数据抽象模型（Metadata Abstract Model）作为元数据应用的参考模型，并对编码对象的属性描述进行规范，从而有助于保持元数据方案的一致性，使不同编码语法之间更好地映射和翻译，并有助于元数据方案的互操作。

4）国内元数据规范研究进展

近年来，我国数字资源元数据规范的建设已从研究探索进入实际应用与发展阶段。部分数字图书馆建设单位已经提出了相应的元数据规范，例如国家图书馆的中文元数据规范、北京大学的拓片元数据规范、清华大学的建筑元数据规范、上海图书馆的数字图书馆元数据方案、国家科学数字图书馆学科信息门户系统的资源导航元数据规范等。我国“数字图书馆标准规范建设”项目（CDLS）采用开放元数据机制，遵循“模块化”“可扩展性”“分布性”“递归性”四大原则。该机制构建的元数据格式系统有一个基本核心元数据集，在此之上的应用层有一系列标准的扩展规则和机制。该项目的成果《基本数字对象描述元数据规范》和《专门数字对象描述元数据规范设计指南》等，可用于指导元数据规范设的设计。指南中系统设计了描述元数据的定义、功能、设计原则、基本结构、元素组成与扩展规则。

在此基础上，产生了一批面向特定资源设计的元数据规范，如 CALIS 虚拟咨询知识库元数据规范、数据仓库元数据的规范、多媒体资源元数据规范、古籍元数据规范、语料库元数据规范、资源整合门户的电子图书描述元数据规范等元数据规范的设计与应用。

《基本数字对象描述元数据规范》中的基本元数据是关于元数据的核心集，是根据数字对象的共同特点确定的基本元数据集合，是各领域元数据集互操作的一个基础集。各专门领域的元数据标准需要按照基本数字对象元数据描述标准的核心元素集和相关规则的框架上开发。而对于已经有的各种元数据标准，需要建立与基本元数据的映射，从而为实现各种元数据之间的互操作奠定基础。

总的来说，国内元数据规范在近年来的建设中，充分考虑到了元数据的互操作性原则以及由互操作性原则引申出的其他原则，正在逐步形成完整的元数据规范体系。

在数字资源建设过程中，数字化资源包括已有的大量异构的数字化资源和有待数字化的传统信息资源。对于后者，可以通过上文提到的制度以及规范的层面来解决元数据互操作问题；对于前者，更多的需要从技术层面解决元数据互操作问题，这也将是后续研究的重点。

结　束　语

完稿之际，尚有遗憾。解决之问题概括起来尚有以下几点：①数字图书馆概念及其基础理论问题，包括数字图书馆管理的理论基础和性质等；②数字资源管理的问题，数字资源不仅包括数字化的图书文献，还包括网络原生数字资源、科技原生数据管理机制问题；③云环境下数字图书馆建设的问题，不仅包括数字安全问题，更是个体系化研究问题；④个性化服务的基础理论与方法研究；⑤数字图书馆服务模式构建；⑥数字移动服务模式研究；⑦数字文化事业的社会机制研究。

笔者几经努力，对相关问题进行了深入研究，涉及数字图书馆管理的基础理论问题涉及数字图书馆基本理论问题认识、数字图书馆基本职能、数字文化事业机制等内容，取得一定的成果，发表了相关学术论文，成果在著作中也有反映，但缺失诸多。这些也将成为今后一个阶段研究的重点。

今后将会加强数字图书馆事业的社会机制研究，探讨数字图书馆在数字化社会中的基本职能和社会职能、数字化社会中数字图书馆的角色与地位、数字文化事业的社会机制等课题。

希望得到专家们和广大读者的指点。

参 考 文 献

阿伦特 . 1999. 人的条件 . 竺乾威等译 . 上海：上海人民出版社 .

敖毅 . 2005. 面向数字图书馆的五层模型异构数据集成架构研究 . 情报学报，24（6）：723-727.

白君礼 . 2003. 数字图书馆技术联盟及其风险与防范 . 情报科学，21（2）：201-202.

白莉 . 2009. 普适计算技术在智能图书馆系统中的应用 . 图书馆学研究，（11）：35-37.

包平，唐惠燕，张彬，等 . 2006. 引进数字资源学术价值 IF 测评 . 大学图书馆学报，24（5）：56-58.

北京大学中国软实力课题组 . 2008. 软实力在中国的实践之一——软实力概念 . http：//theory. people. com. cn/GB/49157/49165/6957188. html［2008-03-05］.

毕强，韩毅 . 2009. 语义网格环境下基于元数据本体的数字图书馆互操作研究 . 图书情报工作，53（15）：17-20，82.

曹志梅 . 2008. 区域图书馆联合体的构建模式研究——以江苏省为例 . 情报理论与实践，31（1）：90-91.

曹作华 . 2003. 图书馆信息资源建设与评价 . 徐州：中国矿业大学出版社 .

常娥，袁曦临 . 2009. 网络原生数字资源管理问题探析 . 图书馆建设，（5）：27-30.

常友寅 . 2004. 数字图书馆企业化运营实务操作 . 北京：北京图书馆出版社 .

常友寅 . 2005. 浅论数字图书馆宏观管理 . 图书馆理论与实践，（6）：16-18.

陈虹涛，李志俊 . 2005. 元数据的标准规范及其互操作性 . 情报杂志，24（7）：93-95.

陈建龙 . 2003. 信息服务模式研究 . 北京大学学报：哲学社会科学版，40（3）：124-132.

陈洁，司莉 . 2008. 社会分类法（Folksonomy）特点及其应用研究 . 图书与情报，（3）：27-30.

陈黎琴 . 2007. 现代管理学理论发展及其研究方法综述 . 商场现代化，3：391-392.

陈能华 . 2004. 图书馆信息化建设 . 北京：高等教育出版社 .

陈维军，李亚坤 . 2006. 泛在知识环境下的图书馆 . 图书馆杂志，25（9）：3-6.

陈雪樵 . 2008. 数字图书馆与文化共享工程 . 北京：中国环境科学出版社 .

陈耀盛 . 2002. 国内外现行数字图书馆运行模式比较 . 情报资料工作，（5）：44-47.

陈永玲 . 2007. 数字化时代图书馆服务创新探讨 . 图书馆论坛，27（3）：124-126.

陈永平 . 2009. 基于数字环境下用户需求与行为分析的图书馆服务导向 . 图书馆论坛，（1）：33-35.

陈有志，郑章飞 . 2007. 1994 年以来我国图书馆管理创新研究述评 . 高校图书馆工作，27（3）：16-21.

陈幼华 . 2003. Portal 技术在图书馆个性化知识服务中的应用 . 图书馆杂志，22（3）：35-39.

陈宇青，彭仁贤 . 2003. 21 世纪数字图书馆联盟，香港 JULAC（大学图书馆长联席会）实例 . 图书情报工作，（9）：6-10.

陈源蒸 . 2005. 数字图书馆非图书馆 . 大学图书馆学报，4（2）：2-8.

谌强 . 2012. 总结 2011 展望 2012 文化发展 文化硕果人民共享 . http：//www. ce. cn/culture/gd/201203/01/t20120301_ 23117728. shtml［2012-3-22］.

程焕文，张靖 . 2006. 公理的呼吁 正义的呐喊——《图书馆合作与信息资源共享武汉宣言》的启示 . 大学图书馆学报，24（2）：13-15.

程昔武，纪纲 . 2008. 非营利组织信息披露机制：一个理论框架 . 财贸研究，19（4）：111-117.

初景利，吴冬曼 . 2008. 论图书馆服务的泛在化——以用户为中心重构图书馆服务模式 . 图书馆建设，（4）：62-65.

初景利，张冬荣 . 2008. 第二代学科馆员与学科化服务 . 图书情报工作，52（2）：6-10.

崔瑞琴，孟连生 . 2007. 数字信息资源整合问题研究 . 图书情报工作，51（7）：35-37.

戴龙基，陈凌 . CALIS 数字图书馆理念与北京大学数字图书馆实践 . http：//www. idl. pku. edu. cn/pdf/calis-pku. pdf.［2010-06-17］

戴龙基.2007. 文献资源发展政策研究. 北京：北京大学出版社.
德鲁克.2009. 后资本主义社会. 张星岩译. 北京：东方出版社.
邓国胜. 中国 NGO 问卷调查的初步分析. [EB/OL]. [2010-8-18]
东方.2004. 数字图书馆的管理理念. 情报资料工作，(6)：54-56.
董其军.2002. 基于 CORBA 技术的图书馆个性化信息服务系统研究. 情报理论与实践，(5)：360-362.
董焱.2003. 信息文化论——数字化生存状态冷思考. 北京：北京图书馆出版社.
董永飞，马海群.2010. 谷歌数字图书馆计划发展历程与版权问题分析. 情报资料工作，(4)：10-13.
董振东.1998. 语义关系的表达和知识系统的建造. 语言文字应用，3 (3)：76-82.
杜海云.2008. 我国数字馆藏建设与管理现状调查分析. 图书馆，3：66-68.
杜佳.2005. 国家信息政策法规体系研究. 北京：北京图书馆出版社.
杜小勇，马文峰.2005. 数字资源集成系统体系结构研究. 情报资料工作，(3)：42-45.
段莹，秦云.2005. 数字图书馆相关标准探讨. 现代情报，25 (9)：87-88.
范并思.2009. 云计算与图书馆：为云计算研究辩护. 图书情报工作，53 (21)：5-9.
方家忠.2010. 论美国图书馆事业保障与行政管理体制及其启示. 图书馆论坛，30 (3)：37-39.
冯琼，李细枚，钟翠娇.2011. 国外高校图书馆信息服务社会化模式借鉴. 沈阳教育学院学报，13 (3)：66-68.
冯琼.2005. 基于网络信息组织的图书馆个性化主动服务. 图书与情报，(3)：61-64.
富平.2005. 国家数字图书馆标准规范建设. 国家图书馆学刊，14 (4)：13-16.
高波，刘兹恒，于丽凤.2001. 网络环境下我国图书馆信息资源共建共享现状调查报告. 中国图书馆学报，27 (4)：48-52.
高新陵，王正兴.2011. “十一五”期间我国文献情报领域知识发现研究综述. 图书情报工作，55 (24)：56-60.
高兆云.2008. 论泛在知识环境下的数字图书馆发展趋势. 情报杂志，27 (2)：156-158.
龚亦农.2005. 数字图书馆的资源整合. 图书情报工作，49 (7)：121-124.
郭德华.2005. 国外数字图书馆标准应用实践与启示. 图书馆理论与实践，(3)：108-110.
郭海明，刘桂珍.2005. 数字图书馆信息服务模式发展研究. 情报理论与实践，28 (3)：251-254.
郭海明.2005. 数字图书馆信息服务模式研究. 情报科学，23 (10)：1546-1550.
郭海明.2008. 我国数字图书馆服务的具体模式. 图书馆理论与实践，(2)：59-61.
郭家义，吴振新.2005. 数字资源长期保存研究综述（1）——技术，系统，框架. 图书馆杂志，24 (5)：53-55.
郭晶，宋海艳，余晓蔚，等.2010. 从数字图书馆管理体系建设看未来发展. 数字图书馆论坛，(3)：15-26.
郭少友.2008. 基于 P2P 的数字图书馆虚拟联盟研究. 计算机与数字工程，36 (6)：73-76.
郭卫兵，刘磊，朱毅华.2010. 网络环境下基于需求的高校图书馆资源共享系统的互操作及技术框架分析. 图书馆论坛，30 (3)：108-110.
郭一平，王亮.2007. 数字图书馆联盟构建模式的选择与实践. 图书馆论坛，27 (4)：1-3.
国家信息中心，中国信息协会，《中国信息年鉴》编委会.2003. 中国信息年鉴 2003. 北京：中国信息年鉴期刊社.
哈尔滨工业大学信息检索实验室.2010.《同义词词林》扩展版. http：//ir. hit. edu. cn/. [2010-05-30]
韩丽.2009. 泛在知识环境下数字图书馆知识共享空间的构建. 现代情报，29 (7)：85-88，91.
韩夏，李秉严.2004. 元数据的互操作研究. 情报科学，22 (7)：812-814，877.
韩毅，李融.2003. 数字图书馆中数字化信息资源的保存机制. 情报科学，21 (8)：838-841.

韩志萍 . 2002. 浅论图书馆的个性化信息服务 . 图书馆理论与实践，(6)：16-18.
韩子军，江凌 . 2002. 关于俄亥俄文献保障系统电子期刊中心的研究 . 现代图书情报技术，(4)：81-83.
郝晓蔚，沈玉兰 . 2007. 国内外数字图书馆标准规范建设情况概述 . 情报探索，(8)：91-92.
何琳 . 2010. 我国区域性高校数字图书馆联盟建设现状调查分析 . 图书馆，(4)：61-63.
何伟泉 . 2009. 基于知识管理框架的合作数字参考咨询服务 . 图书馆学研究，(11)：82-84.
何小明，王韬，刘屏极 . 2004. 美国数字化图书馆联盟（DLF）的发展及其启示 . 图书馆理论与实践，(4)：81-83.
何永珍，苏彦朝 . 2007. 高校图书馆个性化信息服务的问题与对策 . 兰台世界，(18)：65-66.
何振 . 2007. 网络环境下政府信息资源共享机制研究 . 档案学通讯，(3)：35-36.
贺利婧，林铁莉 . 2008. 基于博客的学科馆员创新服务模式 . 上海高校图书情报工作研究，(1)：26-29.
赫茨琳杰 . 2004. 非营利组织管理 . 陈江和王岚译 . 北京：中国人民出版社 .
侯惠芬 . 2010. 手机数字图书馆的应用及发展趋势 . 农业图书情报学刊，22（3）：132-133.
侯建，帅仁俊，侯文 . 2011. 基于云计算的海量数据存储模型 . 通信技术，44（5）：163-165.
胡广翔 . 2004. 对韩国发展数字图书馆的效益及国家政策的分析 . 当代韩国，(4)：69-71.
胡萍 . 2010. 关于政府科技管理机制创新的若干思考 . 科技进步与对策，27（14）：108-110.
胡唐明，何艳宁，黄建年 . 2009. 基于系统平衡的图书馆生态指标体系构建 . 情报杂志，28（8）：88-91.
胡唐明，郑建明，何艳宁 . 2011. 非营利性数字图书馆信息披露机制研究 . 情报资料工作，(6)：27-30.
胡燕菘 . 2005. 国内数字图书馆研究项目综述 . 高校图书馆工作，25（2）：26-28，51.
胡悦，刘彤，刘剑明 . 2010. 基本公共服务均等化视阈下的政府间转移支付制度—从法治视角的分析 . 中国行政管理，(1)：78-80.
胡振华 . 2004. 新移动图书馆信息服务系统 . 图书馆自动化，(4)：18-20.
花明 . 2005. 论以人为本理念在图书馆中的实施 . 图书馆工作与研究，(1)：78-79.
黄勃 . 2007. 高等学校图书馆资源建设与数字资源产权保护 . 情报理论与实践，30（2）：220-221.
黄传慧 . 2010. Web2. 0 环境下图书馆学术信息服务研究 . 武汉：湖北人民出版社 .
黄国彬 . 2007. 学术存储库互操作研究——以 Pathways 原型系统为例 . 图书馆理论与实践，(6)：72-75.
黄群庆 . 2004. 崭露头角的移动图书馆服务 . 图书情报知识，(5)：48-49.
黄文忠，戎军涛 . 2010. 我国数字图书馆的组织模式及发展对策 . 中小企业管理与科技，(3)：80-181.
黄筱玲 . 2005. 湖南省高校图书馆数字资源建设探析 . 图书情报工作，49（9）：116-118.
黄永文 . 2005. Web 整合系统的分析与研究 . 图书情报工作，49（10）：11-14.
黄幼菲 . 2011. 泛在知识环境下后数字图书馆发展的思考 . 情报理论与实践，34（3）：39-44.
黄泽亚 . 2011. 数字图书馆版权纠纷的法律探究 . 河南教育学院学报（哲学社会科学版），30（5）：77-79.
黄宗忠 . 2002a. 图书馆学导论 . 武汉：武汉大学出版社 .
黄宗忠 . 2002b. 图书馆管理学 . 武汉：武汉大学出版社 .
黄宗忠 . 2005. 服务是图书馆的永恒主题——兼评国外图书馆服务的新理念、新方法 . 图书馆论坛，25（6）：22-29.
江向东 . 2003. 我国数字图书馆建设现状、存在的问题及其对策 . 福建师范大学学报（哲学社会科学版），(5)：143-148.
姜爱蓉，牛金芳，郑小惠 . 2010. 基本数字对象描述元数据现状与发展 . http：//cdls. nstl. gov. cn/. 2010-05-17
姜永常 . 2009. 泛在知识环境与数字图书馆的危机管理 . 图书情报知识，(4)：109-117.
姜志芳 . 2006. 信息用户需求及信息用户行为研究综述 . 图书馆论坛，26（4）：284-286.

蒋弘 . 2007. 我国图书馆馆长的职业资格认证问题 . 国家图书馆学刊，16（3）：29-34.
蒋亚琳 . 2009. 美国研究型大学图书馆的信息服务研究 . 重庆：西南大学 .
蒋永福，陈丽君 . 2003. 图书馆人本管理：含义与原则 . 图书馆建设，（4）：3-4.
蒋永福，王清远 . 2010. 西方国家公共图书馆治理的特点——以西方国家的文化管理体制特点为背景的分析 . 图书情报工作，54（13）：27-33.
焦玉英，袁静 . 2009. 基于用户个性化需求的数字图书馆集成服务研究 . 图书情报工作，53（3）：54-56.
金胜勇，赵凯威 . 2005. 后数字图书馆时代解析 . 图书馆杂志，24（5）：19-21.
鞠彦辉，刘宏伟，牟冬梅，等 . 2009. 国外典型语义数字图书馆系统的比较研究 . 图书馆论坛，（3）：68-71.
孔慧，王映霞 . 2003. 21 世纪图书馆管理精髓是人本管理 . 图书与情报，（2）：41-42.
孔令玉，高波 . 2008. 美国的图书馆信息资源共享模式 . 大学图书馆学报，26（5）：34-38.
雷震，焦玉英 . 2009. 图书馆数字资源使用统计的现状分析//焦玉英，胡昌平，邓胜利，等 . 数字化信息服务研究：2009 年信息化与信息资源管理学术研讨会论文集 . 第一版 . 武汉：武汉大学出版社：65-73.
李宝强，孙建军 . 2007. 试论数字信息资源配置模式 . 情报资料工作，（2）：44-48.
李长玲，翟雪梅 . 2008. 基于硕士学位论文的我国图书馆学与情报学研究热点分析 . 情报科学，26（7）：1056-1660.
李春旺，张晓林 . 2004. 复合数字对象研究 . 情报学报，23（4）：444-451.
李德志 . 2009. 人事行政学 . 北京：高等教育出版社 .
李峰，李春旺 . 2010. 面向数字图书馆的跨界检索系统研究 . 图书馆学研究，（3）：48-51.
李富玲，卢振波 . 2005. 数字图书馆联盟研究 . 大学图书馆学报，（2）：11-15.
李高峰，陈永平，王岚霞 . 2009. 国外图书馆多元文化服务：理念、实践与模式 . 图书馆建设，（11）：69-72.
李歌维 . 2007. Web 日志挖掘数据预处理与数字图书馆个性化服务 . 情报杂志，26（8）：90-91.
李广建，龚立群，孙洁丽 . 2006. 下一代数字图书馆系统体系架构的发展动向 . 高校图书馆工作，26（3）：1-5.
李广建，汪语宇，张丽 . 2007. 数字资源整合的实现机制及关键技术——对国外数字资源整合系统的实证研究 . 中国图书馆学报，33（2）：75-80.
李广建 . 2005. 专题：整合研究的理论与实践 . 图书情报工作，49（10）：5.
李佳乐 . 2007. DLs 互操作开放框架 . 软件世界，（12）：68-69.
李嘉琳 . 2001. 中外图书馆管理体制比较研究 . 图书与情报，（1）：15-20.
李建中，杨艳，张艳秋 . 2004. 并行文本管理原型系统 PDoc 的功能与总体框架 . 哈尔滨工业大学学报，36（9）：1139-1143.
李静 . 2010. 从“Google 数字图书馆案”谈版权作品利益格局的变化与对策 . 广东社会科学，（5）：195-200.
李恺 . 2010. RDA 和语义网 . 数字图书馆论坛，（12）：8-15.
李力 . 2005. 数字图书馆：美国的建设与启示 . 现代情报，25（1）：95-97.
李培 . 2004. 数字图书馆原理及应用 . 北京：高等教育出版社 .
李秋之 . 2007. 数字图书馆发展模式之探讨 . 图书馆工作与研究，（1）：44-47.
李书宁，李亚子，王立贤，等 . 2008. 类 MyLibrary 个人数字图书馆构建方案研究 . 图书馆杂志，27（2）：54-58.
李曙东 . 1996. 我国文献资源布局和利用面临的问题和对策 . 大学图书馆学报，14（2）：51-53.

李伟基 . 2007. 近年来我国图书馆知识管理研究综述 . 新世纪图书馆，(3)：48-48.
李晓夏，马吉明，陈云飞，等 . 2003. 基于 J2EE 架构集中索引分布式数字图书馆 . 航空计算技术，33 (2)：61-63.
李岩 . 2003. 浅谈数字图书馆的特点及建设方法 . 图书馆学刊，25 (1)：6-7.
李玉华 . 2010. 论高校图书馆管理现状及对策 . 中国成人教育，(13)：80-82.
李哲汇 . 2007. 数字化进程中的图书馆 . 北京：北京图书馆出版社 .
李子婷 . 2004. 数字图书馆资源建设与文化产业 . 图书馆论坛，24 (5)：125-127.
里斯 . 2010. 云计算应用架构 . 程桦译 . 北京：电子工业出版社 .
梁栋材 . 2002. 完善选拔制“专升本”的管理体制和管理机制 . 广西右江民族师专学报，(5)：56-59.
梁学敏，汪英姿，吴昭 . 2010. 浅谈面向社会开放的日本大学图书馆 . 科技情报开发与经济，20 (31)：39-40.
梁彦滨 . 2004. 中美数字图书馆比较研究 . 哈尔滨：黑龙江大学 .
廖剑岚 . 2001. 国外数字图书馆研究比较 . 图书馆杂志，20 (7)：9-11.
廖黎莉 . 2006. 高校虚拟参考咨询系统的设计与实现 . 苏州：苏州大学 .
林平忠 . 2003. 论图书馆信息服务的个性化问题 . 中国图书馆学报，29 (6)：46-49.
刘八一，伍玲玲 . 2006. 文献资源共享新模式的探索与实践——江苏省高校“通用借书”证运作十年的回顾与思考 . 大学图书馆学报，(5)：11-16.
刘崇学 . 2006. 基于智能搜索引擎的数字图书馆个性化服务研究 . 现代情报，(11)：16-18.
刘冬梅，孙晓明 . 2009. 高校图书馆个性化信息服务分析 . 情报科学，(12)：1806-1810.
刘景宇 . 2007. RSS 在图书馆个性化信息服务中的应用 . 情报资料工作，(4)：102-105.
刘葵波 . 2003. 数字图书馆建设中信息集成服务体系的实施 . 图书情报知识，(6)：63-64.
刘炜，姜爱蓉，马文峰，等 . 基本元数据应用规范 [R] . http：//cdls. nstl. gov. cn/. 2010-05-17
刘炜，楼向英，张春景 . 2007. 数字图书馆评估研究 . 图书情报工作，51 (5)：21-24.
刘炜 . 2009. 图书馆需要一朵怎样的“云”？大学图书馆学报，27 (4)：2-6.
刘文科 . 2008. “后数字图书馆”语境下高校图书馆泛在知识服务研究 . 图书馆学研究，(1)：82-84.
刘晓清，宓永迪，陈晔，等 . 2010. 怎样建设数字图书馆 . 北京：海洋出版社 .
刘晓远 . 2008. 我国著作权集体管理模式的探讨 . 社会科学研究，(3)：185-187.
刘燕权，陈晨 . 2009d. “科学奥德赛”——一个囊括 20 世纪科学重大发现的数字图书馆 . 数字图书馆论坛，(11)：63-66.
刘燕权，谷秀洁 . 2007. 美国科学数字图书馆 (NSDL) 2005-2006 年资助项目述评 . 数字图书馆论坛，(10)：62-75.
刘燕权，谷秀洁 . 2008. 性别与科学数字图书馆：EDC1 与 ENC2 的弃婴？数字图书馆论坛，(2)：64-68.
刘燕权，韩志萍 . 2009. 美国记忆——美国历史资源数字图书馆 . 数字图书馆论坛，(7)：66-70.
刘燕权，黄田青 . 2009. 罗塞塔数字图书馆：人类语言的绿洲 . 数字图书馆论坛，(2)：58-62.
刘燕权，马凌云，王群 . 2010. 社会探险家：美国人口统计制图数字图书馆 . 数字图书馆论坛，(6)：66-70.
刘燕权，王晓燕 . 2009. 敞开数学知识王国之门：美国数学数字图书馆——MathDL. 数字图书馆论坛，(6)：74-77.
刘颖 . 2009. 基于 Web2. 0 的信息集成服务研究//焦玉英，胡昌平，邓胜利 . 数字化信息服务研究：2009 年信息化与信息资源管理学术研讨会论文集 . 武汉：武汉大学出版社：92-99.
刘玉照，岳修志，刘建准 . 2007. WinFS 文件系统的数字资源管理模式 . 图书情报工作，51 (4)：100-103.

刘云英 . 2010. 泛在图书馆与移动信息服务 . 农业图书情报学刊，22（11）：280-283.
柳霞 . 2010-1-7. 世界人文社科文献自“高速路”而来 . 光明日报，12.
卢雷，石开斌 . 2004. 论我国非营利性组织公共性的缺失及其对策 . 山东教育学院学报，19（4）：107-109.
卢培文，赵荣，朱宗霞，等 . 2009. 基于 Widget 的个性化图书馆服务 . 图书情报工作，（S1）：71-73.
卢小林 . 2011. 论高校数字图书馆的个性化服务 . 兰台世界，（21）：76-77.
陆宝益，陈雅，郑建明 . 2006. 我国高校数字化图书馆建设宏观模式取向研究 . 中国图书馆学报，（6）：49-54.
陆宝益，倪波 . 2000. 我国图书馆数字化之实践述评与动因分析 . 情报科学，18（12）：1144-1147.
陆宝益 . 2010. 论协同学理论在 Information Commons 中的应用——Information Commons 构建的理论基础研究之二 . 图书情报工作，54（10）：67-70.
陆承兆 . 2004. 近年来我国数字图书馆建设的主要障碍及发展策略 . 图书馆论坛，（2）：73-75，125.
陆觉民，郑宇 . 2006. 数据挖掘技术的改进在图书馆个性化服务中的应用 . 现代图书情报技术，（8）：65-68.
逯爱英 . 2003. 论人本理念与高校图书馆发展 . 南阳师范学院学报，（10）：119-120.
吕志梅 . 2008. 国外数字资源长期保存的现状、问题及对我国的启示 . 现代情报，28（5）：28-33.
栾润峰 . 2006. 精确管理 . 北京：东方出版社 .
罗昊 . 2003. 互操作——数字图书馆元数据方案的关键 . 情报杂志，22（12）：32-33，36.
罗良道 . 2002. 全面质量管理体系与图书馆管理 . 图书情报工作，（7）：104-106.
罗琳 . 2000. 个性化服务与数字图书馆的发展 . 图书情报知识，（4）：55-57.
罗曼 . 2000. 21 世纪图书馆管理展望 . 高校图书馆工作，20（2）：7-11.
罗曼 . 2003. 图书馆全面质量管理 . 合肥：安徽大学出版社 .
罗蕴青 . 2002. 图书馆数字化建设//张白影等 . 中国图书馆事业 1996-2000. 长沙：湖南科学技术出版社 .
骆红梅 . 2011. 从江苏省高校通用借书证看区域文献资源共享体系构建 . 图书馆，（3）：113-114.
马芳珍，聂华，李淑敏 . 2007. 电子资源管理系统的分析和设计 . 现代图书情报技术，（2）：82-85.
马费成，望俊成，张于涛 . 2010. 国内生命周期理论研究知识图谱绘制——基于战略坐标图和概念网络分析法 . 情报科学，（4）：481-487，506.
马费成，望俊成 . 2010. 信息生命周期研究述评（II）——管理视角 . 情报学报，（6）：1080-1086.
马海群 . 2009. 论数字信息文化及其构建途径 . 图书馆论坛，（6）：74-78.
马文峰，杜小勇 . 2007. 关于知识组织体系的若干理论问题 . 中国图书馆学报，33（2）：13-17.
马文峰 . 2003. 基于知识组织理论之上的数字资源整合 . 情报资料工作，（1）：26-28.
马文峰 . 2007. 数字资源整合：信息资源管理领域的新课题 . 情报资料工作，（1）：39-40.
马先皇 . 2007. 中美图书馆联盟比较研究——以 Calis 和 OhioLINK 为例 . 情报资料工作，（1）：86-91.
毛新生等 . 2007. SOA 原理 · 方法 · 实践 . 北京：电子工业出版社 .
孟广均，徐引篪 . 1999. 国外图书馆学情报学研究进展 . 北京：北京图书馆出版社 .
宓浩，刘迅，黄纯元 . 1988. 图书馆学原理 . 上海：华东师范大学出版社 .
苗凌，李人厚 . 2001. 数字图书馆中特色数据库的研究与实践 . 大学图书馆学报，19（2）：13-15.
牛根义 . 2003. 现代管理理论与图书馆管理 . 河南图书馆学刊，23（6）：18-20.
欧阳美林，钱鹏 . 2009. 全文数据库研究述评 . 数字图书馆论坛，（8）：26-31.
欧阳品山，陈益刚 . 2006. 项目管理在数字图书馆建设中的运用探索 . 四川图书馆学报，（3）：2-7.
潘启灵 . 2007. 个性化服务是高校图书馆的生命之源 . 现代情报，27（7）：175-176.
裴俊青 . 2009. 基于区域联盟的高校数字图书馆发展模式 . 兰台世界，（3）：76-77.

裴雷，马费成. 2006. 社会网络分析在情报学中的应用和发展. 图书馆论坛，26（6）：40-45.
彭斐章，邹瑾. 2005. 数字环境下的书目控制研究. 图书馆论坛，25（6）：10-15.
彭斐章等. 2009. 数字时代目录学的理论变革与发展研究. 武汉：武汉大学出版社.
彭俊玲，杨敏. 1999. 对我国图书馆事业管理体制改革的研究述评. 图书情报工作，（5）：21-24.
彭新武. 2007. 当代管理学研究的范式转换——走出“管理学丛林”的尝试. 中国人民大学学报，（5）：77-84.
蒲筱哥. 2008. 我国特色数据库建设研究论文的统计分析. 数字图书馆论坛，（9）：53-56.
钱斌等. 2006. 人力资源管理理论与实务. 上海：华东师范大学出版社.
钱鹏，郑建明. 2011. 高校科学数据组织与服务初探. 情报理论与实践，34（2）：27-29.
钱鹏. 2009. 近5年国内高校图书馆馆藏结构变化研究——基于18所院校图书馆馆藏经费的分析. 图书情报知识，（4）：62-67.
乔欢. 2004. 欧洲数字图书馆评价研究. 图书馆杂志，23（11）：56-59，62.
乔欢. 2005. 美国数字图书馆项目评价及评价项目研究. 图书馆杂志，24（2）：59-63.
乔欢. 2006. 数字图书馆评价理论框架构建者萨拉赛维奇. 国家图书馆学刊，（1）：74-76.
乔晓东，梁冰，李颖. 2010. 从NSTL战略定位到最新进展及未来发展规划. 数字图书馆论坛，（10）：11-17.
秦春秀，赵捧未，淡金华. 2008. 基于自组织理论的数字信息资源管理. 图书情报工作，52（2）：100-103.
邱均平，沙勇忠，刘焕成. 2001. 论数字图书馆的知识管理. 情报资料工作，（5）：5-8.
曲建峰，杨宗英，郑巧英，等. 2006. 基于网格的数字图书馆服务模式探讨. 现代图书情报技术，（2）：10-14.
任朝彦. 2009. 德鲁克管理沉思录. 南京：凤凰出版社.
任静. 2009. 基于3G技术的泛在图书馆移动信息服务研究. 情报资料工作，（5）：97-100.
任宁宁. 2010. 我国公益性数字图书馆版权利益冲突的现状及其对策研究. 情报资料工作，（2）：102-105.
邵畅. 2006. 试论WEB2.0思想对图书馆个性化服务的启示. 情报资料工作，（6）：81-83.
申晓娟，赵悦，胡洁. 2010. 2005—2009年我国数字图书馆发展综述. 数字图书馆论坛，（3）：1-14.
沈光亮. 2006. 近五年来图书馆管理研究进展. 现代情报，26（6）：123-125.
沈继武，萧希明. 1991. 文献资源建设. 武汉：武汉大学出版社.
沈珺等. 2009. 企业家学实务（下）. 北京：清华大学出版社；北京交通大学出版社.
沈玉兰，张爱霞. 管理元数据发展趋势研究报告. http：//cdls. nstl. gov. cn/. 2010-05-17
盛小平. 2003. 图书馆知识管理对图书馆管理的创新. 图书馆杂志，22（6）：2-7.
盛小平. 2005. 新世纪国内图书馆管理研究进展. 图书馆理论与实践，（3）：1-5.
石美清. 2010. 云计算对图书馆数字信息资源建设的影响. 图书馆理论与实践，（5）：65-67.
石英华. 2006. 政府财务信息披露研究. 北京：中国财政经济出版社.
史田华. 2002. 因特网个性化信息服务. 情报资料工作（1）：31-38.
宋海艳，郑建明，陆宝益. 2007. 数字图书馆管理模式探析. 情报理论与实践，30（3）：331-335.
苏海潮，萧德洪. 2004. 数字图书馆联盟的合作与协调. 图书馆杂志，23（4）：16-18.
苏海明. 2009. HathiTrust数字仓库项目概述. 数字图书馆论坛，（7）：60-65.
苏建华. 2009. 数字图书馆联盟服务共享模式研究. 图书馆学研究，（5）：35-37.
苏新宁，夏立新. 2011. 2000—2009年我国数字图书馆研究主题领域分析——基于CSSCI关键词统计数据. 中国图书馆学报，37（4）：60-69.

苏新宁 . 2006. 图书馆、情报与文献学学术影响力研究报告（2000—2004）——基于 CSSCI 的分析 . 情报学报，（2）：131-153.
苏新宁 . 2007. 图书馆、情报与文献学研究热点与趋势分析（2000—2004）——基于 CSSCI 的分析 . 情报学报，26（3）：373-383.
苏新宁 . 2010. 提升图书情报学学科地位的思考——基于 CSSCI 的实证分析 . 中国图书馆学报（4）：47-53.
孙承鉴，申晓娟，刘刚 . 2006. 我国数字图书馆发展十年回顾——综述 . 数字图书馆论坛，（1）：1-13.
孙承鉴 . 2006. 数字图书馆建设与发展 . 数字与缩微影像，（2）：1-4.
孙会清，杜鑫 . 2005. 分类法在网络环境下的应用现状分析 . 农业图书情报学刊，（6）：166-169.
孙颉，叶勤 . 2010. 日本大学图书馆社会化服务及启示 . 图书馆，（3）：60-61，67.
孙瑾 . 2007. 面向服务的（SOA）数字图书馆 . 图书馆杂志，（5）：52-55.
孙丽霞 . 2010. 3G 技术下移动数字图书馆的服务方式探究 . 情报科学，（10）：1484-1486.
孙坦 . 2000. 数字图书馆理论与发展模式研究 . 北京：中国科学院文献情报中心 .
孙卫 . 2009. 图书馆在云时代的思考 . 数字图书馆论坛，（6）：35-41.
孙友祥，柯文昌 . 2009. 城乡基本公共服务均等化：价值、困境与路径 . 中国行政管理，（7）：45-47.
孙宇 . 2010. Micro-blogging 图书馆个性化服务新平台 . 图书馆工作与研究，（2）：33-36.
索传军，王涛，付光宇 . 2008. 国内外信息生命周期管理研究综述 . 图书馆杂志，27（7）：14-20.
索传军，袁静 . 2007. 论数字馆藏发展政策的框架与内容 . 中国图书馆学报，（2）：65-69.
索传军 . 2010. 试论信息生命周期的概念及研究内容 . 图书情报工作，（13）：5-9.
唐林 . 2006. 我国用户信息行为研究综述 . 新世纪图书馆，（6）：13-15.
田国良 . 2005. 公益性服务还是市场化运作——数字图书馆运行模式选择 . 情报资料工作，（1）：75-77.
田国良 . 2007a. 数字图书馆宏观管理问题 . 图书馆理论与实践，（3）：4-6.
田国良 . 2007b. 我国数字图书馆应当由谁来管 . 中国图书馆学报，33（2）：99-102.
田国良 . 2009. 中国数字图书馆宏观管理研究 . 湘潭：湘潭大学出版社 .
宛文红 . 2002. 数字图书馆信息服务模式探讨 . 情报资料工作，（4）：39-40.
万里鹏 . 2009. 信息生命周期研究范式及理论缺失 . 中国图书馆学报，（5）：36-41.
王斌 . 2008. 数字图书馆版权授权模式研究 . 长沙：湖南师范大学 .
王灿荣 . 2009. M-Learning 开创高校图书馆移动服务的新时代 . 图书馆学刊，（5）：65-67.
王长全，艾雰，姚建文 . 2010. 云计算环境下数字图书馆信息资源安全策略研究 . 情报杂志，29（3）：184-186.
王朝坤，李建中，石胜飞，等 . 2006. HIT-DML 的设计与实现 . 哈尔滨工业大学学报，（3）：327-330.
王萃 . 2006. 图书数字化传播版权授权模式研究 . 长春：东北师范大学 .
王东波，张宏涛 . 2008. 数字图书馆数据安全技术的新进展及应用研究 . 图书馆学研究，（6）：7-10.
王东艳 . 2001. 中美数字图书馆研究比较 . 情报资料工作，（6）：32-36.
王化兵 . 2009. 国家科学图书馆与 Springer 签署数字资源长期保存协议 . 出版参考：业内资讯版，（18）：19.
王怀诗，李慧佳 . 2010. 图书馆协同管理模型构建研究 . 图书与情报，（4）：125-128.
王兰成，敖毅，曾琼 . 2006. 异构多信息源组织与集成技术的研究现状及其进展 . 现代图书情报技术，（3）：68-71.
王磊 . 2010. 国家数字图书馆建设现状及发展战略 . 长春：艾利贝斯集团产品中国用户协会（CCEU）.
王培凤 . 2008. 数字图书馆信息资源长期保存中存在的问题及应对策略 . 情报探索，（6）：42-43.
王启云 . 2003. 数字信息资源的管理模式探讨 . 图书情报工作，（9）：29-32.

王庆环 . 2010. CALIS 发布学术搜索引擎“e 读”. http://edu.gmw.cn/2010-09/29/content_ 1281877.htm [2010-11-18].
王少辉 . 2006. 美国国会图书馆在数字信息长期保存中的领导作用 . 图书馆杂志，25（12）：60-62.
王松林 . 2003. 从 AACR2 的审议过程看描述性编目条例的未来 . 图书馆学刊，（1）：39-41.
王素梅，吴现杰 . 2004. 论信息社会与数字图书馆 . 河北科技图苑，17（6）：25-27.
王文清 . 2010. 云服务进入 CALIS 数字图书馆迎来云时代 . http://www.caigou.com.cn/News/Detail/62917.shtml [2010-11-10].
王文清，陈凌 . 2009. CALIS 数字图书馆云服务平台模型 . 大学图书馆学报，（4）：13-18，32.
王颖 . 1998. 我国数据库产业与国际数据库产业的比较研究 . 晋图学刊，（2）：21-23.
王玉芹，王鸑飞 . 2010. 国外图书馆信息服务模式的启示 . 农业图书情报学刊，22（10）：326-369.
王知津，侯延香 . 2005. 我国数字图书馆可持续发展的服务模式 . 大学图书馆学报，（5）：2-6.
王子舟 . 2003. 图书馆学基础教程 . 武汉：武汉大学出版社 .
隗斌贤，曾昭春，侯彦明 . 2007. 管理学原理 . 北京：经济科学出版社 .
魏大威，孙一钢 . 2008. 中国国家数字图书馆工程总体设计 . 数字图书馆论坛，（8）：23-31.
魏大威，詹剑峰 . 2006. 异构集群系统在数字图书馆中的应用浅析 . 现代图书情报技术，（8）：12-17.
魏治国 . 2007. 高校图书馆社会化服务的新契机——异地校园背景下高校图书馆服务城乡之思考 . 情报资料工作，（4）：92-94.
文榕生 . 2007. 信息汇天下——文献资源建设应注重书目数据 . 图书馆界，（1）：3-6.
吴伯成 . 2009. 基于用户行为的信息资源整合及服务模式探究 . 现代情报，（4）：51-53.
吴风珍，刘德建 . 2006. 中国非营利组织的资金来源及分析 . 法制与社会，（12）：204-205.
吴基传 . 2002.《中国数字图书馆》序//徐文伯 . 中国数字图书馆：数字资源的开发与研究 . 北京：人民出版社 .
吴晶，刘佳，周昕 . 2010. 国内外图书馆个性化信息服务系统及服务模式比较研究 . 图书馆学研究，（7）：24-29.
吴蜀红 . 2004. 数字图书馆的发展模式与知识产权问题 . 图书馆学研究，（3）：9-10.
吴伟，孟延春 . 2007. 我国非营利组织的资金困境及化解建议 . 学会，（12）：8-13.
吴伟 . 2007. 非营利组织的资金来源：国外的经验与启示 . 中州学刊，（4）：99-103.
吴慰慈 . 2004. 图书馆学基础 . 北京：高等教育出版社 .
吴杏冉 . 2006. FRBR 对编目理论和实践的影响 . 图书馆杂志，（10）：19-21.
《武汉宣言》，全称《图书馆合作与信息资源共享武汉宣言》，2005 年 7 月 8 日“中国大学图书馆馆长论坛”原则通过并签署，后经修改，以专稿形式发表于《大学图书馆学报》2005 年第 6 期 .
夏立新，韩永青，邓胜利 . 2008. 基于知识供应链的知识服务模型研究 . 中国图书馆学报，（2）：60-64.
夏立新，金晶 . 2009. 从 Google 网络图书馆计划的成功启动看图书馆数字化发展 . 情报科学，（4）：485-488，492.
夏南强，殷克涛，赵富红 . 2009. 论手机图书馆的信息服务 . 情报科学，（11）：43-46.
夏素敏，蓝荣钦，郭锐 . 2009. 基于 Web Service 的数字文献资源集成与共享 . 图书情报工作，（S2）：61-63.
肖东发 . 1999. 中国图书馆年 1999. 北京：北京图书馆出版社 .
肖冬梅 . 2003. 数字时代图书馆联盟的任务 . 图书馆杂志，（9）：36-38.
肖珑 . 1998. 美国国家数字图书馆项目的进展 . 情报学报，17（3）：190-196.
肖珑，陈凌 . 2005. CALIS 与中国高校数字图书馆的发展 . 图书情报工作，（11）：9-14.
肖珑，冯项云，沈芸芸，等 . 2010. 专门数字对象描述元数据规范设计指南 . http://cdls.nstl.gov.cn/.

2010-05-17.
肖容梅，吴晞，汤旭岩，等. 2010. 公共图书馆管理体制研究. 中国图书馆学报，(3)：4-11.
肖希明. 2006. 信息资源建设概念、内容与体系. 中国图书馆学报，(5)：5-8.
肖希明. 2007. 图书馆学研究进展. 武汉：武汉大学出版社.
肖希明. 2008. 数字信息资源建设与服务研究. 武汉：武汉大学出版社.
肖希明，李书祥. 2008.《全国总书目》与图书馆文献资源建设. 图书馆，(6)：26-29.
肖希明，肖婷. 2007. 国外图书馆藏书发展政策理论与实践的发展. 图书与情报，(3)：22-24，31
肖希明，肖婷. 2007. 国外图书馆藏书发展政策面临的问题与走向. 图书与情报，(3)：22-24.
肖秀阳. 2006. 论数字图书馆与版权管理. 情报资料工作，(3)：60-63.
谢丽娟，郑春厚. 2009. 美国高校图书馆社会服务发展现状及启示. 中国图书馆学报，(2)：93-97.
谢琳惠. 2007. 我国数据库产业的现状、问题及对策. 中国图书馆学报，33 (5)：93-94.
谢珍，杨九龙. 2010. 泛在知识环境下图书馆服务泛在化研究. 江西图书馆学刊，40 (1)：6-9.
欣文. 2012. 文化部督查首批创建国家公共文化服务体系示范区. http：//www. ce. cn/culture/gd/201203/21/t20120321_ 23173741. shtml [2012-9-22].
熊江，顾君忠. 2003. 分层数字化图书馆基础架构的设计. 现代电子技术，(4)：78-81.
徐帮学. 2003. 图书馆管理百科：图书馆管理标准规范与图书分类法（下册）. 长春：吉林音像出版社.
徐莉. 2005. 浅谈数字图书馆信息资源安全. 图书馆学刊，(2)：47-49.
徐俐华. 2006. 高校图书馆数字资源建设的再思考. 图书馆，(6)：97-98.
徐文伯. 1999. 建设中国数字图书馆工程 开创中华文献光辉的未来. 中国图书馆学报，25 (5)：3-8.
徐文伯. 2002. 打造中国数字图书馆，加速我国知识创新进程//徐文伯. 中国数字图书馆：数字资源的开发与研究. 北京：人民出版社.
徐引篪，黄颖. 2003. 数字图书馆建设中的公私合作模式. 中国图书馆学报，29 (3)：5-8.
徐震. 2009. 基于 SOA 的数字图书馆研究. 图书馆学研究，(10)：13-15.
许延浪，侯荣理. 2001. 构建专门的信息服务平台——图书馆个性化网络化信息服务的基础. 情报科学，(10)：1081-1083.
薛崧. 2002. 基于 Web 数据库平台的图书馆个性化服务：MyLibrary. 图书情报工作，(8)：22-25.
鄢小燕，李名洋. 2010. 国内图书馆手机移动信息服务现状研究. 图书馆学研究，(1)：63-65.
严栋. 2008. 数字图书馆虚拟数据库的组织与维护. 情报探索，(10)：45-47.
颜端武，岑咏华，张炜，等. 2006. 数字图书馆中基于本体的个性化推荐框架. 东南大学学报（英文版），(3)：385-388.
颜务林，李亚芬. 2009. 宁波市数字图书馆建设模式与运行机制研究——探索城市数字图书馆建设创新之路. 图书馆，(3)：84-85.
燕今伟. 2006. 信息时代的呼唤——感悟《图书馆合作与信息资源共享武汉宣言》. 大学图书馆学报，(02)：16-17，23.
杨传明. 2010. 基于开源框架的个性化图书借阅系统设计研究. 图书情报工作，(1)：117-120.
杨东波，廖祥文. 2006. 构建一个大规模、可扩展的数字图书馆检索系统架构. 现代图书情报技术，(8)：24-30.
杨凌云. 2010. 中外图书馆宏观管理体制的比较. 情报科学，(9)：1298-1303.
杨明芳，袁曦临. 2009. 云计算环境下的数字图书馆. 图书馆建设，(9)：7-10.
杨沛超，魏来. 2001. 论中国数字图书馆发展策略. 情报资料工作，(3)：34-37.
杨琼. 2006. 数字图书馆的用户价值分析. 图书馆理论与实践，(2)：16-17.
杨思洛，王丙炎. 2005. 电子资源管理系统初探. 图书馆杂志，24 (12)：52-55，60.

杨振江 . 2000. 中外数字图书馆建设的差距及我们面临的任务 . 图书情报工作，(9)：67-69.
杨宗英，郑巧英 . 2004. 未来数字图书馆的发展方向之一——服务主导型数字图书馆 . 数字图书馆论坛，(5)：20-23.
杨祖逵 . 2006. 数字图书馆公司化动作模式的思考 . 图书情报工作，40 (10)：139-141，145.
叶鹰 . 2002. 图书馆集成管理：理论原则和操作法则 . 图书馆杂志，21 (12)：3-6.
叶鹰 . 2008. 图书情报学前沿研究领域选评 . 中国图书馆学报，34 (4)：63-69.
易冬梅 . 2004. 个性化服务是今后图书馆信息服务的方向 . 情报杂志，(05)：122-123.
阴江烽 . 2007. 3G 技术：数字图书馆发展的机遇与挑战 . 河南图书馆学刊，(6)：54-56.
殷正国 . 2008. SOA 标准规范体系与数字图书馆建设 . 科技信息，(35)：351-379.
于迎，仲超生 . 2003. 网络环境下的个性化信息服务研究 . 图书馆工作与研究，(1)：37-39.
余慧佳，刘奕群，张敏，等 . 2007. 基于大规模日志分析的搜索引擎用户行为分析 . 中文信息学报，21 (1)：109-114.
袁祖社 . 2007 . "公共性" 的价值信念及其文化理想 . 中国人民大学学报，(1)：78-84.
约瑟夫・斯蒂格利茨，吴敬琏 . 2010. 信息经济学与范式变革 . 北京：中信出版社，26.
曾建勋，曾民族 . "泛在知识环境" —— "后数字图书馆" 的发展目标和研究方向 [EB/OL] . [2009-07-25] . http：//www. dl. f net. cn/ne-wsshow2. asp？ articleid=311.
曾蕾 . 2006. 数字保存 Digital Preservation——For the Future of the Past. 北京：数字图书馆前沿问题（发展战略与实践）高级研讨班 .
曾民族等 . 2006. 知识技术及其应用 . 北京：科学技术文献出版社 .
翟春红，赵铁锁 . 2007. 我国数字图书馆可持续发展管理机制研究 . 图书馆工作与研究，(2)：58-60.
翟晓娟，聂娜 . 2010. 运用微服务重组机制构建图书馆编目随需应变模型 . 现代图书情报技术，(10)：23-27.
詹玮 . 2007. 数字图书馆中的知识授权管理及数字化学习 . 图书馆学刊，(5)：133-135.
张蓓，董丽，李新伟，等 . 2005. 基于 Fedora 的数字资源管理方案的研究与实现 . 现代图书情报技术，(5)：1-5.
张彪 . 2009. 非营利组织透明度标准探讨 . 湖南师范大学社会科学学报，(3)：65-67.
张长安，郭军城 . 2007. 基于威客模式的图书馆个性化信息服务探讨 . 现代情报，(5)：74-77.
张东 . 2005. 论元数据互操作的层次 . 情报理论与实践，28 (6)：648-650.
张凤斌 . 2003. 数字图书馆的集成化管理研究 . 情报科学，21 (2)：205-207.
张付志 . 2004. 一种基于元搜索引擎的数字图书馆互操作解决方案 . 情报学报，8 (4)：422-427.
张海波，黄铁军 . 2004. 数字化图书馆信息安全保障体系的研究 . 现代图书情报技术，(S1)：1-3.
张会田 . 2011. 基于案例的数字图书馆泛在化服务模式分析 . 情报理论与实践，34 (3)：77-81.
张金星 . 2010. 将图书馆与数字图书馆完全剥离的十大理由 . 图书馆杂志，(8)：8-12.
张津丽，吴国兴 . 1998. 国家数字图书馆——我国信息资源建设的主体工程 . 情报学报，(17)：9-13.
张蕾 . 2008-11-24. 40 家单位共同签署《数字文献资源长期保存行动宣言》. 光明日报，10.
张丽，汪语宇 . 2005. Web 整合中的资源描述技术 . 图书情报工作，49 (10)：25-28.
张玫，李麟，张晓林，等 . 2009. 中国图书馆数字文献资源长期保存现状调查 . 图书情报知识，(2)：47-51.
张润 . 2010. 基于云计算的高校数字化资源和平台建设 . 计算机教育，(22)：43-47.
张若思 . 2006. 试论我国数字图书馆之版权许可 . 武汉：华中科技大学 .
张彤 . 2010. 高校建设联合数字图书馆的模式探讨 . 山东化工，39 (11)：32-34.
张为民，唐剑锋，罗治国，等 . 2009. 云计算深刻改变未来 . 北京：科学出版社 .

张晓林 . 2000. 走向知识服务：寻找新世纪图书情报工作的生长点 . 中国图书馆学报，26（5）：32-37.
张晓林 . 2001. 数字图书馆机制的范式演变及其挑战 . 中国图书馆学报，27（6）：3-8.
张晓林，许旭 . 2010. 让数字图书馆驱动图书馆服务创新发展——读《国际图联数字图书馆宣言》有感 . 中国图书馆学报，(3)：73-76.
张晓林，曾蕾，李广建，等 . 2003. 国家科学数字图书馆开放描述与标准应用指南（二）. 现代图书情报技术，(4)：12-16.
张晓林，郑建程，李欣 . 2008. 数字文献资源长期保存协议框架 . 现代图书情报技术，(11)：1-6.
张秀兰 . 2006. 从 AACR1 到 RDA——《英美编目条例》的修订发展历程 . 图书馆建设，(2)：44-47.
张秀云 . 2009. 我国图书馆信息集成服务系统分析 . 现代情报，29（9）：83-85.
张永军 . 2006. 试论高校图书馆数字资源整合与个性化信息检索服务 . 情报杂志，(8)：127-129.
张玉凤 . 2001. 论图书馆全面质量管理 . 图书馆工作与研究，(2)：19-22.
张玉磊 . 2008. 困境与治理：非营利组织的市场化运作研究 . 中国农业大学学报（社会科学版），25（4）：170-180.
张正禄 . 2010. 我国图书情报界云计算研究述评 . 国家图书馆学刊，(3)：73-76，96.
张志美，董建成 . 2003. 数字图书馆服务模式初探 . 高校图书馆工作，(2)：39-40.
张智雄，李广建，周宁丽，等 . 2003. 国家科学数字图书馆数字参考咨询系统的设计与实现 . 大学图书馆学报，(5)：14-17.
赵晨洁 . 2007. ISO9000 与我国图书馆质量管理：1999—2007 年研究综述 . 科技信息（学术研究），(30)：15-17.
赵国杰，吴连玉，安丽 . 2009. 基于 WSR 方法建构管理体系的尝试 . 现代管理科学（3）：24-25.
赵莉 . 2006. 数字图书馆联盟探析 . 情报杂志，(3)：127-129.
赵乃瑄，金洁琴 . 2009. 区域性集团采购电子资源的评估机制研究——以江苏省高等教育文献保障系统（JALIS）为例 . 图书馆建设，(06)：12-14，17.
赵洗尘 . 2003. 数字图书馆资源组织 . 图书情报工作，(3)：76-80.
赵媛，王远均 . 2005. 数字图书馆中的著作权保护模式研究——著作权集体管理的原因、问题与对策 . 情报资料工作，(03)：66-70，52.
郑成铭，詹庆东 . 2011. 基于新媒体的移动图书馆服务研究 . 图书馆工作与研究，(5)：47-50.
郑宏，钱华宁 . 2004. 试论我国数字图书馆的宏观结构问题 . 图书情报知识，(5)：31-34，54.
郑惠伶 . 2005. 项目管理制：新型的高校数字图书馆管理模式 . 图书馆理论与实践，(2)：89-90.
郑建明 . 2007. 数字文献资源的整合与服务——以江苏省高校文献资源保障体系建设为原型的个案研究 . 大学图书馆学报，(5)：6-9.
郑建明，范兴坤 . 2010b. 我国数字图书馆建设初始环境及政策动因研究 . 图书情报工作，(13)：18-21，45.
郑建明，胡唐明 . 2010a. 我国数字图书馆建设机制研究 . 情报资料工作，(5)：39-42.
郑建明，钱鹏 . 2011. 国内数字图书馆建设模式研究—以国家数字图书馆与中国高等教育数字图书馆为例 . 大学图书馆学报，(1)：41-45.
郑俊生 . 2010. 2009 年我国图书馆学情报学研究热点分析 . 图书馆工作与研究，(3)：14-18.
郑晓东 . 2006. 人本理念与图书馆个性化服务 . 图书馆，(2)：69-70，85.
郑志蕴，宋瀚涛，牛振东 . 2005. 数字图书馆元数据互操作机制的研究 . 计算机应用，25（3）：699-702.
中共中央党史研究室第三研究部 . 2002. 中国改革开放史 . 沈阳：辽宁人民出版社 .
中国大学图书馆馆长论坛图书馆合作与信息资源共享武汉宣言 . 大学图书馆学报，2005（6）：2-4.
中国科学院上海生命科学信息中心 . 2010. 图书馆个性化知识服务发展报告 . 北京：科学出版社 .

仲云云，侯汉清，杜慧平 . 2008. 电子政务主题词表自动构建研究 . 中国图书馆学报（3）：97-102.
周慧芳 . 2008. 图书馆数字资源保存研究 . 兰台世界：下半月（8）：71-72.
周军兰 . 2006. Google 数字图书馆计划及其影响分析 . 情报资料工作，（02）：69-71，88.
周丽霞，张偶 . 2012. Google 数字图书馆版权获取模式及对我国的启示 . 情报科学，（09）：1325-1327，1352.
周青 . 2004. 试论图书馆个性化服务与未来展望 . 图书馆（1）：73-75.
周庆辉，陈宗斌 . 2010 . 云计算实践指南 . 北京：机械工业出版社 .
周武华 . 2005. 个性化服务与图书馆人文主义 . 图书馆论坛，25（4）：33-35.
周育红，闫锋欣 . 2010. 数字资源跨平台整合系统的设计与实现 . 计算机技术与发展，20（1）：243-246.
朱超 . 2005. 关于元数据互操作的探讨 . 情报理论与实践，28（6）：644-647，655.
朱近之，方兴 . 2010. 智慧的云计算 . 北京：电子工业出版社 .
朱强 . 2010. 高校图书馆数字资源采购联盟的建立与展望 . 广州：CALIS 管理中心和 DRAA 理事会 .
朱庆华，韩晓静，杜佳，等 . 2007. 中文政府网站评价指标体系的构建与应用 . 图书情报工作，51（11）：67-70.
朱庆华，李亮 . 2008. 社会网络分析法及其在情报学中的应用 . 情报理论与实践，31（2）：179-183.
朱扬勇，熊赟编著 . 2009. 数据学 . 上海：复旦大学出版社 .
祝建兵，陈娟娟 . 2009. 非营利组织信息披露的政府管制 . 云南行政学院学报，11（4）：81-84.
祝磊，孙哲，胡石 . 2011. 基于知识管理的图书馆信息服务运营研究 . 图书馆界（5）：8-10.
庄鹏，张惠惠，夏佩福 . 2004. 代理模式实现数字图书馆个性化信息服务模型 . 情报学报，（2）：179-184.
邹巍 . 2005. 人本管理思想与高校后勤管理实践 . 辽宁师范大学学报：社会科学版，28（3）：74-76.
邹翔斐，李鹏 . 2009. 法约尔“管理五要素”对公共政策执行的指导意义 . 廊坊师范学院学报（社会科学版），25（2）：73-75.
1989. 中国科学院图书情报工作会议纪要//张白影，荀昌荣，沈继武 . 中国图书馆事业十年 1978-1987. 长沙：湖南大学出版社 .
2000. 中国数字图书馆工程建设联席会议工作规则 . http：//www. lib. whu. edu. cn/szlib/gzxz. htm［2011-03-17］.
2006. OASIS. Reference Model for Service Oriented Architecture 1. 0. http：//docs. oasis-open. org/soa-rm/v1. 0/［2006-12-12］.
2010. Networked Knowledge Organization Systems/Services NKOS. http：//nkos. slis. kent. edu/［2010-06-17］.
2011. Certificate of Advanced Study in Digital Libraries. http：//www. lis. illinois. edu/academics/programs/cas-dl［2011-06-22］.
A Chronology of Data Breaches Since the ChoicePoint Incident. http：//www. privacyrights. org/ar/ChronData-Breaches. Htm.
Abdullah A，Zainab A N. 2008. The digital library as an enterprise：the Zachman approach. Electronic Library，The，26（4）：446-467.
Agosti M，Ferro N. 2005. A system architecture as a support to a flexible annotation service// Türker C，Agosti M，Schek H J. Peer-to-Peer，Grid，and Service-Orientation in Digital Library Architectures. Berlin Heidelberg：Springer-Verlag.
Agosti M，Ferro N. 2007. A formal model of annotations of digital content. ACM Transactions on Information Systems（TOIS），26（1）：3.
Ahmed S M Z，McKnight C，Oppenheim C. 2009. A review of research on human-computer interfaces for online

information retrieval systems. Electronic Library, The, 27 (1): 96-116.

Aksulu A, Wade M. 2010. A comprehensive review and synthesis of open source research. Journal of the Association for Information Systems, 11 (11): 576-656.

Andreas Hense A, Quadt F. 2011. Acquiring High Quality Research Data. http://www.dlib.org/dlib/january11/hense/01hense.html [2011-12-29].

Ashling J. 2008. International Report-A Peek at the World Digital Library Prototype-Our international correspondent gives us an update on the plan between The Library of Congress and UNESCO to create a global. Information Today, 25 (1): 24-24.

Atkins Daniel E. Revolutionizing Science and Engineering Through Cyberinfrastructure: Report of the National Science Foundation Blue Ribbon Advisory Panel on Cyberinfrastructure [EB/OL]. available online at http://www.communitytechnology.org/nsf-ci-report/. 2007-05-30.

Audunson R, Brunelli M, Goulding A. The Library in the Multi-Cultural Information Society [EB/OL]. [2012-02-28]. http://netfiles.uiuc.edu/weech/Multi-Culturalism-Ch8EuclidRpt.htm.

Bailey-Hainer B. 2009. The OCLC Network of Regional Service Providers: The Last 10 Years. Journal of Library Administration, 49 (6): 621-629.

Bakker T. 1999. Ongoing digital library projects in the Netherlands (1995-2001). Bibliothek, 23 (3): 375-379.

Batista R T B, Ramirez D B, Santos R D, et al. 2007. EUCLIS - An information system for circadian systems biology. IET Systems Biology, 1 (5): 266-273.

Bauer C, Roddy C L. 2001. Implementing digital Sanborn Maps for Ohio, OhioLINK and OPLIN Collaborative Project. D-Lib Magazine 7. 12 (Dec 2001).

Bell V, Oakes R. 2008. Diversity Plan for Branch Managers 2006-2007. http://theoceancountylibrary.org/About/DiversityPlan.pdf [2008-12-02].

Bhattacharya P. 2004. Advances in digital library initiatives: a developing country perspective. The International Information & Library Review, 36 (3): 165-175.

Bhatti R, Bertino E, Ghafoor A. 2006. X-FEDERATE: a policy engineering framework for federated access management. Software Engineering, IEEE Transactions on, 32 (5): 330-346.

Borgman C L. 2000. From Gutenberg to the global information infrastructure: access to information in the networked world. Cambridge, Massachusetts: The MIT Press.

Borgman C L. 2003. The Invisible Library: Paradox of the Global Information Infrastructure. Library Trends, 51 (4): 652-674.

Bridges L, Rempel H G, Griggs K. 2010. Making the case for a fully mobile library web site: from floor maps to the catalog. Reference Services Review, 38 (2): 309-320.

Candela L, Castelli D, Pagano P, et al. 2005. Moving digital library service systems to the Grid// Türker C, Agosti M, Schek H J. Peer-to-Peer, Grid, and Service-Orientation in Digital Library Architectures. Berlin Heidelberg: Springer-Verlag.

Carnegie Reporter. Do Libraries still matter? [EB/OL]. [2007-08-28]. http://www.carnegie.org/reporter/10/books/indes3.html.

Chang N. 2005. Data manipulation in an XML-based digital image library. Program: electronic library and information systems, 39 (1): 62-72.

Chen C C, Chen A P. 2007. Using data mining technology to provide a recommendation service in the digital library. Electronic Library, The, 25 (6): 711-724.

Chen H, Chen R, Zhang F, et al. 2006. Live updating operating systems using virtualization//Proceedings of the

2nd international conference on Virtual execution environments. New York : ACM Press.

Choi H N, Park E G. 2007. Preserving perpetual access to electronic journals: A Korean consortial approach. Library Collections, Acquisitions, and Technical Services, 31 (1): 1-11.

Chowdhury G. 2010. From digital libraries to digital preservation research: the importance of users and context. Journal of documentation, 66 (2): 207-223.

Colati J B, Colati G C. 2009. A Place for Safekeeping: Ensuring Responsibility, Trust, and Goodness in the Alliance Digital Repository. Library & Archival Security, 22 (2): 141-155.

Connell T H, Rogers S A, Diedrichs C P. 2005. OhioLINK electronic journal use at Ohio State University. portal: Libraries and the Academy, 5 (3): 371-390.

Cook A, Dowling T. 2003. Linking from index to primary source: The Ohio link model. The Journal of academic librarianship, 29 (5): 320-326.

Councill I G, Giles C L, Di Iorio E, et al. 2006. Towards next generation citeseer: A flexible architecture for digital library deployment// Gonzalo J, Thanos C, Verdejo M F, et al . Research and Advanced Technology for Digital Libraries. Berlin Heidelberg: Springer.

Coyle K, Hillmann D. 2007. Resource Description and Access (RDA): Cataloging rules for the 20th century. D-Lib magazine, 13 (1): 3.

Cummings J, Merrill A, Borrelli S. 2010. The use of handheld mobile devices: their impact and implications for library services. Library Hi Tech, 28 (1): 22-40.

Dalbello M. 2005. A phenomenological study of an emergent national digital library, Part I: Theory and methodological framework. The Library quarterly, 75 (4): 391-420.

Dangelmaier W, Fischer M, Gausemeier J, et al. 2005. Virtual and augmented reality support for discrete manufacturing system simulation. Computers in Industry, 56 (4): 371-383.

Davidson G, Dorner D. 2009. Selection criteria for mobile library collections. Collection Building, 28 (2): 51-58.

DeRidder J L. 2007. The immediate prospects for the application of ontologies in digital libraries. Knowledge Organization, 34 (4): 227-246.

Ding H, S∅lvberg I. 2004. Exploiting extended service-oriented architecture for federated digital libraries// Chen Z, Chen H, Miao Q, et al. Digital Libraries: International Collaboration and Cross- Fertilization. Berlin Heidelberg : Springer-Verlag.

Dowling T. 1997. OhioLINK-The Ohio Library and Information Network. Library hi tech, 15 (3/4): 136-139.

Duke, Judy. Harvard, MIT Libraries Explore Alliance. Advanced Technology Libraries, 40 (3) : 1, 10 , 2011

Feng G, Burton N, Hill B, et al. 2005. JAtlasView: a Java atlas-viewer for browsing biomedical 3D images and atlases. BMC bioinformatics, 6 (1): 47.

Franklin M, Halevy A, Maier D. 2005. From databases to dataspaces: a new abstraction for information management. ACM Sigmod Record, 34 (4): 27-33.

Gatten J. 2004. The OhioLINK LibQUAL 2002 Experience: A Consortium Looks at Service Quality. Journal of library administration, 40 (3-4): 19-48.

Giglierano J. 2008. Attitudes of OhioLINK Librarians Toward Google Scholar. Journal of Library Administration, 47 (1-2): 101-113.

Gonçalves M A, Fox E A, Watson L T, et al. 2004. Streams, structures, spaces, scenarios, societies (5s): A formal model for digital libraries. ACM Transactions on Information Systems (TOIS), 22 (2): 270-312.

Gonçalves M A, Moreira B L, Fox E A, et al. 2007. "What is a good digital library?" - A quality model for digital libraries. Information processing & management, 43 (5): 1416-1437.

Goodman N J, Hinchcliff C L. 1997. From crisis to cooperation and beyond: OhioLINK's first ten years. Resource sharing & information networks, 13 (1): 21-38.

Guard J R, Brueggemann R F, Highsmith R F, et al. 2005. Building research administration applications for the academic health center: a case study. Academic Medicine, 80 (11): 1032-1038.

Haas L M, Miller R J, Niswonger B, et al. 1997. Transforming Heterogeneous Data with Database Middleware: Beyond Integration. Bulletin of the Technical Committee on Data Engineering, 22 (1): 32-38.

Habing T, Eke J, Cordial M A, et al. 2009. Developments in digital preservation at the University of Illinois: The Hub and Spoke architecture for supporting repository interoperability and emerging preservation standards. Library Trends, 57 (3): 556-579.

Hedreen R C, Johnson J L, Lundy M A, et al. 2008. Exploring virtual librarianship: Second Life library 2. 0. Internet Reference Services Quarterly, 13 (2-3): 167-195.

Hill V, Lee H J. 2009. Libraries and immersive learning environments unite in Second Life. Library Hi Tech, 27 (3): 338-356.

Hirshon A. 1995. Library strategic alliances and the digital library in the 1990s: The OhioLINK experience. The Journal of Academic Librarianship, 21 (5): 383-386.

Ismond K P, Shiri A. 2007. The medical digital library landscape. Online Information Review, 31 (6): 744-758.

ISO/IEC 27001: 2005. 2005. Information Technology—Security Tech- niques—Information Security Management Systems—Requirements. Genevan: International Organization for Standardization.

Jenkins P O. 2003. The approval plan: what ' s in it for small OhioLINK libraries? Library Collections, Acquisitions, and Technical Services, 27 (2): 179-181.

Jensen R B. 2010. Optimizing library content for mobile phones. Library Hi Tech News, 27 (2): 6-9.

Kent A. 1977. The Goals of Resource Sharing in Libraries // Kent A, Galvin T J. Library resource sharing: proceedings of the 1976 Conference on Resource Sharing in Libraries, Pittsburgh, Pennsylvania. New York: Dekker.

Kohl D F. 1993. OhioLINK: Plugging into progress. Library journal, 118 (16): 42-46.

Kohl D F. 1994. OhioLINK: A statewide system raises new issues and opportunities for cooperation. Reference Services Review, 22 (2): 27-29.

Kohl D. 1994. OhioLink: a vision for the 21st century. Library hi tech, 12 (4): 29-34.

Kopits G, Craig J D. 1998. Transparency in government operations . Washington, D. C. : International Monetary Fund.

Kroski, Ellyssa. On the Move with the Mobile Web: Libraries and MobileTechnologies [EB/OL] . http: // www. docstoc. com/docs/2346321/On-the-Move-with-the-Mobile-We-b-Libraries-and-Mobile-Technologies, 2009-6-1.

Liew C L. 2009. Digital library research 1997-2007: organisational and people issues. Journal of Documentation, 65 (2): 245-266.

Lissermann, Roman; Mühlh? user, Max Source. Proceedings of 10th IEEE International Conference on Advanced Learning Technologies (ICALT) [P] . IEEE Computer Society. 2010: 151-155.

Liu W. 2004. The Semantic Architecture for Chinese Cultural Celebrities' Manuscript Library// Chen Z, Chen H, Miao Q, et al. Digital Libraries: International Collaboration and Cross- Fertilization. Berlin Heidelberg : Springer-Verlag.

Lutz M, Meadow C. 2006. Evolving an in-house system to integrate the management of digital collections. Library hi tech, 24 (2): 241-260.

Mbambo-Thata B. 2010. Assessing the impact of new technology on internal operations: With special reference to the introduction of mobile phone services at UNISA Library. Library Management, 31 (6): 466-475.

McLeod R, Wheatley P, Ayris P, et al. 2010. Lifecycle information for e-literature: a summary from the LIFE project. http://eprints.ucl.ac.uk/1855/1/LifeProjSummary.pdf [2010-12-16].

Meng-xing H, Chun-xiao X, Yong Z. 2010. Supply chain management model for digital libraries. Electronic Library, The, 28 (1): 29-37.

Miksa F. 2009. Information organization and the mysterious information user. Libraries & the Cultural Record, 44 (3): 343-370.

Mirsky P, Miller R B, Lo K. 1999. From Farmington plan to the Pacific Rim Digital Library Alliance: New strategies in developing international collections. Collection management, 24 (3-4): 241-250.

Moreira B L, Gonçalves M A, Laender A H F, et al. 2009. Automatic evaluation of digital libraries with 5SQual. Journal of Informetrics, 3 (2): 102-123.

Murthy S, Maier D, Delcambre L. 2005. Distribution alternatives for superimposed information services in digital libraries// Türker C, Agosti M, Schek H J. Peer-to-Peer, Grid, and Service-Orientation in Digital Library Architectures. Berlin Heidelberg: Springer-Verlag.

Nakamoto, Makoto; Yakugaku, Toshokan. Private & Public University Libraries Consortium, PULC 2003-2010: Retrospect & Prospect for the next Phase. Pharmaceutical Library Bulletin, 56 (3): 271-277, 2011

Negishi M. 2002. Mobile Access to Libraries: Librarians and Users Experience for "I-Mode" Applications in Libraries// Libraries for Life: Democracy, Diversity, Delivery: 68th IFLA General Conference and Council. Conference programme and proceedings, Glasgow, Scotland.

Neumann A W, Philipp M, Riedel F. 2008. RecoDiver: Browsing behavior-based recommendations on dynamic graphs. AI Communications, 21 (2): 177-183.

OUR space: the new world of metadata. http://www.slideshare.net/amarintha/our-space-the-new-world-of-metadata-presentation

Oxman M. 2010. A Multi-Institutional Approach to Technical Report Literature: Development of the Technical Report Archive & Image Library (TRAIL). The Grey journal, 6 (1): 5-7.

Park E G, Choi H N. 2006. Korean electronic site license initiative: archiving of electronic journals. Online Information Review, 30 (6): 731-736.

Peters T. 2010. Digital Renewal: ATLAS is One Route to an Interactive Future for Old Digital Collections. American Libraries, 41 (1-2): 33.

Preston C A. 2011. Cooperative e-book cataloging in the OhioLINK library consortium. Cataloging & Classification Quarterly, 49 (4): 257-276.

Ravndranathan U, Shen R, Goncalves M A, et al. 2004. Prototyping digital libraries handling heterogeneous data sources: The ETANA-DL case study. Lecture notes in computer science, 186-197.

Rogers M. 2002. Ohio library and information network celebrates ten years. Library Journal, 127 (9): 27.

Roper J. 1983. Library and information services: the policy of the SDP/Liberal Alliance. Assistant Librarian, 76 (6).

Rossman L, Durivage C A. 2009. InfoEyes Information Service: A Virtual Reference Service for Print-Impaired Individuals. The Reference Librarian, 50 (1): 73-84.

Saumure K, Shiri A. 2008. Knowledge organization trends in library and information studies: a preliminary comparison of the pre-and post-web eras. Journal of Information Science, 34 (5): 651-666.

Sayao L F, Marcondes C H. 2008. The challenge of the interoperability and the new perspectives for digital libraries. Transinformacao, 20 (2): 133-148.

Schneider J W. 2005. Verification of bibliometric methods' applicability for thesaurus construction. ACM, 39 (01): 64.

Scientific, Thompson. Getting just what you need. Information Today, 2004, S12 (2): 21-27.

Sessions J A, Pettitt Jr R N, Van Dam S. 1995. OhioLINK inter-institutional lending online: the Miami University experience. Library hi tech, 13 (3): 11-38.

Sessions J. 1992. OhioLINK: Technology and Teamwork Transforming Ohio Libraries. Wilson Library Bulletin, 66 (10): 43-45.

Shahar Y. 2006. Hybrid specification, storage, retrieval and runtime application of clinical guidelines. Neurological Sciences, 27 (3): s250-s253.

Shen R, Vemuri N S, Fan W, et al. 2008. Integration of complex archeology digital libraries: An ETANA-DL experience. Information Systems, 33 (7): 699-723.

Shen X, Zheng Z, Han S, et al. 2008. A review of the major projects constituting the China Academic Digital Library. Electronic Library, The, 26 (1): 39-54.

Shu-yun G A O. 2010. Medical library alliance in Jilin Province under network environment. Chinese Journal of Medical Library and Information Science, 12: 005.

Stephanidis C, Savidis A. 2001. Universal access in the information society: methods, tools, and interaction technologies. Universal access in the information society, 1 (1): 40-55.

Suleman H. 2005. Analysis and evaluation of service oriented architectures for digital libraries// Türker C, Agosti M, Schek H J. Peer-to-Peer, Grid, and Service-Orientation in Digital Library Architectures. Berlin Heidelberg: Springer-Verlag.

Svahnberg M, Gorschek T, Feldt R, et al. 2010. A systematic review on strategic release planning models. Information and software technology, 52 (3): 237-248.

Tansley R, Smith M K, Walker J. 2005. The DSpace Open Source Digital Asset Management System: Challenges and Opportunities. Research and Advanced Technology for Digital Libraries, 242-253.

Titley G. 2007. Electronic signatures for copyright in the UK: a solution to the "holy grail" of document delivery. Interlending & document supply, 35 (1): 15-20.

Van de Sompel H, Bekaert J, Liu X, et al. 2005. aDORe: a modular, standards-based digital object repository. The Computer Journal, 48 (5): 514-535.

Velasco C A, Mohamad Y, Gilman A S, et al. 2004. Universal access to information services—the need for user information and its relationship to device profiles. Universal Access in the Information Society, 3 (1): 88-95.

Vila M C, Gálvez A P, Campos J C. 2010. Mobile services in the Rector Gabriel Ferraté Library, Technical University of Catalonia. Reference Services Review, 38 (2): 321-334.

Wei K T. 2011. 北美古籍文献资源建设与数字化的调查. http://www.macaudata.com/ccdscr2008/files/article_05.doc [2011-03-30].

Welcome Stranger: Public Libraries Build the Global Village (PPTSlides) [EB/OL]. [2009-05-06]. http://www.webjunction.org/diversity/-/articles/content/456801.

Williams D E. 2000. Living in a cooperative world: meeting local expectations through OhioLINK. Technical Services Quarterly, 17 (4): 13-32.

Wilson S, McCarthy G. 2010. The mobile university: from the library to the campus. Reference Services Review, 38 (2): 214-232.

Xing W, Dikaiakos M D, Yang H, et al. 2005. A grid- enabled digital library system for natural disaster metadata// Sloot P M A, Hoekstra A G, Priol T, et al. Advances in Grid Computing- EGC 2005. Berlin Heidelberg: Springer- Verlag.

Yang X, Wei Q, Peng X. 2009. System architecture of Library 2. 0. Electronic Library, The, 27 (2): 283-291.

Zhang W. 1997. Library Electronic Resource Sharing among Liberal Arts Colleges: ACS Palladian Alliance Project. Journal of Educational Media & Library Sciences, 34 (3): 237-52.

Zhao Y, Jiang A. 2004. Building a distributed heterogeneous CALIS- ETD digital library // Chen Z, Chen H, Miao Q, et al. Digital Libraries: International Collaboration and Cross-Fertilization. Berlin Heidelberg: Springer-Verlag.

Zhu Y, Zhong N, Xiong Y. 2009. Data explosion, data nature and dataology//Hu B, Liu J, Chen L, et al. Proceedings of the 2009 international conference on Brain informatics. Berlin Heidelberg : Springer- Verlag.